कन्हैयालाल माणिकलाल मुंशी

गुजराती के सुप्रसिद्ध कथाकार, इतिहास और संस्कृति के मर्मज्ञ तथा प्राच्य विद्या के बहुश्रुत विद्वान कन्हैयालाल माणिकलाल मुंशी का जन्म 30 दिसम्बर, 1887 को भड़ौंच, गुजरात में हुआ।

उन्होंने बी.ए., एल-एल.बी., डी.लिट्., एल. एल. डी. की उपाधि प्राप्त की।

प्रारम्भ (1915) में 'यंग इंडिया' के संयुक्त सम्पादक रहे। 1938 से आजीवन भारतीय विद्या भवन के अध्यक्ष और 'भवन्स जर्नल' के सम्पादक तथा दस वर्षों तक गुजराती साहित्य परिषद के अध्यक्ष रहे। 1944 में हिन्दी साहित्य सम्मेलन के अध्यक्ष। और 1951 से मृत्युपर्यन्त संस्कृत विश्व परिषद के भी अध्यक्ष रहे। 1952 से 1957 तक उत्तर प्रदेश के राज्यपाल का पद-भार सँभाला। उसी दौरान 1957 में उन्होंने भारतीय इतिहास कांग्रेस की अध्यक्षता भी की।

उनकी प्रमुख प्रकाशित कृतियाँ हैं–'लोमहर्षिणी, 'लोपामुद्रा, 'भगवान परशुराम', 'तपस्विनी, 'पृथ्वीवल्लभ', 'भग्नपादुका', 'पाटण का प्रभुत्व', कृष्णावतार के सात खंड–'बंसी की धुन', 'रुक्मिणीहरण', 'पाँच पांडव', 'महाबली भीम', 'सत्यभामा', 'महामुनि व्यास', 'युधिष्ठिर' (उपन्यास); 'वाह रे मैं वाह' (नाटक); 'आधे रास्ते', 'सीधी चढ़ान', 'स्वप्नसिद्धि की खोज में' (आत्मकथा के तीन खंड)।

निधन : 8 फरवरी, 1971

जय सोमनाथ

कन्हैयालाल माणिकलाल मुंशी

अनुवादक

पद्मसिंह शर्मा 'कमलेश'

राजकमल पेपरबैक्स

पहला पुस्तकालय संस्करण
राजकमल प्रकाशन प्राइवेट लिमिटेड द्वारा
1948 में प्रकाशित

राजकमल पेपरबैक्स में
पहला संस्करण : 1997
छठा संस्करण : 2022

राजकमल पेपरबैक्स : उत्कृष्ट साहित्य के जनसुलभ संस्करण

राजकमल प्रकाशन प्रा.लि.
1-बी, नेताजी सुभाष मार्ग, दरियागंज
नई दिल्ली-110 002
द्वारा प्रकाशित

शाखाएँ : अशोक राजपथ, साइंस कॉलेज के सामने, पटना-800 006
पहली मंजिल, दरबारी बिल्डिंग, महात्मा गांधी मार्ग, प्रयागराज-211 001
36 ए, शेक्सपियर सरणी, कोलकाता-700 017

वेबसाइट : www.rajkamalprakashan.com
ई-मेल : info@rajkamalprakashan.com

बी.के. ऑफसेट
नवीन शाहदरा, दिल्ली-110 032
द्वारा मुद्रित

मूल्य : ₹299

JAI SOMNATH
Historical Novel by K.M. Munshi

ISBN : 978-81-7178-671-8

प्रथम संस्करण का आमुख

'ईस्ट एंड वेस्ट' नामक अंग्रेजी मासिक के 1911 के नवम्बर-दिसम्बर अंक में मैंने 'सोमनाथ की जीत' शीर्षक ऐतिहासिक लेख लिखा था। उसी समय से मुझे इस विषय में रुचि है। उसके कई वर्ष बाद 'पाटन का प्रभुत्व' की शृंखला को जोड़नेवाली इस कथा को लिखने की इच्छा हुई। इस इच्छा को मैंने प्रकट भी किया था।

लेकिन यह इच्छा मन-ही-मन में रह गई। उसके बाद 1935-36 में आरम्भ की हुई यह कथा 1937 में पूर्ण हुई।

गज़नी के अप्रतिरथ विजेता सुल्तान महमूद ने जब सोमनाथ पर चढ़ाई की तब हिन्द की–विशेषकर गुजरात की–क्या दशा थी, इसी का चित्रण करने का इसमें कुछ प्रयत्न किया गया है। एक ओर प्रबन्ध-कुशल प्रचण्ड विजेता और दूसरी ओर वीरत्व की चिनगारियों जैसे राजा लोग, इन दोनों के आरम्भिक प्रयत्नों में अनेक महाकाव्यों की सामग्री भरी पड़ी है।

इस आक्रमण की मूल बातें मुस्लिम इतिहास में मिलती हैं, परन्तु अनेक प्रकार की सामग्री की छानबीन करने पर मैं इस निष्कर्ष पर पहुँचा हूँ कि इनमें तथ्य कम है। मैं इसके कारणों को संक्षेप में यहाँ दे सकता हूँ :

1. भारतीय इतिहास में इस आक्रमण का कुछ भी उल्लेख नहीं।
2. मुस्लिम इतिहासकार फरिश्ता कहता है कि "नहरवाल (अनहिलवाड़) का राजा विरहमदेव (भीमदेव) अजमेर के नरेश तथा अन्य राजाओं की सेनाओं को एकत्रित करके सुल्तान का रास्ता रोकने की भारी तैयारी कर रहा था, इसलिए उसने सिन्ध के मार्ग से मुलतान जाने का विचार किया। मार्ग में असह्य गरमी और पानी के नितान्त अभाव के कारण सेना का अधिकांश भाग पागल होकर मर गया।"[1] तो भीमदेव की

1. फरिश्ता : जिल्द 1, पृ. 75। रतिकान्त भट्टगुजरेश्वर भीमदेव सोलंकी, बुद्धिप्रकाश, जुलाई-सितम्बर, 1935 का अंक

इतनी बड़ी विजय का उल्लेख किसी प्रशस्ति में, द्वयाश्रय में, कीर्तिकौमुदी में या किसी दूसरे इतिहास में क्यों नहीं है?

3. मुस्लिम इतिहासकार कहते हैं कि महमूद ने पाटण की गद्दी पर किसी डाबीसलीम नामक व्यक्ति को करदाता के रूप में बिठाया था। इस बात के लिए कोई भारतीय आधार नहीं।
4. हमारे उपलब्ध ऐतिहासिक आधार भीमदेव के राज्यकाल को सदैव शृंखलित बताते हैं। वि.सं. 1086 के ताम्रपत्र के अनुसार भीमदेव कच्छ पर राज्य करते थे और वि.सं. 1088 में इनके मन्त्री विमल ने आबू पर एक बड़ा मन्दिर बनवाया था।[1] यदि आक्रमण 1082-83 में हुआ माना जाए तो 1088 की यह सत्ता और समृद्धिवाली बात कुछ अजीब-सी लगती है।
5. सोमनाथ के आक्रमण का पहला ब्यौरेवार वर्णन महमूद के दो सौ वर्ष बाद लगभग 1230 ई. में इब्न असीर की 'कामिलुत्तवारख' में मिलता है।
6. कितने ही मुस्लिम इतिहासकारों ने जो सोमनाथ की मूर्ति का वर्णन किया है वह हिन्दुओं की दृष्टि से असम्भव है। इतना ही नहीं, वरन् अलबरूनी, जिसने स्वयं इस मूर्ति को देखा था, इस बात की साक्षी देता है कि सोमनाथ का लिंग था और वह वैसा ही ठोस था जैसाकि शिव-मन्दिरों में होता है।[2]

यद्यपि ये प्रश्न विचारणीय हैं तथापि यह कथा यह मानकर ही लिखी गई है कि आक्रमण में कुछ-न-कुछ सत्य अवश्य है।

घोघाबापा के पराक्रम कल्पित नहीं हैं। इसके लिए मैंने अपने अंग्रेजी लेख में उद्धरण दिए हैं। लेकिन वे उद्धरण कहाँ से लिए, इसकी खोज करने का अवसर मुझे फिर नहीं मिला। इतना अवश्य है कि राजपूताना में अब भी एक साथ 'घोघादेव का स्थल' नाम से प्रसिद्ध है।

लेकिन इस कथा में मेरा उद्देश्य सुल्तान महमूद के आक्रमण का चित्रण करना नहीं है, वरन् गुजरात द्वारा किए गए प्रतिरोध का वर्णन करना है। यदि इस आक्रमण को जोरदार माना जाता है तो यह मानना पड़ेगा कि इसका मुकाबला करने में सोलंकियों के गुजरात को बल मिला है। इस कथा में वर्णित गुजरात के महाप्रयत्न की भूमिका के बिना, गंग सर्वज्ञ, भीम और सामन्त की भीष्मतुल्य दृढ़ता के बिना, गंगा के आत्म-समर्पण और चौला की प्रणय-विह्वल भक्ति के बिना, देव, प्रसाद, मुंजाल और काक, मीनल और मंजरी का गुजरात सम्भव नहीं।

---

1. दुर्गाशंकर शास्त्री : 'गुजरात का मध्यकालीन इतिहास', भाग-1, पृ. 189-190
2. रतिकान्त भट्ट का उपर्युक्त लेख

उस समय प्रभास पाटण समस्त भरतखण्ड में पाशुपतमत का केन्द्र था।[1] इस मत के संस्थापक लकुलेश या नकुलेश को शंकर का अवतार माना गया है। यह भड़ौंच के पास कामावरोहण में–आज के कारवाण में–जन्मे थे।

पाशुपतमत की एक मुख्य शाखा कापालिकों की है। कापालिक, कालमुख, वामाचार और भैरव आदि उसकी उपशाखाएँ भी मानी जाती हैं। इसकी प्रक्रिया को देखकर रोमांच हो आता है। खोपड़ी में खाना, चिता की भस्म शरीर पर मलना, भस्म खाना, त्रिशूल धारण करना, शराब रखना और श्मशानवासी देव की भक्ति करना मोक्ष-प्राप्ति के साधन हैं। पार्वती को त्रिपुर-सुन्दरी के रूप में पूजनेवाली शाखा भी थी। इस शाखा के अवशेष रूप अघोरी और कांचलिया आज भी चले आते हैं।

पाशुपतमत के केन्द्र गंग सर्वज्ञ के प्रभास में इन शाखाओं की प्रतिक्रियाओं का उल्लेख कुछ अखरेगा, परन्तु उसके बिना ग्यारहवीं शताब्दी के प्रभास का दिग्दर्शन अयथार्थ ही होगा।

'प्रबन्ध-चिन्तामणि' कुमारपाल-प्रबन्ध में भीमदेव की पत्नी और क्षेमराज की माँ को वीरांगना कहा गया है :

श्री मदणहिलपुरपत्तने बृहति श्री भीमदेवे साम्राज्यं पालयति श्री भीमेश्वरस्य पूरे चउलादेवी नाम्नी परायाङ्गना...तामन्तःपुरेण्यधात्।[2]

उसके पुत्र का नाम क्षेमराज या हरपाल था,[3] और बड़ा होने पर भी उसे इसी कलंक के कारण गद्दी नहीं मिली।

गर्वीले चालुक्य ने नर्तकी को अपनी पत्नी बनाया, इसी बात पर चौला के चरित्र का निर्माण हुआ। मेरुतुंग ने चौलादेवी को अन्तःपुर में रखने का जो कारण बताया है उसकी अपेक्षा इस कथा में दिया गया कारण अधिक सुन्दर है।

यह कथा 'पाटन का प्रभुत्व', 'गुजरात का नाथ' और 'राजाधिराज' की कथा-माला का दाना अवश्य है, तथापि इसकी कल्पना, शैली, रचना और शिल्प-विधान में बड़ा अन्तर है। यह अन्तर उतना ही है जितना कि पच्चीस और बावन वर्ष के आदमी में होता है।

साहित्य-सर्जन के स्वरूप-निर्माण के लिए मैंने अनेक प्रयोग किए हैं। कथाकार-शिरोमणि ड्यूमा का प्रभाव कई अंशों में जाता रहा है। इसलिए सम्भव है कि रुचि से पढ़नेवाले पाठक को इसका शिल्प-विधान पहले तीन उपन्यासों जैसा अच्छा नहीं लगे। पर भीषण प्रसंगों, करुण जीवन और महत्त्वाकांक्षा को अपने

1. दुर्गाशंकर शास्त्री : शैवधर्म का संक्षिप्त इतिहास
2. प्रबन्ध-चिन्तामणि : कुमारपाल प्रबन्ध
3. दुर्गाशंकर शास्त्री : 'गुजरात का मध्यकालीन राजपूत इतिहास', पृ. 201

जीवन का लक्ष्य माननेवाले व्यक्तियों ने इसमें अच्छे रंगों के लिए स्थान भी नहीं छोड़ा है। मुझे तो अपनी साहित्यिक चेतना का मानदण्ड बदलना ही था। जैसा भी कुछ है। यह कथा गुजरात के चरणों में रखता हूँ। आज अनेक वर्षों का एक संकल्प पूरा हो रहा है, यही मेरे सन्तोष की बात है।

—कन्हैयालाल मुंशी

महाबलेश्वर,
20-5-40

क्रम

जगत् के नाथ

[1]

संवत् 1082 की कार्तिक सुदी एकादशी थी। जैसे लोहा चुम्बक से खिंचता चला आता है वैसे ही यात्री सोमनाथ के परम पूज्य शिवालय की ओर आकर्षित होकर खिंचे चले आ रहे थे।

कोई देलवाड़ा के रास्ते, कोई वेरावल बन्दर से, कोई जूनागढ़ के रास्ते; कोई सुखी, कोई दुखी; कोई सम्बल, कोई रोगी; कोई लूला, कोई लँगड़ा; कोई पैदल, कोई गाड़ी में; कोई घोड़े पर या रथ में; कोई ऊँट पर या हाथी पर; कोई भजन गाता, कोई कीर्तन करता, कोई एकतारे की धुन में, कोई झाँझ-पखावज की ताल के साथ; कोई रक्षकों द्वारा सुरक्षित धन-राशि लेकर, कोई जीवन-भर की संचित पूँजी लिये, कोई निर्धनता में मस्त भिक्षा द्वारा ही मंजिल तय करता हुआ, कोई बाधाओं से पिण्ड छुड़ाने, कोई भक्ति-विभोर; कोई धन त्यागने और कोई धन-संग्रह करने; कोई बेचने और कोई बिकवाने; कोई पुण्य कमाने और कोई पाप धोने।

–वे चले आ रहे थे, हजारों की संख्या में। वे एक ही परम कर्तव्य को सामने रखकर आ रहे थे–देव का दर्शन। और उनके कानों में एक ही पुण्यनाद गूँज रहा था–'जय सोमनाथ'।

–वे चले आ रहे थे–प्रभास के कोट के बाहर और भीतर, रास्ते में, पेड़ के नीचे, घर की छाया में या धर्मशाला में–बैठते, सोते या भोजन की तैयारी करते।

–वे चले आ रहे थे–सूर्य-तेज में जगमगाती भगवान शंकर की राजधानी पर भक्ति-भावपूर्ण नेत्र गड़ाते हुए, उसके हजारों मन्दिरों के शिखरों पर नाचती हुई ध्वजाओं से अपने हृदयों को उल्लसित करते हुए, सोमनाथ के मन्दिर के सोने के कलश के मोहक तेज से मुग्ध होते हुए और उसकी भगवा रंग की मोहिनी पताका की विजयी फरफराहट में मोक्ष-मार्ग निहारते हुए।

और वे चले आ रहे थे नगर के मुख्य द्वार में परस्पर टकराते हुए, हुंकार भरते हुए 'जय सोमनाथ' का जयघोष करते हुए।

[2]

सोमनाथ का शिवालय न तो कोई घर था, न शहर और न स्वस्थ प्रदेश। शताब्दियों की श्रद्धा ने उसे देवभूमि के समान समृद्ध और मोक्ष-प्रद बना डाला था।

उसके कोट के बाहर श्मशान में काले, मोटे अक्खड़, महाव्रतधारी कपालों का मुण्ड पड़ा हुआ था—खोपड़ियों के आभूषणों से भय पैदा करता हुआ, राख या नरमांस खाता हुआ और हुंकार के साथ खोपड़ियों में से मदिरा पीता हुआ।

उसके कोट के भीतर घुसते ही धर्मशालाएँ थीं, जिनमें धनवान यात्री पड़े थे। उस स्थान के बाईं ओर तेली, मोची और गरीब लोग रहते थे। उसके दाईं ओर दुर्गपाल, चौकीदार और पहरेदारों का निवास था।

दरवाजे के चौड़े रास्ते से आगे चलकर, कुएँ और बावड़ी को छोड़कर बाजार पड़ता था। वहाँ गुजराती व्यापारी संसार के कला-कौशल की सामग्री इकट्ठी करके यात्रियों को बेचते थे। ताँबे-पीतल के बर्तन, रेशमी और ज़री के कपड़े तथा नाना प्रकार के आभूषण यहाँ दृष्टिगोचर होते थे। वहाँ गुजराती साहूकारों का पूर्वज पैर-पर-पैर रखे, मोटी तोंद पर हाथ फेरता हुआ ब्याज पर रुपया देकर धनाढ्य होने में रात-दिन संलग्न रहता था।

बाजार के दोनों ओर उच्च जाति की बस्ती थी। वहाँ से आगे चलकर अन्तरकोट आता था और उसके पास ही बाहर की ओर ब्राह्मणों का निवास था। वहाँ दो हजार श्रोत्रिय वेदाभ्यास, पूजा-पाठ और शास्त्रीय विधि से इस लोक में सोमनाथ की कीर्ति और परलोक में अपना मोक्ष साधते थे।

अन्तरकोट बीसेक हाथ ऊँचा और छह हाथ चौड़ा था। उसमें घुसते ही दोनों ओर पण्डों की बैठकें और पुजापे की दुकानें थीं। वहीं बीच में गणपति का मन्दिर था। कहा जाता था कि यह मन्दिर ययाति राजा ने बनवाया था। दाईं और बाईं और फुलवारियाँ थीं। हिरण्या नदी से दो बड़ी नहरों में पानी आता था और इससे ये फुलवारियाँ सदैव हरी-भरी रहती थीं।

दाएँ हाथ की फुलवारी के उस ओर भैरव का मन्दिर था। इस मन्दिर में कापालिक और कालमुखे मदिरा तथा मांस से विधिवत् पूजा करके उग्र और भयानक भैरव की आराधना करते थे। कहा जाता था कि काली चौदस के दिन वहाँ नरमेध होता था। भाग्य से ही कोई यात्री वहाँ पहुँच पाता था। बहुत से तो

ज्यों-त्यों कँपकँपी को दबाकर, दूर से ही प्रणाम करके चले जाते थे।

बाईं ओर की फुलवारी में जो दरवाजा था, उसमें से अनेक दन्त-कथाओं के केन्द्रस्वरूप त्रिपुर सुन्दरी के भवन में जाने का मार्ग था। इस मन्दिर के आसपास कुमारी, काली, कपाली, चामुण्डा आदि उमा के भिन्न-भिन्न स्वरूपों के मन्दिर थे।

त्रिपुर सुन्दरी के मन्दिर में यात्री आनन्द से जाते थे। वहाँ खम्भों और आलों में शिवभक्ति के जोड़े दिखाई देते थे। मन्दिर के द्वार पर एक बड़ा भैरवी चक्र खोदा गया था। स्त्री होकर ही मोक्ष मिल सकता है, ऐसा विश्वास रखनेवाले पचासों भक्त वहाँ रात-दिन स्त्रियों के हाव-भावों के साथ महाशक्ति की पूजा करते रहते थे।

आश्विन मास के पहले दस दिन उत्तर कौलिक सम्प्रदाय के शाक्त महाशक्ति के जीवित प्रतीक का स्तवन, कीर्तन और पूजा करते। वहाँ मधु, मांस, मत्स्य और मदिरा का नैवेद्य बँटता। इस मन्दिर में भोग और विलास मोक्ष का परम साधन बन जाता।

इस सम्प्रदाय में दीक्षित स्त्री-पुरुष मन्दिर में आकर वर्ण, जाति और आचार छोड़कर जगज्जननी महाशक्ति की आराधना में तल्लीन हो जाते।

[3]

गणपति के मन्दिर के ठीक सामने मन्दिर के परकोटे का दरवाजा था। उसके ऊपर नौबतखाना था, जहाँ पहर-पहर पर चौघड़ियाँ बजती थीं। इस दरवाजे के दोनों ओर 'दीपाधार' थे और उनके ऊपर पत्थर में खोदे हुए दो वृषभ थे। दोनों दीपस्तम्भों पर खुदाई का अद्भुत काम हो रहा था। दाईं ओर के दीपस्तम्भ के पास चन्द्रकुंड था, जिसमें स्नान करनेवाले समस्त रोगों और पापों से मुक्त हो जाते थे।

दीपस्तम्भों के बीच होकर जाने पर सामने ही सभामंडप की सीढ़ियाँ आती थीं; उन पर चढ़कर मंडप में गर्भद्वार में से मार्ग जाता था। गर्भ-गृह के ऊपर बड़ा शिखर था, जिसके प्रत्येक स्तर पर देश-देश के कारीगरों ने अलग-अलग चित्र खोदे थे। उसी के ऊपर शम्भु की भगवी विजय-पताका फहराती रहती थी।

सभामंडप में चढ़ते ही दोनों किनारों पर काले पत्थर के दो ऐरावत हाथी खोदे गए थे, जिन पर इन्द्रराज पूजा के लिए आते हुए दिखाए गए थे। मंडप जैसा विशाल था वैसा ही भव्य था। उसके अड़तालीस स्तम्भ वृक्षावलियों से भरे वन का भान कराते थे। उसमें पाँच हजार मनुष्य एक साथ खड़े होकर दर्शन कर सकते थे।

मंडप के सामने पूर्वाभिमुख गर्भद्वार की ओर मुँह किए हुए पीतल का मोटा

नन्दी था। उसकी पूँछ का स्पर्श भी संसार-सागर से पार जाने के लिए परम साधन-रूप था, ऐसी मान्यता थी।

गर्भ-गृह में तीनों लोकों के स्वामी भगवान सोमनाथ विराजते थे।

सृष्टि के आरम्भ होने से पूर्व पुरुष और प्रकृति का जन्म हुआ। एक-दूसरे के ध्यान में मस्त—नारायण और नारायणी के रूप में—दोनों अनन्त जलराशि पर सोए; उस समय नारायणी की नाभि में से कमल निकला और उसके शतदलों की कान्ति करोड़ों सूर्यों के समान जगमगाने लगी। उसमें से हिरण्यगर्भ प्रकट हुए।

'मैं किसका पुत्र हूँ?' ब्रह्मा ने प्रश्न किया। इस प्रश्न का उत्तर पाने के लिए उन्हें सदियों तक कमल-नाल के चक्कर लगाने पड़े। आखिरकार वे थके और तप आरम्भ किया। तीव्र तपश्चर्या के अन्त में उन्हें पीताम्बर और चतुर्भुजधारी विष्णु के दर्शन हुए।

हिरण्यगर्भ ने अपने हृदय में घुमड़ता हुआ प्रश्न पूछा, 'मैं किसका पुत्र हूँ?' विष्णु ने उत्तर दिया, 'जगत् का स्रष्टा मैं हूँ और मेरे द्वारा तुम्हारा जन्म हुआ है।' इस अपमान को सहने में अशक्त ब्रह्मा क्रोधाभिभूत हो गए और विष्णु के साथ घोर युद्ध करने की ठानी। शतदल कमल के प्रकाश में तुमुल द्वन्द्व-युद्ध आरम्भ हुआ। उस समय युद्ध में मस्त इन दो योद्धाओं के बीच शत-शत ज्वालाओं से सुशोभित, प्रलय समुद्र के अग्नि-समूह के समान तेजस्वी, क्षय और वृद्धि से रहित, अनिर्वचनीय और अतर्कित सृष्टि का मूल-रूप यह ज्योतिर्लिंग प्रकट हुआ और तत्काल विष्णु ने वाराह और ब्रह्मा ने हंस का रूप धारण करके पाताल और आकाश में उसका पार पाने का प्रयत्न आरम्भ किया।

पहले इस लिंग के ऊपर चन्द्रमा ने स्वर्ण का मन्दिर बनवाया। जब सतयुग का भी आविर्भाव नहीं हुआ था, तब वहाँ अमृत का स्वामी, अखंड स्वरूप में स्थित बारहों महीनों की रात्रियों को शोभाशाली बनाता रहता था। लेकिन बृहस्पति की साध्वी स्त्री तारा को ललचानेवाला चन्द्र कर्तव्य-भ्रष्ट था। वह अपनी सत्ताईस पत्नियों में से केवल रोहिणी के पीछे ही उन्मत्त होकर घूमता रहता था। लापरवाह पति से ऊबकर उसकी अन्य छब्बीस पत्नियाँ अपने पिता दक्ष के पास रोती-झींकती पहुँचीं। दक्ष पुत्रियों का दुःख न देख सका। उसने क्रोध में आकर शाप दिया, 'तू क्षय-रोगी हो।' शाप सुनकर चन्द्रिकाहीन रात्रियों के अनुभव करने के भय से तीनों लोक थर-थर काँपने लगे।

प्रतिपल क्षीण होता चन्द्रमा, ससुर के शाप से जलता हुआ अन्त में इस ज्योतिर्लिंग की शरण में आया। उसने अनेक युगों तक तप किया। अन्त में इस लिंग ने तप से प्रसन्न होकर चन्द्रमा का क्षय रोका और वरदान दिया, 'पन्द्रह दिन क्षय होगा और पन्द्रह दिन वृद्धि होगी।' उसी समय इस लिंग को सोमनाथ कहकर

सम्मानित किया गया और ऋषियों एवं देवताओं ने चन्द्रकुंड की स्थापना की तथा चन्द्रमा ने स्वर्ण का मन्दिर बनवाया।

युग बीत गए। लंकाधिपति रावण ने जगत् को अपने अधिकार में करने के लिए यहाँ उग्र तप किया। शत्रु को रिझाने के लिए उसने एक के बाद एक मस्तक काटकर सोमनाथ के चरणों में रख दिए। अन्त में जब वह अन्तिम मस्तक काटने को तैयार हुआ तब कृपासिन्धु जैसे शिव प्रसन्न हुए और दसों मस्तकों को लौटाते हुए, रावण को बिठाकर उसे विश्व-विजय का परवाना दे दिया। उस समय रावण ने इस स्थान पर चाँदी का मन्दिर बनवाया।

जब द्वापर और कलि की सन्धि में यादवकुल-शिरोमणि श्रीकृष्णचन्द्र ने सोलह हजार एक सौ साठ पत्नियों-सहित इस लिंग की आराधना करके पुरुषोत्तम पद प्राप्त किया तब उन्होंने यहाँ चन्दनकाष्ठ का मन्दिर बनवाया।

कालान्तर में जब कलि का प्रभाव बढ़ा तब वल्लभीपुर के परम माहेश्वर राजाओं ने उसे पत्थर का कर दिया। ऐसा कहा जाता है कि जब यह मन्दिर बना तब विश्वकर्मा ने सहायता की और गन्धर्व-किन्नरों के गान और नृत्य द्वारा इसकी स्थापना हुई।

[4]

इस ज्योतिर्लिंग पर दिन-रात रुद्री होती, उसके सामने सभामंडप में सूर्योदय से मध्यरात्रि तक सतत नृत्य होता रहता।

दीपस्तम्भ के आगे होकर प्रदक्षिणा के मार्ग में पड़नेवाले परकोटे में तीन छोटे दरवाजे मिलते थे। एक में होकर पाशुपत मठ में जाते थे, जहाँ कि पूज्यपाद गंग सर्वज्ञ रहते थे।

ये शंकर के अवतार लकुलेश द्वारा स्थापित सम्प्रदाय के अधिष्ठाता थे। समस्त ज्ञान के भंडार होने से उन्होंने 'सर्वज्ञ' की उपाधि प्राप्त की थी। उनकी कीर्ति प्रत्येक लोक में व्याप्त थी। काश्मीर से कांची तक के शिष्य उनका गुणगान करते थे। देश-देश के राजा अपने मुकुटों की मणियों के तेज से उनके पैर धोते थे। उनकी छोटी-से-छोटी इच्छा में लोगों को भगवान सोमनाथ की आज्ञा सुनाई देती थी। उनकी गिनती देवताओं में नहीं थी, लेकिन उन्होंने ऐसा तपोनिधित्व प्राप्त किया था जो देवताओं को भी दुर्लभ था।

पीछे का दूसरा दरवाजा एक छोटे चौक में होकर जानेवाले को समुद्र की ओर के दरवाजे पर ले जाता था।

[5]

परकोटे में दक्षिण की ओर चौथा दरवाजा था। उनसे होकर नर्तकियों की बस्ती में जा पहुँचते थे। उसके चारों ओर भी एक छोटा-सा कोट था।

इस बस्ती में तीन-चार सौ नर्तकियाँ रहती थीं। कितनी ही गुजरातिनें थीं, जो गेहुएँ रंग और छोटे कद की थीं तथा मन्द-मन्द भावपूर्ण स्वर से देव की आराधना करती थीं। कितनी उत्तर की थीं। वे ऐसी भाषा बोलती थीं जो थोड़ी ही समझ में आती थी, लेकिन तीव्र ध्वनिवाली सारंगी पर अटपटे राग छेड़कर देव को रिझाने का प्रयत्न करती थीं। कितनी ही उनसे भी उत्तर के किसी पहाड़ी प्रदेश की लम्बी, छरहरी, गौरवपूर्ण और तेजस्वी थीं, लेकिन उनका कंठ कर्कश था और उनके राग में माधुर्य का अभाव दिखाई देता था। और कितनी ही दक्षिण की थीं। वे श्यामवर्ण और छोटी नाकवाली विचित्र अभिनय से नृत्य करतीं, मधुर स्वर से गातीं और किसी की समझ में न आनेवाली बोली बोलतीं।

ये सभी देवदासी देव-समर्पित थीं, नृत्य-गीत से देव की आराधना करना उनके जीवन का ध्येय था। ये चार सौ स्त्रियाँ दिन-रात अपना समय वस्त्राभूषण धारण करने में, संगीत-नृत्य सीखने अथवा सिखाने में या किसी पुरुष को विलास का पाठ पढ़ाने में लगाती थीं।

[6]

इस बस्ती में सब घरों से अलग एक छोटा और सुन्दर घर था। इस घर के सुन्दर चौक में एक पेड़ के नीचे खाट पर औंधी पड़ी हुई एक लड़की अपने सुन्दर छोटे-छोटे हाथों पर कपोलों को धरे हुए, चौड़े किए हुए पैरों को खाट पर पीट रही थी। दोपहर को सोकर उठने के बाद वह ऐसे पड़ी हुई थी। उसके चमकते हुए काले बाल सिंह के अयालों के समान सुन्दर थे और उसकी खुली हुई पीठ को आधा ढकते हुए घुटनों तक लहरा रहे थे। जैसे-जैसे वह अधीर होकर पैर पटकती थी, वैसे-ही-वैसे काले पानी के प्रवाह की भाँति वे उसके पैरों के ऊपर से बहते प्रतीत होते थे।

जैसे-जैसे उसकी अधीरता बढ़ती वैसे-वैसे उसके पैर जोर से गिरते और केशों की धाराएँ उछल-उछलकर पैरों के ऊपर से जोर से बहने लगतीं।

वह अठारह वर्ष की थी, लेकिन उसके शरीर की गठन पन्द्रह वर्ष की बालिका के समान थी और उसके मुख पर आठ वर्ष के बालक का माधुर्य और सरलता थी।

परन्तु उसकी तेजस्वी आँखों का गाम्भीर्य उसकी उम्र की अपेक्षा अधिक गहरा था।

उसके मस्तक पर बल पड़ते और मिट जाते। अभी तक उसकी माँ क्यों नहीं आई। सर्वज्ञ ही उसकी माता को न जाने क्यों इतनी देर तक बिठाए रखते थे। यह बुड्ढा हमेशा ऐसा ही किया करता था।

उसने गर्दन ऊँची करके सूर्यनारायण की ओर देखा। उसकी गर्दन की सुरेखा कमान के भी हृदय को कँपा देनेवाली थी। सूर्य ढलने लगा था और भगवान सोमनाथ के मन्दिर के सोने के कलश पर पड़नेवाली उसकी प्रभा सौम्य होने लगी थी।

उसने बहुत देर तक अपनी गम्भीर अन्यमनस्क आँखों को मन्दिर के शिखर पर गड़ाए रखा। आकाश को स्पर्श करते हुए इस शिखर की कारीगरी में आनुवंशिक शिल्पियों ने मध्यता का सत्त्व ढाल दिया था। चौला उसे कैलाश मानती थी। बचपन से वह सदैव उसके ऊपर जाती थी और उसके छज्जे पर खड़ी-खड़ी सागर की तरंगों की ताल के साथ नृत्य करती रहती थी।

कुछ ही समय में सूर्यास्त हो जाएगा—चौला की विचारधारा चली—और आरती शुरू हो जाएगी। फिर उसकी बारी—उसके जीवन की अपूर्व घड़ी आएगी। जब वह बच्ची थी तभी से उसके लिए उसकी माँ और बाप व्यग्र रहते थे। वह भी जब से समझने योग्य हुई थी, इसके लिए दिन-रात मेहनत कर रही थी। जिस क्षण के लिए वह जीती थी वह अब निकट आ गया था।

जगत् के नाथ सोमनाथ का रंजन करने के लिए उसकी माँ-जैसी तीन सौ नर्तकियाँ दिन और रात नृत्य किया करती थीं। लेकिन वह स्वयं सबसे अलग थी। किसी के भी पैर ऐसे सुन्दर और सबल न थे। किसी की कमर इतनी सुन्दरता के साथ नहीं लचकती थी। गंग सर्वज्ञ भी सदा उसे बुलाकर उसकी खबर पूछते और उसे विश्वास था कि वे स्वयं भी उसमें रस लेते थे। कई बार जब नाचते-नाचते उसके पैर थक जाते तो सोमनाथ उसे शक्ति देते थे। कई बार स्वप्न में त्रिशूलधारी ने दर्शन देकर उससे कहा था कि 'बेटी, तू मेरी सच्ची नर्तकी है।' और वह भी अपने देव की ही थी—तन और मन से, श्वास और प्राण से। जीवन-भर भगवान के चरणों में नृत्य करने के अतिरिक्त उसे और कुछ अच्छा ही नहीं लगता था। जीवन-भर नृत्य करना, 'जय सोमनाथ' की घोषणा के साथ नृत्य करते हुए देव के गर्भ-द्वार के आगे प्राण छोड़ना, इससे अधिक सुन्दर ध्येय उसकी कल्पना में आता ही न था।

[7]

देवालय की नृत्यशाला के नियमानुसार अठारह नृत्य-शास्त्रों, बारह अभिनय-शास्त्रों और सात संगीत-शास्त्रों में निष्णात अठारह वर्ष की बाल-नर्तकी को कार्तिक की एकादशी की आरती के समय प्रथम बार देव के आगे नृत्य करने का अधिकार मिलता था। उस धन्य पल में एक बाल-पुष्प विकसित होता, देव को समर्पित होता और फिर उसका अवशिष्ट अंश रोज नृत्य करती नर्तकी के रूप में सूखता रहता।

चौला को इस क्षण-भर के प्रकाश के पीछे छिपे अन्धकार का ज्ञान न था। आज वह नृत्य करेगी; स्वयं सोमनाथ उस पर प्रसन्न होंगे। उसको प्रसन्न करने के लिए क्या उसने कम तप किया था? नृत्यकला में पारंगत होने के लिए उसने इन्द्रियों का दमन कर डाला था। न उसने आहार बढ़ाया था, न निद्रा बढ़ाई थी और न पुरुष का स्पर्श किया था। सोमनाथ अवश्य प्रसन्न होंगे और, और...सदैव एकादशी और शिवरात्रि को देव उसके अतिरिक्त और किसी का नृत्य देखेंगे ही नहीं, उसे पूरा-पूरा विश्वास था। बहुत बार पौ फटने से पहले ही निर्जन सभामंडप में जाकर उसने सोमनाथ की आराधना की थी और वरदान माँगा था कि मुझे ऐसी अपूर्व कला दो, जिसकी कोई कल्पना तक न कर सके। और देव ने यह वरदान देना स्वीकार किया था; इसलिए आज वे देंगे और फिर वह नाचेगी तथा उसके भोले शम्भु रीझेंगे।

उसने फिर से मन्दिर के शिखर की ओर देखा। उस शिखर पर भगवी ध्वजा हवा में फहरा रही थी। उसकी ओर वह न जाने कब तक देखती रही।

फहराती हुई ध्वजा की लहराती हुई गति उसे हमेशा मुग्ध करती रहती थी। जहाँ कोई नृत्य करता होता वहीं उसका हृदय पहुँच जाता। फहराती हुई ध्वजाओं, नाचती हुई तरंगों, लहराती हुई शाखाओं को देखकर उसके हृदय में स्नेह उमड़ने लगता। वह स्वयं इन सबकी कुटुम्बी थी। तालबद्ध सौन्दर्य इन सबका सामान्य लक्षण था। और इन सबके अधिष्ठाता भोले शम्भु में ही चौला का जीवन लीन हो गया था। उसके मन में दो को ही स्थान था—एक भगवान नटराज और दूसरी वह स्वयं—उनकी बाल-नर्तकी। शेष जगत् तो केवल ओलों का ही बना हुआ था।

"चौला! चौला! उठ, तू पड़ी क्यों है?" गंगा की आवाज आई। चौला के मुख पर उत्साह छा गया। उसने कुछ ऊँची होकर पीछे देखा और उसकी गर्दन तथा कन्धों की रेखाओं में भरा हुआ माधुर्य स्पष्ट हो उठा।

"उठ! उठ!" गंगा आई, "तुझे खबर है कि आज कौन आया है?"

"लेकिन मेरे कपड़े लाई कि नहीं?"

"ये रहे," हँसते हुए गंगा ने कहा।

गंगा की उम्र ढलने लगी थी। उसके बालों में सफेद लटें चाँदी के तार के समान चमकती थीं। लेकिन उसमें, उसकी चाल में, उसकी आवाज में अब भी आकर्षण था; उसके स्वर में अब भी सौन्दर्य झरता था। उसने पच्चीस वर्ष तक सोमनाथ के देवालय में नृत्यकला की अधिष्ठात्री का पद किस प्रकार भोगा था, इस बात का पता शीघ्र चल जाता था।

उसकी आँखें उसकी पुत्री के समान नहीं चमकती थीं, परन्तु वैसे ही सुन्दर और गम्भीर थीं। लेकिन इस समय वह पुत्री को देखकर हँस रही थी। इन वृद्ध होती हुई आँखों में भी भाव-प्रदर्शन की क्षमता अभी कम नहीं हुई थी।

चौला ने माँ के हाथ पर रखे हुए वस्त्र और आभूषण देखे तो एकदम दौड़कर उसके पास पहुँची। वस्त्र और आभूषण जैसे उसके प्राण हों, ऐसे वह उन्हें देखती रही–एक दृष्टि से और एक श्वास से।

"माँ! माँ! क्या ये सब मेरे लिए हैं।"

"हाँ, उन्होंने ये तेरे लिए देश-देश से मँगाए हैं।"

उसकी माता गंग सर्वज्ञ का उल्लेख बिना सर्वनाम के शायद ही कभी करती थी। ऐसा करने में क्या रहस्य है, इसकी कल्पना करके चौला सदैव हर्षित होती रहती थी। 'हैं?' उसने कहा।

"हाँ, और आज कौन आया है, इसकी खबर है?"

"नहीं तो। कौन है?"

"पाटण का राजा भीमदेव।"

"ऊँह," कहकर चौला ने एक हार उठाया और गले में पहनने लगी।

"क्यों?" माँ ने कहा, "क्या गुर्जर भूमि का राजा तुझे तुच्छ जान पड़ता है?"

"मुझे? मुझे तो अपने सोमनाथ को छोड़कर किसी की भी परवाह नहीं है।"

"मेरी भी नहीं?" माँ ने हँसते हुए उसके गाल पर एक चपत लगाई।

"तू? माँ! माँ! तेरे बिना कैसे चल सकता है?" कहकर चौला अपनी माँ के गले से लिपट गई।

इस पूरी बस्ती पर चौला की 'माँ' राज्य करती थी–उसी प्रकार जिस प्रकार उससे पूर्व उसकी दादी ने किया था। गंगा के कारण सभी नर्तकियाँ थर-थर काँपती थीं। नृत्य, गीत और अभिनय में उसे क्या नहीं आता था, यह कोई नहीं कह सकता था। किसी भी नर्तकी के स्वरभंग, तालभंग और मुद्राभंग को वह झट पकड़ लेती और इस त्रुटि के लिए वह त्रुटि करनेवाले की बुरी तरह खबर लेती। किसको कौन-सा घर देना है, कितने वस्त्राभूषण देने हैं, कब छुट्टी देनी है, यह सब उसके हाथ में था।

गंगा के पैरों में अब भी पच्चीस वर्ष की युवती का बल और छटा थी। जिस समय वह नाचती उस समय यात्री-वृन्द दंग होकर देखता रह जाता। ऐसा कहा जाता था कि उसने भगवान सोमनाथ का साक्षात्कार किया था, लेकिन उसके अधीन रहनेवाली नर्तकियाँ इस बात का विश्वास नहीं करती थीं।

उसकी सत्ता और सर्वश्रेष्ठता का कारण कुछ और ही था, ऐसा ईर्ष्यालु लोगों का मत था। समस्त नर्तकियों में अकेली वही गंग सर्वज्ञ के पास जा सकती थी और चाहे जो करा सकती थी। निन्दक कहते थे कि गंगा के माँगने से पहले ही गंग माँगी हुई वस्तु को सामने रख देते थे। वृद्ध इन दोनों के बचपन की कुछ दन्तकथाएँ भी कहते थे, परन्तु वे सच थीं या झूठ, यह कोई नहीं कह सकता था। लेकिन हर सोमवार को रात्रि के समय जब गंगा मन्दिर में नृत्य करती थी तब सर्वज्ञ वहाँ आना नहीं भूलते थे। कितने ही द्वेषी तो चौला की मुखाकृति में ब्रह्मचारी सर्वज्ञ की मुखाकृति खोजने का सफल प्रयत्न करते थे और उन रेखाओं के समान न होने पर भी उनकी समानता के कारण खोज लेते थे।

जैसे गंगा की माँ ने उसे तैयार किया था वैसे ही गंगा ने चौला को अपने पद के लिए तैयार किया था। जितनी कला उसे आती थी उतनी उसने अपनी लड़की को सिखा दी थी। यौवन में जैसी वह सुन्दर थी उससे भी अधिक सुन्दर उसकी लड़की थी। और उसने ऐसी युक्ति सोची थी कि जिससे सर्वज्ञ के पट्टशिष्य शिवराशि का ध्यान चौला के ऊपर रहे। कालान्तर में जब उसकी शक्ति का प्रसार होने लगे तब नर्तकियों का राजदंड चौला सँभाल ले, यह उसके हृदय की सबसे बड़ी हौंस थी। केवल कभी-कभी उसे चौला के ऊपर अविश्वास होता था। लड़की दुनियादार न थी। वह नाचती, गाती और सोमनाथ का ध्यान किया करती। देव को समर्पित दासियाँ देव की ही रट लगाती रहें, यह बात गंगा ने भी दूसरी नर्तकियों को सिखाई थी। लेकिन उसे आचरण में लाने पर अनेक कठिनाइयाँ उपस्थित हो जाती थीं, इस बात का गंगा को अच्छी तरह पता था। चौला को भी पीछे चलकर इस बात का पता चल जाएगा, ऐसा उसकी माता मानती थी। कभी-कभी तो उसके मन में यह संशय भी उठता कि प्रौढ़ होने पर भी उसे समझ आएगी या नहीं।

आज गंगा की परीक्षा थी। चौला आज पहली बार महा-शिवपूजा के अवसर पर नृत्य करनेवाली थी। इस अवसर के लिए उसने कितने ही वर्षों से तैयारी की थी। गत वर्ष जब सर्वज्ञ ने उसके सम्बन्ध में कहा था तो गंगा ने यह कहकर कि अभी चौला बच्ची है, अभी उसकी शिक्षा अधूरी है, बात उड़ा दी थी।

नृत्यांजलि

बाहर दीपस्तम्भ पर हजारों दीपक जल रहे थे। परकोटे पर चारों ओर दीपावली जगमगा रही थी। भगवान सोमनाथ की आरती का समय हो चुका था, इसलिए सभामंडप में लोगों की भीड़ जमा हो गई थी।

सभामंडप के स्तम्भ-समूह के सुनहरे दीपकों की बत्तियाँ जलाई गईं। छत और खम्भों पर जो त्रिपुरारि के पराक्रम का अंकन था वह ऐसा प्रतीत होने लगा जैसे सजीव हो गया हो। छत में चार-चार खम्भों के बीच सोने की जंजीरों में लटकते हुए घंटों का नाद अधिकाधिक सुनाई देने लगा। जैसे-जैसे लोगों की भीड़ बढ़ने लगी वैसे-वैसे 'जय सोमनाथ' की घोषणा भी बढ़ने लगी।

गर्भ-गृह की छत में लटकते हुए रत्नजटित दीपक जल रहे थे और बीच में छाती जितना ऊँचा सोमनाथ का लिंग, पुष्प और बेलपत्रों में ढका हुआ, कैलाश पर्वत का आभास दे रहा था। उसके ऊपर बड़ी सोने की जलधारी से पानी टपक रहा था। चारों वेदों में पारंगत श्रोत्रिय पुरुष-सूक्ति के पाठ द्वारा महाशिव का पूजन कर रहे थे।

सहसा नौबतखाने में नगाड़े और शहनाइयाँ बज उठीं और लोगों में धक्का-मुक्की शुरू हो गई। पन्द्रह अलमस्त बाबा आए और जगह करने लगे। ये लोग झटपट हट गए और गर्भ-द्वार के सामने जगह हो गई।

एक बाबा ने जोर से शंख बजाया और उसकी प्रचण्ड ध्वनि चारों ओर फैल गई। लोग चुप हो गए और टकटकी लगाकर सभामंडप की सीढ़ियों की ओर देखने लगे।

पहले एक ऊँचे, साठ वर्ष के गौरवर्ण वृद्ध ने प्रवेश किया। वह व्याघ्रचर्म धारण किए हुए था और सारे शरीर पर भस्म पुती हुई थी। उसने अपनी आधी सफेद हुई दाढ़ी को गाँठ लगा ली थी। उसके बाईं ओर कन्धे पर दूज की चन्द्रकला

के समान जनेऊ लटक रहा था। उसे आता देखकर बहुत-से लोग हाथ जोड़कर खड़े हो गए, बहुत-से उसके चरणों में लेट गए और कितने ही साष्टांग दण्डवत् करने लगे। चारों ओर से 'जय सर्वरूप', 'जय सर्वज्ञ' की ध्वनि सुनाई देने लगी।

इस वृद्ध के ललाट पर त्रिकाल ज्ञान का प्रकाश पड़ रहा था। उसकी आँखें निर्मल, गम्भीर और सद्भावनापूर्ण थीं। उसकी दृष्टि प्रत्यक्ष जगत् के परे किसी प्रकाश-बिन्दु को खोजती प्रतीत होती थी। शम्भु की सेना और पाशुपत मत की विजय के लिए गंग सर्वज्ञ ने जीवन में जो संस्कार ढाले थे वे पग-पग पर प्रकट हो रहे थे। जब वह सत्ताईस वर्ष की उम्र में मठाधिपति बना था, पाशुपत सम्प्रदाय की कीर्ति अस्त होने लगी थी। आज देश-देश के राजा उसके मुख से निकले हुए शब्दों को ब्रह्म-वाक्य समझते थे। उसकी एकनिष्ठ सेवा से समस्त भरतखंड में सोमनाथ की कीर्ति व्याप्त थी।

सर्वज्ञ के पीछे तीन लोग आए। पहला सर्वज्ञ का पट्टशिष्य शिवराशि था। यद्यपि उसकी पोशाक गुरु-जैसी ही थी, तथापि उसके मुख पर विद्या की अपेक्षा व्यावहारिकता अधिक स्पष्ट दिखाई देती थी।

उसके साथ आनेवाला पुरुष कद में ऊँचा और बलिष्ठ जान पड़ता था। मशालों का प्रकाश उसके श्यामल चेहरे को ताँबे की भाँति चमकाकर उसकी मोटी और काली आँखों से टकराकर लौट आता था। उसके मुख पर उसकी आँखों में और उसके सम्पूर्ण व्यक्तित्व में कुछ ऐसी सरलता, कुछ ऐसी निडरता, कुछ ऐसी विश्वसनीयता थी जिसे देखकर ऐसा प्रतीत होता था कि उसका जन्म संसार की प्यारी-से-प्यारी वस्तु का दान प्राप्त करने के लिए हुआ है। वह थका हुआ होने पर भी अपनी चाल से किसी राजघराने का लगता था और इस प्रभाव को उसके मस्तक पर बँधा बड़ा साफा, कमर पर लटकी हुई लम्बी तलवार और कन्धे पर धरा हुआ बड़ा धनुष व्यक्त करते थे। उसे देखकर ऐसे शेर का ध्यान आता था, जो थका हुआ होने पर भी झपट्टा मारने के लिए तैयार रहता है।

उसके साथ आनेवाला तीसरा पुरुष विधाता ने दूसरे से बिलकुल अलग बनाया था। वह शरीर से छोटा होने पर भी सुन्दर था। उसका गौरवर्ण, सुन्दर मुख, तेजस्वी और चंचल आँखें, छोटी और सुडौल अँगुलियाँ इस बात की सूचक थीं कि वह किसी सौभाग्यशाली सामन्त का लाडला है। उसे देखकर पहले कोई उसे बालक समझता परन्तु उसके दबाए हुए होंठ और अडिग रेखाएँ उसे ऐसा प्रतापी बना देतीं कि उसे बालक समझनेवाला शीघ्र ही अपनी धृष्टता के लिए थर-थर काँपने लगता। उसने भी कमर पर तलवार बाँध रखी थी, लेकिन निरर्थक शस्त्रों का भार वहन करने का उसे चाव नहीं था।

सर्वज्ञ 'नमः शिवाय' कहनेवालों से 'शिवाय नमः' कहते हुए और हाथ लम्बा

करके आशीर्वाद देते हुए गर्भद्वार के पास आए। एक व्यक्ति के तैयार किए हुए बेलपत्र उन्होंने लिये और गर्भगृह में दंडवत् प्रणाम करके उसके द्वारा देव का पूजन किया। फिर राजा भी जिसको पूजने में गर्व का अनुभव करते थे ऐसे गंग सर्वज्ञ ने नम्रतापूर्वक दयालु बनकर, हाथ जोड़कर शीश नवाते हुए देव का ध्यान किया। उसके बाद एक शिवभक्त ने आरती तैयार की और सर्वज्ञ ने उसको लेकर आरती की।

आज चौदह वर्ष हो गए, सन्ध्या समय, बिना एक दिन भी भूले हुए, सर्वज्ञ जब अपने हाथों देव की आरती उतारते तब यात्री गूँगे मुँह से 'नमः शिवाय' बोलते। हजारों घंटों का नाद गूँज उठता और नगाड़े देव-दुन्दुभियों की भाँति बज उठते। उस समय सर्वज्ञ हृदय की भक्ति को इस प्रार्थना के रूप में व्यक्त करते।

गंग सर्वज्ञ ने आरती पूरी की और 'जय सोमनाथ' का उच्चारण किया। शीघ्र ही उनके आसपास खड़े हुए लोगों ने उस घोषणा को उठा लिया। घोषणा का प्रभाव सभामंडप में होकर फैला, यात्रियों में बहा और बाहर प्रलय-समुद्र के गर्जन की भाँति चारों ओर व्याप्त हो गया। एक क्षण के लिए समस्त प्रभास सोमनाथमय हो गया।

और यात्रियों का समूह आरती लेने में डूब गया।

शिवपूजा की पूर्णाहुति हुई और गंग सर्वज्ञ बाहर आकर एक स्वर्ण के सिंहासन पर बैठे। उनके पास ही शिवराशि और वे अतिथि बैठे।

''भीमदेव, बेटा,'' सर्वज्ञ ने राजा जैसे लगनेवाले अतिथि से कहा, ''आखिर धाराधीश ने गाँव दिए तो सही।''

भीमदेव प्रेमपूर्वक आगे आया और कहने लगा, ''लेकिन महाराज, मन्दिर का जीर्णोद्धार तो मैं ही कराऊँगा।''

''जैसी तेरी भक्ति और देव की इच्छा,'' सर्वज्ञ ने हँसकर कहा। और कुछ आदमियों के चरण-स्पर्श कर जाने के बाद पूछा, ''कब आओगे?''

''आगामी वर्ष, क्यों विमल?'' भीमदेव ने मन्त्री की ओर मुड़कर कहा।

''हाँ अवश्य,'' हँसते हुए उसके सुन्दर साथी ने कहा, ''यदि आदीश्वर करेंगे तो तब तक महाराज के हाथ में मालवा भी आ जाएगा।''

सर्वज्ञ कुछ गम्भीर होकर उसे देखते रहे। आदीश्वर का नाम और मालवा के साथ युद्ध, ये दोनों विषय उन्हें अच्छे नहीं लगे।

''अब नृत्य का समय हो गया,'' सर्वज्ञ ने कहा।

सहसा दरवाजे पर लोगों का हल्ला मच गया और बात अधूरी रह गई। तलाश करने पर मालूम हुआ कि अन्दर जाने की खींचातानी में कोई कुचल गया था। चिल्ल-पुकार मची और मशालची इधर-उधर दौड़ने लगे।

थोड़ी देर बाद शान्ति हो गई और परकोटे के दक्षिण की ओरवाले दरवाजे से

सभामंडप तक डोरी बाँधकर जो अलग रास्ता बनाया गया था, उसकी ओर सब लोग देखने लगे।

पहले दो मशालची आए। पीछे गंगा आई–चमकदार पोशाक पहने। उसके पीछे सफेद कपड़ों में लिपटी एक छोटी-सी स्त्री आई। उसके पीछे छह नर्तकियाँ आईं। साथ ही मृदंग और वाद्य बजानेवाले भी आए।

ये सब सभामंडप में आए और पृथ्वी पर झुककर महादेव को नमस्कार करने लगे। सर्वज्ञ की आँखें भावमयी होकर सफेद कपड़ों में ढकी स्त्री पर जा ठहरीं।

"आज तो नई नर्तकी नृत्य करनेवाली होगी?" भीमदेव ने शिवराशि से पूछा और उसने गरदन हिलाकर 'हाँ' कही।

"कौन है? क्या नाम है?" विमल मन्त्री को भी उत्सुकता हुई। शिवराशि ने चुप रहकर जवाब देने से इनकार किया।

और गंगा ने देव का यशगान प्रारम्भ किया।

उसके कंठ में से माधुर्य की सरिता बहती थी। उस सरिता में भक्ति तैरती, भाव तैरता और स्तवन भी तैरता। वह गाती तो शंकर की स्तुति थी, लेकिन उसका उद्‌देश्य था सर्वज्ञ को रिझाना। उसकी आँखें जितनी बार देव पर टिकतीं उससे अधिक बार सर्वज्ञ की खोज करतीं। वह अकेली उसके लिए ही गाती–सर्वज्ञ अधमुँदी आँखों से उसे ही सुनते। वे समस्त शास्त्रों के साथ संगीतशास्त्र में भी पारंगत थे और गंगा के सिवाय किसी भी दूसरे व्यक्ति का संगीत उनकी कसौटी पर खरा नहीं उतरा था।

संगीत रुका, गंगा ने दृष्टि द्वारा सत्कार की याचना की और सर्वज्ञ ने आधी आँख खोलकर उसका सत्कार किया। दोनों की दृष्टि श्वेत वस्त्र में लिपटी स्त्री की ओर एक साथ गई।

"अब नृत्य शुरू करो," सर्वज्ञ ने धीरे-से कहा।

और उनकी दृष्टि के सामने एक अविस्मरणीय प्रभात उदय हुआ। एक पल-भर में उन्नीस वर्ष संकलित हो गए...अर्बुदाचल सामने आकर खड़ा हो गया, जहाँ छह महीने तक पवित्रता की खोज में उन्होंने पंचाग्नि का सेवन किया था। वहाँ से लौटकर देव की सेवा तथा भक्तों और शिष्यों के सम्पर्क में उनको जिस अद्‌भुत उत्साह का अनुभव हुआ था, उसका स्मरण आया।

आधी रात हो गई, पर उल्लास का ज्वार नहीं उतरा। वे सो न सके, मानो कोई दूर से बुला रहा हो। हाथ में दंड लेकर वे बाहर आए और समुद्र-तट पर अस्तंगत तारों के प्रकाश में घूमने लगे।

वहाँ जैसे समुद्र से कोई लक्ष्मी आती हो, ऐसी एक सुन्दरी मिली। सूर्य के प्रकाश में वह अपार्थिव प्रतीत हुई। वह चित्र भी भुलाया न जा सका था। उन्होंने

पूछा था, “कौन है?”

सुन्दरी ने जवाब दिया था, “यह तो मैं हूँ।” यह शब्द, यह आवाज उन्हें याद थी।

उन्होंने शीघ्र पहचान लिया। यह थी नर्तकियों की प्रधान की पुत्री, अपने कोकिल-कंठ से शिव-स्तवनों को भी कौमुदीय अमृत की वर्षा करने के योग्य बनानेवाली देवी। वे जानते थे कि वह है तो नर्तकी लेकिन शिवभक्ति में अचल है। उनकी सेवा उसका श्वास और प्राण थी।

सर्वज्ञ रुके, अन्तर का उल्लास बाहर उमड़ा, “तू कहाँ से?”

“अभी नहीं, मुझे भगवान के सम्मुख नृत्य करना है।”

“इस समय? अकेली? देव से क्या वर माँगती है?”

और वह नीचे देखती रही। उन्नीस वर्ष बीतने पर भी वे इस प्रसंग को भूले न थे।

“देव और आपकी सेवा,” धीरे-से उसने कहा था और सहसा उसके हृदय में समझ में न आनेवाला बवंडर उठ खड़ा हुआ था। सर्वज्ञ से कोई बात छिपी न थी। इस समय उनको भीलनी के नृत्य द्वारा शिव के हृदय में उत्पन्न ज्वाला की लपटें छूने लगी थीं। उनको देव की आज्ञा सुनाई दी थी।

प्रस्तंगत तारों का प्रकाश, सागर-संगीत का नशा, प्रातःकाल की मादक वायु की तरंगें, अब भी उनके स्मृतिपट पर ज्यों-के-त्यों अंकित थे।

यह स्मृतिस्वप्न क्षण-भर में पूरा हो गया और उन्होंने स्थिर स्वर से कहा, “नृत्य का समय हो गया।”

उनका हृदय आनेवाले आशामय क्षणों की बाट देख रहा था।

छोटी-सी चौला श्वेत परिधान से वस्त्राभूषणों को ढँके हुए, नीचा मुँह किए बैठी थी। उसका हृदय इतने जोर से धड़क रहा था जैसा कभी न धड़का हो और उसके कानों में सन्नाटा गूँज रहा था।

उसे सर्वज्ञ की आवाज सुनाई दी। माँ से 'उठ' शब्द सुनकर वह काँपते हुए पैरों से उठी। पैर कैसे उठेंगे? नृत्य और अभिनय का एक भी प्रकार उसे याद नहीं; कैसे नृत्य होगा? उसकी आँखों के आगे धुन्ध-सी छा गई।

लेकिन उसके अन्तस्थल में श्रद्धा थी। उसके सोमनाथ ने उसे कभी छोड़ा नहीं था और इस समय तो वे सामने ही थे। उसने मूर्ति की ओर देखा—यह थे उसके साक्षात् देव, उसके प्राण, उसके नाथ! उसने प्रणाम किया।

गंगा की आवाज सुनाई दी, “सर्वज्ञ के पैर छूना।”

“अवश्य!” उसके पगों में शक्ति आई। वह गई और सर्वज्ञ के पैर छुए। मठाधिपति हँसे। वह आशीर्वाद था...और अस्तंगत तारे, तरंगित सागर और प्रभात की लहरें उसके स्मृतिपट पर क्षण-भर को फिर तैर गए।

चौला उठी। सर्वज्ञ के पास बैठे शिवराशि को उसने देखा। पास बैठे दो अपरिचित युवकों की रस-भरी आँखों को उसने अपने को टुकुर-टुकुर देखते पाया। वह पीछे खिसकी, उछली और सभामंडप के बीच, रत्नजटित दीपकावलियों के चन्द्रिका मनोहर प्रकाश में, ऊपर के वस्त्र को हटाकर, उसके ढेर के बीच वह श्वेत कमल से उत्पन्न लक्ष्मी की भाँति खड़ी हो गई।

प्रेक्षक-समूह मुग्ध और मूक था। कोमल कदली के समान नूपुरों से शोभित पैरों पर, सुनहरी ज़री की गाँठ से बाँधे हुए लहँगे के ऊपर चमकती मेखला में से, किसी सुन्दर मन्दिर के निकले हुए अद्‌भुत शिखर की भाँति उसकी नाजुक कमर, गौरवपूर्ण पेट, हीरों से जगमगाता हुआ अदृश्य स्तन-मंडल, सुन्दर भूरे रंग की रेखाओं से शोभित गरदन और बालक के समान अत्यन्त मनोहर मुख निकले। उसके मुख पर पार्थिव सुन्दरी की अपूर्व रेखाएँ नहीं थीं, देवांगनाओं की भव्यता नहीं थी, मात्र छोटी बालिका की सुकुमारता न थी; वह तो किसी सुन्दर स्वप्न में क्षण-भर देखा हुआ, नव-मंजरियों द्वारा निर्मित मधुर निर्दोषता के सार के समान, बालवसन्त का मुख था।

लेकिन चौला को अपने रूप का तनिक भी ज्ञान नहीं था। आसपास की पृथ्वी है भी कि नहीं, इसका भी उसे ठीक पता न था।

उसकी आँखें तो टिकी हुई थीं दूर, अपने सोमनाथ के लिंग पर; जिसको रिझाने के लिए उसने इतने वर्षों से एकाग्रचित्त होकर तपस्या की थी, उस अपने जीवन-सर्वस्व पर। अहा! भोले शम्भु उसकी बाट देख रहे थे, उसका नृत्य देखने के लिए अधीर हो रहे थे, उसे वाहवाही देने को तत्पर थे। शीघ्र उसके पगों में चेतना आई। झाँझ की अविरत झंकार के साथ वह, वेगवती सरिता के प्रवाह की भाँति सीधी गर्भद्वार तक आई और मृदंग का ठेका शुरू हुआ।

चौला की शिराओं में रुधिर का वेग बढ़ा। यह चौला न थी, पर्वत-कन्या थी; यह सोमनाथ का मन्दिर न था, तपस्या में अविचल उसके प्राण थे। वह पार्वती के रूप में पूजा कर रही थी। उसके पैर, उसके हाथ, उसकी कमर, उसकी गरदन पूजा करती हुई पार्वती के भावों को बना रहे थे। उसके मुख पर भोली-भाली पागल पुजारिणी का भाव था; उसकी आँखें आतुर और भक्ति-भावापन्न थीं। उसने खड़ी रहकर, बैठकर, झुक-झुककर पूजन किया। हाथ के अभिनय द्वारा उसने अक्षत-चन्दन चढ़ाए, दोनों हाथों से पुष्प समर्पित किए। उसके समस्त अंगों की मरोड़ से शम्भु को रिझाने की तड़प निकल रही थी।

पुजारिणी थकी। पग शिथिल हुए; हाथों में शिथिलता दिखाई दी; मुख पर खिन्नता आई; संगीत मन्द हुआ; ताल का ठेका धीमा हुआ; उसके मुख का उत्साह धीरे-धीरे लुप्त हुआ, दयनीयता भी आती गई; आँखों में निराशा छाने लगी।

चौला अभिनय नहीं करती थी। जैसा पार्वती ने तप किया था वैसा ही उसने किया था और अब वह शम्भु को रिझाने बैठी थी। यदि वे न रीझें तो? आन्तरिक भावना से नृत्य को अपने वश में कर लिया था।

तत्क्षण उसका भाव बदला। उसने कामदेव को आता देखा। उसके मुख पर उमंग खेलने लगी। अभिनय में चेतना आई, पग के ठेके धीमे होने पर भी आशापूर्ण हुए। धीमे-धीमे पग आशापूर्ण ताल पर नाचने लगे।

वह चौंकी—आशापूर्ण होकर। उसका आधा शरीर टेढ़ा हुआ; उसके विह्वल नेत्र स्थिर हो गए और धीरे-धीरे पीछे लौटी। कामदेव का शर शम्भु को लगा और वह चावसहित, नयनों में प्राणवानता लिये, कुछ शरमाती, कुछ गर्व में शम्भु के पास आई। चौला ने लिंग की ओर देखा और उसे लगा कि शम्भु मान गए।

पीछे खड़ी हुई छह नर्तकियों ने सरदा के मीठे स्वरों पर महादेवजी की वाणी का उच्चारण किया :

किं मुखं किं शशांकश्च किं नेत्रो चोत्पले च किं।
भ्रुकुट्यौ धनुषी चैते कन्दर्पस्य महात्मनः।
अधरः किं च बिम्बं किं, किं नासा शुकचंचुका।
किं स्वरः कोकिलालापः किं मध्ये चाय वेदिका।[1]

पार्वती विरह-विह्वल होने पर भी खिंचती और शरमाती पीछे हटी, नितम्ब बारी-बारी से विजयोल्लास प्रदर्शित करने लगे। मन्द हास्य और ससंभ्रम मुख से, उत्तरीय से स्तन-मंडल ढकती-ढकती, धीमे, संकुचित पगों से गर्व में ठुमकती, पीछे पग रखती, वह पीछे हटी।

वह फिर चौंकी, घबराई और रुकी। नर्तकियों ने गाया :

किं जातं चरितं चित्रं किमहं मोहमागतः।
कामेन विकृताश्चाद्य भूत्वापि प्रभुरीश्वरः।
ईश्वरोहं यदीच्छेयं परांग स्पर्शनं खलु।
तर्हि कोऽन्योक्षमः क्षुद्र किं किं नैव करिष्यति।[2]

सर्वज्ञ से न रहा गया और उन्होंने पीछे की कड़ी जोड़ी :

---

1. यह मुख है या चन्द्रमा? ये नेत्र हैं या कमल? यह महात्मा कामदेव का धनुष है या भृकुटि? ये अधर हैं या बिम्ब? यह नासिका है या तोते की चोंच? यह स्वर है या कोकिला की काकली? यह मध्य भाग है या वेदिका? **—शिवपुराण**
2. ईश्वरीय और प्रभु होने पर भी कामान्ध होने के कारण आज मेरे व्यवहार में क्यों विचित्रता आ गई है और क्यों मैं मोह के वश हो गया हूँ? ईश्वरीय होने पर भी मैं जब परस्त्री के अंगों का स्पर्श करने की इच्छा रखता हूँ तब क्षुद्र व्यक्ति क्या-क्या निन्दनीय कार्य नहीं करते होंगे।

एवं वैराग्यमासाद्य पर्य्यंकोत्सारणं च तत्।
वारयामास सर्वात्मा परेशः किं पतेदिह॥[1]

और चौला का शरीर काँपने लगा। उसके घुँघरुओं में घबराहट आई। भयभीत होकर अंग-प्रत्यंग से काँप उठी।

मदन मारा गया और मित्र की मृत्यु से पागल हुई पार्वती ने नृत्य और मुखाकृति द्वारा रुदन आरम्भ किया। लेकिन शिवजी अन्तर्धान हो गए और मित्रवियोग का रुदन विरह का हो गया। मृदंग सिसकने लगा। चौला के पैर लड़खड़ाने लगे। उसके हाथों में निराशा थी और आँखों में क्रन्दन। वह रोई, वह चीखी और अन्त में देव के ऊपर दृष्टि गड़ाकर ध्यान करने लगी। मुखाकृति में दृढ़ता आई, झंकार में स्थिरता आई, अभिनय में तपस्विनी का गौरव आया, अंगों में कठोरता आई। उसने अभिनय द्वारा आसन लगाया, अँगुलियों द्वारा ध्यान की मुद्रा बनाई, नेत्रों को नासिकाग्र में स्थित करके धीमे-धीमे मन्द पड़नेवाले मृदंग के साथ ध्यान करना आरम्भ किया। वह स्थिर हुई–समाधिस्थ हुई–

–और वह वृद्ध ब्राह्मण अतिथि के सत्कार करने के भाव का प्रदर्शन करती रही। उसने अभिनय द्वारा हाथ धोए, पग मोड़कर प्रणिपात किया, झाँझ की झंकार से सत्कार प्रकट किया और एकाग्र चित्त से ब्राह्मण से वचन सुनती रही :

इन्द्रादि लोकपालांश्च हित्वा शिव मनुव्रता।
नतत्सूक्तं हि लोकेषु विरुंद्ध दृश्यतेऽघुना॥
क्व त्वं कमलपत्राक्षी क्वासौ वै त्रिविलोचनः।
शशांक वदना त्वं च पंचवक्त्रः शिवः स्मृतः॥[2]
वेणी सिरसो ते दिव्या सर्पिणीव विभासिता।
जटाजूटं शिवस्येव प्रसिद्धं परिचक्षते।
चन्दनं च त्वदीयांगे चिताभस्म शिवस्य च॥
क्व दुकूलं त्वदीयं वै शांकरं क्व गजाननम्।
क्व भूषणानि दिव्यानि क्व सर्पाः शंकरस्य च॥[3]

---

1. इस प्रकार विवेक को प्राप्त करके सर्वात्मा शंकर ने उस सुन्दरी को पर्यंक पर बैठने से रोका। कारण, क्या कभी ईश्वर भी मोह में पड़ते हैं?
2. इन्द्रादि लोकपालों को छोड़कर जो तू शिव को चाहती है, यह तुझे शोभा नहीं देता। कारण, यह लोक-विरुद्ध है। क्यों विरुद्ध है, इसका कारण सुन। कहाँ तो कमलदल के समान नेत्रवाली तू और कहाँ तीन नेत्रवाले शिव!
3. तेरे दिव्य केशों की सुन्दरता वर्णन करने की भी किसी में शक्ति नहीं है, जबकि शिव के मस्तक के ऊपर जटा-जूट तो प्रसिद्ध है, तेरे अंगों में चन्दन और शिव के अंग में भस्म; कहाँ तेरा रेशमी वस्त्र और कहाँ शिव का हस्तिचर्ममय अशुभ वस्त्र! कहाँ तेरे दिव्य आभूषण और कहाँ शंकर के सर्प!

पार्वती ने तिरस्कार किया। झाँझ क्रोध में झमकने लगीं। उसके हाथ की मरोड़ में उग्रता आई। मृदंग भी क्रोध में गर्जन करने लगा। उग्र पार्वती की आँख से अंगारे झरने लगे। पगों से सुन्दर छलाँग भरती हुई, झाँझ के साथ ताल देती हुई वह चारों ओर से ब्राह्मण को झिड़कती रही। आँखों द्वारा, भाव द्वारा, मुद्राओं द्वारा उसने तिरस्कार किया। मुँह चिढ़ाकर वह तिरछी लौटी और–चौला सहसा बदल गई। प्रच्छन्न वेशी शिव ब्राह्मण का वेश छोड़कर अपने वास्तविक रूप में प्रकट हुए; मृदंग में बादल की गड़गड़ाहट सुनाई दी; वाद्य रुके।

चौला की आँखों को भी लिंग में से शिवजी प्रकट होते दिखाई दिए। नृत्य करते हुए उसकी शिराओं में उल्लास बढ़ता जाता था। उसके हृदय में अकथनीय उत्साह की बाढ़ आ रही थी। गति और नाद की उछलती हुई सरिता में तैरती हुई कल्पना के आगे साक्षात् शम्भु, जीवन सर्वस्व, आ खड़े हुए।

वह सबकुछ भूल गई; उसे इतना ही ध्यान रहा कि उसने जीवन का लक्ष्य प्राप्त कर लिया है। उसने नृत्य और अभिनय में शास्त्रों को भुला दिया; उसकी नाक फटने लगी, प्रेमोन्माद से उसकी आँखें व्याकुल और विशाल हो गईं।

प्रणय-विह्वल पार्वती बनते-बनते वह प्रणय-विह्वल-वधू बन गई। उसके पग नाचते नहीं थे, पृथ्वी को स्पर्श किए बिना ही उठते थे। उसके हाथ छटा के साथ बल नहीं खा रहे थे, तीव्र वायु की झुकती, झूमती और उलझती बेलें बन रहे थे। उसका मुख प्रणय-तत्त्व के सदृश अदृश्य प्रकाश से झिलमिला रहा था।

उसने उल्लास में प्रदक्षिणा की, वृषभ को छाती से लगाया। शम्भु का आलिंगन करती हुई रुंडमाला में खो गई। वह आलिंगन से दब गई, चुम्बन से शरमा गई।

वह नृत्य करने लगी। बढ़ते हुए मृदंग का ठेका और झाँझ की झंकार धड़कते हृदय का साथ देने लगे। चौला ने संयम छोड़ दिया। नृत्य प्रणय-काव्य बन गया। चुम्बित, मृदित, आनन्द की चरमता का अनुभव करती हुई वह पृथ्वी पर गिर पड़ी।

वाद्य और मृदंग एकदम रुक गए। सभा चित्र-लिखी-सी रह गई। सर्वज्ञ स्वस्थ हुए और उन्होंने अपनी आँखों से गर्वाश्रु पोंछ डाले।

इसके पश्चात् आज सत्ताईस वर्ष से मठाधिपति को जो काम करते कभी किसी ने नहीं देखा था वह आज देखा। वे जहाँ बैठे थे वहाँ से उठे, वेग से जहाँ चौला पड़ी थी वहाँ गए और उसको उठा लिया।

चौला उनकी पुत्री थी। देवाज्ञा से उसे उन्होंने कैसे प्राप्त किया था, यह आज जान पड़ा। वे लड़की को गर्भद्वार के सम्मुख ले गए और गद्गद कंठ से बोले, ''देवाधिदेव, इस लड़की को स्वीकार करें, जब तक चौला जिएगी तब तक यही शिवरात्रि को आपके सम्मुख नृत्य करेगी।''

उपहार की भाँति सर्वज्ञ ने चौला को सोमनाथ के सम्मुख रख दिया। चौला को जीवन का परम क्षण प्राप्त हो गया। जटाधारी पिनाकपाणि तो उसकी आँखों से ओझल हुए ही नहीं थे।

"तुम्हारी! तुम्हारी, इस भव में और भवोभव में..." वह बड़बड़ाई और मूर्च्छित हो गई।

तीसरा प्रकरण

दैवी प्रकोप

[1]

मन्दिर में एकत्रित भीड़ में एकदम खलबली मच गई। लोगों ने हाहाकार मचा दिया। ऐसा प्रतीत हुआ कि कोई व्यक्ति तेजी से भीड़ में चला आ रहा है। सर्वज्ञ आश्चर्यचकित हो गए। उनको इस बात का पता न चला कि उस समय कौन शान्ति को भंग कर रहा था। उन्होंने भ्रू भंग करके देखा। उनकी उपस्थिति में धृष्टता बहुत कम होती थी। भीड़ दो भागों में बँट गई और बीच के रास्ते से एक पागल-जैसा व्यक्ति घुस आया। 'भीमदेव महाराज की जय,' उसने थके हुए, भर्राए हुए कंठ से जयध्वनि की। भीमदेव इसे सुन चौंककर खड़ा हो गया और आगे आया।

"कौन है?" उसने सर्वज्ञ की ओर देखकर पूछा।

"कौन है? जो हो, उसे यहाँ आने दो," सर्वज्ञ ने आज्ञा दी। नवागन्तुक लड़खड़ाया-लड़खड़ाया आया। उसकी आँखें पथराई हुईं और उसके कपड़े चीकट थे। वह आकर सर्वज्ञ के पैरों पर गिर पड़ा और जैसे-तैसे 'नमः शिवाय' बोल पाया।

"शिवाय नमः, कौन है बेटा?"

"कौन? मूलाराठोर?" भीमदेव उसके सामने जाकर पूछने लगा।

"बापू! बापू!" मूला ने जैसे-तैसे बैठकर हाथ जोड़कर कहा, "हाँ, चलो, मेहताजी मरने ही वाले हैं। चलो, चलो।"

"मेहताजी? दामोदर, क्या हुआ? कहाँ?" विमल मन्त्री ने आकर मूला का कन्धा झकझोरा, "पागल हुआ है क्या? और तू कहाँ से आया है? मेहताजी तो सपादलक्ष गए हैं।"

थकान का मारा हुआ मूला सिसकने लगा, "बापू! सच कहता हूँ, वहाँ नहीं हैं। वे तो यह पड़े हैं देहली पर—मरने की दशा में। दस दिन हो गए, न तो हमने खाया और न हम सोए। घड़ी-भर में योजन चलनेवाली चार-चार तो ऊँटनियाँ मर गईं। मेरे बापा! समय पर पहुँचो, नहीं तो मेहता के प्राण निकल जाएँगे और वज्रपात हो जाएगा।"

भीमदेव की समझ में कुछ भी न आया। उसका सन्धि विग्रहक दामोदर मेहता सपादलक्ष के राजा के साथ मैत्री करने के लिए गया था और मूला उसका विश्वासी अनुचर था। इस समय यह मूला प्रभास में कहाँ से आ गया? दामोदर मरने के लिए कैसे पड़ा था?

"चलो, बापू!"

"अच्छा, चल उठ, जल्दी कर," विमल मन्त्री ने कहा।

सर्वज्ञ ने श्वास लिया और अँगुली द्वारा उसकी जाँच की। "शिवराशि," सर्वज्ञ ने कहा, "मुझे इसमें कोई संकट आता हुआ दिखाई देता है। जा, जाकर दामोदर को मेरे स्थान पर ले आ। मैं अभी वहाँ आता हूँ।"

शिवराशि दो साधुओं को साथ लेकर भीमदेव, विमल और मूला सहित दामोदर की खोज में चला। दो मशालची आगे-आगे रास्ता बताते जा रहे थे।

सर्वज्ञ के हृदय में बेचैनी हुई। उन्होंने भगवान सोमनाथ की ओर दृष्टि डाली और मूक प्रश्न किया, "देवाधिदेव, यह क्या?" लेकिन कोई स्पष्ट उत्तर न मिला, इसलिए सन्तोचित दैन्य के साथ उन्होंने चिन्ता को शिवार्पण कर दिया।

थोड़ी देर बाद सब गंग सर्वज्ञ के स्थान पर इकट्ठे हुए।

[2]

दामोदर मेहता अर्द्धचेतन अवस्था में बिस्तर पर पड़ा था। वह चालीसेक वर्ष का था। उसका सुन्दर मुख इस समय पका हुआ, पीड़ाग्रस्त और निस्तेज था। उसकी बड़ी-बड़ी आँखों पर सूजन आ गई थी।

विमल मन्त्री उसका माथा दबा रहे थे। सर्वज्ञ का एक शिष्य उनके पैरों के तलवों पर काँसे की कटोरी से अंडी का तेल मल रहा था। भीमदेव अधीरता से उनकी ओर देख रहे थे।

कुछ ही दूर पर गंग सर्वज्ञ पालथी मारकर सीधे बैठे थे। पास ही शिवराशि था।

एक कोने में दूसरा शिष्य सिल पर दवाई घिस रहा था। मूला दूसरे कोने

में छिपकर नींद के झोंके ले रहा था।

"गुरुदेव, दामोदर मर तो नहीं जाएगा?" भीमदेव ने दसवीं बार यह अधीरता-भरा प्रश्न किया।

"नहीं मरेगा, जा, यह मेरा वचन है," सर्वज्ञ ने कहा। उन्होंने उठकर शिष्य द्वारा घिसी हुई दवाई ली और पास आकर दामोदर मेहता के होंठ खोलकर उनमें डाल दी।

थोड़ी देर तक सब टकटकी लगाकर मेहता की ओर देखते रहे। उसके निश्चेष्ट मुख में से एक निःश्वास निकला, आँखें फड़कीं, होंठों में से कुछ दवाई बाहर फैली और मेहता ने आँखें खोल दीं।

"दामोदर! दामोदर!" भीमदेव ने प्रेम से उसे पुकारा।

दामोदर की आँखें सजग हुईं। उसने भीमदेव को पहचाना। "अन्नदाता! बापू! तुम हो? सच?" कहकर वह एकदम बैठ गया और भीमदेव से लिपट गया।

"मेरे मेहता..." पाटण के स्वामी ने मन्त्री के प्रति स्नेह प्रदर्शित किया।

"दामोदर के लिए एक तकिया लाओ," सर्वज्ञ ने कहा।

सर्वज्ञ को देखकर वह पैरों पर गिर पड़ा। 'नमः शिवाय' कहकर सर्वज्ञ ने उसे प्रत्युत्तर दिया और दामोदर को तकिए के सहारे बिठाया।

"दामोदर, अब बिना हिचक के कह, है क्या?" सर्वज्ञ ने पूछा।

"पूज्यपाद," सिर झुकाकर दामोदर ने कहना शुरू किया। उसकी आवाज और भाषा संस्कारी थी। उसे खाँसी आई, लेकिन उसके बन्द होने पर वह फिर बोलने लगा।

"शान्त हो, दामोदर, शान्त हो।"

"बापू! बापू!" दामोदर ने बोलने का प्रयत्न किया, "बैठे क्यों हो? पाटण जाओ, जल्दी जाओ।"

"क्यों?" भीमदेव ने विस्मय से पूछा।

"क्यों? गज़नी का अमीर चढ़ा चला आ रहा है।"

"क्या कहा?" सर्वज्ञ और भीमदेव दोनों बोल उठे।

"क्या, क्या? उसके आदमी तो टिड्डी-दल की भाँति सपादलक्ष की भूमि पर छाने के लिए आ रहे हैं, कल सवेरे वहाँ आ पहुँचेंगे।"

"यहाँ?" सर्वज्ञ ने गम्भीर होकर पूछा।

"हाँ, उसने थानेश्वर को लूट लिया है और कन्नौज को नष्ट-भ्रष्ट कर दिया है। क्या आपको पता है कि अब वह भगवान सोमनाथ के धाम को नष्ट करने के लिए आ रहा है? एक क्षण भी खोने का समय नहीं है। जाओ, मेरे बापू और गुर्जर-भूमि को सँभालो।"

"वह ग़ज़नी से कब चला?"

"महीना-भर हुआ होगा। जैसे ही मुझे खबर मिली वैसे ही मैं चल दिया आपको खबर देने के लिए। आज दस दिन से मैं पैर सिकोड़कर बैठ नहीं सका हूँ।"

"भगवान सोमनाथ के धाम को तोड़ने आ रहा है, अच्छा?" कुछ गर्व से सर्वज्ञ ने पूछा।

"हाँ, सपादलक्ष को रास्ता देने के लिए भी उसने कहला भेजा था।"

"कितने दिनों में यहाँ आएगा?"

"कैसे कहा जा सकता है? लाखों की सेना लेकर मरुस्थल पार करना है।"

"और यह यवन मेरे देवाधिदेव की पताका को झुकाएगा?" सर्वज्ञ हँसे और बोले, "अभिमानी मनुष्य देव से भी नहीं डरता?"

"ग़ज़नी का महमूद तो यम से भी भयंकर है।"

"आने दो। जिसने तृतीय नेत्र से कामदेव को जलाकर भस्म कर दिया था, उसकी नयन ज्योति अभी मन्द नहीं पड़ी है," सर्वज्ञ ने कहा, "भीमदेव, दामोदर ठीक कहता है, तू शीघ्र पाटण को बचाने के लिए जा।"

"महाराज, मैं तैयार हूँ। ग़ज़नवी ने अभी पट्टणियों के हाथ नहीं देखे। मेहता, यवन के साथ कितने आदमी हैं?"

"यह कैसे कहा जा सकता है? अफवाह तो उड़ रही है कि यवन-सेना लाखों में है।"

"जिसकी रक्षा पिनाकपाणि करेंगे उसे कौन छेड़ सकेगा?" सर्वज्ञ ने कहा, "उठ बेटा, सोमनाथ सदा तेरे साथ है।"

"गुरुदेव, मैं तो इसमें महादेवजी की कृपा देखता हूँ। मैं तो युद्ध के लिए लालायित हूँ और उसमें भी ग़ज़नी के अमीर जैसा योद्धा लड़ने के लिए मिला है। अब आप भीम की बाणावली का कौशल देखें। उठ, विमल, तैयारी कर।"

"सत्य की जय होती है बेटा," सर्वज्ञ ने कहा, और सोमदेव की कृपा में श्रद्धा रखनेवाले उस तपस्वी ने आगे कहा, "भगवान, तुझे ही विजयी बनाएँगे।"

[3]

भीमदेव के कान में रणकंकण का उत्साहवर्द्धक नाद पड़ने लगा। विषयी पिता और निःसत्व भाई को पाटण की गद्दी से पदच्युत करके उस पर बैठना उसके लिए खेल हो गया था। वह मालवा के साथ युद्ध करने की तैयारी कर रहा था और

उसे विश्वास था कि वह उसमें विजयी होगा। बहुधा वह इस बात का विचार करके खिन्न हो उठता था कि युद्ध करने में उसके समान कोई योद्धा पैदा ही नहीं हुआ है। इस समय तो देव ने ही कृपा करके यह अवसर उसे दिया था।

गज़नी के म्लेच्छ राजा की अनेक बातें वह सुन चुका था। उसने लवकोट के राजा को हराया था, थानेश्वर को लूटा था, कन्नौज को नष्ट किया था; लेकिन वह रेगिस्तान पार करके, दुनिया के परले सिरे से, वीरप्रसू गुर्जर-भूमि पर आक्रमण करने की धृष्टता करेगा, ऐसा स्वप्न में भी नहीं सोचा था। आज महादेवजी ने ही उसे यह सुन्दर अवसर दिया था। उनके परमधाम को नष्ट करनेवाले यवन को दंड देने से बढ़कर दूसरा कौन-सा लाभ पतित व्यक्ति को मिल सकता है? उसकी रग-रग में उत्सुकता व्याप्त हो गई।

मध्यरात्रि बीत चुकी थी और विमल जाने की पूरी तैयारी कर रहा था। चलने में दो-चार घड़ी शेष थीं।

वह वस्त्रास्त्रों से सज्जित था, लेकिन जाने में अभी देर थी। भूखे सिंह की भाँति इधर-उधर अधीरता से चक्कर लगाते हुए भीमदेव के पैर मन्दिर की ओर मुड़े। जाने से पहले एक बार सोमनाथ के दर्शन करके आशीर्वाद क्यों न माँग लिया जाए!

वह सर्वज्ञ के स्थान से परकोटे में आया। सभा विसर्जित हो गई थी। एक-दो आदमी दूर कोने में बैठे, जम्हाई लेते हुए, कुछ बातें कर रहे थे। अधिकांश दीपक बुझ चुके थे।

वह धीरे-धीरे सभामंडप में आया। एक और कोई दुखी यात्री शिवकवच का जाप कर रहा था; दूसरी ओर से चाँदनी का प्रकाश स्तम्भावलि में होता हुआ शीशोंवाले मंडप में पड़ रहा था और उसे लगा मानो ताड़ के वन में श्वेत रेती पर चाँदनी फैल रही है। उसके युद्ध के लिए लालायित मस्तिष्क पर रसमयता की शीतल और मधुर वायु की तरंगों का स्पर्श होने लगा। वह गर्भद्वार के पास आया। गर्भगृह में थोड़े-से घी के दीपक मन्द-मन्द जल रहे थे।

वह महादेवजी पर दृष्टि रखता हुआ गर्भद्वार के पास जा रहा था कि उसकी दृष्टि खम्भे का सहारा लिये खड़ी एक आकृति पर पड़ी। तत्क्षण उसके होश-हवास उड़ गए और वह पत्थर के पुतले की भाँति जड़ हो गया।

खम्भे का सहारा लेकर खड़ी हुई आकृति भयंकर थी। उसके मस्तक पर गन्दी और सफेद जटाएँ लटक रही थीं। उसके गले में खोपड़ियों का हार था। उसकी जाँघों और पैरों में छोटे-बड़े हाड़ों की मालाएँ थीं। उसके हाथ में किसी बड़े जानवर के पैर की हड्डी थी। उसके दोनों नथुओं में बड़ा छेद था। उसका ऊपर का होंठ कटा होने से, भीतर के बड़े दाँतों की पंक्ति का भयंकर दर्शन होता था। इतना

ही नहीं, वह भयंकर मुख अकल्पनीय भयानकता से हँसता भी था।

भीम थर-थर काँप उठा। पहले तो उसको लगा कि साक्षात् भैरव ही यहाँ शिव-मन्दिर की रक्षा के लिए खड़ा है, पर ध्यानपूर्वक देखने से उसे विश्वास हुआ कि वह कोई कालमुख सम्प्रदाय का व्यक्ति है। भैरव तो देवदूत है; वह चाहे जितना भयंकर हो, फिर भी है दैवी शक्ति। यह तो जीवित और सच्चा कापालिक है। भीमदेव का रोम-रोम भय से खड़ा हो गया। उसका मन हुआ कि वहाँ से भाग जाए, लेकिन उसके पैर वहाँ से उठे ही नहीं।

कपाली किसकी ओर देखकर हँस रहा था, इस बात का पता लगाने के लिए भीमदेव ने गर्भगृह पर दृष्टि डाली। लाल, मदिरा में मत्त, भयानक आँखें गर्भगृह में पड़ी किसी वस्तु को ध्यान से टकटकी लगाकर देख रही थीं। भीमदेव ने उस वस्तु की ओर देखा।

पहले तो ऐसा लगा जैसे वह फूलों का ढेर हो, लेकिन बाद में उसे उसमें एक स्त्री की आकृति का भान हुआ। सुघड़ कन्धे, छोटे-छोटे कोमल हाथ और गठीले नितम्बद्वय की रेखाओं पर उसने दृष्टि डाली और जैसे हृदय का तार टूटने पर पता चल जाता है वैसे ही उसने देखा कि यह तो वही चौला है—महादेवजी की नर्तकी।

वह पृथ्वी पर मस्तक रखकर प्रार्थना कर रही थी। उसका एक भी अंग नहीं हिल रहा था। क्या वह मर गई थी? भीमदेव को अपने हृदय का दीपक बुझता हुआ जान पड़ा और यह कापालिक उसे इस प्रकार क्यों देख रहा था?

वह भी स्तब्ध हो गया। उसकी आँखें भी चौला के सुप्त शरीर पर जाकर चिपक गईं।

कुछ देर बाद चौला का मस्तक हिला। क्या यह जीवित थी? क्या यह कापालिक उसे यहाँ लाया था? क्या वह इसी के लिए प्रतीक्षा कर रहा था? न वह हिला-डुला, न चौला हिली-डुली और न कापालिक हिला-डुला। बाद में चौला बैठकर, हाथ जोड़े प्रार्थना करती रही और उसके पश्चात् वह एकदम गेंद की भाँति उछली। स्वर्णिम उत्साह की वर्षा करनेवाले हास्य से वह देव को मनाने लगी। वह हँसी, पैरों से उसने दो-तीन तालें दीं और प्रणय-कलह के आनन्द-भरे स्वर में बोली, "मेरे नाथ! तुम्हारी...मैं तुम्हारी हूँ।" वह पीछे मुड़ी और हँसती, मदमाते नयनों को नचाती, गर्भद्वार के भीतर आई और दक्षिण की ओर चल दी।

भीमदेव पीछे हटा, कापालिक भी खम्भे की ओट में हो गया और वसन्त के पक्षी की भाँति चौला उत्साह के साथ कूदती हुई चली गई।

शीघ्र ही कापालिक खम्भों में लुकता-छिपता पीछे चला।

भीम गज़नी के यवन और भगवान के दर्शन दोनों को भूल गया। उसका

हृदय भी उस वसन्त के पक्षी पर जा लगा था। वह भी कापालिक के पीछे हो लिया।

कापालिक क्यों पीछे गया था?

संकेत पाकर?—तो छिपता क्यों था?

क्या कोई कारण है?—है तो क्या?

उसने सुना था कि कापालिक भोली-भाली बालिकाओं को उड़ा लाते हैं और त्रिपुर सुन्दरी के मन्दिर में बलि देते हैं या श्मशान में ले जाकर उनके रुधिर से भैरव को तृप्त करते हैं। लेकिन यह तो सोमनाथ की नर्तकी है। इसको ऐसा भय क्यों होगा?

कापालिक आगे जाती हुई चौला पर दृष्टि रखकर चला जा रहा था।

भीमदेव भी कापालिक पर दृष्टि रखता हुआ गर्भगृह के पीछे गया। चौला समुद्र की ओर के दरवाजे की ओर मुड़ी। इस समय समुद्र पर किसलिए? भीमदेव दरवाजे में छिपकर खड़ा हो गया। कापालिक किनारे की सीढ़ियों पर एक झाड़ की ओट में जाकर खड़ा हो गया। लेकिन चौला—

वह किनारे की अन्तिम सीढ़ी पर रही। वह तेजी से कपड़े उतार रही थी। उसे तनिक भी पता न था कि दो पुरुषों की अपलक अतृप्त आँखें भ्रमर की भाँति, पृथक्-पृथक् भाव से प्रेरित होकर उसके अंगों की शोभा को पी रही हैं।

चौला ने कपड़े उतारे। वह चन्द्रिका के अमृत बरसाते हुए प्रकाश में—सागर की लहरों की रुपहली चमक में—एकान्त प्रतीत होते हुए किनारे पर खड़ी, जल से निकली हुई लक्ष्मी के समान, वस्त्रहीन जगमगाते सौन्दर्य में स्थिर, चन्द्रमा की किरणों की छोटी-सी मूर्ति लगती थी।

सौन्दर्य-दर्शन के प्रचण्ड प्रवाह में बहता हुआ भीमदेव पागल-जैसा हो गया।

चौला समुद्र में स्नान करने के लिए कूद पड़ी। समुद्र में तूफान आ रहा था। उसने बालों को खोलकर प्यार के साथ उनकी लटों को सुलझाया। उसने गाल, छाती और पेट पर धीरे-धीरे हाथ फेरा और फिर उसने पानी में डुबकी मारी, क्षण-भर वह डूबी रही, ऊपर आई और फिर डूब गई। उसने हाथों और पैरों से कुछ पानी उछाला और चित लेटकर तैरने लगी। चमकती हुई पारदर्शक तरंगों में होकर किरणें उसके शरीर पर गिर रही थीं। वह उस समय ऐसी लग रही थी, जैसे मोह के सीप का कोई शंख हो। और समुद्र उसे जल-पलना पर झुला रहा था—धीरे-धीरे, ममता के साथ।

भीमदेव ने स्त्रियाँ देखी थीं—अच्छी और बुरी, सुन्दर, नखरेवाली और लावण्यमयी; लेकिन उसने ऐसी किसी स्त्री को न देखा था और न कल्पना की थी, जो उसे इस प्रकार मुग्ध बना दे। यह तो कौमुदी, लहर, पवन और लावण्य से निर्मित

सौन्दर्यातिरेक से मूर्च्छित बनाता हुआ स्वप्न मात्र था। उसका पुरुषत्व उसकी आँखों में आकर ठहर गया।

चौला का सौन्दर्य-स्नान पूरा हुआ। वह घुटनों तक पानी में खड़ी रही। उसने अपने शरीर को हिलाकर जलकणों को दूर किया, बाल निचोड़कर जूड़ा बाँधा और पानी से बाहर आई। भीमदेव इस सौन्दर्य का पान कर रहा था।

और चन्द्रिका की उस मादक अपूर्वता में, समुद्र की तरंगों की चमक के आह्लादकारी प्रकाश में सरसता की भावना के समान इस चित्र को कलंकित करने के लिए काले और बड़े धब्बे के समान वह भयंकर कापालिक हुंकार के साथ हाथ में हाड़ की गदा घुमाता हुआ राहु के सदृश चौला के सामने जाकर खड़ा हो गया।

और आनन्दमग्न, उत्साहपूर्ण सुकुमार बाला इस भयंकरता को देखकर भयभीत होकर पीछे हट गई और उसकी भयानक चीख से तरंगों के स्वर से मनोहर बनी हुई शान्ति विदीर्ण हो गई।

भीमसेन के मस्तिष्क को धक्का-सा लगा। वह सिंह के समान कूदा और एक ही छलाँग में सीढ़ियों को पार करके कापालिक पर जा टूटा; जाते ही अपने बलिष्ठ हाथों से उसकी गरदन दबा दी।

कापालिक का जो हाथ चौला को पकड़ने के लिए बढ़ा था वह ज्यों-का-त्यों रह गया। भयभीत चौला मूर्च्छित होकर पृथ्वी पर गिर पड़ी और भीमदेव के बल से पराजित वह कापालिक गुर्राते हुए जानवर की-सी आवाज करता हुआ घूमा और भीमदेव के फाँसे जैसे हाथ को मुँह से काटने का प्रयत्न करने लगा।

भीम की उग्रता की सीमा न थी। कापालिक का गला दबाकर उसने उसे पृथ्वी पर पटकने का प्रयत्न किया। कापालिक ने भी उसे जोर लगाकर दूर धकेलने का प्रयत्न किया। एक-दूसरे को पृथ्वी पर पटकने का प्रयत्न करते हुए वे दोनों कुछ देर तक गुत्थमगुत्था करते रहे और ऐसा करते-करते पानी में चले गए। भीम अपने को न रोक सका। होंठ दबाकर उसने कापालिक को पानी में पटक दिया और गला पकड़कर नीचे दबाया—जोर से और खूब जोर से—एक बार, दो बार, कई बार। कापालिक की तड़फड़ाहट बन्द हो गई, सामना करने की कोशिश रुक गई। उसके मुँह से झाग निकलने लगे। झाग निकले और इतने निकले कि वह मृतप्राय होकर पानी में गिर पड़ा। कापालिक नहीं उठा, यह देखकर भीम का क्रोध शान्त हो गया। उसको ठुकराकर बाहर आया।

भीमदेव पानी से निकलकर पृथ्वी पर मूर्च्छित चौला को देखने लगा। चौला सुन्दर, सुघड़ और श्वेत होने पर भी कुम्हलाए हुए मोगरे के फूल के समान शिथिल पड़ी हुई थी।

भीमदेव के हृदय में उमंग जागी। उसने उसे हाथों में लेकर, गले से लगाकर

अपने भीतर समा लेने की इच्छा प्रकट की। उसने उसे हाथों में उठा लिया।

उसकी स्निग्ध, शीतल त्वचा के स्पर्श से उसका रोम-रोम सजग हो गया। वह बालिका थी। यौवन ने उसके शरीर की रेखाओं को केवल नाम के लिए ही गोलाई दी थी। और उसके अनार्य अंगों में विश्वकर्मा की अद्भुत कारीगरी की अपूर्वता थी।

वह ठंड से जकड़ गई थी। भीमदेव ने अकथनीय ममता से उसे हृदय से चिपका लिया; उसका मुख लेकर अपने मुख से दबाया। क्रोध, श्रम और उमंग से जला हुआ उसका मुख चौला के बेसुध की शीतलता को स्पर्श करके शान्त हो गया। उसने चौला के कपड़े जैसे-तैसे उसके चारों ओर लपेट दिए और उसे कोने में सुलाकर होश में लाने का प्रयत्न किया।

चौला की पलकें फड़कीं और उसने आँखें खोलीं। आँखें खोलते ही जैसे उसे होश आया, वह चीख मारकर दूर जाकर खड़ी हो गई। दूर जाते हुए उसका वस्त्र पृथ्वी पर खिसक पड़ा।

भीमदेव खड़ा हो गया। ''घबराओ नहीं,'' उसने कहा, ''घबराओ नहीं।''

अपने शरीर का ध्यान आते ही चौला लजा गई। उसने वस्त्र उठाकर जैसे-तैसे अंग ढके। ''कालमुखा कहाँ गया?'' उसने कहा, और भय से चारों ओर देखने लगी।

''कालमुखे को मैंने भैरव के यहाँ भेज दिया,'' और भीमदेव खिलखिलाकर हँस पड़ा।

''क्या कालमुखे को?...अवरुद्ध कंठ से चौला ने कहा, ''मार डाला?''

भीमदेव ने सिर हिलाकर 'हाँ' कहा।

''ओह माँ! अपशकुन हुआ। लेकिन तुम कौन हो?''

कालमुखे के मरण से उत्पन्न अपशकुन के भय को भीम ने जैसे-तैसे दबाकर कहा, ''मुझे नहीं जानतीं? मैं हूँ पाटण का भीमदेव।''

''कौन, बाणवलि भीमदेव!'' सम्भ्रम और लज्जा की मारी वह फिर अंगों को ढकने का निष्फल प्रयत्न करने लगी।

''हाँ, यदि मैंने न मारा होता तो वह कापालिक तुझे उड़ा ले जाता।''

''लेकिन कृपानाथ, आप मुझे उठाकर लाए!'' वह नीचे से ऊपर नहीं देख सकी। ''मेरे कपड़े?''

''मैं क्या करूँ?'' इस पर लज्जा से खिलखिलाकर हँसते हुए भीम ने कहा, ''तू कपड़ों के साथ कहाँ मूर्च्छित हुई थी?'' और उसका विशुद्ध हास्य चौला को भी आकर्षित करने लगा।

''कृपानाथ! जो कुछ देखा हो उसे भूल जाना क्योंकि मैं सामान्य नर्तकी नहीं हूँ, शिव-निर्माल्य हूँ।''

"इसीलिए तो शिव पर चढ़े हुए फूल को मैंने भी मस्तक पर चढ़ाया है। और ले, मैं मुँह फेरकर खड़ा हो जाता हूँ, तू कपड़े पहन ले।"

भीमदेव हँसता हुआ मुँह फेरकर खड़ा हो गया। घबराहट में चारों ओर देखती हुई चौला ने जैसे-तैसे कपड़े पहने। कापालिक के भय और वस्त्रहीनता की लज्जा के कारण उसका हृदय अभी तक ठिकाने नहीं आया था।

"अब मैं मुड़ूँ?"

"हाँ मुड़ो," चौला ने उत्तर दिया।

"अच्छा हुआ कि मैं यहाँ था, नहीं तो..."

"आपको कालमुखे का डर नहीं लगा? वह मर गया, न जाने इससे क्या होगा? ऐसे भयंकर अघोरी को छूने का साहस आपका कैसे हुआ, यह तो महादेवजी ही जानें। क्या भगवान अपनी नर्तकी को कभी भूल सकते हैं?"

भीमदेव फिर हँसा और चौला पास आई।

"आप बड़े साहसी हैं।"

"तू कहती है, इसलिए मुझे विश्वास होता है।"

"मैं अब जाती हूँ। आप यहाँ कब तक हैं?"

"मैं? मुझे तो भगवान ने इतने ही कार्य के लिए भेजा था। मैं भी वापस जाता हूँ।"

"इस समय कहाँ जाते हैं?"

"पाटण।"

"लेकिन आज सवेरे ही तो आए थे? इतनी जल्दी कहीं जाया जाता है?" चौला हँसी–पहली बार–और भीम को वह ज्योत्स्नामयी रमणीयता सहस्रधा होती प्रतीत हुई।

"किसी से न कहो तो कहूँ?"

"नहीं कहूँगी। ऐसा क्या है?"

"ग़ज़नी का म्लेच्छ चढ़ाई करने आ रहा है, उससे लड़ने जा रहा हूँ।"

"हैं, तब तो विजयी होकर शीघ्र आना," चौला ने कहा, "भोलानाथ आपकी रक्षा करेंगे।"

"तू बाट देखेगी?" भीमदेव पूछ बैठा।

चौला तटस्थ हो गई, "जब आप आएँगे तब मैं तो अपने महादेव के चरणों में ही मिलूँगी।"

गौरव-मग्न भीमदेव को ऐसा लगा जैसे किसी ने तमाचा मार दिया हो। उसने इस लड़की की ओर देखा। उसके कृतज्ञ नयनों और मोहक स्मित में मानवीय प्रेम नहीं था, मात्र देव-भक्ति थी। उसने आह भरी।

"तो चल, मेरा विमल बाट देख रहा होगा। तुझे मैं छोड़ दूँ।"

"चलिए," चौला ने पानी की ओर देखा और वह फिर काँप उठी।

[4]

नर्तकियों के आवास में जानेवाले दरवाजे के आगे चौला ने भीमदेव से विदा ली। अस्ते होते हुए चन्द्रबिम्ब की भाँति वह दृष्टि से ओझल हो गई, लेकिन भीमदेव से वहाँ से हिला तक न गया। इस घड़ी-आधी घड़ी में उसने ऐसे सौन्दर्य का दर्शन किया, जिसकी उसने कभी कल्पना तक न की थी, कभी स्वप्न तक न देखा था। और जैसे अन्धकारमय जगत् को जीवन देनेवाला सूर्य उदय होता है, वैसे ही उसके जीवन में यह प्राणेश्वरी और उसी सौभाग्य के क्षण में उसको पीछे छोड़कर चली गई। उसे जाना चाहिए, युद्ध में लड़ना ही चाहिए, विजयदेवी की गोद में सिर रखना ही चाहिए...समय है, हो सकता है जीवित लौटना न हो सके। उसके हृदय में खिन्नता व्याप्त हो गई।

उसने मन्दिर की ओर देखा, धीरे-धीरे ऊपर देखकर शिखर पर फहराती हुई ध्वजा पर दृष्टि डाली। उसके महादेव ही उसके साथ थे। गंग सर्वज्ञ का आशीर्वाद था। चौला, उसकी बाट देखती होगी, अवश्य--'ना' कहने पर भी। वह अवश्य लौटेगा और फिर दर्शन करेगा। अपनी कल्पना के आगे बढ़ने से पहले ही वह होंठ दबाकर वहाँ से चल दिया।

उसने झटपट महादेवजी के दर्शन किए और बाट जोहनेवाले विमल से जा मिला। जाने से पहले उसने दामोदर को जगाकर उससे विदा ली।

"बापू," दामोदर ने कहा, "मैं जैसे ही ठीक हूँगा, पीछे चला आऊँगा। लेकिन देखना, भूल न करना, यह म्लेच्छ दावानल-जैसा भयंकर है। उसको खदेड़ना सहज नहीं है।"

"तू तनिक भी मत घबरा। हम वहाँ पहुँचकर सब देख लेंगे," भीमदेव ने कहा।

"अवश्य।"

"यह युद्ध कैसे करना है, यह तो बताओ," विमल ने पूछा। उसको दामोदर का भय व्यर्थ लगा। "मैं सेना लेकर मुकाबला करूँगा और अन्नदाता पाटण सँभालेंगे।"

दामोदर ने गरदन हिलाकर कहा, "ऐसा साहस मत करना। एक ही स्थान पर सारी सेना इकट्ठी करके फैसला कर देना है। बापू, समझ गए न?"

"तू कुछ चिन्ता मत कर। मैं सब देख लूँगा।" भीम ने दामोदर को धीरज दिया, सर्वज्ञ का दुबारा आशीर्वाद लिया और विमल के साथ प्रस्थान किया और सोमनाथ का मन्दिर छोड़कर जैसे ही उसकी ऊँटनी दूर निकलने लगी वैसे ही उसका हृदय बिना ताँत से बँधे ही मन्दिर की एक सामान्य नर्तकी की ओर जोर से खिंचने लगा। भावना खींचती थी प्रणय की ओर, कर्तव्य खींचता था युद्ध की ओर, और जैसे-जैसे कर्तव्य-प्रेरित शरीर दूर होता गया वैसे-वैसे प्रणय-प्रेरित भावना चौला के अधिकाधिक पास आती गई।

[5]

एक शिवभक्त नित्य के नियमानुसार उठकर धीरे-धीरे दातुन करता, स्तवन बोलता समुद्र की ओर के दरवाजे से धीरे-धीरे सीढ़ियाँ उतर रहा था। चन्द्रमा अस्त होने पर आ गया और चाँदनी फीकी पड़ गई थी।

वह सीढ़ियों से उतरा, दातुन की फाँकें समुद्र में दूर फेंक दीं, नीचे बैठकर कुल्ला करने लगा और बुरी तरह चीखता हुआ, पीछे हटकर प्राण लेकर भागा। वह मुँह से शिव-कवच का जप कर रहा था—ओऽम नमो भगवते सदाशिवाय सकल तत्वात्मकाय...

दो स्त्रियाँ आईं पानी के घड़े लेकर। जम्हाई लेतीं, गप्पें मारतीं वे सीढ़ियों से उतरीं। पानी में उतरीं कि पैर में कोई चीज उलझ गई। दोनों ने नीचे देखा। घड़े उन्होंने फेंक दिए और 'ओह री माँ' कहती हुई उलटी भागीं।

आधी घड़ी में मन्दिर में कोलाहल मच गया। सबकी जीभ पर एक भयंकर बात थी; सबके हृदय में एक अकल्पनीय घबराहट थी। एक ऐसा भयंकर, आपत्तिसूचक और दैवी प्रकोप का प्रदर्शक प्रसंग उपस्थित हो गया था, जैसा कभी किसी ने नहीं सुना था। एक कालमुख आँखें फाड़, बिना होंठों के मुख के कारण विकराल बना हुआ किनारे पर पड़ा था।

बात हवा में फैली। सर्वज्ञ के धाम से, मन्दिरों से, पाठशालाओं से, शिवभक्तों और नर्तकियों के आवास से स्त्री और पुरुष घबराए हुए और डरते हुए, धीमी आवाज में बात करते, शिव की कृपा की याचना करते, धड़कते हृदय से बाहर आए। कुछ ऐसा बनाव बन गया था कि जिसकी कल्पना से सबकी काया कम्पायमान हो रही थी; कुछ ऐसा बनाव बन गया था कि जिसको त्रिकाल में भी किसी ने अनुभव नहीं किया था। एक कालमुखे का शव मन्दिर के द्वार पर पड़ा था। भय से काँपते हुए दैवी प्रकोप की सम्भावना से त्रसित स्त्री-पुरुष न तो अपनी

जिज्ञासा को रोक सके और न घटना की वास्तविकता का ही पता लगा सके।

बात बढ़ने लगी। एक नहीं अनेक कालमुखों के शव की बातें होने लगीं।

यात्रियों के डेरे में बात फैली। थर-थर काँपते श्रद्धालु दैवी प्रकोप से बचने का उपाय सोचने लगे। स्त्रियाँ रोने लगीं। और अबोध बालकों को हृदय से लगाकर बलाएँ लेने लगीं। छोटी बालिकाएँ हिचकी भर-भरकर रोने लगीं। प्रत्येक मुख 'शिव-शिव' की रट लगाने लगा।

जिन्हें शिव-कवच का पाठ आता था वे उसे बोलने लगे। श्रोत्रिय मन्दिर में आए और शीश झुकाकर तथा गाल पर तमाचा मारकर देव से क्षमायाचना करने लगे। जो नहाकर सन्ध्या कर चुके थे, उन्होंने रुद्री शुरू की। कुछ भयग्रस्त लोग झुंड बनाकर घर से बाहर निकले और इकट्ठे होकर कीर्तन करने लगे। चारों ओर मजीरा, मृदंग और शहनाई की आवाजें होने लगीं। जिससे जैसे बना वैसे ही मन्दिर की ओर आने लगा। शंकर की कृपा की याचना के बिना इस दैवी प्रकोप से छुटकारा पाने का कोई दूसरा उपाय किसी को नहीं सूझा।

शिवराशि ने बड़ी कठिनाई से घड़ी-दो घड़ी ही आँखें मीचीं थीं कि इस कोलाहल ने उसे जगा दिया। उसने जाँच-पड़ताल की और बात सुनते ही वह भी शिवकवच का जप करने लगा। नित्य-कर्म छोड़कर वह मन्दिर में आया और वहाँ त्रस्त तथा कृपा की याचना करती भीड़ को देखकर स्वयं भी त्रसित हो गया। वह देहली पर आया, ज्यों-त्यों भीड़ में से रास्ता बनाया और सीढ़ियों पर पहुँच गया।

उदय होते हुए सूर्य के प्रकाश में कापालिक का होंठरहित मुख फटी हुई आँखों से शिखर की ध्वजा की ओर देख रहा था।

दामोदर की बात से परिचित, दैवी प्रकोप के भय से त्रस्त शिवराशि ने माथे पर दोनों हाथ रखे और सामान्यजनों की भाँति 'ओऽम् नमो भगवते सदाशिवाय सकल तत्त्वात्मकाय...' बोलने लगा। वह पीछे लौटने लगा, लेकिन दो कदम चलते ही उसकी दृष्टि घबराए हुए स्त्री-पुरुषों पर पड़ी और वह रुक गया। बीस वर्ष का शास्त्रों का अभ्यास, गुरुसेवा और तप उसकी सहायतार्थ दौड़े। गंग सर्वज्ञ के कैलाशवासी होने पर इस परमधाम और पाशुपतमत के आचार्य की पदवी उसे मिलनेवाली हो और वह आज स्वयं डरकर भाग जाए! वह हिम्मत करके लौटा और पास खड़े हुए एक शिष्य को उसने बुलाया, "सिद्धेश्वर!"

"जी!"

"गुरुदेव को जाकर खबर देकर कि कालमुखों में श्रेष्ठ और त्रिकालज्ञ श्रीमद्‌कंक योगेश्वर कैलाशवासी हो गए हैं उनके पश्चात् कालमुखों के झुंड को खबर दे आना।"

"जैसी आज्ञा," कहकर सिद्धेश्वर तेजी से चला गया।

खड़े हुए लोगों की भीड़ ने जब कंक योगेश्वर का नाम सुना तो उनमें कँपकँपी की एक बड़ी लहर दौड़ गई। कंक योगेश्वर का नाम कालमुख सम्प्रदाय में परमपूज्य समझा जाता था। पाशुपतमत के अनुयायियों की मान्यता थी कि उनके योगबल के कारण स्वयं भैरव उनके अधिकार में रहता था।

शंकर का साक्षात्कार करने के लिए उन्होंने भयंकर महानिधि का आरम्भ किया था और उस विधि को पूरा करने के लिए उन्होंने एक सौ आठ सुन्दरियों के रुधिर से भैरवनाथ महारुद्र की रुद्री करने का महाव्रत लिया था। अघोरियों में श्रेष्ठ यह व्यक्ति मध्य रात्रि को छोड़कर कभी श्मशान से बाहर नहीं निकलता था। उसकी ऐसी मृत्यु देखकर सब लोग और भी घबरा गए।

शिवराशि को लगा कि आज उसकी परीक्षा है। यदि ये सब लोग उसे घबराया हुआ मानेंगे तो सर्वज्ञ पद के लिए उसकी योग्यता कम हो जाएगी। गुरु के साथ रहकर अधिकार कैसे प्राप्त किया जाए, यह उसे आता था। जैसे-तैसे घबराते हुए हृदय को वश में करके, उसने पास खड़ी एक वृद्ध स्त्री को काँपते हुए देखकर कहा, "माँजी! क्यों काँप रही हो?"

"राशिजी! यह क्या हुआ? कंक योगेश्वर इस प्रकार कैलाशवासी हो गए, न जाने क्या होगा?"

"भगवान शंकर का अनुग्रह है तो क्या हो सकता है!"

"महादेवजी की अकृपा के बिना क्या ऐसा हो सकता है? न जाने क्या-क्या विपत्तियाँ आएँगी।"

शिवराशि को गज़नी का अमीर याद आया और उसका रोम-रोम खड़ा हो गया। परन्तु भयभीत हृदय को प्रयासपूर्वक दबाते हुए उसने कहा, "अरी, ऐसी क्यों घबराती है? मुझे स्वयं योगेश्वर ने कहा था कि जिस समय उनको भगवान शंकर का साक्षात्कार होगा, वे पृथ्वी पर नहीं रहेंगे और कैलाशवासी हो जाएँगे। यह तो भगवान सोमनाथ की कृपा हुई है।"

शिवराशि आडम्बरपूर्वक सीढ़ियाँ उतरा और योगेश्वर के शव के आगे जाकर खड़ा हो गया तथा उनकी फूटी हुई आँखों से अपनी नजर बचाता हुआ स्तोत्र बोलने लगा। उसका हृदय पल-पल बुझने की तैयारी कर रहा था, पर इस आशा से कि शीघ्र ही गुरु आ जाएँगे, वह जैसे-तैसे टिमटिमा रहा था।

लोगों की भीड़ बढ़ने लगी। अधिकाधिक जोर से कीर्तन करके और भजन गाकर डर मिटाने तथा दैवी प्रकोप को शान्त करने के प्रयत्न बढ़ते गए।

शिवराशि की गप्प एक मुँह से दूसरे मुँह में होती हुई चारों ओर फैलने लगी। लोगों में हिम्मत आई। यह दैवी प्रकोप नहीं था, देव की कृपा थी। और जिस समय गंग सर्वज्ञ आए, उस समय लोगों का भय बिलकुल दूर-सा हो चुका था।

सत्कार स्वीकार करते हुए सर्वज्ञ आए। उनके मुख पर सदा की-सी शान्ति थी। आते ही उन्होंने तीव्र स्वर से एक परिचित स्तोत्र बोलना आरम्भ किया और उनको देखकर, निर्भीक बने हुए लोग भी उनके साथ-साथ उस स्तोत्र को बोलने लगे। सर्वज्ञ योगेश्वर के शव के पास गए और नीचे झुककर उसकी आँखों पर फूल डाले।

इतने में कालमुखों का एक झुंड विचित्र और भयंकर हुंकार करता हुआ आया और उसने योगेश्वर का शव सँभाल लिया।

कंक योगेश्वर की श्मशान-यात्रा आरम्भ हुई। एक लाख स्त्री-पुरुषों की 'नमः शिवाय' की ध्वनि के साथ योगेश्वरों में श्रेष्ठ कंक का शव श्मशान पहुँचा। कालमुखों ने अपनी विधि आरम्भ की और सर्वज्ञ तथा उनके शिष्यों को छोड़कर शेष सब विसर्जित हो गए। कालमुखों ने सनातन प्रथा के अनुसार अपने कैलाशवासी योगेश्वर के अस्थिचर्म की अकथनीय और भयानक व्यवस्था की।

[6]

सूर्य मध्याह्न में आया और चौला तब तक सोती रही जब तक कि गंगा वापस लौटी। उसको भयानक और रसमय स्वप्न आ रहे थे। भयावने अघोरी उसके पीछे दौड़ते हुए शिव वृषभ पर बैठकर उसके आगे आ जाते। भीमदेव की गोद में छिपकर वह गणेशजी के चूहे पर बैठकर सवारी करती। देव और दानव उसके लिए मार-काट करते। शंकर की गोद में बैठकर वह पार्वती से लड़ने लगी और पार्वतीजी गुस्सा होकर एक पैर नाचने लगीं। बिना होंठ के अघोरी उसको कन्धे पर रखकर भीमदेव के पास ले जाने लगा। भीम कार्तिकेय के मोर पर बैठकर आया और उसे हृदय से लगा लिया। मोर ने चोंच मारकर उसके कपड़े ले लिए तथा उड़ गया।

वह चौंककर उठी और कल की स्मृति को ताजा करने लगी। कल उसने देव को रिझाया था, चन्द्रिका में समुद्र-स्नान किया था, भीमदेव की गोद में छिपी थी। उसके महादेव ने ही उसे जीवित बचाया था, नहीं तो फिर उसे बचाने के लिए भीमदेव कहाँ से आ जाता? निश्चय ही वह देव की प्यारी थी। थी, हाँ थी। इसमें तनिक भी संशय नहीं। वह हँसी।

गंगा ने पुत्री को इस प्रकार हँसते हुए देखा।

"क्यों री, कितनी सोती है? दोपहर कब का हो गया।"

"तो क्या हुआ? कल सारी रात जागी थी न?"

"लेकिन पता है कि क्या हुआ?"

"जब सो रही थी मुझे कैसे पता लगता?" उसने अल्हड़पन से पूछा, "क्या बात है?"

"कंक योगेश्वर मर गए।"

"कौन?"

"कापालिक कालमुखों के आचार्य। किनारे पर शव पड़ा हुआ था। बाप रे! कैसी फटी आँखें और भयावना सुख था!" कपड़े बदलती हुई गंगा बात करती गई। "खबर है तुझे? उसने एक सौ आठ लड़कियों के रुधिर से रुद्री की थी–" उसकी दृष्टि चौला पर पड़ी, वह घबराई और रुकी। "क्या है बेटा?"

"लड़कियों का रुधिर! ओह माँ री!" कहकर चीखती हुई चौला मूर्च्छित हो गई।

[7]

और जब श्मशान से लौटकर दुबारा स्नान करके गंग सर्वज्ञ ध्यान करने बैठ रहे थे तब उनके मुख से भी अनायास शिव-कवच का पाठ होने लगा–

'ओऽम् नमो भगवते सदाशिवाय–'

सामन्त चौहान

[1]

जिस समय चौला की मूर्च्छा टूटी उस समय उसका सिर चकरा रहा था; भीमदेव, कापालिक और गज़नी का म्लेच्छ, इन तीनों की मूर्तियाँ उसके मस्तिष्क में चक्कर लगाती हुई जान पड़ीं और उसके हृदय में दहशत बैठ गई। वह पास ही बैठी गंगा से लिपट गई।

"माँ, क्या होगा?"

"होना क्या है?"

"तू क्या जाने? योगेश्वर मरा है तो अवश्य कोई अनिष्ट होनेवाला है।"

"अरे, बहुत हुआ," उपेक्षापूर्वक गंगा ने कहा, "मुझे तो इतने वर्ष हो गए। मैंने तो कभी इतना बड़ा अनिष्ट नहीं देखा।"

"तुझे खबर भी है?" चौला ने माँ के कान में कहा, "गज़नी का म्लेच्छ चढ़ा आ रहा है।"

"गज़नी का म्लेच्छ! भला यह कौन मर्दुआ है?"

"यह मैं क्या जानूँ?"

"तो तुझे मालूम कहाँ से हुआ?"

"कहीं से हुआ हो। तुझे इससे मतलब?"

"ओहो, कल तो तुझे मालूम नहीं था, आज कहाँ से मालूम हो गया?"

"मुझे मालूम हो गया है।"

"कहाँ से हुआ, बता तो सही?" गंगा ने आग्रह से चौला से पूछा। पुत्री के लिए उसका प्रेम इतना तीव्र था कि वह उसके मन की बातों से अपरिचित रहने पर ईर्ष्या कर उठती थी। यद्यपि वह इस बात का समर्थन करती थी कि वह

शिवराशि के साथ अपना सम्बन्ध कर ले, तथापि इस विचार के आते ही कि वह अपना शरीर और हृदय दोनों किसी दूसरे को समर्पित करे, उसके हृदय में भयंकर घाव हो जाता था। "बता तो सही। मुझे नहीं बताएगी?"

चौला भोली और सरल थी। जब वह संसार से कोई चीज नहीं छिपा सकती थी तो माँ से कैसे छिपाती!

"माँ, गज़नी का म्लेच्छ चढ़ा आ रहा है, यह बात मुझसे पाटण के भीमदेव ने कही थी।" और चौला की कल्पना ने उसकी आँखों के आगे रात का चन्द्रिका-स्नान ला खड़ा किया। वह काँपने लगी।

गंगा ने चौला को छाती से लगा लिया और पूछा, "और मेरी चालाक बिल्ली, तू भीमदेव से कब मिल आई?" चौला का हृदय तो इस अनुभव को कहने के लिए तैयार ही बैठा था। वह माँ से चिपट गई, उसकी छाती में छिप गई, रोते-हँसते, डरते उसने रात की घटना, कंक योगेश्वर की मृत्यु और भीमदेव के मिलन का वर्णन किया। केवल वह इस बात को कहना भूल गई कि जब उसके नहा लेने पर बाहर निकलते समय भीमदेव उसे ले आया था, तब उसके शरीर पर कपड़े थे कि नहीं।

[2]

जिस समय गंगा ने यह बात सुनी उस समय उसके हृदय में भी दहशत बैठ गई। कंक योगेश्वर का कत्ल चौला के लिए हो, इससे बड़ी विपत्तिमूलक बात क्या हो सकती थी? और शीघ्र ही भीमदेव को गज़नी के म्लेच्छ से लड़ने जाना पड़ा।

समस्त दुखों से छूटने का एक ही मार्ग गंगा जानती थी और वही उसने पकड़ा। वह गंग सर्वज्ञ के पास गई और चौला को भी अपने साथ लेती गई।

गंगा सर्वज्ञ मध्याह्न की सन्ध्या कर रहे थे। वे अर्घ्य दे चुके थे और गायत्री का पाठ कर रहे थे। आज उनका चित्त भी अस्वस्थ था। मुँह से तो गायत्री पढ़ रहे थे, परन्तु उनके अन्तर में आवाज उठ रही थी–'भगवान शंकर! क्या सोचा है?'

गंगा चौला को लेकर पिछले दरवाजे से दालान में आई और हाथ जोड़कर एक तरफ बैठ गई। पास ही मुख नीचा किए चौला भी बैठी।

चौला गंग सर्वज्ञ के मुँह की ओर देख रही थी। तेजपूर्ण विशाल भाल पर चन्द्रलेखा के समान स्पष्ट और धवल त्रिपुंड शोभित था। उसे सन्देह हुआ कि सर्वज्ञ वास्तव में मनुष्य हैं या साक्षात् शंकर। कई बार उसने स्वप्नों में शंकर को ऐसा ही देखा था। सर्वज्ञ की भव्य दाढ़ी में जैसी गाँठ लगी थी वैसे ही उसके शंकर

भी लगाते थे। उसकी विचार-शृंखला आगे बढ़ी—यदि सर्वज्ञ शंकर हों तो क्या वह स्वयं देवाधिदेव की लड़की हुई? यह तो उचित प्रतीत नहीं होता। कारण, स्वयं वह शंकर और पार्वती को समान भाव से भजती थी।

गंग सर्वज्ञ सन्ध्या कर रहे थे। शिवराशि आया और गुरु के पास जाकर चरण-स्पर्श किए। उसने एक आँख से चौला को देखा और उसके मुख पर भी मुसकान दौड़ गई।

"गुरुदेव! बाहर सज्जन चौहान और उसका लड़का दर्शन करने आए हैं।"

"अच्छा, लेकिन पहले इसका पता लगाना है कि गंगा क्या बात करने आई है।" और सर्वज्ञ की दृष्टि स्नेहपूर्वक चौला पर जा पड़ी, "और चौला भी आई है। क्यों चौली, कल तो तूने हद कर दी न?"

गंगा और चौला ने सर्वज्ञ के चरण छुए।

"सब आपकी कृपा है न!"

"कृपा है भोलानाथ की," सर्वज्ञ ने कहा, "लेकिन चौली, तू बड़ी गहरी है। मुझे क्या खबर थी कि तुझे इतना अच्छा नृत्य आता है? गंगा, अब तेरे दिन गए।"

"मेरे दिन जाएँगे तो मेरी पुत्री के कारण ही, क्यों राशिजी?"

राशिजी कुछ कहना ही चाहते थे परन्तु सर्वज्ञ ने यह कौटुम्बिक वार्तालाप आगे नहीं बढ़ने दिया।

"गंगा, क्यों? कह, किसलिए आई है?"

"एक तो इस चौला को आपके दर्शन कराने थे।"

"—और दूसरे?"

"और दूसरे, चौला ने मुझसे भयंकर बात कही है, उसे कहने के लिए आई हूँ।"

चौला ने चारों ओर देखा, इसलिए गंग सर्वज्ञ समझ गए। "शिवराशि, जा बाहर कह आ कि किसी को अन्दर न आने दिया जाए।"

"जैसी आज्ञा," कहकर शिवराशि उठकर बाहर गया और थोड़ी देर में वापस आकर बैठ गया।

और गंगा ने चौला के साथ घटनेवाली घटना सर्वज्ञ को बताई। जैसे-जैसे वह कहती गई वैसे-वैसे सर्वज्ञ का मुख गम्भीर होने लगा। जब उसने भीमदेव द्वारा कंक योगेश्वर के वध की बात कही तो दोनों आँखें आगे निकालकर, श्वास रोककर, सर्वज्ञ शिव-कवच की कुछ पंक्तियाँ बोलने लग गए। शिवराशि के तो बात सुनते-सुनते ही छक्के छूट गए। जब गंगा की बात पूरी हुई तब सब चित्रलिखे-से रह गए।

सर्वज्ञ ने प्रयत्नपूर्वक धीमे और स्थिर स्वर से कहा, "मनुष्य का भय और मनुष्य की आशा खरगोश के सींग के समान है। सत्य वस्तु तो भगवान शंकर की

इच्छा ही है। हम उसके अधीन हो सकें, इतनी ही कृपा हमें चाहिए। भगवान ने इन बीस वर्षों में मेरे हाथ से धाम की उन्नति कराई है। जब तक ये त्रिशूलपाणि बैठे हैं तब तक कोई क्या कर सकता है?" और यह कहते-कहते ही उनकी आँखों में तेज झलकने लगा और उनकी आवाज ऐसी अर्थगर्भित बन गई मानो वे देव का सन्देश ही सुना रहे हों। "जिसका हाथ भगवान ने पकड़ा है क्या उसको छोड़नेवाला कोई है! जिसको ठुकरा देंगे उसे बचानेवाला कौन है? जिस समय गज़नी का अमीर उनसे द्वेष करेगा उस समय वह ऐसा हो जाएगा जैसे कि वह था ही नहीं।"

वे रुके और आँखें आकाश की ओर उठाकर क्षण-भर मौन रहे। सर्वज्ञ के तीनों दर्शकों की उनमें अविचल श्रद्धा जागी।

"राशि, बाहर सज्जन चौहान खड़ा है न? भगवान सोमनाथ ने ही उसे भेजा है। उसे बुला ला।"

शिवराशि उठकर सज्जन चौहान और उसके पुत्र को बुलाने आया।

[3]

सज्जन चौहान पैंतीस-चालीस वर्ष का प्रचण्ड, मोटे बालोंवाला, विकराल राजपूत था। उसका बीस वर्ष का पुत्र बाप की लघु प्रतिकृति था। दोनों एक-सी ढाल-तलवार बाँधे थे। दोनों ने आकर साष्टांग दंडवत् प्रणाम किया।

"नमः शिवाय!"

"शिवाय नमः," सर्वज्ञ ने आशीर्वाद दिया। "क्यों, क्या कल शाम को आए?"

"हाँ गुरुदेव," सज्जन ने कहा, "आने में कुछ देर हो गई। आप आरती कर रहे थे। उसके बाद नृत्य हुआ था।" उसने चौला की ओर देखा।

"हाँ, चौला ने सुन्दर नृत्य किया; किया कि नहीं?" सर्वज्ञ ने कहा और उनकी नजर सज्जन के पुत्र सामन्त पर पड़ी। लड़का जब से आया था, चौला पर आँखें गड़ाए बैठा था। सर्वज्ञ जरा मुस्कराए। चौला अत्यन्त आकर्षक तो थी ही।

"सज्जन, घोघाराणा कैसे हैं?"

"मजे में हैं। आपके लिए उन्होंने बहुत-बहुत प्रणाम कह दिया है और यह भेंट भेजी है," कहकर सज्जन ने कमरबन्द में से एक हीरा निकालकर सर्वज्ञ के चरणों पर रख दिया।

"चौहान कुल का मुकुट सोमनाथ की भक्ति में अविचल है, यह देखकर मैं प्रसन्न हूँ," सर्वज्ञ ने कहा।

"शंकर की कृपा है।"

"सज्जन, घोघाराणा पर शंकर प्रसन्न हैं। उनकी सेवा देव को बहुत प्रिय है। तुम कब चले?"

"हमें तो घोघागढ़ से चले दो महीने हो गए। हम सपादलक्ष से श्रीमाल और श्रीमाल से चित्तौड़ होते आ रहे हैं।"

"और कितने दिन में वापस जाओगे?"

"पच्चीस दिन लगेंगे।"

"यों नहीं, तेजी से पक्षी की भाँति उड़ते हुए जाओ। जान पर खेल जाने का काम है–भगवान का काम है।"

"बहुत जल्दी करूँ तो बीस दिन लग सकते हैं।"

"सज्जन, पन्द्रह नहीं दस दिन में, दस नहीं आठ दिन में। मैं तुझे, घोघाबापा के पौत्र को, पहचानता हूँ। तू रेगिस्तान में ऊँटनी पर इतनी तेजी से जा सकता है जितनी तेजी से कि पक्षी भी नहीं उड़ सकता।"

"कहिए, क्या आज्ञा है?"

"पतित की क्या आज्ञा हो सकती है? आज्ञा तो भगवान सोमनाथ की है।"

"क्या है? कहिए, घोघाबापा के कुल को सोमनाथ की आज्ञा सदैव शिरोधार्य है।"

"इस कुल पर तो भगवान सोमनाथ के दोनों हाथ हैं। सज्जन, मन्दिर की बड़ी-से-बड़ी ऊँटनी ले और रात-दिन रेगिस्तान काटते हुए जाकर घोघाराणा के सोमनाथ की आज्ञा कह।"

"क्या, महाराज?"

"गज़नी का म्लेच्छ चढ़ा आ रहा है–भगवान का मन्दिर तोड़ने। जा, घोघाबापा से कह कि भगवान ने अस्सी वर्ष की भक्ति के बदले उन्हें देवों को भी दुर्लभ अधिकार दिया है–उन्हें सोमनाथ के मन्दिर का रक्षक चुना गया है।"

"हमारा सौभाग्य!"

शंकर की आज्ञा का उच्चारण करते हुए सर्वज्ञ के मुख पर दिव्य तेज झलक रहा था और उनकी आँखों से अंगारे बरस रहे थे।

"कहना कि जब तक घोघाराणा के कुल में एक भी वीर जीवित हो, तब तक सुलतान रण में प्रवेश न करने पाए। और यह भी कहना कि जहाँ भी मिले, वहाँ इस देव-द्वेषी के प्राण ले लिए जाएँ क्योंकि यह सोमनाथ की आज्ञा है। और शंकर का वरदान है कि घोघा चौहान की कीर्ति तब तक अमर रहेगी जब तक कि सूर्य और चन्द्र का प्रकाश अमर है।"

सज्जन सर्वज्ञ के चरणों में सिर झुकाए भगवान शंकर की आज्ञा सुनता रहा और कम्पित स्वर तथा तेजपूर्ण नेत्रों से बोला, "महाराज! निर्भय रहिए, घोघाराणा

के इक्कीस पुत्र, छियालीस पौत्र और एक सौ तीन प्रपौत्र देव की आज्ञा से रण में डटे हैं। यवन की क्या मजाल है जो हमको हटाकर आगे बढ़े?''

''धन्य है चौहान, जा, शंकर की आज्ञा घोघाराणा से कह।''

''जीता रहा तो पन्द्रह दिन में पहुँच जाऊँगा। मेरे सामन्त को देखना।''

सामन्त ने बाप की ओर देखा। उसकी बड़ी और बहादुर आँखें उपालम्भ दे रही थीं।

''बापू,'' सामन्त की आवाज में अपमानित होने का अपार दुःख था, सोमनाथ की आज्ञा तो घोघाराणा के प्रत्येक पुत्र के लिए है। मैं लड़की नहीं हूँ। मैं भी तुम्हारे साथ चलूँगा।''

सर्वज्ञ ने सामन्त की पीठ ठोकी। ''शाबाश! देखो चौहान कुल का रक्त! लेकिन मुझे यहाँ तेरी जरूरत पड़ी तो?'' सर्वज्ञ ने कहा।

सामन्त के मुख पर निराशा छा गई, ''महाराज, यहाँ के राजपूत यहाँ होंगे न। जरूरत पड़ी तो भी घोघागढ़ का चौहान तो वहीं रहेगा और वहीं मरेगा। मैं जाऊँगा।''

सर्वज्ञ का उत्साहप्रद हास्य सबको प्रेरणा दे रहा था, ''सज्जन, तेरे लड़के में घोघाराणा का शौर्य है। ले जा, जब तक ऐसे चौहान हैं तब तक धर्म की जय है।''

सामन्त ने कृतज्ञतापूर्ण हृदय से सर्वज्ञ के चरणों पर मस्तक रखा। सर्वज्ञ ने उसे उठाकर छाती से लगा लिया।

''वत्स! गौ, ब्राह्मण और धर्म इन तीनों का विध्वंस करनेवालों की तेरे जैसे वीरों के सामने क्या गिनती है! जा, विजयी हो।''

''महाराज,'' सज्जनसिंह ने कहा, ''जहाँ मिलेगा वहीं से हम इस म्लेच्छ का शीश लाकर भगवान सोमनाथ पर चढ़ाएँगे।''

''जाओ पुत्रो, विजय करो। शिवराशि, इनके जाने की व्यवस्था कर दो। अपनी अच्छी-से-अच्छी ऊँटनियाँ देना।''

''महाराज, चिन्ता न करिए। रेगिस्तान के ये मार्ग दूसरों को थका सकते हैं, हमारे लिए तो ये बड़े सरल हैं।''

''मैं क्या जानता नहीं हूँ?''

सज्जन चौहान और सामन्त ने चरण-स्पर्श कर विदा ली। चलते-चलते सामन्त ने चौला की ओर देखा। उसकी सुन्दर और प्रशंसामुग्ध आँखें देख रही थीं। उनके द्वारा उसने नयन-सन्देश प्राप्त किया। उसे लगा कि वह सन्देश उसे वीरता की प्रेरणा दे रहा है।

सर्वज्ञ की दृष्टि से कोई बात छिपी न थी। उन्होंने कहा, ''सज्जन, तू और तेरा पुत्र दोनों भगवान के दर्शन करके जाना। यह चौला तुमको प्रसाद दे जाएगी।''

सामन्त का हृदय धड़कने लगा। यह चौला–सोमनाथ की लाड़ली दासी–जो कल नृत्य कर रही थी, उसे प्रसाद देने आएगी?

दो घड़ी बाद जब सामन्त और उसका पिता दर्शन करने गए तब चौला प्रसाद लिये खड़ी थी। दोनों ने मिश्री का प्रसाद पाया, प्रक्षालन जल माथे चढ़ाया और शौर्य से उछलते हुए हृदय से दोनों वीरों ने सोमनाथ के चरणों का स्पर्श किया।

सामन्त की आँखें पास खड़ी हुई नर्तकी को देख रही थीं। वह जाना ही चाहता था कि उसकी सुमधुर ध्वनि उसे सुनाई दी।

"और सर्वज्ञ प्रभु ने यह जो भेंट भेजी है, सो तो रह गई," यह कह एक सोने की कटोरी में रखी भस्म उसके आगे कर दी।

दोनों चौहानों के गर्व का पार नहीं रहा। शंकर के सेवायज्ञ में उसकी ही आहुति दी जाए, इस आशा से सज्जन ने स्वयं ही गर्व से भौंहों के बीच भभूत लगाई। सामन्त ने भभूत स्वयं नहीं ली। उसने तो सशरीर इस अप्सरा का नृत्य देखा था, उसका नयन-सन्देश प्राप्त किया था, उसके हाथ का दिया जल चखा था। यदि उसे रणयज्ञ की बलि बनना है तो भभूत क्यों उसी के हाथ से न ली जाए? उमंग से काँपता हुआ वह क्षण-भर खड़ा रहा और फिर मस्तक आगे कर दिया। चौला ने सामन्त की आँखों में शौर्य की मस्ती देखी। इस सुन्दर युवक के अंग-प्रत्यंग में स्वयं उसके लिए जो उत्कंठा भरी थी, उसे देखा। उसने अपनी उँगली से भभूत लेकर तिलक किया।

"विजयी होकर शीघ्र लौटना," उसने धीरे-से कहा।

"अवश्य," गर्व से सामन्त ने कहा और चौला की मोहक आँखों ने पलकों की एकाग्रता से उसे स्मृति पर अंकित कर लिया।

जिस समय वह चला उस समय उसकी रग-रग में विजेता का प्रचण्ड उत्साह व्याप्त था।

[4]

सज्जनसिंह, सामन्त और दूसरे आठ योद्धा तेज ऊँटनियों पर रवाना हुए। उन्होंने अपने साथ सर्वश्रेष्ठ ऊँटनीवाले पथ-प्रदर्शक भी ले लिये।

सज्जन को चक्करदार मार्ग की अपेक्षा सीधे रेगिस्तान में होकर जाना था। सौराष्ट्र के मार्गों से वह अधिक परिचित नहीं था। लेकिन रेगिस्तान में उसे किसी की परवाह न थी। कारण, जहाँ रेत का विस्तार हो, वहाँ तो वह राजा था। कच्छ से घोघागढ़ तक के सभी मार्गों को पार करने का उसके मन में चाव था और

समस्त मरुभूमि में उसके समान ऊँटनी पर चढ़नेवाला कोई नहीं था। इस प्राणी पर उसने दिन और रात व्यतीत किए थे। जिस ऊँटनी पर वह चढ़ता उसी के पंख लग जाते थे, उसके साथ बातें कर सकता था; वह उसके दुख को समझ सकता था; वह उससे चाहे जो करा सकता था। घोघागढ़ की तेज-से-तेज ऊँटनियाँ उसकी एड़ खाकर पागल-सी हो जाती थीं और वह भी ऊँटनियों के पीछे पागल था। उसके लिए वे पशु नहीं थीं, वरन् उसकी वंशी पर नाचती गोपियाँ थीं।

वह तेजी से आगे बढ़ा। उसने सामन्त और एक पथ-प्रदर्शक को साथ रखा था। साथ के सैनिक दूसरी ऊँटनियों पर आ रहे थे।

जब सौराष्ट्र के जंगलों को पार करता हुआ सज्जन चौहान का छोटा-सा काफिला रेगिस्तान के सामने आकर खड़ा हुआ तब दोपहर होने आया था। जिस प्रकार सागर के तीर पर खड़े हुए व्यक्ति की दृष्टि के सामने, जहाँ तक दृष्टि पहुँचती है वहाँ तक पानी की तरंगें ही उछलती दिखाई देती हैं, उसी प्रकार सज्जन की दृष्टि के सामने रेत की तरंगें फैली हुई थीं। सूर्य की किरणें रेत में ऐसी चमकती थीं कि सज्जन आँखों को खुला न रख सका। उसे इस बात का पता था कि इस ओर से रेगिस्तान में होकर जाने का एक भयंकर संक्षिप्त मार्ग है, लेकिन वह सुकुमार और सुन्दर सामन्त के लिए नहीं था।

उसने पुत्र की ओर देखा। आँखों को हाथ द्वारा सूरज की धूप से बचाता हुआ वह भी हौंस और हिम्मत के साथ इस दुस्तर रेत के समुद्र को नाप रहा था। क्यों इस बेचारे को इस मार्ग से ले जाऊँ? उसका मन न हुआ।

"बेटा, हमें एक काम करना चाहिए। तू आबू के रास्ते से झालोर जा। मैं यहाँ से सीधा रास्ता पकड़ता हूँ।"

सामन्त समझ गया और आँखों से बाप को फिर उपालम्भ दिया, "इस रास्ते में मुझे क्या हो जाएगा?"

"तुझे होगा क्या? लेकिन एक की अपेक्षा दो रास्ते अच्छे हैं। इस रास्ते से मैं कभी गया नहीं हूँ, इसलिए मुझे जाकर देखना है। हम भस्मरिए पर मिल जाएँगे।"

"बापू, सच बताना, मुझे साथ लेते हुए डरते तो नहीं हो?"

"घोघाराणा की सन्तान क्या कभी डरी है?" कहकर उसने सामन्त को हृदय से लगा लिया। उसके हृदय में अद्भुत उमंग उठी और उसकी आँखें भीग गईं। दो दिन पहले घोघागढ़ पहुँचने के लिए वह उस अनजान मार्ग को पकड़ रहा था। लेकिन समय है, यदि यह रत्न जैसा लड़कर फिर देखने को न मिला तो! सामन्त में बालकोचित अदूरदर्शिता थी।

"ऊँह बापू, ऐसे क्या मुझसे पहले घोघागढ़ जाना है? देखना मैं ही पहले पहुँचूँगा।"

“यदि तू मुझसे सवाया न होगा तो और कौन होगा?” सज्जन ने पूछा।

सामन्त ने पिता की आँखों में पानी देखा, “बापू, यह क्या?”

“कुछ नहीं, कुछ नहीं, यह तो रेत की चमक मार रही है।”

चार घड़ी सबने विश्राम किया और सज्जन ने दो ऊँटनियों पर पानी और खाना रखा, फिर एक बार सामन्त से मिला, एक ऊँटनी पर स्वयं चढ़ा, दूसरी पर ऊँटवाला बैठा और ‘जय सोमनाथ’ की हुंकार के साथ वह निःसीम रेगिस्तान में आगे बढ़ा।

जैसे कोई समुद्र में कूदता है वैसे ही सामन्त ने समुद्र से भी भयंकर इस रेगिस्तान में अपने पिता को कूदते देखा। उसने पिता के हाँकने की छटा देखी, उसके बैठने का ढंग देखा, उसकी उड़ती हुई काली दाढ़ी की फरफराहट देखी। कैसे थे उनकी पगड़ी के पेच! और कैसे सफाई से यह रेगिस्तान का राजा चला जा रहा था! सामन्त अपने पिता की ओझल होती हुई मूर्ति को गर्व से देखता रहा। ऐसे पिता का पुत्र होने में वस्तुतः सौभाग्य था और दस दिन, ग्यारह दिन, बहुत-से-बहुत बारह दिन में दादा, काका और भाइयों के बीच वह फिर अपने पिता की गोद में बैठनेवाला था और राजस्थान के गढ़ों में इन बाप-बेटों की कथा से चौहानों की यश-गाथा अलंकृत होनेवाली थी।

बाकी की जो चार ऊँटनियाँ थीं वे भी तैयार हो गई थीं। जिस रास्ते से पिता गए थे उस पर उसने फिर दृष्टि डाली और पिता के पुनः दर्शन करने की तीव्र उत्कंठा को दबाकर ऊँटनी पर सवार होकर वह अपने रास्ते चल दिया।

जिस ऊँटनी पर सज्जन चौहान बैठा था उसका नाम पदमड़ी था। सारे सोरठ में उसकी सानी न थी। वह इशारे में समझ जाती और पवन के वेग से उड़ती। सज्जन ने उससे बहुत पहले ही मित्रता कर ली थी। वह स्नेहपूर्ण फरफराहट से जवाब देती।

“बापा सोमनाथ और घोघाराणा दोनों की लाज तेरे हाथ है, पदमड़ी बहू!” पदमड़ी ने गरदन मोड़कर बताया कि यह बात उसके ध्यान में है और अपना वेग बढ़ाया।

“पदमड़ी बहू, जल्दी-से-जल्दी चल। घोघाराणा के घर की बहुएँ मोतियों से तेरा स्वागत करेंगी, अच्छा!”

पदमड़ी ने फरफराहट करके वेग बढ़ाया। यह स्पष्ट दिखाई दिया कि वह मोतियों से स्वागत कराने के लिए अधीर है।

जब सन्ध्या हुई तो एक टीला दिखाई दिया। उसके ऊपर कुछेक छोटे पेड़ और एक ताड़ का पेड़ था। पास ही एक टूटे हुए मन्दिर पर ध्वजा फहरा रही थी। सज्जन ने हर्ष-ध्वनि की–“विश्राम-स्थल आ गया, जीती रह मेरी पदमड़ी बहू!”

थोड़ी ही देर में दोनों ऊँटनियाँ टीले पर चढ़ गईं। वहाँ पर दो-तीन झोंपड़ियाँ थीं और खाट डालकर चार-पाँच ऊँटवाले बातें कर रहे थे। चार ऊँटनियाँ गरदनें ऊँची करके पेड़ की चोटी पर के पत्तों को चबा रही थीं। उन्होंने अपनी जाति के नवागन्तुकों को देखा और जैसी आवाज ऊँट ही अपने गले से निकाल सकता है वैसी आवाज निकालकर उनका स्वागत किया।

सूर्य अस्त हुआ और रात पल-पल झुकने लगी। पश्चिमी दिशा के प्रकाश ने चारों ओर फैले हुए रेत को लाल कर दिया। ऐसी निर्जनता में यह अकेला खड़ा हुआ ताड़ का वृक्ष भोलाशंकर की कृपा का एकमात्र चिह्न दीखता था। सज्जन ने ऊँटनी बिठाई और वहाँ बैठे हुए ऊँटवालों को बुलाया।

"ओ भाई, कुछ खाने-पीने को भी है?"

"बापू, बाजरे के ढेबरे (पराँठे) हैं और वह तालाब और कुआँ है। पानी का आनन्द है।"

सज्जन को समय बिगाड़ना अच्छा नहीं लगता था। उसने अपनी ऊँटनियों की जाँच की और पानी पिलाने का काम अपने सोनिया ऊँटवाले को सौंपा। बारह घड़ी की मंजिल तय करने पर भी पदमड़ी तो ताजी ही थी, परन्तु दूसरी ऊँटनी कुछ थकी मालूम देती थी। सज्जन ने उसे थपथपाया, उसे पुकारकर देखा, लेकिन ऐसा नहीं लगा कि उसमें तेज हो। उसने गरदन मोड़ी और वहाँ खड़े ऊँटवालों की ओर देखा। "तुम लोगों को कहाँ जाना है?" उसने पूछा।

"बापू, हम तो कल सवेरे हलवद की ओर जाएँगे।"

"तो अपनी एक ऊँटनी मुझे दे दो और यह मेरी ऊँटनी तुम रख लो।"

"नहीं बाबा, आपको कहाँ जाना है बापू!"

"मुझे? मुझे अभी रेगिस्तान के रास्ते जाना है।"

"इसी समय? क्या रेगिस्तान के मार्ग से जाया जा सकता है?"

"तब तुम लोग कहाँ से आए हो?"

"हमारे ऊपर तो इस रणथम्भी माता की बाधा थी। उसे उतारने आए हैं।"

सज्जन हँसा। "और मुझे यह बाधा है कि मैं इसी समय यहाँ से चल दूँ।"

"बापू, यह रणथम्भी माँ की आन है। इस रास्ते से जानेवाला कोई वापस नहीं लौटा। बुजुर्गों का कहना है कि तीन सौ योजन तक पेड़ या पानी नहीं।"

"चिन्ता मत करो। मुझे अपनी एक ऊँटनी दे दो, बस।"

"नहीं बाबा, ये तो हमारे घर की ऊँटनियाँ हैं। ये नहीं दी जा सकतीं।"

"तब मैं तुम्हारे बिना दिए ही लूँगा," सज्जन ने तलवार पर हाथ रखकर कहा, "सोनिया खा ले। मैं नहाकर, पदमड़ी बहू को नहलाकर, आता हूँ। उसके बाद तू अपनी ऊँटनी को नहला लाना।"

"सवेरे नहलाऊँगा बापा!"

"अरे पागल हुआ है! अभी चाँद निकला कि हम चले।"

"लेकिन बापा, रात में, और वह भी इस रणथम्भी माता को दुखी करके!" घबराकर सोनिया बोला।

"घबराता क्यों है? सोमनाथ महादेव की आज्ञा है। जा खा ले," कहकर पदमड़ी को लेकर सज्जन वहाँ से तालाब पर गया।

सोनिया दूसरे ऊँटवाले की ओर मुड़ा, "यहाँ से आगे चलकर क्या आएगा?"

"कुछ नहीं, तेरा बापू तो पागल है," एक वृद्ध बोला, "इस रास्ते से जाता हुआ हमने कोई नहीं सुना।"

"अरे मनुष्य तो क्या, किसी पक्षी को भी उड़ता हुआ नहीं सुना।"

"चलो, रोटी तो खा लें," कहकर सोनिया अपने ढेबरों को लाकर सबको बाँटने लगा। रणथम्भी माँ को दुखी करके जानेवाले इस मूर्ख के भविष्य की कल्पना उनको परेशान कर रही थी, इसलिए ऊँटवाले कुछ चुप हो गए। सोनिया ने जैसे-तैसे बात की, उन्होंने जैसे-तैसे जवाब दिया और बार-बार आगे न जाने की चेतावनी देने लगे।

चौहान वीर को इनमें से किसी की परवाह न थी। उसको तो भगवान सोमनाथ का सन्देश घोघाराणा को सुनाना था। उसने पदमड़ी को मलकर नहलाया, स्वयं नहाया, कुएँ से पानी निकालकर पदमड़ी पर पखाल भरकर लादी, रणथम्भी माता के पैरों पड़ा और जहाँ ऊँटवाले बैठे थे वहाँ गया। बेचारी पदमड़ी गाय की भाँति उसके पीछे-पीछे आई, इस स्नेही और पुचकारनेवाले मालिक की वह गुलाम बन गई थी।

सोनिया ने बिना मुँह से बोले खाना खोलकर दिया और सज्जन खाने लगा।

"सोनिया, वे लोग ऊँटनी देते हैं कि नहीं?"

सोनिया का मुँह फक हो गया। बोला, "बापा, वे 'ना' कहते हैं।"

"तब तो हम छीन लेंगे।"

"बापा, इस समय कैसे जाया जाएगा, इस रणथम्भी माँ को दुखी करके?"

"तू भी घबराता है? मैं हूँ कि नहीं?"

"बापा, यदि माँ का कोप हुआ तो कौन बचाएगा?"

"मैं जानता हूँ कि उलटी कृपा होगी।"

"बापा, लेकिन इस समय नहीं," सोनिया ने जिद की।

"अभी चलना पड़ेगा," सज्जन ने हुक्म दिया, "जा, नहला ला ऊँटनी को। अभी चाँद उगता है।"

सोनिया गूँगा बनकर खड़ा रहा।

"जाता है कि नहीं?" सज्जन ने आँखें निकालीं और तमाचा मारने को खड़ा हुआ। यह देखकर सोनिया मुँह चढ़ाकर अपनी ऊँटनी को तालाब पर ले गया।

सज्जन ने खा-पीकर पदमड़ी को तैयार किया, ढेबरों को बाँधा और यह देखा कि पानी पूरा पड़ जाएगा कि नहीं। इतने में सोनिया ऊँटनी ले आया।

"अरे भाई!" सज्जन ने ऊँटवालों से कहा, "मेरी ऊँटनी और दो रुपए लेकर एक ऊँटनी देते हो?"

"नहीं," एक ने निर्लज्जता से कहा।

"मेरी ऊँटनी और दो रुपए?" दूसरे ने पूछा।

"चाँदी के रुपए?"

"हाँ, चाँदी के।"

"अरे, क्यों रे भद्रा! सात पीढ़ियों की ऊँटनी को मारने को तैयार हुआ है?" वृद्ध ऊँटवाले ने तपाक-से कहा।

"नहीं, काका, मुझे अपनी ऊँटनी नहीं देनी।"

"जैसी तुम्हारी मरजी," कहकर सज्जन सोनिया की तरफ मुड़ा। "चल सोनिया, हम लोग चलते हैं।"

"बापा..."

"चल, जल्दी कर," गुस्से से सज्जन ने कहा।

कार्तिक बदी दूज का चन्द्रमा उगा और रेगिस्तान का विस्तार रमणीय हो गया। पवन भी चलने लगा और रणथम्भी माता का अकेला ताड़ निर्मल आकाश के प्रकाशमय तट पर सरस चित्र बनकर रह गया।

सज्जन पदमड़ी पर बैठा और सोनिया धीरे-धीरे अपनी ऊँटनी पर। यहाँ से चलना उसे तनिक भी अच्छा नहीं लगा।

"बापा, जल्दी आना, अच्छा," जवान ऊँटवाले ने कहा।

"जय सोमनाथ," कहकर सज्जन ने ऊँटनी हाँक दी।

चन्द्रमा का प्रकाश रेगिस्तान को प्रकाशित कर रहा था; मन्द पवन और कार्तिक की ठंड आह्लादकारी थी, पदमड़ी भी मग्न थी और सज्जन को लगा कि पौ फटने से पहले तो वह कई योजन पार कर लेगा। लेकिन जैसा ऊँटवालों ने कहा था, उसी के अनुसार दूसरी ऊँटनी पर सोनिया थरथर काँप रहा था। इस रास्ते से वह भी नहीं आया था और रणथम्भी माता को दुखी करके आया था, इसलिए उसका कोप होना अवश्यम्भावी है, ऐसा उसका विश्वास था। उसकी ऊँटनी धीरे-धीरे चल रही थी और ऐसा प्रतीत होता था मानो उसने उसकी सब बातें सुन ली हों।

"सोनिया, जल्दी कर," सज्जन बार-बार पुकार लगाता था।

सोनिया ने उसका जवाब देना ही बन्द कर दिया।

एक बार सज्जन को गुस्सा आ गया। उसने पदमड़ी को पीछे किया और पीछे की ऊँटनी को दो-चार सोटियाँ जमा दीं। उस समय ऐसा लगा, मानो ऊँटनी भी सोनिया की वृत्ति को ग्रहण कर चुकी थी। वह सोटी खाकर जिद के मारे बैठ गई।

''उतर सोनिया, देख क्या रहा है?'' कहकर पदमड़ी को बिठाकर सज्जन नीचे उतरा और उस ऊँटनी को मारने लगा। बड़ी मुश्किल से वह फिर खड़ी हुई। सज्जन पदमड़ी पर बैठा और पहली ऊँटनी को जल्दी चलने के लिए उत्तेजित करने लगा।

सज्जन समझ गया कि यह जिद ऊँटनी की न होकर सोनिया की थी। तो केवल मालिक की अनकही आज्ञा का ही पालन कर रही थी।

''सोनिया, तू पदमणी पर बैठ, मैं तेरी ऊँटनी पर बैठता हूँ। देखूँ कैसे नहीं ऊँटनी चलती।''

''नहीं, नहीं बापू, यह चली,'' कहकर सोनिया ने ऊँटनी को तेजी से दौड़ाया। सज्जन पीछे रह गया, परन्तु थोड़ी ही देर में उसे पकड़ लिया। सज्जन की ऊँटनी तेज हो गई थी इसीलिए सज्जन फिर आगे निकल गया। तुरन्त ही सोनिया की ऊँटनी धीमी पड़ गई।

''चल, जल्दी चल,'' उसने पीछे देखकर कहा, लेकिन ऊँटनी आड़ी होकर खड़ी थी। सज्जन को अपने ऊपर काबू न रहा। उसने पीछे देखकर सोनिया को दो-चार डंडे जमाए।

''हरामखोर, तू ही नहीं आना चाहता।''

''नहीं बापा, नहीं बापा,'' कहकर सोनिया ने ऊँटनी को मारा। ऊँटनी कूदकर खड़ी हो गई और एकदम पीछे मुड़कर चोरों पैरों से उछलती रणथम्भी माता की ओर उलटी दौड़ी। उसकी चाल पदमड़ी को भी थका देनेवाली थी।

दूर जाने पर सोनिया और ऊँटनी एक छोटे उड़ते हुए काले धब्बे के समान दिखाई देते थे और सज्जन भौंहों को मिलाकर उस धब्बे को देख रहा था। पीछे लौटकर सोनिया को दंड देने का उसका मन तो हुआ पर उसने उसे रोक लिया।

''पदमड़ी बहू, बेटा, शंकर बाबा का काम अब अपने ही हाथ में है।''

गज़नी का अमीर

[1]

उस रात को कृष्णपक्ष की तीज-चौथ का चन्द्रमा रेगिस्तान के विशाल विस्तार पर आह्लादक प्रकाश डाल रहा था; रेत भी समुद्र की लहरों की भाँति चमक रहा था; ठंडी हवा चल रही थी और पदमड़ी बहू के घुँघरू चमक रहे थे; और सज्जन चौहान का हृदय अपने गीतों की लय के साथ नाच रहा था। उसको चौहानों की अपराजयता में तनिक भी अविश्वास न था। जब घोघाराणा के पुत्रों ने अनेक युद्धों में भाग लिया था तब यह तो एक म्लेच्छ था। उसकी क्या चिन्ता थी!

सज्जन ऊँटनी को उत्तर दिशा में—जहाँ ध्रुव के आसपास प्रकाश फैलता दिखाई दे रहा था उसी दिशा में—हाँके चला जा रहा था। रुपहली रात की घड़ियाँ खिसकने लगीं। इसलिए पदमड़ी की चाल धीमी पड़ गई और उसने भी चलती हुई ऊँटनी पर थोड़ी नींद ले ली। आधी रात बीती, ध्रुव के आसपास फैलनेवाला प्रकाश भी समाप्त हुआ और प्रभात की वायु की लहरें उठने लगीं। सज्जन ने हुंकार की, नकेल हाथ में ली और समझदार पदमड़ी बहू तेजी से रास्ता तय करने लगी।

जैसाकि ऊँटवालों ने बताया था, यह रास्ता बिलकुल निराशाजनक नहीं था। कहीं-कहीं टीले या पेड़ मिलते और उनके नीचे सज्जन विश्राम करता, स्वयं खाता-पीता और पदमड़ी को खिलाकर पानी पिलाता। यह रास्ता ठीक जँचा। रेगिस्तान में होकर सीधे आने पर जो लुटेरों के मिलने की बातें सुनी थीं वे गलत नहीं थीं, इसका भी उसको विश्वास हो गया।

दूसरा और तीसरा दिन भी अच्छा बीता। पदमड़ी में रास्ता खोज निकालने की अद्‌भुत दृष्टि थी और थोड़े ही समय में विश्राम लेने का स्थान तो आ ही जाता

था, जहाँ पानी और चारा दोनों चीजें मिल जाती थीं।

चौथे दिन दोपहर को ऐसा लगा जैसे पदमड़ी थक गई हो। सूर्य की धूप अधिक प्रखर होती गई। रेत के बगूले चारों तरफ उड़ने लगे। रास्ते में छाया का नामोनिशान तक नहीं मिलता था। घड़ियाँ बीत गईं, पर कोई भी पक्षी उड़ता हुआ नहीं दिखाई दिया।

रेत में चारों ओर सूर्य की धूप चमक रही थी और सज्जन की आँखों में चकाचौंध पैदा कर रही थी। उसके शरीर पर पसीने की धारा बहने लगी, भट्ठी-जैसी लू चलने लगी और हृदय में अनेक संशय होने लगे। क्या यह रास्ता सीधा था? रास्ते में विश्राम-स्थल या पानी न मिला तो क्या होगा? लेकिन वह तो महादेवजी की आज्ञापालन करने आया था। चौहानों को सदैव महादेवजी का भरोसा था। वह म्लेच्छ को रोकने जा रहा था। उसमें उसे पीछे हटने की क्या आवश्यकता थी? ''जब मेरा भोलादेव बैठा है तब भय किसका है, पदमड़ी बहू?''

लेकिन आज पदमड़ी बेचैन थी और उसकी चाल में पहली-जैसी स्फूर्ति न थी।

''पदमड़ी, देख, तू हार खा रही है!'' सज्जन ने उससे कहा।

पदमड़ी ने फुरफुराहट की, लेकिन उसमें पहले-जैसा उत्साह नहीं था। सज्जन ने उसे बिठाकर पानी पिलाया और उसकी गरदन से लिपटकर अपने शरीर द्वारा उसकी आँखों पर तब तक छाया की जब तक कि सूर्य अस्त होने को हुआ। सन्ध्या समय पदमड़ी कुछ ताजी हुई और जब सज्जन ने फिर कूच किया तब ठंडी हवा चलने लगी थी और उसका उत्साह पूर्ववत् हो गया था लेकिन रात अँधेरी थी इस कारण पदमड़ी बड़ी मंजिल तय न कर सकी और पीछे जब चन्द्रमा उदय हुआ तो कुछ रास्ता कट गया।

[2]

पाँचवें दिन जब से सूर्य निकला तभी से गरम हवा चलने लगी और जैसे ही दिन चढ़ा कि वह बवंडर में बदलने लगी। रेत के बगूले, जो सूर्य की चमक में अग्नि-कणों के स्तम्भ-जैसे लगते थे, उड़ने लगे और सज्जन और पदमड़ी की आँखें भी खुली न रह सकीं। दोपहर होने तक चारों ओर उड़ता, जलता, आँखों में लगता रेत ऊँचा उठने लगा और आगे बढ़ना असम्भव हो गया। सज्जन ने पदमड़ी को बिठाया, उसके गले से लिपटकर उसकी आँखें अपने शरीर से ढकीं और उसकी गरदन में अपनी आँखें दबाकर जैसे-तैसे भयंकर दोपहरी बिताई। स्नेहमयी पदमड़ी

छोटी बकरी की भाँति सज्जन की बाँहों में सिर रखे पड़ी रही।

दोपहरी ढलती ही गरम हवा रुकी और सज्जन ने ऊँटनी पर सवारी की। उस समय उसके साहसी हृदय में भय समाया था। यदि ऐसे तीन दिन और बीते तो क्या होगा? उसका अनुमान भी ठीक नहीं जान पड़ता था। यदि यह रास्ता ठीक हो तो दो-तीन दिन में विश्राम-स्थल आने चाहिए, लेकिन वे नहीं आए। तो क्या वह रास्ता भूल गया? रेगिस्तान में पड़े हुए मनुष्य जैसे प्यास और गरमी से मर जाते हैं वैसे ही कहीं उसकी दशा न होगी?

रात को पदमड़ी लड़खड़ाने लगी और सज्जन भी थक गया, इसलिए वह पदमड़ी की बगल में सो गया। सहसा पदमड़ी के तड़फड़ाने से वह चौंककर जाग गया। पौ फटनेवाली थी और ऊँटनी आँखें फाड़े, नथुने फुलाए, कूद रही थी।

"क्या है? क्या है? पदमड़ी बहू, क्या तू पागल हुई है?"

पदमड़ी की भाषा उसने समझ ली। वह शीघ्र जाना चाहती थी। सज्जन तुरन्त उस पर चढ़ा और उसने उत्तर की ओर चलने का संकेत किया। लेकिन ऊँटनी टस-से-मस नहीं हुई। न उसने सज्जन के लाड़ को माना और न उसके गुस्से की परवाह की। उसने उत्तर की ओर जाने से साफ इनकार कर दिया। जब वह उसे समझाते-समझाते थक गया तो एक सोटी जमाई। इस पर पदमड़ी ने वेदना-भरी आवाज की और उसकी आज्ञा की चिन्ता किए बिना, मुँह फेरकर, पूर्व दिशा की ओर भागने लगी। अन्त में उसकी समझ में आया—पदमड़ी की तीक्ष्ण वृत्ति ने उत्तर दिया कि किसी भय ने उसको भागने की प्रेरणा दी थी।

"भोलानाथ, जो तू करता है अच्छा करता है," सज्जन बड़बड़ाया और लड़के को साथ न लाने की बुद्धिमानी पर आनन्दित होने के अतिरिक्त और कुछ न सोच सका। दो-तीन बार पदमड़ी पूर्व की ओर तेजी से दौड़ी तो उसे इस विचित्रता का रहस्य समझ में आया; उसे अपने पीछे क्षितिज़ से उत्तर और पश्चिम की ओर से रेत के बगूले उड़ते जान पड़े।

"अरे बाप रे! जीती रह पदमड़ी बहू, तूने तो मुझे जीता बचा लिया," कहकर उसने पदमड़ी को थपथपाकर अपना प्रेम जताया।

जैसे-जैसे सूर्य ऊँचा चढ़ने लगा वैसे-वैसे रेत के बगूले अधिकाधिक ऊँचे उड़ते दिखाई दिए और पदमड़ी जान लेकर पूर्व की ओर भागने लगी। सज्जन ने भी अपनी जान पदमड़ी को सौंप दी। ऊँटनी की तेजी के सिवाय इस पीछे चले आते तूफान से बचने का और कोई दूसरा उपाय नहीं था। प्रभास से निकले आज बारहवाँ दिन था, तो भी थकी हुई ऊँटनी नए बल से भागने लगी। रेगिस्तान की जानकार होने के कारण वह उसके भय को भी अच्छी तरह जानती थी। जैसे बादल घिरते हैं वैसे ही उसके पीछे रेत के बगूले उड़ते, बढ़ते, आकाश में छाते, उसकी

ओर चले आ रहे थे।

सज्जन का साहसी हृदय आशा खो बैठा। पदमड़ी कितना भागेगी, कहाँ भागेगी? आगे निःसीम रेत का ढेर, पीछे यमराज के समान आगे बढ़ती प्राणलेवा आँधी–इन दोनों के बीच मृत्यु निश्चित जान पड़ी। सूर्य मध्याह्न में आया, सामने का चमकता हुआ रेत आँखों को अन्धा करने लगा, पवन ज्वालामय हुआ और इतना होने पर भी कुलीन पदमड़ी बिना खाने-पीने और विश्राम की चिन्ता किए चौमासे के पानी की तरह आगे बढ़ने लगी।

पीछे देखा तो आँधी आगे ही बढ़ती चली आ रही थी। एक बार तो रेत के बड़े बवंडर में फँसती हुई पदमड़ी दक्षिण की ओर भागी, लेकिन उधर भी मृत्यु सामने आती दिखाई दी।

सहसा चारों ओर का रेत सजीव-सा होकर उड़ने और चक्कर खाने लगा। जलते, घुमड़ते कणों का समूह तेजी से गोलाकार घूमने लगा और स्तम्भ के रूप में आकाश को स्पर्श करने लगा। पदमड़ी घबराई और बैठ गई; सज्जन उसके गले से लिपटकर उसके और अपने आँख, नाक, कान के रेत को निकालने लगा। उसे लगा कि इस आँधी से बचने की आशा व्यर्थ थी। मरते समय उसने अपने मरते समय की सहचरी को लाड़ लड़ाया। चारों तरफ था रेत, और रेत। दसों दिशाओं में उड़ता, चमकता, जलता, घुटन पैदा करता, सूर्य के झरते अग्नि-कणों के समान रेत, स्तम्भ के रूप में जलती चिता जैसी प्रतीत होता था। सज्जन ने सोमनाथ का स्मरण किया, अपनी कल्पना में आए हुए सामन्त से उसने राम-राम किया।

लेकिन यह बवंडर जैसे आया था वैसे ही चला गया। चक्कर खाते हुए रेत के कणों का स्तम्भ उनके ऊपर से निकल गया। जब उसने आँखें खोलीं तो अग्नि का गोलाकार, घूमता हुआ स्तम्भ तेजी से दूर जाता हुआ दिखाई दिया। 'पदमड़ी, बच गए। भोला शम्भु ने दया की,' कहकर उसने अपने और ऊँटनी के मुख पर पड़े हुए रेत को झाड़ दिया।

उसने पीछे देखा तो भयंकर आँधी तो बहुत दूर थी; यह बवंडर तो केवल उन्हें उसका स्वाद चखाने आया था। पदमड़ी की दूरदर्शिता के कारण वे आँधी की पहुँच के बाहर होकर बराबर आगे बढ़े जा रहे थे।

जब वह मृत्यु के मुख में जाकर निकल आया तो उसके हताश हृदय को विश्वास हुआ कि अपरिचित सीधे मार्ग से घोघागढ़ जाना सम्भव न था, इसलिए नीची मूँछें करके सरल मार्ग पकड़ना ही पड़ा।

सूर्यास्त होने पर आँधी का दीखना कम हुआ और पदमड़ी खड़ी होकर चारों दिशाओं को सूँघने लगी। थोड़ी देर में अँधेरा शुरू हुआ और निर्मल आकाश में तारे चमकने लगे। पदमड़ी हर्ष से बलबलाने लगी।

"शाबाश, मेरी पदमड़ी बहू, शाबाश," कहकर सज्जन ने उसे बिठाया, उसकी सार-सँभाल शुरू की। रात की वायु बहने लगी, इसलिए ऊँटनी के गले से लिपटकर वह उसकी कद्र करने लगा। यदि आज पदमड़ी न होती तो वह जीता न बचता।

आज वह भी बहुत थक गया था, इसलिए वह पदमड़ी के पास लम्बा हो गया और सारी चिन्ता भोला शम्भु पर छोड़कर खुर्राटे भरने लगा।

[3]

सज्जन ने पहले तो यह अनुमान किया था कि उत्तर दिशा में सीधे जाते हुए घोघागढ़ अवश्य आएगा, लेकिन आँधी के कारण वह उस समय कहाँ था इसका उसे तनिक भी ध्यान न रहा। ऐसे आवश्यक काम के समय उसने अपरिचित मार्ग से आने की मूर्खता क्यों की? सपादलक्ष का रास्ता कौन-सा है? सुरसागर कहाँ है? और झालोर किस ओर है?

अपने भोलानाथ में उसकी अचल श्रद्धा थी, इसलिए उसे इस बात का विश्वास था कि इसका परिणाम अवश्य सुन्दर निकलेगा। घोघाराणा ने कितनी ही बार ऐसे संकटों को झेला था और अब पुत्र-परिवार से संवृत्त वे शान्त और गौरवमय, वृद्धावस्था के किनारे बैठ हुए, किए हुए पराक्रमों के कीर्तिगान गाते थे। वैसे ही वह स्वयं भी कभी घोघागढ़ में बैठकर अपने परिवार को इस पदमड़ी की यशोगाथा सुनाएगा और तब उस समय के सामान्य वीर इस बात पर विश्वास भी नहीं करेंगे कि कोई ऐसे पराक्रम भी दिखा सकता होगा। उसने गर्व से मूँछों पर हाथ फेरा। घोघाराणा के यौवन के पराक्रमों का वर्णन जैसे चारण करते थे, वैसे ही उसका आज का पराक्रम था।

सामन्त तो झालोर पहुँच चुका होगा, हमारे पहुँचने के आठ दिन बाद वह आएगा और इस पितृभक्त पुत्र का हृदय भी कितना ऊँचा होगा। उसके बाद सामन्त की माँ के पास बैठकर बाप और बेटा एक-दूसरे के प्रेम में मग्न बार-बार इन प्रसंगों को कहकर सुनाएँगे।

—और सामन्त की माँ भी सच्ची चौहान वधू थी। इससे कम पराक्रम किया होता तो वह राजी न होती।

—और घोघाराणा का तो वह लाड़ला पौत्र था। वे सदैव कहा करते थे कि सज्जन की उम्र में वे सज्जन जैसे ही लगते थे और वह स्वयं भी कहता था कि घोघाराणा की उम्र में वह स्वयं उनके जैसा ही होगा।

इस प्रकार सज्जन की विचारधारा चल रही थी और पदमड़ी मनचाहे रास्ते से रेगिस्तान पार कर रही थी। रेगिस्तान सौम्य बन गया था।

आठवें दिन पेड़वाला टीला दिखाई दिया तो सज्जन ने हुंकार की और पदमड़ी भी बिना कहे उस ओर दौड़ी। टीला निर्जन था, परन्तु सौभाग्य से वहाँ एक कुएँ में पर्याप्त जल देखकर सज्जन की थकान उतर गई। उसने पानी खींचा, पिया और पदमड़ी को भरपेट पिलाया। बहुत दिन बाद वह स्वयं निश्चिन्त होकर नहाया और उसने ऊँटनी को नहलाया। पदमड़ी ने बहुत दिन बाद हरे पत्ते खाकर जुगाली की। इन सब विधियों के पूरा होने पर प्रेम से एक-दूसरे का सहारा लेकर उन दोनों ने निश्चिन्तता से नींद ली।

आकाश से तारों ने इस नर और पशु की मित्रता पर किरण-पुष्प बरसाए और सवेरे जब सूर्यनारायण उदय हुए तो सज्जन चौंककर जाग पड़ा। माता के स्नेह से पदमड़ी उसकी रक्षा करती हुई अपने ढंग से हर्ष प्रकट करती रही।

''पदमड़ी बहू, अभी मंजिल तो काफी तय करनी है।''

सज्जन ने पखाल में नया पानी भरा और उसने पदमड़ी को ही रास्ता खोजने का काम सौंपकर यात्रा प्रारम्भ की।

नवाँ दिन तो अच्छी तरह बीता, परन्तु उस रात सज्जन को ऐसा भान हुआ कि वह उत्तर की ओर जाने के बदले पश्चिम की ओर जा रहा है और घोघागढ़ से दूर होता जा रहा है। उसने ऊँटनी को उत्तर की ओर जाने के लिए संकेत किया, लेकिन वह टस-से-मस न हुई। सज्जन ने महादेवजी का स्मरण करके अपना भविष्य उसी को सौंप दिया। वह स्वयं हार खा गया है, इसका पता तो उसे कभी का चल गया था। अब तो केवल यही इच्छा रह गई थी कि किसी प्रकार सरल मार्ग मिल जाए।

रेगिस्तान के सफर का दसवाँ दिन शुरू हुआ। अब किसी-किसी स्थान पर विश्राम करने के टीले आने लगे थे, इसलिए सरल मार्ग पास आया दिखाई दिया। उसके प्राणों को अब चिन्ता नहीं थी। गज़नी का म्लेच्छ तो न जाने कहाँ होगा? घोघाराणा से निपटना कोई सरल बात न थी। रास्ते में दूसरे राजाओं को भी वह चेताता जाएगा। भगवान सोमनाथ से वैर करनेवाला रेगिस्तान को पार करके कैसे आ सकता है!

जब रेगिस्तान में आए ग्यारहवाँ और प्रभास से चले अठारहवाँ दिन शुरू हुआ तब रेगिस्तान के बीच आनेवाले पेड़ दिखाई देने लगे। उसे लगा कि वह सपादलक्ष की ओर जा रहा है। इस रास्ते जाते हुए पदमड़ी ने अस्वाभाविक और अकल्पनीय चीख मारी। सज्जन ने चारों ओर ध्यान से देखा तो एक के बाद एक तीन काले और छोटे बादल घिरते हुए दिखाई दिए। देखते-देखते पहले तो ऐसा लगा कि

ये बादल न होकर काले और बड़े पक्षियों के झुंड थे, लेकिन क्षणभर में ही जब हजारों गिद्धों के ये तीन समूह भयंकर चीख मारते उसे पार करके पूर्व की ओर चले गए तब उसके क्षोभ की सीमा न रही। उसका हृदय धड़कने लगा। उसने युद्ध-क्षेत्र में लड़ाई के दूसरे दिन इतने गिद्ध अवश्य देखे थे। उसे छोड़कर उसने कभी नहीं देखे थे। निश्चय ही क्या किसी निकट स्थान में युद्ध हो चुका है? क्या गज़नी का अमीर मुलतान और घोघागढ़ पार करके सपादलक्ष के सामने युद्ध कर चुका है। दूर जाते हुए गिद्धों के व्यूह की चीख की भयंकर प्रतिध्वनि उसके कान में पड़ी और उसे अपशकुन हुए।

''पदमड़ी बहू, प्राण-लेवा युद्ध हो रहा है, समझी!''

पदमड़ी समझ गई, जिस दिशा में गिद्ध गए थे, उसी दिशा में वह भी तेजी से चलने लगी।

[4]

कुछ समय बीता और पदमड़ी ने फिर एक ऐसी चीख मारी, जिसमें भय का अर्थसूचक कम्पन था। 'क्या है? क्या है पदमड़ी? घबराती क्यों है?' कहकर सज्जन ने उसे थपथपाया। कुछ देर बाद जब सड़ते हुए मुर्दे की दुर्गन्ध सज्जन की नाक में आई तो उसे उस चीख का कारण मालूम हुआ।

पदमड़ी एक टीले पर चढ़ी और रुककर थर-थर काँपने लगी।

थोड़ी दूर पर टीले के नीचे गिद्धों का एक बड़ा-सा टोल बैठा था और उत्तर से दक्षिण तक जहाँ भी नजर जाती थी, थोड़ी-थोड़ी दूर पर गिद्ध बैठे या उड़ते दिखाई देते थे। सज्जन इसका रहस्य समझा और उसे चक्कर आ गए। उत्तर के क्षितिज से दक्षिण के क्षितिज तक रेत में आधी या पूरी दबी हुई सड़ती लाशों से एक चौड़ा रास्ता बन गया था। यह भयंकर रास्ता इस ओर से जानेवाली किसी सेना द्वारा ही बना हुआ जान पड़ता था।

पदमड़ी ने आगे जाने से इनकार कर दिया, इसलिए सज्जन नीचे उतर उसकी नकेल पकड़कर चलने लगा और उसने आगे बैठे हुए गिद्धों को उड़ाने का प्रयत्न किया। कितने ही धृष्ट तो खिसके तक नहीं; कितने ही ऊँचे चढ़कर चक्कर लगाने लगे, लेकिन इससे सज्जन को लाशों की किस्म का पता चल गया। वहाँ हाथी, घोड़े, ऊँट और मनुष्यों की लाशें थीं। उसकी कल्पना सच निकली। ये युद्ध के अवशेष नहीं थे, आगे बढ़ती हुई महासेना के थे। लेकिन इतने अवशेष छोड़ जानेवाली सेना कितनी बड़ी होगी, इसकी वह कल्पना भी न कर सका।

प्राणों को घोंट देनेवाली दुर्गन्ध की परवाह किए बिना, अत्यन्त प्रयत्नपूर्वक साहस की रक्षा करता हुआ वह स्वयं भी उसी दिशा में जाने लगा, जिस ओर यह मार्ग जाता था। इतनी फौज किसकी है? न तो वह सपादलक्ष की हो सकती है, न झालोर की, न चित्तौड़ की। तो क्या यह सेना उस गज़नी के अमीर की है।

इस घृणित मार्ग को बहुत देर तक देखने में असमर्थ वह उससे दूर हट गया, लेकिन जाने की दिशा वही रखी। पदमड़ी का चित्त भी दूर भाग जाने के लिए विकल था।

सन्ध्या को दूर एक गाँव दिखाई दिया। इस भयंकर यात्रा का अन्त होता हुआ देखकर सज्जन उसकी ओर मुड़ा तो उसने देखा कि वह बीस-पच्चीस पेड़ों की छाया में बसा छोटा-सा गाँव है। किसी स्थान पर निश्चिन्त होकर सोने की इच्छा से वह पास आया, लेकिन गाँव में किसी आदमी या जानवर का नामोनिशान न था। सभी द्वार खुले थे, कितने ही छप्पर उतरे हुए थे, मन्दिर टूटकर गिर चुका था, पेड़ों के पत्ते जानवर चबा गए थे। तालाब में केवल कीचड़ थी और उसमें चारों तरफ जानवरों के नहाने के चिह्न थे। कुएँ में नाम के लिए पानी था। वह विनाशक महासेना इस रास्ते से जाते हुए इस गाँव को श्मशान के समान बना गई थी।

निर्भीक सज्जन भी इस निर्जीव विनाशकता को देखकर काँप उठा। उसे जितना पानी मिल सका, उसे यन्त्र की भाँति निकाला; स्वयं नहाया, पदमड़ी को नहलाया; स्वयं तो न खा सका परन्तु जो पत्ते थे उन पर पदमड़ी को चरने के लिए छोड़ दिया। जब रात हुई तो इस रेतीले प्रदेश की भयंकर निर्जनता ने उसे घबरा दिया। उस भयाकुल ने केवल महादेवजी का नाम अपनी जीभ पर रखकर ही रात काटी।

दूसरे दिन सवेरे जब वह उसी मार्ग से जाने को तैयार हुआ, जिस पर शव पड़े थे, तो उसके मन में इस सबको छोड़कर किसी दूसरे रास्ते से भाग जाने का विचार आया। लेकिन यह भयंकर सेना कैसी और किसकी है, इसका निश्चय कर लेने का मोह वह न छोड़ सका। घोघागढ़ या सपादलक्ष का क्या हुआ होगा, इसका तो विचार तक करने की उसकी हिम्मत न हुई।

[5]

सज्जन चार-छह घड़ी ही आगे बढ़ा होगा कि सामने उड़ते हुए रेत के बगूलों में से ऊँटनियाँ आती जान पड़ीं। पदमड़ी को पीछे मोड़कर भागना था, लेकिन

देखते-देखते वे ऊँटनियाँ पास आ गईं और मनुष्यों की हुंकार सुनाई दी। सज्जन ने भी हुंकार से जवाब दिया और पदमड़ी को रोक लिया।

ऊँटनियाँ सात थीं। पाँच पर बड़ी-बड़ी विकराल आँखों और दाढ़ीवाले तथा अपरिचित शस्त्र और चमड़े की पोशाक पहननेवाले भयंकर यवन बैठे थे। दो ऊँटनियों पर ऊँटवाले थे। इस टुकड़ी का नायक यवन गोरा और जवान था। उसने कुछ कहा और उन सबने सज्जन को घेर लिया।

नायक की आज्ञा से एक ऊँटवाले ने सज्जन से पूछा, "क्या इस सारे रास्ते की तुझे खबर है?"

सज्जन को ऊँटवाले की आवाज तिरस्कारपूर्ण जान पड़ी, परन्तु इस अपमान को पीकर उसने जवाब दिया, "हाँ, लेकिन आप कौन हैं?"

ऊँटवाले ने यह जवाब उस नायक को बताया। वह खिलखिलाकर हँसा। उसने ऊँटवाले से कहलवाया, "हम कौन हैं यह तो अभी मालूम पड़ जाएगा, लेकिन यह तो बताओ कि गुजरात जाने का सीधा मार्ग कौन-सा है?"

"किसको जाना है?" सज्जन ने पूछा।

"हमें।"

सज्जन को एक प्रेरणा हुई। इस म्लेच्छ की सेना को गुजरात जाना था—सोमनाथ का मन्दिर तोड़ने। इसीलिए तो महादेव उसे इस रास्ते से लाए थे। ऐसा क्यों हुआ, यह अब उसकी समझ में आया और वह हँसा। ग़ज़नी के म्लेच्छ को जीवित मार डालने की शंकर की आशा शिरोधार्य करने का इससे अच्छा अवसर क्या हो सकता था?

"चलो, ले चलूँ।"

"तू अच्छी तरह जानता है?"

"हाँ, मैं वहीं से चला आ रहा हूँ।"

"कितने दिन का रास्ता है?"

"बारह-पन्द्रह दिन का।" सज्जन ने कहा।

ऊँटवाले ने इस उत्तर का अनुवाद नायक को बताया और उसके हर्ष की सीमा न रही।

"चलो हमारे साथ," ऊँटवाले ने नायक की आज्ञा सज्जन से कही।

"तैयार हूँ," सज्जन ने कहा और उसके साथ चल दिए; बिना साथ गए छुटकारा भी तो न था।

उसके हृदय में आशा की तरंगें उठ रही थीं। कारण, उसे अकेले ही सोमनाथ भगवान की आज्ञापालन करने का अवसर मिल रहा था। स्वयं बन्दी होने पर उसे यह स्पष्ट दिखाई दिया कि उसके साथी उसे धोखा देना चाहते थे। नायक की

तीक्ष्ण दृष्टि उसकी चौकीदारी कर रही थी तो भी उसने पदमड़ी के लिए पूरा-पूरा पानी दिया, स्वयं खाने बैठा तो अपने साथ उसे भी बिठाया और थोड़ी-थोड़ी देर के बाद उसके साथ सम्मानपूर्ण बातें करने लगा। लेकिन जब भी वह कोई बात पूछने लगता तभी ऊँटवाला म्लेच्छ नायक से पूछता और उसका जवाब टालनेवाला ही मिलता।

अन्त में सज्जन ने एक युक्ति सोची। खा चुकने के बाद उसने कहा, "अच्छा, अब मैं अपने काम पर जाता हूँ।"

"कहाँ जाना है?" ऊँटवाले ने म्लेच्छ के साथ मन्त्रणा करके पूछा।

"गज़नी के सुलतान के पास।"

म्लेच्छ हँस पड़े, "उनसे तुम्हें क्या काम है?"

"मैं आपसे कह नहीं सकता, लेकिन इससे उनका मार्ग सरल हो जाएगा।"

"तुम कौन हो?"

"मैं रेगिस्तान का पथ-प्रदर्शक हूँ और जाते हुए बटोहियों को रास्ता बताना मेरा काम है।"

जब ऊँटवालों ने यह जवाब यवनों के नायक को समझाया तब यवनों ने बहुत देर तक आपस में बातें कीं और फिर ऊँटवालों को उत्तर दिया, "हम तुम्हें सुलतान महमूद के पास पहुँचा देंगे।"

सज्जन की युक्ति सफल हुई, परन्तु जिस भय की उसने कल्पना की थी, वह सच निकला। सुलतान मुलतान, नान्दोल, सपादलक्ष (अजमेर) से आगे बढ़ गया है। वहाँ के राजाओं का क्या हुआ?—मर गए? हार गए? रास्ता दे बैठे? घोघागढ़ उसके रास्ते में पड़ा कि नहीं? यह निश्चय करना था, लेकिन यह प्रश्न पूछने का साहस उसे न हुआ।

[6]

सारे दिन दौड़ती ऊँटनियों पर ये लोग आगे बढ़ते गए और जब बिलकुल रात होने आई तब उनको एक विशाल सेना की छावनी नजर पड़ी। यह केवल छावनी ही न थी, वरन् एक ऐसा महानगर था जैसाकि सज्जन ने कभी नहीं देखा था। स्थान-स्थान पर अलावों का अस्थिर प्रकाश चमक रहा था। हजारों मशालें इधर-से-उधर और उधर-से-इधर फिरती दीखती थीं। इस प्रकाश में जहाँ तक दृष्टि जमती थी, जहाँ तक छावनी का विस्तार दिखाई देता था, वहाँ असंख्य मनुष्य, हाथी, ऊँट, घोड़े और दूसरे जानवर पड़े थे। भिन्न-भिन्न आकार की दस हजार ध्वजाएँ फहराती थीं

और हजारों तने हुए तम्बुओं की पंक्तियाँ खड़ी थीं। जानवरों की आवाज, मनुष्यों का कोलाहल, चौकीदारों की हुंकार और शहनाइयों तथा नगाड़ों के सम्मिलित स्वर से मिलकर जो एक भयानक शब्द बन रहा था वह गगन तक पहुँचता था।

इसे देख-सुनकर सज्जन स्तब्ध हो गया। उसने कभी इसकी कल्पना भी न की थी कि इतनी बड़ी सेना भी हो सकती है। उसने स्वप्न में भी यह न सोचा था कि दुनिया के उस पार से ग़ज़नी का अमीर इस महासेना को लेकर, इतने राज्य पार करके, निर्जन, जलहीन रेगिस्तान के बीच आकर पड़ाव डालेगा। क्षण-भर के लिए उसका साहस और श्रद्धा जाते रहे, लेकिन थोड़ी ही देर बाद उसे सोमनाथ की आज्ञा फिर याद आ गई। जिसे देव मारना चाहे उसे कौन बचा सकता है? रावण-जैसा राजा मारा गया तो इस अमीर की क्या बिसात है? और यह भी क्या पता है कि प्रभु ने उस जैसे तिनके के हाथ से ही इस महमूद का विनाश निर्धारित किया हो।

जो यवन इस छोटे-से काफिले का मालिक था वह कोई बड़ा सरदार था। वह जैसे ही कुछ शब्द उच्चारण करता कि चौकीदार मार्ग बना देते। उसे आता देखकर सभी नीचे झुक-झुककर दायाँ हाथ मस्तक पर रखते। सज्जन इस भयानक छावनी में से गुजरता हुआ चारों ओर देखने लगा। वहाँ म्लेच्छ थे, पंजाबी थे, राजपूत थे। वहाँ ऐसे यन्त्र थे, जो उसने कभी न देखे थे। असंख्य मनुष्य खाने-पीने की तंगी न होने से मौज में थे।

सज्जन के हृदय में विचित्र ऊब पैदा हो रही थी। क्या राजस्थान के वीरों ने सिर झुका दिया? घोघागढ़ का क्या हुआ? घोघाराणा कहाँ हैं? इन प्रश्नों के उत्तर के अभाव में वह बेचैन हो गया।

उस म्लेच्छ नायक ने उससे ऊँटनी से उतरने के लिए कहा। सज्जन ने वैसा ही किया। लेकिन इस भय से कि कहीं पदमड़ी से उसे अलग न होना पड़े, वह बोला, "ऐसी दूसरी ऊँटनी सारे संसार में नहीं है। इसके बिना मैं मार्ग नहीं देख सकता।"

"तुम्हारी ऊँटनी पीछे तुमको मिल जाएगी," ऊँटवाले ने नायक की इच्छा उसे बता दी।

"चल मेरे साथ," नायक ने सज्जन से कहा और वह उसके कथनानुसार पीछे-पीछे चलने लगा। दो आदमी उसके पीछे हो लिये। तीनों उसकी ओर तीक्ष्ण दृष्टि से देखते जाते थे। उसे विश्वास था कि यदि उसने भागने या तलवार पर हाथ रखने का तनिक भी इरादा किया तो उसका सिर वहीं-का-वहीं धड़ से अलग हो जाएगा।

जिस ओर वे गए उस ओर एक मोटा, सफेद चमड़े का तम्बू था और उसके

चारों ओर नंगी तलवारवाले सैनिकों की एक पंक्ति की बड़ी-सी बाढ़ लगा दी गई थी। उसके पीछे थोड़ी-थोड़ी दूर पर तीरन्दाज खड़े थे। इस बाढ़ में जाने के लिए एक ही रास्ता था, जिसमें सैनिकों की पंक्ति के बीच से जाना होता था। नायक उसे इसी रास्ते से ले गया। वह इतना प्रसिद्ध था कि उसे देखते ही सब नीचे झुककर सलाम करते थे। थोड़ी देर में वह तम्बू के आगे जाकर खड़ा हो गया और वहाँ खड़े एक सरदार ने दौड़कर अन्दर उसके आने की खबर दी।

अन्दर से कुछ जवाब आया, जिसे नायक ने अत्यन्त आदर से सलाम के साथ स्वीकार किया। दो राक्षस-जैसे भयानक हब्शियों ने कनात को ऊँचा किया और वे तम्बू में घुस गए।

सज्जन ने अनजाने आँखें मलीं और उसे आज के देखे हुए भयानक और असम्भाव्य दृश्यों में सबसे अद्‌भुत दृश्य दिखाई दिया। तीस मशालची—लकड़ी की मोटी दीवट की भाँति निश्चल—चाँदी से मढ़ी मशालों द्वारा उस खंड को प्रकाशित कर रहे थे। दरवाजे में घुसते ही दोनों ओर दो-दो राक्षस-जैसे हब्शी चौड़ी, अर्द्धचन्द्राकार तलवारें लिये, काले संगमरमर के पुतले के समान खड़े थे। बीच में सुगन्धित तेलवाली एक बड़ी बत्ती जल रही थी।

खंड के दूसरे सिरे पर बाघ और हरिण आदि जानवरों के चमड़े के गलीचे के ऊपर एक मोटे तकिए के सहारे, एक रौबदार आदमी अपनी लाल और भरी हुई बड़ी दाढ़ी पर हाथ फेरता हुआ बैठा था। उसकी लाल भरावदार भौंहों के नीचे बड़ी विकराल आँखें चमकती हुई इधर-उधर घूम रही थीं। उसका बलिष्ठ दायाँ हाथ कमर में पड़ी एक बड़ी नंगी तलवार की मूठ के साथ खेल रहा था।

उसने चमड़े की विचित्र पोशाक पहन रखी थी। उसके माथे पर एक अजीब-सी पगड़ी थी, जिसमें नीलम लटक रहे थे। इस पुरुष की दाईं ओर एक अधेड़ वय का म्लेच्छ बैठा था, जिसने कमर में एक बड़ा कलमदान बाँध रखा था और कान में एक कलम खोंस रखी थी। उसकी बगल में एक नीचे दरजे का परन्तु बलवान दिखाई देनेवाला योद्धा बैठा हुआ था। उसके पास ही एक युवक सरदार बैठा था और ये दोनों म्लेच्छ नहीं, राजपूत लगते थे। तकिए का सहारा लेकर पड़े हुए मनुष्य के बाएँ हाथ पर म्लेच्छ योद्धा बैठा था, जिसकी पोशाक उसे ले आनेवाले सरदार जैसी ही थी। उनको आते देखकर बीच में पड़ा हुआ मनुष्य सीधा बैठ गया और उसने बादल की गर्जना-जैसे भयंकर स्वर से आए हुए नायक को सम्बोधित किया। नायक झुकता-झुकता नम्रतापूर्वक आगे बढ़ा। सज्जन को पता चला कि इस नायक का नाम सालार मसूद था।

सज्जन को विश्वास हो गया कि यही वह म्लेच्छ था, जिसने कन्नौज; कालिंजर, नगरकोट और मथुरा को जमींदोज कर दिया था; यही वह गज़नी का

भीषण अमीर महमूद था, जिसने मथुरा के विप्रवर्यों को गज़नी के बाजार में साढ़े तीन रुपए में बेचा था; वही जिसने इस रेगिस्तान को पार करके देवों के देव भगवान सोमनाथ का विनाश करने का व्रत लिया था। उसकी नस-नस में उत्तेजना व्याप्त थी और यदि सम्भव होता तो वह शार्दूल के समान उछलकर यहीं उसके प्राण ले लेता और गंग सर्वज्ञ की आज्ञा पालन करता।

[7]

बीच में बैठे हुए पुरुष के विषय में सज्जन का विचार ठीक था। वह था गज़नी का सुलतान—यामिनुद्दौला महमूद, निजामुद्दीन कासिम महमूद। चौदह वर्ष की उम्र में ही उसने गज़नी के भयंकर वीरों में भी ख्याति प्राप्त कर ली थी। गरीब होते हुए भी उसने धन प्राप्त कर लिया था। खुरासान के राज्य को लेकर उसने देखते-देखते अपने भाई से गज़नी की अमीराई छीन ली थी। उसने अपनी प्रबल इच्छा-शक्ति और अतुल्य शौर्य के बल पर सल्तनत पाई थी। जिसको वह हाथ लगाता वही शरण में आ जाता, जिसकी वह इच्छा करता वही उसको मिलता। अपने पिता के पथ का पथिक बनकर उसने हिन्द की अपार सम्पत्ति को लूटना शुरू किया। हारा-थका लाहौर तो सहज ही अधीन हो गया; क्षण-भर में मुलतान का पतन हो गया; हिन्दू राजा उसकी कृपा की याचना करने लगे। उसके प्रखर प्रताप के सामने अनेक बार ग्वालियर, कन्नौज, दिल्ली और सपादलक्ष की संयुक्त सेना को नीचा देखना पड़ा। धन के ढेर की भाँति नगरकोट उसने अपने हाथ में ले लिया। उसे मूर्तिभंजक की अमर कीर्ति प्राप्त करने की लालसा हुई और वह इस्लाम की विजयी शमशीर बना। युग-युग से वैभव की गोद में खेलनेवाले मथुरा के मन्दिरों को उसने भस्मसात् कर दिया। देवों के मुकुटकुंडल उसकी बेगमों की शोभा बढ़ाते थे। मूर्तिपूजक जिन पंडितों को पूज्य मानते थे वे गज़नी में गुलाम के रूप में बेचे गए।

उसके शौर्य की सीमा नहीं थी। उसका हृदय उदार था, उसकी कल्पना कवि की थी। उसे कुछ ऐसा करना था, कुछ ऐसी रचना रचनी थी कि जिसका प्रकाश भावी युगों को प्रकाशित करता रहे। मुस्लिमों में श्रेष्ठ खलीफा उमर ने जो कुछ किया था वही करना था। इस्लाम का डंका जगत्-भर में बजाना था। इसके साथ ही वह अपनी ईरानी माता के कलात्मक संस्कारों का धनी था। उसको कविता का शौक था। स्थापत्य द्वारा उसे गज़नी का श्रृंगार करना था, समृद्धि से उसका सिंहासन चमकाना था। उसे दूसरों का दिल जीतना आता था; उसे वीरता की कद्र

करना आता था। समस्त जातियों के लिए उसके हृदय में स्थान था—यदि वे उसके सामने न पड़ें तो। मूर्तिपूजा का विरोधी यह वीर मूर्तिपूजकों का प्रशंसक था। जिन राजपूतों का वह संहार करता था, उनके अडिग शौर्य को देखकर वह मुग्ध हो जाता था। उसने अनुपम कौशल के साथ महान सेना का व्यूह खड़ा किया था, जिसमें काकेशस से लेकर राजपूताना तक के तलवार के धनी शामिल थे। वह प्रचंड शस्त्रों को उसी प्रकार चला सकता था जिस प्रकार कोई तलवार चलाने में चतुर व्यक्ति तलवार चला सकता है। वह दुर्धर्ष शस्त्र लेकर रेतीले रेगिस्तान के उस पार विराजमान मूर्तिपूजकों के महादेव का नाश करने और उसकी सम्पत्ति लूटने के लिए आया था। इसमें भी अपने छोटे-छोटे राज्यों की तुच्छ महत्ता में मग्न, शताब्दियों के सुरक्षित गर्व के धनी राजपूत न तो उसकी बुद्धि को समझ सकते थे और न उसके प्राबल्य को रोक सकते थे। वे थे सरल और अडिग, हठी और शूर, परन्तु अभिमान के कारण सामनेवाले की शक्ति की परीक्षा करने में असमर्थ, लड़ाकू परन्तु एकत्र होकर लड़ने में कायर, एक देश की लगन या एक धर्म-भावना की अपेक्षा स्वयं राज्य हथियाने की संकीर्णतापूर्ण मनोवृत्ति का प्रश्रय देने के लिए अधिक तत्पर।

[8]

सालार मसूद अमीर के पैरों में बैठकर उससे कुछ कह रहा था। उसके कह चुकने के बाद सब बात करने लगे, जिसमें अमीर की गर्जना बीच-बीच में सबको स्पष्ट सुनाई दे जाती।

अन्त में अमीर के सीधे हाथ पर बैठा हुआ कलमदानवाला सरदार और उसके पास बैठा हुआ राजपूत सरदार उसके पास आए। राजपूत सरदार को अपने पास आता देख सज्जन का रोम-रोम जल उठा और उसके हाथ उसका गला दबाने को बेचैन हो उठे। यदि देव की आज्ञापालन करने का सरल मार्ग उसे स्पष्ट न मालूम होता तो वह जीवन की परवाह किए बिना ही इस देशद्रोही राजपूत नर-पिशाच के प्राण ले लेता। वह निस्सन्देह राजपूत था; अमीर की गर्जना से उसका नाम कुछ 'संवेदराय' जैसा सुन पड़ा।

"किस गाँव के हो?" संवेदराय ने पूछा।

"मैं?" सज्जन ने जवाब दिया, "भम्भरिया का।"

"कहाँ आए थे?"

"सपादलक्ष और घोघागढ़ के बीच।"

संवेदराय और कलमदानवाले ने, जिसका नाम अलउत्बी था, न समझ में आनेवाली भाषा में कुछ बातें कीं। सुलतान ने दूर बैठे ही कोई सवाल पूछा और अलउत्बी ने उसका जवाब दिया।

"कहाँ से आए?"

"अनहिलवाड़ पाटण से।"

"कितने दिन पहले चले थे?"

"पन्द्रह दिन पहले।"

"क्या?" संवेदराय ने विस्मय से पूछा।

"हाँ।"

"किस रास्ते से?"

"इसी रेगिस्तानी रास्ते से, जिसका मुझे पता है।"

"बीच में कौन-सा गढ़ आता है?"

"गढ़ पर होकर आया जाए तो दो महीने लगें। मेरा रास्ता तो आबू पर्वत से सीधा अनहिलवाड़ जाने का है।"

"रास्ते में विश्राम-स्थल हैं?"

"नहीं होते तो मैं अकेला कैसे आ पाता?"

"इस समय हम कहाँ हैं?"

"आप लोग प्रधान मार्ग से बहुत दूर हैं। मेरी समझ में नहीं आता कि आप लोग उसे क्यों छोड़ आए।"

"प्रधान मार्ग कितनी दूर है?"

"इस पूरी फौज को जाने में आठ-दस दिन तो सहज में लग जाएँगे और मेवाड़, झालौर, गुजरात तथा मालवा के राजा बीच में मिलेंगे सो अलग।"

"यह तुमने कैसे जाना?"

"मैं सब जानता हूँ। सवा लाख राजपूत आपका मार्ग रोके खड़े हैं।"

"जिस रास्ते से तू आया है क्या वह हमें बताएगा?" संवेदराय ने पूछा।

"हाँ, यदि मुझे मेरी ऊँटनी दे दो तो।"

"कहाँ है?"

"वह ले गया है," कहकर सज्जन ने मसूद की ओर संकेत किया।

इसके बाद संवेदराय और अलउत्बी सुलतान के पास गए और बड़ी देर तक धीमे-धीमे बातें करते रहे।

[9]

दूसरे दिन सालार मसूद ने सज्जन को अपने तम्बू में नजरबन्द रखा। तीसरे दिन पौ फटने से पहले ही गज़नी का सुलतान महमूद, प्रधान मार्ग पर एकत्रित राजपूत सेनाओं से व्यर्थ उलझने का विचार छोड़, पश्चिमी दिशा में पदमड़ी के पीछे कूच करने लगा और घोघा चौहान का पुत्र देव की आज्ञा-पालन के लिए अपने को सौभाग्यशाली मानता, जिस रास्ते से आया था उसी रास्ते से आँधी से मिलने के लिए तरसता, पदमड़ी बहू को मीठे गीतों से प्रोत्साहित करता, आगे-आगे रास्ता बताने लगा।

सामन्त मित्रता जोड़ता है

[1]

चौला की स्मृति की प्रेरणा से प्रफुल्ल सामन्त ने बहुत दिन पहले ही बाप को हराने का निश्चय कर लिया था। उसके बाल-हृदय को विश्वास था कि उस निश्चय को पूरा करने में तनिक भी बाधा नहीं आएगी। ऊँटनी के घुँघरुओं को बजाता हुआ वह आबू और चन्द्रावती को एक ओर छोड़, श्रीमाल में थोड़ी ही देर ठहर शीघ्रता से परमार की राजधानी झालोर जा पहुँचा। झालोर के वाक्‌पतिराज घोघाबापा के सम्बन्धी थे।

जब सामन्त झालोर की तलहटी के पास आया तब उसने वहाँ ऊँटनियों का काफिला पड़ा देखा। उसे अपनी ऊँटनी से नीचे उतरता देख एक शस्त्र-सज्जित सुन्दर युवक सामने से आया। सामन्त को उसकी मुखमुद्रा परिचित जान पड़ी, लेकिन उसे एकदम यह याद नहीं आया कि उसने उसे कहाँ और कब देखा था। "कहाँ से आए हो?" आनेवाले युवक ने मिठास से पूछा।

सामन्त की स्मरण-शक्ति तीव्र हुई। सोमनाथ के मन्दिर में चौला जब नृत्य कर रही थी तब यह मनुष्य वहाँ बैठा था। उसने तपाक-से जवाब दिया, "जहाँ से आप आए हैं वहीं से।"

"पाटण से?" युवक ने साश्चर्य पूछा।

"नहीं, प्रभास से। आप गंग सर्वज्ञ और पाटण के भीमदेव के पास बैठे थे।"

"क्या आप वहाँ थे?"

"हाँ," और चंचल सामन्त ने इस आनेवाले का कारण भी समझ लिया। "और आप भी मेरी तरह सोमनाथ की आज्ञा से ही आए जान पड़ते हैं। आपका नाम क्या है?"

"मैं हूँ भीमदेव का मन्त्री विमल," कहकर वह सामन्त को सब सैनिकों से दूर ले गया।

"और आप?"

"मैं घोघाबापा के पुत्र का लड़का सामन्त," हँसकर सामन्त ने कहा, "आप भी उस म्लेच्छ के ही कारण आए हैं?"

"आप?" अनुभवी विमल ने पूछा।

"मैं घोघाबापा को खबर करने जा रहा हूँ। मुझे गुरुदेव ने भेजा है।...आप?"

"अच्छा हुआ आप मिल गए," विमल ने कहा, "रावल तो आपके सम्बन्धी हैं। यदि आप मेरे साथ कहने लगेंगे तो वे मान लेंगे।"

"क्या कहना है?"

"झालोर मदद दे तो पाटण यहाँ आ जाए और सब मिलकर फौजें लेकर गज़नी के सुलतान को युद्ध में ही समाप्त कर दें।"

"अरे," खिलखिलाकर हँसते हुए सामन्त ने कहा, "लेकिन इधर आए तब न! बीच में बैठे हैं मेरे घोघाराणा—रेगिस्तान के सम्राट् और सपादलक्ष के स्वामी, हजारगढ़ के मालिक; नान्दोल, कन्नौज और सुरसागर अलग रहे।"

"यह ठीक है, लेकिन जितनी ज्यादा तैयारी की जाए उतनी ही कम है। सोमनाथ महादेव का काम है।"

"तनिक भी मत घबराओ। कारण, घोघाबापा उसे हाथ से निकल जाने दें, ऐसे नहीं हैं।

"यह क्या मैं नहीं जानता?" समझदार विमल ने बालक सामन्त का उत्साह बढ़ाया। वे दोनों बातें कर रहे थे और उनकी थकी हुई ऊँटनियाँ दम ले रही थीं। उसी समय गढ़ के दरवाजे से थोड़ी-सी ऊँटनियों का तीसरा काफिला बाहर आया। देखते-देखते वह काफिला गढ़ से उतरकर उत्तर की ओर चला गया और विमल एकाग्र नयनों से उसे देखता रहा।

रात को वाक्‌पतिराज गद्‌दी पर पड़े-पड़े पैर दबवा रहे थे। वृद्ध और विशालबाहु इस वीर की ओजपूर्ण आँखें सत्तर वर्ष की उम्र में भी तेजहीन नहीं हुई थीं। उसके पास सामन्त बैठा था, जिसकी पीठ पर वाक्‌पतिराज कभी-कभी प्रेम से हाथ फेरते थे। गद्‌दी के नीचे वणिकमन्त्री को जैसी नम्रता शोभा देती है वैसी ही नम्रता से विमल मन्त्री बैठे थे। आसपास पाँच-सात भाईबन्द बैठे थे।

"बापू," विमल कह रहा था, "मैं गुरुदेव गंग सर्वज्ञ और अपने स्वामी का भेजा हुआ आ रहा हूँ।" सामन्तसिंहजी भी इसीलिए आए हैं। आपसे आवश्यक काम है।"

भाईबन्द और पैर दबानेवाले उठ गए।

"क्या है? कहो," रावल ने कहा।

"आपको मालूम है कि गज़नी का सुलतान सोमनाथ का मन्दिर तोड़ने आ रहा है।"

"हा-हा-हा-हा-हा," वृद्ध राजा खिलखिलाकर हँस पड़े, "यह बात तो मेरा पूरा राजगढ़ जानता है।"

"कैसे?" सामन्त ने पूछा। उसकी आँखें इस वृद्ध का हास्य देखकर चमक उठीं।

"मुलतान का अजयपाल मुखिया आया था; वह म्लेच्छ का सन्देश लेकर अभी-अभी आया है।"

"म्लेच्छ का सन्देश?" सामन्त और विमल एक साथ बोल उठे।

"तब तो यों कहो न कि बात तो मुझे तुमसे कहनी है। सुलतान ने मुलतान से मुझको चौथ भेजी है।"

"चौथ?"

"हाँ, मेरी मदद माँगी है, झालोर में होकर रास्ता माँगा है। सोनागिरि के चौहान से तो थर-थर काँपता है," कहकर रावल ने मूँछों पर ताव दिया।

"फिर? क्या जो माँगा सो आपने दिया?" विमल ने श्वास रोककर पूछा।

'मैंने चौथ लेकर भंडार में रख दी..."

"और आपने मदद देने के लिए कहा?" गुस्से को रोककर सामन्त ने कहा।

"मैंने साफ कह दिया कि गुजरात जाना हो तो जा–अपनी बात तू जाने–परमार के राज्य में पैर न रखना, नहीं तो भागना मुश्किल हो जाएगा..."

"लेकिन मामा," सामन्त बीच में ही बोल उठा, "विमल मन्त्री तो आपकी मदद लेने आए हैं। आप और भीमदेव मिल जाएँ तो युद्ध में म्लेच्छ का काम तमाम हो जाए।"

"उँह, भीम को मेरी क्या गरज पड़ी है," रावल ने धूर्तता से कहा, "जब पिछले साल मारवाड़ पर चढ़ाई करने के लिए मैंने एक हजार घोड़े और दो हजार ऊँटनियाँ माँगी थीं तब तो वह उसका नातेदार लगता था। हा-हा-हा-हा, भीमदेव से जाकर कहना, वह अपनी करनी आप भोगे, मुझे क्या?"

"लेकिन महाराज," विमल ने कहा, "यह तो केवल गुजरात का संकट नहीं है। म्लेच्छ तो सोमनाथ को तोड़ने आ रहा है। यह तो धर्म का काम है।"

"यह तो तेरे भीमदेव की बातें हैं। जब मथुरा का ध्वंस हुआ तब भीमदेव अपनी कुमुक के साथ क्यों न गया?"

"लेकिन महाराज! म्लेच्छ यदि सपादलक्ष और नान्दोल, झालोर, आबू, और पाटण को मिटाता हुआ प्रभास पहुँच जाए तो क्या यह अच्छी बात है?"

“म्लेच्छ की क्या मजाल है जो परमार के जीते-जी झालोर में पैर रख सके!”

“लेकिन यहाँ से नहीं तो दूसरी जगह से जाएगा। विजय तो उसकी ही होगी न?”

“देखा, देखा वह विजय करनेवाला!” वाक्पतिराज ने कहा।

“देव का धाम टूटेगा तो कलंक क्षत्रियमात्र को लगेगा।”

“वह तो भीमदेव का धाम है। क्या उसमें इतना भी बल नहीं कि अपने इष्टदेव की रक्षा कर सके?”

“लेकिन काका, हम यह कैसे देख सकेंगे कि यह म्लेच्छ हमारे राज्यों में होकर जाए, हमारे देवधामों को नष्ट करे? यह तो गौ-ब्राह्मणों का शत्रु है; यह तो हमारे देशों को नष्ट करनेवाला है। इसे अपनी भूमि में से जाने का रास्ता कैसे दिया जा सकता है?”

“इसीलिए तो मैंने कहा कि खबरदार यदि झालोर में पैर रखा तो!”

“दूसरे स्थान पर पैर रखकर जाए, महाराज,” विमल ने उत्तेजित करने के लिए कहा, “तो भी आदमी तो आपके ही मारेगा और मन्दिर तो आपके ही नष्ट करेगा न?”

“तू भी अपने दामोदर मेहता की पाठशाला में बैठा है। मैं ऐसी मीठी जबान पर मर जाऊँ, ऐसा नहीं हूँ।”

“और आप इस देवद्रोही म्लेच्छ को रोकने के लिए मदद नहीं करेंगे?” सामन्त का क्रोध जागा, “क्या वाक्पतिराज को यह शोभा देता है?”

“छोकरे,” वाक्पतिराज ने कुछ तिरस्कार से कहा, “मैं तेरे घोघाबापा की तरह दूसरों की प्रशंसा का भूखा नहीं हूँ।”

“मामा,” अधीर सामन्त बोल उठा, “घोघाबापा ने अपना सारा जीवन सबकी सहायता के लिए दौड़ते-दौड़ते बिताया है। उनके लिए अपना-पराया नहीं।”

“महाराज,” विमल ने ठंडा पानी छिड़का, “लेकिन मेरे स्वामी तो जो माँगो वही देने को तेयार हैं।”

“अब, अब क्यों? उनको तो मालवा और आबूगढ़ जीतने हैं।”

“महाराज, लेकिन इस समय वे आपके हाथ में हैं। उनको देवधाम की रक्षा करनी है। आप जो माँगेंगे, उसे दिए बिना छुटकारा नहीं।”

“पहले आए होते तो दूसरी बात थी, लेकिन अब तो वाक्पतिराज का वचन नहीं टल सकता। म्लेच्छ को मार्ग न दूँगा तो तुझे मदद भी न करूँगा।”

“और यदि हमें मारकर म्लेच्छ आपको मारेगा तो?”

“देख लिया उसका मुँह!”

“जो प्रभास तक दावानल फैलाएगा उसे किसका भय रहेगा?” विमल ने पूछा।

"छोकरे, सब तेरे मालिक जैसे नहीं हैं, समझा? परमार की शूरता तूने देखी नहीं है। वह पैर तो रखे!" गुस्से में आकर वाक्‌पतिराज बोले।

"हमारी शूरता म्लेच्छ को मार भगाने में है।"

"क्यों रे, छोटे मुँह बड़ी बात करता है? जा, जाकर पूछ अपने घोघाराणा से कि वाक्‌पतिराज की शूरता किसमें है!"

सामन्त खड़ा हो गया। "मेरे बापा को ऐसा न कहना पड़ेगा। जब तक वह रेगिस्तान का सम्राट् बैठा है तब तक म्लेच्छ की क्या मजाल है जो आगे बढ़े! आप अन्धे बनकर मौज कीजिए," सामन्त ने कहा, और रावल के गुस्से में आकर डींग मारने से पहले ही वहाँ से चल दिया।

"मैं आपसे कल सवेरे फिर मिलूँगा।"

"मैं टस-से-मस नहीं हूँगा।"

"आप कर्ता-हर्ता हैं," विमल नम्रतापूर्वक नमस्कार करके उठा और वाक्‌पतिराज ने पैर दबानेवालों को फिर बुलाया।

[2]

रावल की स्वार्थपरता देखकर सामन्त के क्रोध की सीमा न रही। वह अधीर पगों से अपने डेरे पर आ गया और लोगों को तैयार होने का हुक्म दिया। थोड़ी देर बाद जब विमल गम्भीर मुद्रा लिये आया तब वह नीचा मुँह किए जमीन पर अपनी आँखें गड़ाए बैठा था।

"चौहान, अधीर मत हो," विमल ने प्रेमपूर्वक इस साहसी युवक को समझाने का प्रयत्न किया।

"वाक्‌पतिराज क्या इतना पतित हो गया है? ब्राह्मणों का काल खुलेआम चला आए और झालोरराज उसे रिश्वत लेकर आने दे? सूर्य और चन्द्र की कीर्ति भी कलंकित होने के लिए बैठी है। यदि आज घोघाराणा होते तो इसका सिर उड़ा देते," सामन्त ने कहा।

"भाई, इस समय हम उनके मेहमान हैं। ऐसा नहीं कहना चाहिए।"

"मैं तो उसके मुँह पर कहता। वाक्‌पतिराज ऐसे वचन बोले? जान पड़ता है कि पृथ्वी रसातल जाने के लिए बैठी है।"

"निराश मत हो। कल फिर समझाऊँगा।"

"वह नहीं समझेगा, कभी नहीं समझेगा। उसे तो झालोर की पड़ी है; गौ-ब्राह्मण का नाश हो, सोमनाथ की ध्वजा गिरे, इसकी उसे कुछ चिन्ता नहीं है। उसे तो

म्लेच्छ का धन लेकर दिए हुए वचन की चिन्ता है, कुल धर्म की नहीं।''

''लेकिन चौहान, अकड़ने से क्या होगा? झालोर होकर म्लेच्छ न आएगा तो कहाँ होकर आएगा?''

''अरे, घोघाराणा रेगिस्तान में घुसने ही क्यों देंगे?''

''लेकिन मान लो कि आया तो मारवाड़ में होकर ही तो आएगा और कहाँ होकर आएगा?'' विचारशील मन्त्री ने कहा।

''अरे वे कभी रास्ता न देंगे,'' सामन्त ने कहा।

''मुझे यहाँ से मारवाड़ जाना चाहिए। क्या आप चलेंगे?''

''नहीं,'' सामन्त ने कहा, ''सोमनाथ की आज्ञा है कि मैं घोघागढ़ जाऊँ और घोघाराणा को सावधान करूँ।''

''बापू, म्लेच्छ यदि घोघागढ़ जानेवाला होगा तो कभी का पहुँच गया होगा।''

''तो उसका कचूमर भी निकल गया होगा।''

''तब तो पीड़ा कम हुई,'' विमल ने बढ़ावा देते हुए कहा, ''आपको नींद खूब आती होगी?''

''नहीं भाई, मुझे आज नींद नहीं आएगी। उसके शब्द मेरे कान में गूँजा ही करते हैं।''

''आप अभी बालक हैं। ऐसे अनुभव तो रोज होते हैं, इसलिए क्या हमें घबराना चाहिए? इसका उपाय सोचना चाहिए। क्या रात को आप आएँगे?''

''कहाँ?'' सामन्त ने चौंककर पूछा।

''उस मुलतान के मुखिया को मारवाड़ जाने से रोकना चाहिए,'' अर्थसूचक दृष्टि से विमल ने कहा।

''इस समय? अभी? अच्छी बात है। अभी पकड़ते हैं।'' सामन्त खड़ा हो गया।

''तो आप तैयार हों। मैं अपने आदमियों को भी तैयार होने के लिए कहूँ और रावल से विदा माँग आऊँ,'' और मूँछों में हँसता विमल मन्त्री मन में अनिश्चित धारणाएँ बनाता हुआ विदा माँगने गया।

रावल भी ऐसे अरुचिकर मेहमान को दूर करने के लिए तैयार थे। उन्होंने कुछ शिष्टाचार दिखाकर गढ़ के दरवाजे खुलवा दिए। सामन्त और विमल मन्त्री तेजी से मुलतान के मुखिया के पीछे चले। रात अँधेरी थी, लेकिन सीधे रास्ते से जाना था, इसलिए विशेष कठिनाई नहीं हुई।

''चौहान, उसे झालोर से दूर जाने देने में ही भलाई है,'' विमल ने कहा और मधुर वाणी में अनुरोध किया, ''मेरी एक विनय है, बापू,'' और विमल के सुन्दर मुख पर अपराजेय हास्य झलकने लगा। सामन्त तो कभी का मन्त्री के व्यक्तित्व

में खो चुका था, इसलिए उसे सानुकूल होते देर नहीं लगी।

"देखो," विमल बड़ी सफाई से कहने लगा, "मुखिया बड़ा अनुभवी है। उसे पीछे हटाना या रोकना बड़ा कठिन कार्य है। आप ठहरे राजा, उसके साथ बातचीत करते समय आप कहीं-न-कहीं पकड़े जाएँगे।"

"अरे मैं एक शब्द भी न बोलूँगा," सामन्त ने कहा, "आपने जिस सफाई के साथ रावल से बातें कीं उसे देखकर तो मैं स्तब्ध रह गया। यदि घोघाराणा को आप जैसा मन्त्री मिला होता तो कैसा मजा आता!"

"अरे बापू, आपने मेरे गुरु को नहीं देखा।"

"आपके भी गुरु हैं क्या?"

"अपने दामोदर मेहता के आगे मैं तो बच्चा हूँ। वे ऐसे हैं कि मुँह खोलें और सामने बैठे हुए आदमी से जो चाहें सो करा लें। क्या आप विश्वास करेंगे? मैंने दस वर्ष में किसी भी दिन उनको आवेश में आते नहीं देखा।"

"देख लिया। जिसे आवेश न आए वह भी कोई आदमी है!"

"मेहताजी हमारे महाराज से सदा कहते हैं—जिसे क्रोध आए वह राजा श्रेष्ठ है और जिसे क्रोध न आए वह मन्त्री श्रेष्ठ है।"

"तो क्या आपको क्रोध नहीं आता?"

"कभी-कभी आता है, इसीलिए तो मैं मेहताजी के मुकाबले का नहीं। यदि होता तो क्या रावल 'ना' कह सकता था?" विमल हँसा और सामन्त प्रेम से इस नए मित्र की ओर देखता रह गया। पहला विश्राम-स्थल आया और वे वहाँ रुके। वहाँ तलाश करने पर पता चला कि मुखिया ने दूसरे विश्राम-स्थल पर रुकने का विचार किया है। विमल को यह बात बहुत अच्छी लगी कि मुखिया झालोर से दूर चला गया।

थोड़ी देर में वे दूसरे विश्राम-स्थल पर जा पहुँचे। चन्द्रमा देर से निकला था। उसकी धुँधली चाँदनी में विश्राम-स्थल के ताड़ों के आगे ऊँटनियों को खड़ी देखकर विमल प्रसन्न हुआ। उसे मुलतान के मुखिया के साथ अपनी बुद्धि की परीक्षा करने का अवसर मिला था। उसकी जीत में पाटण और सोमनाथ महादेव दोनों की जीत थी। वह तेजी से विश्राम-स्थल पर जा पहुँचा और जाने के लिए तैयार मुखिया के काफिले को रोका।

"मुलतान के मुखिया के लिए मैं झालोर के राजा का सन्देश लाया हूँ।"

जो वृद्ध और प्रचंड योद्धा ऊँटनी पर चढ़ने की तैयारी कर रहा था वह आगे आया। उसकी आँखों में शंका घर किए थी।

"तू कौन है? कहाँ से आया है?"

"मैं झालोर से आ रहा हूँ और यह कुँवर सामन्तसिंह चौहान रावल के भानजे

होते हैं। आपसे मुझे कुछ व्यक्तिगत बातें करनी हैं,'' कहकर विमल अपनी ऊँटनी से उतरकर सामने गया और सुन्दर ढंग से नमस्कार किया। ''आपको मेरा विश्वास नहीं होता?''

कठोरता के साथ शंकालु आँखों द्वारा मुखिया इस मिठबोले मन्त्री की ओर देखने लगा। विमल उसे दूसरे आदमियों से कुछ दूर ले गया और धीमी आवाज में उससे कहा, ''मैं रावल के पास से ही आ रहा हूँ। आप उनसे मिले, नजरें दीं और रावल ने मार्ग देने से इनकार किया, परन्तु स्वयं न लड़ने का वचन दिया। क्या यह सच है? अब विश्वास हुआ? यदि मैं गलत कहता हूँ तो पूछो इस चौहान कुँवर से।''

मुखिया को कुछ विश्वास हुआ। उसने पूछा, ''रावल ने तुमको किसलिए भेजा है?''

''रावल को ऐसा लगा कि सम्भव है मारवाड़ के रणमल्ल राजा आपका कहना न मानें, इसलिए हमें भेजा है। रावल की ओर से हम आपको विश्वास दिलाते हैं कि वे नहीं लड़ेंगे।''

''विश्वास दिलाने की जरूरत?'' मुखिया ने सशंक होकर पूछा।

''यही कि अनहिलवाड़ पाटण के राजा भीम ने राठौर को युद्ध में सम्मिलित होने के लिए कहला भेजा है।'' विमल ने हिम्मत से पासा फेंका।

''अच्छा?'' मुखिया ने पूछा।

''हाँ, चलो,'' कहकर विमल ने साथ चलने की आतुरता दिखाई। ''हम राठौर से कहने जा रहे हैं कि भीमदेव की बात न माने।''

''अच्छा!'' कहकर थोड़ा बोलनेवाला मुखिया ऊँटनी पर चढ़ा और दोनों काफिले साथ-साथ चलने लगे।

ऐसा नहीं लगता था कि मुखिया को थोड़ा भी विश्वास हुआ हो। निद्रित-सी आँखों से वह विमल को देखता था। वह बात नहीं करता था और विमल के बात करने के प्रयत्नों को भी प्रोत्साहन नहीं देता था।

बहुत देर तक ऊँटनियों की डगों की आवाज को छोड़ कुछ भी नहीं सुनाई दिया। सामन्त अपने दिए हुए वचन के अनुसार चुपचाप चला जा रहा था। विमल भी अपनी ऊँटनी को मुखिया की ऊँटनी के साथ मिलाकर उसे तीक्ष्ण दृष्टि से देख रहा था। दोनों एक-दूसरे की रखवाली कर रहे थे। ज्यों-ज्यों समय बीतता गया त्यों-त्यों विमल अधीर होता गया।

चुपचाप वे आगे चले। घड़ियाँ बीतने लगीं, पिछली रात प्रभात में बदलने लगी और विमल का हृदय अधीरता से और भी अधिक धड़कने लगा।

जब पौ फटने लगी तब तो विमल की अकुलाहट की सीमा न रही। उसे

अन्तिम अवसर हाथ से जाता प्रतीत हुआ। मुखिया अपनी ऊँटनी पर ठंडी हवा में झोंके खाता हुआ बैठा था। वह अब अधिक धीरज न रख सका। उसने अपनी ऊँटनी मुखिया की ऊँटनी के पास कर ली, पीछे मुड़कर अपने आदमियों को आँख मारी और शीघ्र तलवार निकालकर मुखिया पर वार किया।

विमल के आश्चर्य की सीमा न रही। मुखिया झोंके नहीं खा रहा था, वरन् खुली आँखों से उसकी ओर देख रहा था और तलवार की नोक विमल की छाती पर टिकी थी। विमल को ऐसा लगा जैसे कि यह बुड्ढा खूसट तैयार ही बैठा हो। इससे पहले कि तलवार की नोक उसकी छाती में घुसे, वह ऊँटनी से फिसल पड़ा। उसके बाद शीघ्र ही मुखिया ने भी अपनी ऊँटनी से छलाँग लगाई।

दोनों पक्ष एक-दूसरे को देखते रहे और विमल की तलवार के चमकते ही ऊँटनी पर बैठे सैनिक पास चलते हुए दुश्मन पर टूट पड़े। कुछ शमशीरें चमकीं, कुछ बाण छूटे, कुछ ऊँटनियाँ भड़ककर भागीं, कुछ चीख-पुकार मची और मार-काट शुरू हुई।

विमल खड़ा हुआ। मुखिया के तीन आदमियों ने उसे घेर लिया। सामन्त तलवार घुमाता हुआ अपनी ऊँटनी से बीच में कूद पड़ा। मुखिया के शरीर के आसपास तुमुल युद्ध होने लगा। सब वहाँ दौड़कर आ गए। मुखिया के आदमी मुखिया को बचाते, विमल और सामन्त के आदमी अपने-अपने मालिकों की सहायता करते। दो-चार क्षण चिनगारियाँ उड़ीं, चार-पाँच आदमी घायल हुए और गिरे। सुकुमार दिखाई देनेवाला विमल अत्यन्त चपलता से वार करता और चौहान वीर सिंह के समान गर्जना करता, रक्त की धारा बहाता चारों ओर घूमता। मुखिया ने आँखें खोलीं और विमल को पास ही खड़ा होकर लड़ते देखा। उसकी आँखों में अँधेरा छा गया था, तो भी अद्भुत शक्ति संचित करके उसने पास पड़ी हुई तलवार उठाई और होंठ दबाकर एक हाथ के सहारे बैठकर उसे चलाने के लिए हाथ उठाया।

सामन्त की दृष्टि उस पर पड़ी। वह भयंकर गर्जना करके मुखिया पर टूटा और जोर से उसके शरीर को बेध डाला। मुखिया के शरीर से रक्त निकला और उसके प्राण छूट गए।

सामन्त की गर्जना से सबका ध्यान मुखिया की ओर गया। सबने उसको मरते देखा और उसके आदमी हताश होकर मुट्टी बाँधकर भागे।

''शाबाश चौहान, शाबाश,'' विमल ने दो बार अपने प्राण-रक्षक से कहा।

सामन्त एकाग्र नयनों से मुखिया को देख रहा था, ''सोमनाथ के द्वेषी सब इसी प्रकार मरेंगे।'' और विजेता के अधिकार के अनुसार उसने मुखिया की कमर में घुसा हुआ हीरा-जड़ित खंजर लेकर अपने कब्जे में किया।

''और झालोर के रावल का सन्देश अब यहीं रह जाएगा,'' हँसकर विमल ने कहा।

मुखिया के नौ आदमी मारे गए और तीन पकड़े गए। सामन्त और विमल के सात आदमियों की जानें गईं, चार घायल हुए और चार–उन दोनों सहित–सुरक्षित रहे। सामन्त ने अब अपनी राह जाने की अधीरता दिखाई।

''चौहान,'' विमल मन्त्री ने कहा, ''आपने दो-दो बार जीवनदान दिया है। मैं आपका दास हूँ। मेरी खाल के यदि आप जूते भी बनवाएँ तो भी कम है।''

''मन्त्री,'' प्रेमी सामन्त ने कहा, ''आप मेरे दास नहीं, परम मित्र हैं। घोघागढ़ को अपना घर ही समझना।''

''और गुजरात आओ तो मुझे भूलना मत।''

दोनों मिले और अपने-अपने रास्ते चल दिए।

मुखिया के पकड़े हुए आदमियों को ऊँटनी पर बाँधकर विमल ने मारवाड़ का रास्ता लिया और ज्यों-ज्यों उनके द्वारा उसे गज़नी की सेना के समाचार मिलते गए त्यों-त्यों उसकी चिन्ता बढ़ती गई।

गज़नी की सेना में तीस हजार घुड़सवार, पचास हजार तीरन्दाज पैदल और तीन हजार हाथी थे। तीस हजार ऊँटनियों पर पानी था। इसके अतिरिक्त हजारों आदमी सेवा के लिए थे। यह सेना किसी आक्रमणकारी देश की सेना-जैसी थी। उसकी चाल से धरा काँपती थी, उसके दुन्दुभि-नाद से आकाश फटता था। विमल इस वर्णन को सुनकर दंग हो गया। कुछ देर तो वह उसे कल्पना की उड़ान समझकर हँसा, लेकिन उसके हृदय में व्याप्त भय अधिकाधिक गहरा धँसता गया।

घोघाराणा की यशगाथा

[1]

जब सामन्त अलग हुआ तब उसका हृदय हर्षित हो रहा था। गज़नी के अमीर के साथ के पहले दाँव में तो उसकी जीत हुई। पहली चोट तो राणा की–वह बड़बड़ाया।

उसके साथ दो आदमी थे, उनमें एक ही कुछ घायल हुआ था। दूसरे सभी घायलों और बन्दी बनाए हुओं को उसने विमल के साथ विदा कर दिया था। कारण, उसे तो यथासम्भव शीघ्र घोघागढ़ पहुँचना था।

सीधे मार्ग पर विश्राम-स्थल अनेक आते थे, इसलिए वह सरलता से आगे बढ़ने लगा।

चौथे दिन उसे कुछ आदमी मिलने लगे–कुछ ऊँटनियों पर, कुछ घोड़ों पर, कुछ पैदल। पूछताछ करने पर पता चला कि आनेवाले म्लेच्छ की बातों से भागकर मारवाड़ की ओर चले आ रहे थे। सामन्त ने पता लगाया। कोई कहता कि वह सपादलक्ष तक आ गया है; कोई कहता कि उसे दो दिन की देर है; कोई कहता कि उसके पास उड़नेवाली ऊँटनियाँ हैं; कोई कहता कि उसके प्रताप से रेगिस्तान में नई नदियाँ बह निकली हैं।

आता है–आता है–आता है, इतना ही वह जानता था और इतना ही उसे भगा देने के लिए काफी था।

दो दिन वह आगे चला और सामने का आता हुआ समूह बढ़ने लगा। गाँव-के-गाँव भागते हुए आते जान पड़ते थे–पुरुषों, स्त्रियों, लड़कों, घोड़ों, जानवरों और बकरियों-सहित, जितना हो सका उतना सामान लेकर। भागकर आते हुए समूह

के मस्तिष्क में दिशा का कोई निश्चय नहीं था। बात धीरे-धीरे बढ़ने लगी। किसी ने भयंकर गज़नी के अमीर की तीन आँखों, आठ हाथों और छह हाथ लम्बी तलवार की बात की; किसी ने उसकी असंख्य सेना का सर्वांगपूर्ण वर्णन किया; किसी ने उड़ते हाथी देखे थे; किसी ने पंखवाले घोड़े देखे थे; किसी ने काले, कच्चे आदमी को खा जानेवाले, दो-दो मुँह के राक्षस देखे थे। जहाँ अमीर आता था वहाँ किसी ने बादल घिरता देखा था। जब वह खड्ग निकालता था, तो किसी ने आकाश से बिजली गिरती देखी थी।

सामन्त ने ठीक-ठीक बात का पता लगाने का बड़ा प्रयत्न किया, लेकिन ऐसा नहीं लगा कि कोई भी वास्तविक स्थिति को जानता है। लेकिन यह जरूर मालूम हुआ कि सुलतान सपादलक्ष तक आ गया है। इसका अर्थ यह था कि उसने घोघागढ़ पार कर लिया या फिर उसे एक छोर छोड़ दिया। उसके हृदय में भय का संचार होने लगा। चारों ओर से आनेवाले समूह के हृदय में व्याप्त डर उसके हृदय में भी घर करने लगा था।

जैसे ही यह भय उसके हृदय में घुसा वैसे ही वह उत्साह के साथ आगे बढ़ने लगा। भम्भरिया के आगे उसका पिता उसकी बाट जोह रहा होगा; गंग सर्वज्ञ की आज्ञा के अनुसार उसे सोमनाथ भगवान का आदेश घोघाबापा से कहना था। लेकिन उसकी समझ में यह नहीं आया कि क्या होगा या क्या हो रहा होगा।

आठ दिन तक उसे भागते हुए लोग मिलते रहे। नवें दिन लोग कम हुए।

ग्यारहवें दिन चारों ओर निर्जनता व्याप्त हो गई। गाँव उजड़े हुए दिखाई दिए; विश्राम-स्थलों पर बटोही भी कम मिलने लगे। इस प्रदेश में भय सजीव होकर विचर रहा था। सामन्त का हृदय काँपने लगा, लेकिन वह होंठ दबाकर आगे बढ़ने लगा। यदि सामने से यम आता तब भी कोई चिन्ता न थी, वह स्वयं चौहान था।

दो दिन वह आगे बढ़ा। चारों ओर सन्नाटा था; यहाँ ऐसा सूनापन था, जिसके सामने श्मशान में भी तुच्छ जान पड़ता था।

पन्द्रहवें दिन उसका घायल सैनिक एकाएक बुरी तरह बीमार हो गया। उसे आगे ले जाना असम्भव देखकर अपने दूसरे सैनिक को उसकी देखभाल के लिए छोड़कर सामन्त अकेला ही आगे चल दिया। उसके आदमियों ने उससे रुकने के लिए बहुत कहा, लेकिन वह टस-से-मस न हुआ। जैसे-जैसे समझ में न आनेवाला महान भय उसे ग्रसित करने लगा वैसे-वैसे शीघ्रता से जाने के लिए उसकी बेचैनी बढ़ने लगी।

इस अनिश्चितता की भयंकर मनोदशा की अपेक्षा तो भय के मुँह में समा जाना उसे अधिक अच्छा जान पड़ा।

और अब तो भम्भरिया दूर नहीं था, दो दिन में आ जाएगा। उसका पिता

तो वहाँ बाट जोह ही रहा होगा। वहाँ से घोघागढ़ की सीमा पार करने में देर ही कितनी...!

[2]

उसका आदमी उसे पकड़ ले, इस आशा से एक दिन वह धीरे-धीरे चला। कई बार उसे ऊँटनी के कदमों की आवाज सुनाई दी, कई बार उसने पीछे मुड़कर क्षितिज को देखा, लेकिन उसे अपने आदमी का नामोनिशान नहीं दिखाई दिया।

भयंकर स्थिति थी। जहाँ तक दृष्टि जाती थी, निर्जनता फैली हुई थी। उड़ते हुए रेत, हिलते हुए ताड़, विश्राम-स्थल की सूनी झोंपड़ी और वीर-शैया जैसी प्रतीत होती देहली को छोड़कर और कोई वस्तु ध्यान को नहीं खींचती थी। यह सीधा रास्ता था। जब वह चला था तब उस पर कितने ही काफिले जा रहे थे; दोनों ओर गाँव के कुत्तों के भूँकने की आवाज सुनाई देती थी; विश्राम-स्थल पर ऊँटवालों के टोल गप्पें मारते बैठे थे। लेकिन इस समय उस पर आदमी या जानवर का नामोनिशान नहीं था। इस सूनेपन ने उसे घबरा दिया। उसका हृदय जोर से धड़क रहा था। उसे इस बात का भी भय लगा कि यदि कोई न मिला तो उसका मस्तिष्क काम करेगा भी कि नहीं।

चारों तरफ भयंकर सन्नाटा छाया हुआ था। उसे एक क्षण को ऐसा लगा मानो दिशाएँ अधिकाधिक निकट आ रही हैं और उसके गले को घोंटे दे रही हैं।

वह बालक था। ऐसे अकेलेपन का उसने कभी अनुभव नहीं किया था। एक बार उसके मन में आया कि जोर से चिल्ला उठे। एक बार उसने जैसे-तैसे डरते हुए हुंकार की। उसकी प्रतिध्वनि लौटकर उसके कानों से टकरा गई। उसने काँपते हृदय से चारों ओर देखा और सोमनाथ भगवान का स्मरण करके उसने ऊँटनी आगे बढ़ाई। वह आगे नहीं बढ़ रहा था, वरन् हृदय में व्याप्त भय से दूर भाग रहा था।

एक बड़ा विश्राम-स्थल आया। वहाँ उसे किसी के मिलने की आशा हुई। भम्भरिया अब दूर न था, इसलिए सम्भव है कि उसके पिता भी वहाँ आ लगे हों। लेकिन क्या वे आए होंगे? आए हों और जल्दी से घोघाबापा के पास चले गए हों तो? तब तो वह अवश्य हारेगा और उसके बापा जीतेंगे। वहाँ उसके सभी नाते-रिश्तेदार बाट जोहते हुए बैठे होंगे और वे सब उसकी इस भयंकर यात्रा की कथा सुनकर गर्व का अनुभव करेंगे।

सब लोग गज़नी के म्लेच्छ से डरकर भाग रहे थे, पर वह था कहाँ? लोग

मूर्ख थे। घोघाबापा को पार करके वह आ ही कहाँ से सकता है! भले ही वह स्वयं रावण ही क्यों न हो। और यदि घोघागढ़ पार कर लिया है तो उसका कुछ नामोनिशान तो हो।

ऐसे संकल्प-विकल्प करते हुए उसने विश्राम-स्थल के एक झोंपड़े के नीचे दोपहरी बिताई। उसने बचपन में कहानियाँ सुनी थीं, जिनमें किसी राक्षस के कोप से निर्जन बने हुए नगर आते थे। वह विश्राम-स्थल भी वैसा ही था। कुएँ में पानी था पर स्थिर; पुर था पर सूखा अप्रयुक्त; और मन्दिर में माता थीं; पर कुछ दिन से पूजारहित; तीन झोंपड़े थे–सही-सलामत, पर निर्जन।

एक में चूल्हे पर पकाई हुई वस्तु पड़ी थी, लेकिन चूल्हे की लकड़ी कई दिन की बुझी हुई थी। देग में सूखी हुई खिचड़ी को चींटियों की पंक्ति लिये जा रही थी। किसी दैवी प्रकोप से वहाँ मनुष्य का संचार एकदम अदृश्य हो गया था।

थोड़ी देर में उसका भय दूर होने लगा और वह अपनी कायरता पर क्रोध करने लगा। वह स्वयं चौहान–घोघाबापा का पौत्र–सोमनाथ का आज्ञावाहक–ऐसी पोचपने की बातें करे, हिम्मत हारे! उसने होंठ चबाकर क्षोभ को शान्त किया और खड़े होकर चलने की तैयारी की।

उसे तो घोघागढ़ ही पहुँचना था–भले ही बीच में गज़नी के हजार म्लेच्छ खड़े हों। वह ऊँटनी पर चढ़कर थोड़ी ही दूर आगे बढ़ा कि उसे रेत उड़ता हुआ दिखाई दिया। अवश्य कुछ आदमी आ रहे थे। बहुत दिनों में उसे मनुष्य देखने को मिलेंगे। भले ही शत्रु हों, पर मनुष्य तो होंगे। मारेगा नहीं तो मुकाबला होने पर हुंकार तो करेगा। उसका खून बहेगा तो वह भी किसी-न-किसी का अवश्य बहाएगा। निर्जनता अमानुषिक थी। युद्ध चाहे जैसा हो, उसमें मनुष्य का संसर्ग तो होता है।

उसने धनुष-बाण सँभाले, कमर की तलवार ढीली की, खंजर निकालकर देखा और रख लिया।

आकाशपट में दो ऊँटनियाँ चित्रित हुईं और सामन्त के हर्ष की सीमा न रही। दो आदमी तेजी से उसकी ओर बढ़े आ रहे थे। जैसे प्यासा पानी की ओर दौड़ता है वैसे ही वह भी उन आदमियों की ओर तेजी से दौड़ा। उसका भय जाता रहा। उसने हुंकार की, उन आदमियों ने भी वैसा ही किया। मनुष्य की आवाज सुनकर सामन्त के हर्ष की सीमा न रही और हृदय में फिर साहस आ गया। वह अपनी क्षणिक दुर्बलता पर हँसता हुआ आगे बढ़ा।

ये दो आनेवाले शस्त्र-सज्जित राजपूत योद्धा थे। एक अधेड़ उम्र का था, दूसरा जवान था। बड़े ने ऊँची आवाज में पुकारा, "कौन है?"

सामन्त ने देखा कि छोटे ने अपना तीर भी चढ़ाकर तैयार कर लिया है।

सामन्त ने मुकाबले में 'जय सोमनाथ' की गर्जना की और अपनी तलवार निकालकर एक हाथ में ले ली।

''कहाँ जाता है?'' बड़े ने फिर पूछा।

''घोघागढ़,'' सामन्त ने जवाब दिया।

इतने में उनकी ऊँटनियाँ पास-पास आने लगीं।

''कहाँ से आया है?''

''झालोर से, क्यों; क्या बात है?'' सामन्त ने इस प्रश्नों की झड़ी से ऊबकर कहा।

उन आनेवालों ने सामन्त की पगड़ी का पेच पहचाना।

''चौहान, रास्ते में कहीं म्लेच्छ की सेना मिली?''

सामन्त चौंका, ''नहीं भाई, लेकिन आप कौन हैं?''

''हम घोरविटली से आ रहे हैं,'' बड़े योद्धा ने कहा।

''तुमको उसकी सेना मिली ही नहीं? अजीब बात है! कहाँ गई?''

''मैं क्या जानूँ? रास्ते में उजड़े गाँव और सूने विश्राम-स्थल मिले हैं।''

''लेकिन म्लेच्छ गया कहाँ?'' बड़े योद्धा ने छोटे से पूछा।

''आपको म्लेच्छ कहाँ मिला?'' सामन्त ने पूछा।

''हमें?'' बड़ा योद्धा क्रूरता से हँसा, ''कहीं नहीं मिला।''

''मुलतान से रवाना हो चुका है?''

वे दोनों रसहीन कर्कश हँसी हँस रहे थे। सामन्त की समझ में उसका रहस्य नहीं आया। बड़ा योद्धा सामन्त के पास आकर उसे ममता से देखने लगा।

''भाई,'' उसने प्रेम से, दयापूर्ण स्वर में कहा, ''घोघागढ़ किसलिए जाता है?''

''किसलिए?'' गर्व से सामन्त हँसा, ''वह तो मेरा घर है। मैं तो घोघाबापा का प्रपौत्र हूँ। वहाँ न जाऊँ तो कहाँ जाऊँ?''

उन दोनों योद्धाओं ने एक-दूसरे पर ऐसी नजर डाली जो समझ में न आनेवाली थी। फिर बड़ा योद्धा अपनी ऊँटनी को सामन्त की ऊँटनी के पास ले आया और उसके ऊपर प्रेम से हाथ रखा।

''चौहान, घोघागढ़ से कब के चले हो?''

''मैं? अरे मुझे तो तीन महीने होने आए।''

''बापू,'' बड़े योद्धा ने सजल नयनों से सामन्त को देखकर कहा, ''तीन महीने में तो तीन युग बह गए। बापू, तुम तो हमारे साथ चलो।''

''क्यों? क्या हुआ?'' योद्धा की आवाज में सामन्त को अकथनीय भय लगा। ''आप कौन हैं?''

''बापू, न जानने में ही भलाई है। अपना रास्ता छोड़ो, पीछे लौटो और न हो

तो चलो हमारे साथ। चौहान, तीन महीने में तो पृथ्वी रसातल को पहुँच गई है।''

''लेकिन क्या हुआ?''

''हुआ क्या? हमारा तेज नष्ट हो गया।'' बड़े योद्धा की आँखों में आँसू आ गए।

''चौहान, वीर बालमदेव मारे गए। साथ ही पच्चीस हजार बत्तीस योद्धाओं ने भी अपने प्राण दिए। सपादलक्ष गिरकर खँडहर हो गया है।''

''और म्लेच्छ?''

''म्लेच्छ की विजय हुई, राजपूतों में भगदड़ मच गई और कुँवर सारंगदे और रावलक्खन घोरविटली में बैठे हैं।''

''फिर म्लेच्छ कहाँ गया?''

''घोरविटली को नष्ट करने का साहस न हुआ; वह रेगिस्तान में भाग गया है। कहाँ गया, इसका पता नहीं चलता।''

''और आप उसे खोजने निकले हैं?'' सामन्त ने कहा।

''हाँ, उसकी सेना घबराई हुई है। उसका पता चले तो राजपूतों के हाथ दिखाए जाएँ।''

''तो राजाजी, इस रास्ते पर म्लेच्छ नहीं है। मैं झालोर से सीधा चला आ रहा हूँ।''

''जान पड़ता है कि वह हाथ से निकल गया,'' बड़े योद्धा ने छोटे से कहा और उसने सामन्त से कहा, ''बापू, तुम चलो हमारे साथ। सारंगदे बापा तुम्हें प्रेम से अपनाएँगे।''

''नहीं, मुझे तो शीघ्र घोघाबापा के साथ पहुँचना है।''

''भाई, रहने दो। इस समय हमारे साथ चलो,'' छोटे योद्धा ने फिर सामन्त से प्रार्थना की।

''यह कैसे हो सकता है? मुझे तो सीधे घोघागढ़ पहुँचने की आज्ञा है। लो मैं चला, रात होने से पहले तो मैं भम्भरिया पहुँच जाऊँगा।''

''अरे भाई, यह नहीं होगा, नहीं होगा।''

''मुझे जाना ही चाहिए।''

''किसकी आज्ञा है?'' छोटे योद्धा ने पूछा।

''किसकी? राजाजी, भगवान सोमनाथ की।''

''क्या? क्या?'' बड़े योद्धा ने सामन्त की ऊँटनी को रोकने का प्रयत्न किया।

सामन्त को शंका हुई; ये राजपूत उसे रोकने की जिद क्यों कर रहे हैं? कहीं धोखा तो नहीं है? कहीं ये म्लेच्छ के दास तो नहीं हैं?

''यह आज्ञा तो घोघाबापा के लिए है, दूसरे के लिए नहीं,'' कहकर सामन्त

ने हुंकार की और ऊँटनी हाँक दी। उसके हृदय में एकदम उत्साह आ गया था। जब घोघागढ़ उसके हाथ में था तब वह कैसे लौट जाता!

बड़े योद्धा की आँखों में आँसू छलछला आए। उसने लम्बी साँस लेकर छोटे योद्धा की ओर देखा। उसकी आँखों में भी आँसू थे। बहुत देर तक वे गूँगे की भाँति चुपचाप उत्साही सामन्त की ओर देखते रहे।

जब तक भम्भरिया दिखाई दिया तब तक सामन्त को रास्ते में कोई नहीं मिला। इसलिए समस्त वस्तु-स्थिति पर विचार करने का उसे पर्याप्त अवसर मिला। मुलतान तो म्लेच्छ के हाथ में था; सपादलक्ष गिरकर खँडहर हो चुका था; चौहानों का शिरोमणि वीर बालमदेव मारा गया था; म्लेच्छ घोरविटली छोड़कर रेगिस्तान के किसी रास्ते से आगे बढ़ गया; और रास्ते के गाँवों में भदगड़ मच गई। तो घोघागढ़ का क्या हुआ? यह तो मुलतान से सपादलक्ष आनेवाले रास्ते के बीच पड़ता है। क्या उसे भी म्लेच्छों ने धूल में मिला दिया? या उसे छोड़कर वह सीधा ही सपादलक्ष आया? घोघाबापा का क्या हुआ? और उनके पिता का क्या हुआ? सामन्त की छाती में ऐसी पीड़ा हुई जैसे कि घाव हो गया हो। लेकिन उसकी दृष्टि क्षितिज पर थी और उसकी जीभ सोमनाथ की रट लगा रही थी। ज्योति-स्वरूप महादेवजी की आज्ञा पालन करनेवाले उसे और उसके कुल को क्या होनेवाला था?

उसका उत्साह मन्द पड़ा, निराशा बढ़ने लगी। जब दूर से भम्भरिया का गढ़ दिखाई दिया तब उसे फिर कुछ उत्साह आया। आया, लेकिन क्षणभर के ही लिए; भम्भरिया के गढ़ पर उसने उड़ते हुए गिद्धों का समूह देखा और हतोत्साहित होकर वह बड़े जोर से 'हाय! हाय!' कह उठा।

रेतीले रेगिस्तान में, विशाल एकान्त में, छह सौ हाथ ऊँचे टीले पर भम्भरिया का गढ़ भयंकर शान्ति में खड़ा था। जिस क्षण उसे गिद्धों के समूह ने सचेत किया था वह बीत चुका था और जहाँ तक दृष्टि जाती थी, निस्तब्धता का प्रसार दिखाई देता था।

भम्भरिया घोघागढ़ का थाना था। यहाँ दुर्गपाल रहता, कुछ पियादे रहते, कुछ ऊँटवाले रहते। वहाँ घोघाबापा का एक छोटा-सा महल था। आने-जानेवाले काफिले वहाँ ठहरकर थकान उतारते और घोघाबापा का आतिथ्य-सत्कार पाते। आने-जानेवाले बटोहियों, यात्रियों के समूहों और ऊँटनियों को प्रिय लगनेवाला यह विश्राम-स्थल सदैव लोगों की हलचल से भरा रहता। इस समय वह खुले दरवाज़ों से पोपले मुँह की तरह भयंकर लग रहा था। दरवाजे के आगे न तो कोई बटोही था और न एक भी ऊँटनी। सामन्त की छाती में हूक उठी। उसने अश्रुपूर्ण आँखों से उसकी ओर देखा। जहाँ भम्भरिया महादेव की ध्वजा सदैव उड़ती रहती थी, वहाँ अब कुछ नहीं

था। घोघाबापा के गर्व का यह चिह्न अब नष्ट हो गया था। सामन्त की आँखों के आगे अँधेरा छा गया, उसने आँखें पोंछकर फिर देखा–भम्भरिया बिना ध्वजा के ऐसा श्रीहीन खड़ा था जैसे सौभाग्य-चिह्न से रहित स्त्री। उसे फुरफुरी आ गई और उसने ऊँटनी को दौड़ा दिया।

बात सच थी। समस्त निश्चेष्ट चित्रपट पर उसकी ऊँटनी ही एकमात्र जीवन का चिह्न था। दरवाजा जैसा था वैसा ही रहा–काल की गुफा के समान भयावह। कोट के कंगूरे जैसे थे वैसे ही रहे–किसी की भी पग-ध्वनि के बिना। ऊँटनी तेजी से गढ़ पर चढ़ी, परन्तु उसके श्वासोच्छ्वास के अतिरिक्त दूसरी कोई आवाज न थी।

वह दरवाजे के पास आया। एक दरवाजा किसी ने तोड़ डाला था। दरवाजे के भीतर घुसा तो कोठरियाँ सूनी पड़ी थीं। एक चमगादड़ फड़फड़ करती आई, उसके आसपास घूमी और उड़ गई–भयंकर!

और जैसा कि पिछला विश्राम-स्थल था वैसा ही यह गढ़ था; किसी भयंकर राक्षस के प्रकोप के कारण चेतनाहीन। सबकुछ जैसा था वैसा ही था–प्राणी के स्पर्श की संजीवनी से रहित, झंकार निकालनेवाली अँगुली के अभाव में बेकार पड़े हुए वाद्य-यन्त्र की भाँति। सामन्त को यह निर्जना भयंकर लगी। वह ऊँटनी से उतरकर उसके आगे-आगे चलने लगा।

दुर्गपाल का घर खुला पड़ा था। वह द्वार में जाकर खड़ा हुआ और चौंका। सन्नाटे में सामने ही एक भयंकर आवाज हो रही थी। एक मोटा चूहा दिन-दहाड़े निश्चिन्त होकर कुछ कुतर रहा था। निडर चूहा कुछ देर तक उसकी ओर देखता रहा और फिर पास के ही बिल में घुस गया। वह घबराता हुआ आगे बढ़ा, उसे दुर्गपाल को आवाज लगाने का भी होश न रहा।

घबराहट में वह कभी-कभी पीछे देखता; जैसे मारनेवाला उसके पीछे ही आ रहा था। थोड़ी-थोड़ी देर में वह अपनी या अपनी ऊँटनी की पग-ध्वनि से थर-थर काँपता और आगे चलने में अशक्त होकर खड़ा रह जाता। उसके हृदय की धड़कन हथौड़े की चोट के समान उसके मस्तिष्क में भयंकर प्रतिध्वनि पैदा करती।

एक बार पेड़ के पत्ते हिले और वह चौंका। डर के मारे वह चिल्ला उठा, "कौन है?" जैसे वह जीवित ही घूरे में दब गया हो, वैसे ही आसपास के शून्य मकानों से प्रतिध्वनि आई, "कौन है?"

उसके हृदय में हिम जम गया। 'दुर्गपाल–दुर्गपाल–दुर्गपाल!' की प्रतिध्वनि ने 'दुर्गपाल' शब्द के आन्दोलन से मानो गढ़ को भर दिया। उसने बाप को याद किया–यहीं तो वे उसकी बाट जोहनेवाले थे। यहीं तो उसने उनकी गोद में छिपने की आशा रखी थी। 'बापा! बापा! बापा!' उसने रोते-रोते पुकार लगाई। लेकिन

प्रतिध्वनि ने फिर क्रूर विडम्बना की। 'बापा! बापा! बापा!' आवाज शून्य में लय हो गई और वह ऊँटनी की नकेल छोड़कर भागा–मन्दिर की ओर। उसके दाँत किटकिटा रहे थे और रग-रग काँप रही थी। वह अकेला इस सन्नाटे-भरे एकान्त में दौड़ा, मानो पीछे कोई प्रेत-सेना आ रही हो। वह श्वास लेने में भी असमर्थ था। सामने भम्भरिया महादेव का मन्दिर खड़ा था। उसे उसने देखा–न देखा; ध्वजदंड टूटा पड़ा था, कलश किसी ने फोड़ डाला था, काले संगमरमर के नान्दी के दो टुकड़े पड़े थे। उसे समस्त सृष्टि विप्लवकारी तांडव करती दिखाई दी। उसकी आँखें लाल और अमानवीय हो गईं। उसका श्वास रुद्ध होने लगा, उसकी कनपटियाँ फटने लगीं। वह मन्दिर में घुसा और पुकारने लगा, "शम्भो! शम्भो! शम्भो!" मन्दिर के गुम्बज से हृदयभेदी प्रतिध्वनि हुई, "शम्भो! शम्भो! शम्भो!"

वह महादेवजी के पास गया। उसकी अँधेरा-छाई आँखों को कुछ नहीं दीखा और उसने प्रणाम किया। वह अपने इष्टदेव, अपने पिता, अपने स्वामी की शरण गया। वह सिसकता हुआ, पत्थर के फर्श पर माथा टेके कुछ देर पड़ा रहा।

फिर वह रुका। उसकी आँखें कुछ-कुछ अन्धकार की आदी हो गई थीं, इसलिए उसे चारों ओर कुछ सूझने लगा। वह ऐसे भयंकर चीख मारकर पीछे हटा और दोनों हाथों से आँखें बन्द कर लीं जैसे उसने भूतावलि देख ली हो।

वहाँ कुलदेवता भम्भरिया महादेव के बाण के दो टुकड़े अलग-अलग पड़े थे। उसने पागल आदमी की तरह आँखें फाड़कर चीख मारी–एक-दो-तीन। वह बेहोश होता जा रहा था। पीछे हटकर उसने दीवार का सहारा लिया और सरका–गिरा–देवालय चक्कर खाता दिखाई दिया और उसने लिंग के पीछे एक वृद्ध को हाथ में दीपक लिये खड़ा देखा...बुड्ढे को वह पहचानता था–कहाँ और किस अवस्था में उसे देखा था, यह उसे याद नहीं आया।

एक चमगादड़ और उससे टकराई...उसने गगनभेदी चीख मारी और उसके चारों ओर अन्धकार छा गया।

[3]

सामन्त के मस्तिष्क के आगे एक सुन्दर, छोटी-सी स्त्री खेल रही थी। यह उसकी ओर देखकर हँसती थी। एक सुकोमल हाथ से उसके कपाल पर भस्म लगाती हुई वह दिखााई दी, मानो वह कोकिल-कंठ से कह रही हो, 'वीर, जल्दी लौटना।' लेकिन उसका माथा ठनक रहा था–पहले जितना नहीं, कुछ कम। एक हाथ उसको कुछ पिला रहा था। क्या उसी का? हाँ। उस शान्तिदायी हाथ के बिना

उसकी धधकती रगों में कौन शान्ति पहुँचाता? उसने हाथ पकड़ा—हाँ, वही हाथ। उसने जोर से हाथ पकड़ा। इस जन्म में—जन्म-जन्म में—वह हाथ कभी नहीं छूटेगा। दूसरा हाथ उसके कपाल पर फिरा, कितनी मृदुता से! उसने आँखें खोलने का प्रयत्न किया, परन्तु वह निष्फल गया। उसे उसका सुकुमार, सुडौल और तेजस्वी मुख दुबारा देखना था, लेकिन बड़ी अजीब-सी बात थी कि जब वह देखने का प्रयत्न करता, तब उसके बदले एक दाढ़ीवाला बुड्ढा मुँह दिखाई देता। यह उसका मुख नहीं था, किसी वृद्ध और परिचित पुरुष का था। उसने उस सुकुमार मुख को फिर देखने का प्रयत्न किया, परन्तु उसकी आँखों में अभी एक वृद्ध और सूखे-से आदमी का मुँह आता रहा। स्नेहसिक्त छोटी आँखें उसको देखती रही थीं। उनमें आँसू छलछला रहे थे।

उसने प्रयत्न करके आँखें खोलीं, मुँह पहचाना। उसने बचपन में उसे देखा था। उस मुख से उसने गायत्री सीखी थी, उस हाथ से उसने कलम पकड़ना सीखा था। किसका? किसका? उसे याद आया—वह था राजगुरु नन्दिदत्त का।

"राजगुरु," वह बोला और बैठना चाहा, परन्तु उसकी कमर फटी जा रही थी, इसलिए वह एकदम नहीं बैठ सका। नन्दिदत्त ने उसे सहारा दिया और वह भयाकुल चारों ओर देखने लगा।

यही भम्भरिया गढ़ था, जिसमें वह आया था; यही शिव-मन्दिर था, जिसमें उसने बाण के टुकड़े पड़े हुए देखे थे। वृद्ध राजगुरु उसकी ओर देख रहा था। इसके अतिरिक्त सब-कुछ वैसा ही निश्चेष्ट था।

"वत्स, शान्त हो। बड़ा भारी उत्तरदायित्व है। अभी ऐसा करने से कैसे काम चलेगा?"

"राजगुरु, कहो यह क्या है? यह गढ़ ऐसा कैसे हो गया? यह मन्दिर ऐसा क्यों हुआ? और देव टूटे हुए क्यों पड़े हैं? घोघाबापा..." उसके प्राण कंठ में आ गए और वह बोल नहीं सका।

"बेटा, शान्ति रखे बिना छुटकारा नहीं। सृष्टि में प्रलयकाल छा गया है।"

[4]

"इस विनष्ट सृष्टि में मैं और तू दो ही आदमी हैं।"

"लेकिन बता तो सही कि घोघाबापा कहाँ हैं...?"

"मेरे यजमान—वे अक्षय कीर्ति के धनी—कैलाश पर जाकर बस गए हैं।"

"और दूसरे लोगों का क्या हुआ? भम्भरिया ऐसा निर्जन कैसे हुआ? कहो,

कहो, जल्दी कहो।"

"कहूँ," नन्दिदत्त ने कहा, "लेकिन तुममें सुनने की शक्ति है?"

"है, है। जो कुछ हो चुका वह मुझे सुनना है।"

"तब तो जिनकी कभी कल्पना भी नहीं की हो, ऐसी बातें सुन ले। ले यह खुराक तैयार है, पी जा। इससे तुझे शान्ति मिलेगी और साथ ही यह जो दवा तैयार की है, सो पी ले।"

जब तक सामन्त ने दवा की खुराक ली और रख दी तब तक नन्दिदत्त प्रेम से उसकी ओर देखता रहा।

"कहता हूँ, भाई, कहता हूँ। कहते हुए मेरा हृदय काँपता है, लेकिन ऐसी कथा इतिहास या पुराण में कभी नहीं लिखी गई। सूर्यवंशियों की कीर्ति तो सूर्य के समान उज्ज्वल है, परन्तु घोघाबापा की यशगाथा के आगे इस उज्ज्वलता की कोई गिनती नहीं। मैं महादेवजी का ऋणी हूँ कि मुझे इस गाथा को बनते देखने और कहने का अवसर मिला है," वृद्ध धीमे-धीमे कहने लगा।

अधीर सामन्त ने कहा, "कहो राजगुरु, कहो। जब मैं गया तब से अब तक की पूरी-पूरी बात कहो।"

"याद है, तेरे बाप को और तुझे विदा करके मैं पीछे लौटा था। मैं घोघाराणा के पास गया और बहुत देर तक तुम दोनों के शौर्य की बात की। बापा को विश्वास था कि तुम दोनों उनके कुल को तारनेवाले हो।"

"फिर?"

"फिर कुछ दिन में पता चला कि गज़नी का अमीर असंख्य सेना लेकर भगवान सोमनाथ को तोड़ने के लिए आ रहा है। हम इस बात को सुनकर खूब हँसे," राजगुरु ने निःश्वास छोड़ा।

घोघाबापा ने मूँछों पर ताव दिया और अट्टहास किया, "आ तो सही, मेरे बेटे? लोहकोट में भीमपाल बैठा है और मुलतान में अजयसिंह की आन है। रेगिस्तान के मुँह पर मैं हूँ और सपादलक्ष में है मेरा वीर बालमदेव। आ तो सही, तुझे भी स्वाद चखाऊँ।"

"फिर?" सामन्त ने पूछा।

"कुछ दिन बीते और दुखद समाचार मिले। जयपाल के पुत्र भीमपाल ने अपनी कीर्ति पर पानी फेर दिया। उस कायर ने म्लेच्छ को मार्ग दे दिया; अपने को बचाकर प्रतिष्ठा को बेच दिया।" वृद्ध ने गर्दन घुमाई। सामन्त भी चुप बैठा था। अपने को बचाकर प्रतिष्ठा को बेचनेवाले एक-दो उदाहरण उसने भी देखे थे।

"और फिर," नन्दिदत्त आगे बढ़ा, "मुलतान ने म्लेच्छ का स्वागत किया। सूर्य और चन्द्र के वंशज मुख में तिनका लेकर उसकी शरण गए। दिन-रात गज़नी

के अमीर ने मुलतान में मौज की। राजपूत गौ-ब्राह्मण की रक्षा छोड़कर भगवान से द्रोह करने उसके साथ हो लिए। म्लेच्छ ने बापा को सन्देश भेजा।''

''क्यों?''

''हम सब बैठे थे राजगढ़ में, म्लेच्छ की बातें सुनने। जब से मुलतान में म्लेच्छ आया था तब से घोघाबापा ने बोलना बन्द कर दिया था। तुझे पता है कि जब उनको क्रोध आता था तब वे कैसे लगते थे। उनकी आँखें बिजली की तरह चमकने लगीं। उनके होंठ लोहे के चिमटे की तरह बन्द हो गए और उनकी मूँछें क्रोध में खड़ी हो गईं। जब उनको ऐसा गुस्सा आता था तब उनसे मेरे सिवाय कोई बोल भी नहीं सकता था। इस समय मुझसे भी कुछ नहीं बोला गया।''

''फिर जब वह सन्धि की बातें लेकर आया तब क्या हुआ?''

''सन्धि-भेंट लेकर आए दो जने—एक था युवक सालार मसूद—लम्बा, तेजस्वी और अभिमानी; दूसरा एक अधेड़ उम्र का देश-द्रोही—धर्म-द्रोही—''

''राजपूत?''

''नहीं, जाति का नाई था, परन्तु म्लेच्छ की सेवा करके उसने प्रतिष्ठा पा ली थी। वह दुभाषिये का काम करता था। उसका नाम तिलक था। जहाँ हम बैठे थे वहाँ वह आया और घोघाबापा के पैरों में हीरे-मोती से भरा हुआ थाल रख दिया। घोघाबापा चुपचाप देखते रहे। मैंने पूछा—'बोलो, किस काम से आए हो और इसके लाने का क्या अर्थ है?'

''तिलक ने नम्रता से हाथ जोड़कर कहा, 'घोघाराणा, आपकी शूरवीरता की प्रशंसा से मुग्ध गज़नी के अमीर यमीनुद्दौला महमूद ने यह सन्धि-भेंट भेजी है।' यह शब्द सुनते ही बापा की मूँछें जोर से फड़कने लगीं। लेकिन उनके दबे हुए होंठों से एक शब्द तक नहीं निकला।

''मैंने आगे बढ़कर पूछा, 'उसे क्या चाहिए?' तिलक ने विनम्रता से हाथ जोड़कर कहा, 'रेगिस्तान के राजा, घोघागढ़ के स्वामी से अमीर विनय करता है कि रेगिस्तान में से प्रभास जाने का मार्ग दो।'

''और जैसे ही उसने यह कहा, घोघाबापा का हाथ मूँछों पर चला गया और उनकी जलती हुई आँखों का प्रकाश सूर्य के तेज को फीका करने लगा। मैंने समझा कि अब बिजली गिरेगी। अस्सी वर्ष तक जिसने किसी के सामने सिर नहीं झुकाया वह इस म्लेच्छ के सामने सिर झुकाएगा? बापा का हाथ मूँछों पर ताव-पर-ताव दे रहा था। सामने तिलक उनके उत्तर की प्रतीक्षा करता था।

''थोड़ी देर तक कोई नहीं बोला और वज्रपात होने से पहले पर्वत पर जैसी गम्भीर गर्जना होती है वैसी ही घोघाबापा की आवाज सुनाई दी, 'तेरा अमीर मुझसे मार्ग देने के लिए कहता है, जाकर भगवान सोमनाथ को तोड़ने? और बदले में

यह भेंट भेजी है?'

''तिलक ने जवाब दिया, 'जी हाँ।' और सालार मसूद मूँछों पर ताव देता रहा। जैसे आकाश के फटने पर बिजली गिरती है, वैसे ही कूदकर खड़े हुए घोघाबापा की आवाज गढ़ को हिलाने लगी, 'जा, अपने मालिक से जाकर कहना कि जब तक घोघाबापा की एक भी रक्त की बूँद शेष है तब तक वह रेगिस्तान में पैर रखे तो सही।' और जैसे वज्राघात से पहाड़ टूटता है वैसे ही घोघाबापा ने एक लात मारकर हीरे-मोती के थाल को द्वार के बाहर फेंक दिया।''

''धन्य है बापा,'' सामन्त ने कहा।

''धन्य? अरे, उस क्षण घोघाबापा रुद्र के अवतार थे। उनकी आँखों में सहस्र सूर्य प्रकट हुए थे, उनके स्वर में रुद्रों की हुंकार थी, उनकी भुजाओं में परशुराम का शौर्य था। बापा बिना एक शब्द बोले वहाँ से चले गए और वे सन्धि की भेंट लानेवाले उतरे हुए चेहरे से एक-दूसरे को देखने लगे।

[5]

''पन्द्रह दिन तक हमने तैयारी की–गढ़ को सँभाला, हथियार तैयार किए, चारणों के गान सुने। तिलक करके सूर्यवंशी राजा तैयार हुए। नाना प्रकार के वाद्य-यन्त्र बजने लगे। चौहान-वधुओं ने पतियों को उत्साहित किया। मैं शतचंडी का पाठ करने लगा।

''एक दिन हम गढ़ पर खड़े टकटकी लगाए देख रहे थे और गज़नी की सेना क्षितिज पर से आती दिखाई दे रही थी। जैसे शेषनाग सरसराता हुआ चला आता है। मैं तो भयाकुल हो गया; सेना ऐसी होती है, इसकी तो मैंने कभी कल्पना भी नहीं की थी। मैंने घोघाबापा की ओर देखा। उनकी आँखें विकराल बन गई थीं, उनका दायाँ हाथ कटार के साथ खेल रहा था, 'बापा, मैंने यह नहीं सोचा था कि यह सेना इतनी बड़ी होगी।'

''घोघाबापा खिलखिलाकर हँसे, 'नन्दिदत्त, जिसके साथ त्रिशूलधारी है उसका बाल-बाँका करनेवाला कौन है?' कहकर वह कुछ देर तक आती हुई सेना को देखते रहे और फिर एकदम मुड़कर मेरा हाथ पकड़ा, 'ब्रह्मदेव, तू हमारा कुलगुरु है, तेरे आशीर्वाद से तेज प्रकाशित होता है। एक वचन दे।'

''मैंने वचन दिया और घोघाबापा धीमे-से कहने लगे, 'घोघाराणा के संकल्प ऐसे नहीं हैं जो टूट जाएँ। प्राण भले ही चले जाएँ, मैं एक पग भी मार्ग उसे न दूँगा। लेकिन यदि मैं कैलाशवासी हो जाऊँ तो मुझे अग्निदाह देना और मेरे

सज्जन और सामन्त से कहना कि गया में मेरा श्राद्ध करें।'

"पहले मैं वचन देते हुए झिझका। कारण, मैंने सोचा कि यदि मेरे यजमान का रुधिर न रहे तो मैं पृथ्वी पर बोझ क्यों बनूँ। लेकिन बापा की आज्ञा का उल्लंघन न कर सका। मैंने वचन दिया और वे हर्षित हृदय तथा उत्साहपूर्ण डगों से, नरों में शार्दूल के समान, रणसिंगा फूँककर सेना इकट्ठी करने में जुट गए।"

"फिर क्या हुआ?" सामन्त ने पूछा।

"कर्म की गति को कौन टाल सकता है? घोघागढ़ में आठ सौ राजपूत थे, तीन सौ दूसरे और सात सौ स्त्रियाँ। और सामने था मर्यादाहीन मानव-महासागर। यवन ने फिर सन्धि-भेंट भेजी, तिलक फिर आया और विनय करने लगा, 'क्यों मौत के मुँह में घुसते हो?' घोघाबापा कभी टस-से-मस हुए हैं? 'मौत! अरे, मौत तो अपने जन्मदिन से मैं अपने पंजे में दबाए बैठा हूँ। चल, जल्दी कर। लड़ ले बेटा, हिम्मत हो तो!'

"उसके बाद उन्होंने गढ़ के दरवाजे बन्द करवाए। कँगूरों पर तीर-अन्दाज जमकर खड़े हुए। नीचे रेगिस्तान में खड़ा अमीर दाँत पीसने लगा। अठारह अक्षौहिणी यवन सेना गिरि-श्रृंग पर शोभित गरुड़राज के समान घोघाबापा की प्रशंसा कर रही थी। सन्ध्या होते ही हम सब ध्यानपूर्वक नीचे देखने लगते थे। अब अमीर क्या करेगा? गर्वीले घोघागढ़ को कौन तोड़ सका है? उसकी गहरी और सीधी परिखा पर न तो हाथी चढ़ सकता था, न घोड़ा। उसके गगनचुम्बी कँगूरों के उस पार कौन-सा माँ का जाया बाण फेंक सकता था?"

और आतुर सामन्त दत्तचित्त होकर वृद्ध की बातें सुन रहा था।

"हमने देखा कि अमीर घबराया। घोघागढ़ सर करने में उसे वर्षों लगें और सोमनाथ भ्रष्ट करने के मनसूबे तो मन-के-मन में ही रह जाएँ। पूरी रात उसकी सेना में दौड़-धूप होती दिखाई दी; मशालें दौड़ीं, कुछ घोड़े दौड़े, कुछ डंके बजे और पौ फटने पर शेषनाग के समान यह प्रचंड सेना गढ़ की बगल में होकर रेगिस्तान में आगे बढ़ने लगी। यवन ने हार खाई; घोघागढ़ रहा सदैव की भाँति दुर्धर्ष और दुर्जेय। हमारे कंठ में से निकली, 'हर हर महादेव' की विजय-ध्वनि वर्षा-ऋतु की गर्जना की भाँति यवन-सेना को भयभीत बनाने लगी।

[6]

"घोघाबापा के क्रोध की सीमा न रही। उनका हाथ तलवार की मूँठ पर फिर रहा था, उनकी मूँछें क्रोध में फरफरातीं और आँखें चमकती थीं मानो वे भूखे और भूले

हुए बाघ की हों और उन्होंने गर्जना की, 'कायर, मेरे हाथ से छूटना चाहता है!' हमने उनके मन की बात समझ ली, उनको तो पीछे की यवन-सेना का संहार करना था। रानियाँ काँप उठीं। चौहान वीरों का साहस न हुआ। हम थे गिने-चुने, यवन थे शतसहस्र। महादेवजी को बचाने की अपेक्षा यम के मुख में जाना! मेरी कल्पना रुक गई। मैं चुप होकर शिवकवच का पाठ करने लगा।

''घोघाबापा फिर बोले–नब्बे वर्ष के परम गौरवान्वित वार्धक्य की शोभा से सबको मात करते हुए, मानो उन्हें भगवान सोमनाथ ने प्रेरित किया हो, 'मैंने नब्बे वर्ष तक सोमनाथ की पूजा की है; सत्तर वर्ष मैं रेगिस्तान का स्वामी रहा हूँ; मेरी आज्ञा के बिना पक्षी भी यहाँ से आगे नहीं गया और मैं म्लेच्छ को मार्ग दे दूँ, सोमनाथ को भ्रष्ट करने के लिए? कुलकलंको! रहो यहाँ और भोगो अपनी कायरता द्वारा उपार्जित कीर्ति को। मैंने जीवन-भर सोमनाथ की जय बोली है और जब तक मैं जीता रहूँगा सदैव सोमनाथ की जय रहेगी।'

''और दुर्गपाल ने लड़खड़ाती जीभ से हाथ जोड़कर कहा, 'बापा, दुश्मन इतने अधिक हैं कि हम चपेट में पिस जाएँगे।' और बात सच थी। लेकिन घोघाबापा अकड़ गए। उनका शीश गगन को छूने लगा, मुझे लगा कि अब ये दुर्गपाल पर प्रहार करेंगे।

''बापा सिंह की भाँति गरजे, 'मूर्ख, रिपु अधिक हैं और हम थोड़े, ऐसी बात तो कायर कहते हैं। आज मेरी आँख बचाकर यवन भागा है। अब मुझे–तुम्हें–जीने का क्या अधिकार है! सोमनाथ का सौंपा हुआ काम न हो सका, अब साँस लेना हराम है। देव ने हमें यहाँ भेजा, आज सबको वापस बुलाते हैं। तैयार हो जाओ।' और बापा ने खड्ग खींचा जैसे अँधेरे आकाश में बिजली चमकी हो और मैं 'धन्य है, धन्य है' कहता हुआ क्षण-भर को मूर्च्छित हो गया। घोघाबापा के वचन कौन सह सकता था? समस्त पुत्र-परिवार ने खड्ग खींचे। समस्त स्त्रियों ने कंकण का विजयनाद किया। मैं शिवकवच से सबको सुरक्षित करने लगा।

''दौड़-धूप होने लगी। तैयारी के बाजे बजे। घोड़े और ऊँटनियों ने हर्ष-ध्वनि की। केसर-कुंकुम की फुहारें उड़ीं। सामन्त, चौहान वीरों का यह महोत्सव, जिसको देखना देवों को भी दुर्लभ था, मैंने देखा। मेरी आँखों में तो हर्ष के आँसू थे और उनमें से होकर मैंने शिव-पार्वती को विमान से पुष्पवृष्टि करते देखा।

''घोघाबापा ने जरी के बागे सजाए, माथे पर बाँधी केसरिया पगड़ी, गले में पहना लाल फूलों का हार। चौहान वंश के वीर तैयार हुए। मैंने थाल भरकर देव की पूजा की, केसरिया वीरों को कुंकम का तिलक किया और आशीर्वचन कहे–'यावच्चन्द्र दिवाकर घोघाराणा का यश उज्ज्वल रहे!' मुझे बापा ने दरवाजे के पास बुलाया और सबको सुनाई दे ऐसे बोले, 'नन्दिदत्त, तेरे बापा ने राजतिलक करके

मुझे गद्दी दी। तूने मुझे स्वर्ग जाते हुए विजयमाला पहनाई। ब्रह्मदेव, मुझे वचन दे। चौहान वीरों के समाप्त होते ही उनकी सतियों को अग्नि को अर्पित कर देना। क्यों लड़कियो!' बापा ने झरोखों में कुंकुम-अक्षत लिये खड़ी वीरांगनाओं को सम्बोधित किया, 'हमारे साथ कैलाश आने की हिम्मत है या नहीं?' और वे हँसे, मानो विवाहमंडप में कुटुम्बियों को निमन्त्रित कर रहे हों। कमल के समान सुन्दर मुखों पर निमन्त्रण की सुमधुर स्वीकृति शोभा दे रही थी। सभी की आँखों में हर्ष के आँसू थे। वीरों ने भीषण गर्जना की, 'जय सोमनाथ!'

"दरवाजे खुले और उदय होते सूर्य की सुनहरी किरणों में दानों के समान दीप्तिमान चौहान वीर, जगमगाते बागे, केसरिया पाग और चमकते खड्गों से वैरियों को अन्धा बनाते, घुँघरूवाले घोड़ों और ऊँटों को नचाते गढ़ से उतरे। और सबसे पहले चार गज आगे-आगे उतर रहे थे चौहान-शिरोमणि बापा। गढ़ से मैं वृद्ध आँखों से इस विजय-यात्रा को देख रहा था। रेगिस्तान का राज्य अपनी आन की रक्षा के लिए समस्त कुल का बलिदान दे रहा था। धन्य है, घोघाबापा, धन्य है! देवों ने चन्दन-वृष्टि की; घोघागढ़ केसरिया छींटों से शोभित हो रहा था। जब चन्दन के छींटे पड़े तो घोघाबापा ने मुड़कर मेरी ओर देखा। वर्षों के गौरव से युक्त उनका भव्य मुख मेरी ओर, अपने गुरु की ओर, आत्मसन्तोषपूर्ण मृदु हास्य से देख रहा था। वे मुझे पूछ रहे थे, 'मैं जिया हूँ और मैं ही मरता हूँ, क्या यह बात नहीं है?' मैंने गद्गद कंठ से उत्तर दिया, 'धन्य है, घोघाराणा, धन्य है!'

"नीचे यवन-सेना स्तब्ध बनी देख रही थी और शीघ्र ही इस दिव्य दर्शन से मुग्ध होकर 'धन्य-धन्य' कहने लगी। पहले कोई इस बात को नहीं समझ सका कि घोघाबापा चली जानेवाली सेना से मिलने क्यों दौड़ रहे थे। बाद में उन्होंने समझा–काल के समान चौहान वीर मरने या मारने बढ़े आ रहे थे। यवन-सेना में 'अल्ला हो अकबर' की गर्जना हुई। हरी पगड़ी और लाल दाढ़ी से पहचाने जानेवाला अमीर हाथी पर झूमता हुआ आज्ञा दे रहा था। सेना ने लाखों शस्त्रों द्वारा चौहान वीरों का स्वागत किया। घोघाबापा को जोश आ गया। जैसे कोई तैराक समुद्र की तरंगों को चारों ओर फेंकता आगे बढ़ता है वैसे ही घोघाबापा आगे बढ़े। उनकी गर्जना गढ़ तक सुनाई देती थी। जहाँ उनका हाथ फिरता था, मनुष्य-समूह में भगदड़ मच जाती थी। उनकी केसरिया पाग इस भीड़ में भी चमकती-दमकती आगे बढ़ी–फिर अदृष्ट हुई, फिर चमकती...और नन्दिदत्त रो पड़ा। सामन्त तो पागल की तरह देख ही रहा था।

"और चमकी–और गिरी। हजारों दुश्मनों की तलवारें उनकी मृत्युशय्या पर छत्र की तरह तनी थीं। अवसान हुआ, घोघाबापा कैलाशवासी हुए, उनका जरी का झंडा झुका। मुझे अपना कर्तव्य-पालन करना था, इसलिए मैं कोट से नीचे उतरा

और सोमनाथ के मन्दिर में आया, वहाँ सब इकट्ठे थे। कुछ दुकानदार और नौकर थर-थर काँप रहे थे। उनको पिछले रास्ते से बाहर भेज दिया। जो स्वयं मरना नहीं जानता उस मनुष्य-नामक जन्तु को मारने में क्या बड़ाई है?

"मेरा पुत्र शस्त्र-विद्या से अपरिचित था, तो भी मैंने उसे बापा के साथ भेजा। जब हम जीते-जी मोक्ष दिलाते हैं तो मरने में साथ क्यों न दें? गढ़ में मैं ही एकमात्र पुरुष था। छाती पर पत्थर रखकर मुझे अपना कर्तव्य करना था। बेटा! बेटा! मेरे कर्म में यह सब देखना क्यों लिखा था? कहकर नन्दिदत्त सिसकी भरकर रोने लगा, दुःख के पहाड़ के नीचे कुचले हुए सामन्त को तो आँसुओं का भी सहारा न रहा।

"फिर भाई, काँपते हुए हाथों से मैंने अपना कर्तव्य निभाया। मन्दिर के चौक में मैंने चन्दन-काष्ठ की चिता बनाई और भाई, जिनका मैंने विवाह कराया, जिनकी माँग में सिन्दूर भरा, जिनके लड़कों को मैंने पढ़ाया, वे सब सुकुमार और लाड़ली स्त्रियाँ वस्त्राभूषणों से सजकर बाहर निकलीं। वे झाँझ की ताल की भाँति, ठुमकती हुई वहाँ आईं, जहाँ मैं मन्दिर के चबूतरे पर खड़ा था। वे आईं और मेरे पैर पड़ीं। यद्यपि आँसुओं ने मुझे अन्धा कर दिया था तथापि मैंने उनके भाल-कपोलों को कुंकुम-चन्दन से महकाया। उन्होंने अक्षत-कुसुमों से सूर्य की पूजा की, कुलदेवता की पूजा की और हर्षित वदन से पतियों से मिलने जानेवाली, अभिसारिका के समान तत्पर उन वीरांगनाओं ने मेरी अर्चना की। मेरी सती और पुत्रवधू मेरे पैर पड़ी।' और नन्दिदत्त ने एक सिसकी भरी।

"और अपने मधुर कंठ से लावण्य का स्रोत बहाती वे देवियाँ चिता पर चढ़ गईं और अरे शम्भो, मैंने, उनके गुरु ने, पिता ने, उनका दाह-संस्कार किया। मेरा अंग-अंग काँप रहा था। मेरा मुँह शम्भु का शुभ नाम रट रहा था। मेरी आँखों के आगे सोमनाथ और मेरा कर्तव्य दो वस्तुएँ थीं।

"भाई, अग्नि भड़भड़ाकर चेती।

"–और–ओ मेरे प्रभु–वह वीरता, वह सौन्दर्य ज्वाला में जलकर भस्म होने लगे। उनकी चीखों को सुनने में असमर्थ मैं मन्दिर में भागा और अपने सोमनाथ के लिंग पर अपने सिर को दे मारा। मुझे वहीं प्राण छोड़ने की इच्छा हुई, परन्तु बापा ने मुझे वचन से बाँध दिया था। तुझसे और तेरे बाप से मुझे सारी बात कहनी थी। दयानिधि, उसी क्षण मुझे क्यों न उठा लिया?' नन्दिदत्त चबूतरे पर सिर पटककर रोने लगा।

"कुछ देर में स्वस्थ होने पर नन्दिदत्त ने बात आगे चलाई, 'भाई, फिर मैं गढ़ पर वापस आ गया और नीचे देखा तो सात घड़ी में तो घोघाबापा के वीरों का नामोनिशान भी नहीं रहा था। एक-एक वीर कल्पनातीत पराक्रम दिखाकर शम्भु

की शरण गया था और यवनों की एक टुकड़ी गढ़ पर चढ़ने की तैयारी कर रही थी।

"मुझे लगा कि मेरा भी समय आ गया। फिर मुझे अपने गढ़ की उस कोठरी की याद आई, जिसमें से बाहर निकलकर भाग जाने का रास्ता है और मैं उसमें जा घुसा। यवन नाचते-कूदते, 'अल्ला हो अकबर' पुकारते आए। उनका ख्याल था कि अन्दर से कोई बचाव करेगा, लेकिन द्वार खुले थे। वे इस डर से कि कहीं छिपे हुए सैनिक बाण न छोड़ दें, धीमे-धीमे आए, लेकिन गढ़ की निर्जन गलियों को देखकर आश्चर्य में पड़ गए। वे पुकार लगाते चारों दिशाओं में फैल गए और मन्दिर के चौक में घुसे। मैंने छेद में से देखा कि उन्होंने जलती चिता देखी, छह सौ वीरांगनाओं के शव देखे और वे मुट्ठी बाँधकर भागे। लेकिन दो आदमी नहीं डरे। वे मन्दिर में घुसे, एक ने शिखर पर चढ़कर ध्वजा तोड़ी, दूसरे नराधम ने मेरे देव का लिंग तोड़ा। भगवान, भगवान! यह देखने के लिए मुझे क्यों बचाया?" और फिर राजगुरु रो पड़े।

"फिर वे चले। सर्पाकार सेना भी निकल गई। काँपता, बिलखता, केवल कर्तव्य के लिए प्राणों को सँभालता मैं बाहर निकला। भाई, अपना घोघागढ़, मेरे घोघाबापा का कीर्तिस्तम्भ श्मशान बन गया था। जो प्राणों के समान था वह भस्म हो गया था, लेकिन—लेकिन,' नन्दिदत्त का कंठ रुँधने लगा, 'लेकिन मुझे अपने बापा का दाह-संस्कार करना था। भगवान के लिए मरने का अधिकार उनका, मरनेवाले को मोक्ष देने का अधिकार मेरा। धीमे-धीमे लड़खड़ाते पैरों से मैं गढ़ से उतरा। गिद्ध गढ़ पर चक्कर लगाते थे और नीचे रेगिस्तान में पड़े हुए शवों पर गिद्धों के झुंड टूट रहे थे। मैं जैसे-तैसे नीचे गया। मेरे राजपूत वीरों ने हद कर दी थी; हरेक ने मरने से पहले पाँच-पाँच वैरी मारे थे। बड़ी मुश्किल से मैंने घोघाबापा के शव को ढूँढ़कर निकाला और किसी तरह मैं उसे सबसे दूर लाया। फिर लौटकर गढ़ पर आया और चन्दन-काष्ठ लेकर नीचे उतरा। और भाई, मैंने घोघाबापा का दाह-संस्कार किया। फिर वहाँ मैं अधिक न ठहर सका, मेरा शरीर जल रहा था और मेरी जीभ सूख रही थी। दो दिन में गिद्धों ने कितने ही शव नोच डाले थे और उनमें से दुर्गन्ध निकल रही थी।

"इस भयंकर प्रेतलोक में मैं ही अकेला जीवित व्यक्ति था। और मुझे मरना था नहीं। मैं वहाँ से भागा। रास्ते में दो-चार भागकर आते हुए बटोहियों ने मुझे गरीब ब्राह्मण जानकर दया की और मुझे भम्भरिया ले आए।"

"और यवन-सेना?" सामन्त ने पूछा।

"यवन-सेना भम्भरिया की ओर न आकर सीधी सपादलक्ष की ओर चली गई। यहाँ थोड़े-से यवन आए जान पड़े, नहीं तो देव को कौन तोड़ता? अन्त में मैं वहीं रहा; तुममें से कोई यहाँ आएगा, इसका मुझे विश्वास था।"

"इसका अर्थ है कि घोघाबापा के कुल में अब..." सामन्त ने सिसकी भरकर कहा।

"तू, मेरे बेटे, और तेरा बाप–"

"शम्भु जाने उनको क्या हुआ?"

और दोनों एक-दूसरे से मिलकर दहाड़ मारकर रो पड़े।

सामन्त रात-भर मन्दिर के आगे घूमता रहा। उसका पितृ-प्रेम, उसका शोक, क्रोध और बदला लेने का जोश इकट्ठे होकर उसकी आत्मा को हलाहल पिला रहे थे। दुःख में डूबे इस एकाकी वीर पर सोमनाथ ने कृपा की। उमंगों का अनुभव करनेवाली उसकी शान्ति नष्ट हो गई। साथ ही उसका बालकपन भी जाता रहा। जब सवेरा हुआ तब वह प्रेत के समान शुष्क, निर्निमेष और उन्मत्त नयनों से पृथ्वी की ओर देख रहा था।

"बेटा," नन्दिदत्त ने आकर कहा, "अब क्या सोचता है?"

"मैं!" क्रूर और रसहीन हँसी हँसते हुए इस सहसा वृद्ध हो जानेवाले बालक ने कहा, "मैं क्या सोचूँगा? मैं अपने पिता की खोज में जाता हूँ और आप?"

"तू ले चले तो तेरे साथ मैं भी चलूँ। तू मिल गया तो मेरा जीना सार्थक हो गया। अब तो यदि शरीर रहा तो प्रभास जाकर सोमनाथ के चरणों में प्राण-त्याग करना है।"

"तो चलो हमारे मार्ग समान ही हैं। सोमनाथ जाने से पहले तो अमीर मिलेगा। वह नहीं या मैं नहीं।"

और दो घड़ी ठहरकर सामन्त नन्दिदत्त को लेकर भम्भरिया से बाप और यवन-सेना की खोज में चला, लेकिन जिस रास्ते से आया था उससे नहीं। उसके पिता ने कहा था कि वह रणथम्भी माता के मन्दिर से सीधा रेगिस्तान में होकर भम्भरिया आएँगे, इसलिए उसने उसी रास्ते पर खोजने का निश्चय किया। नन्दिदत्त ने भी समर्थन किया। जब वह बालक था तब घोघाबापा उसके पिता को लेकर इस रास्ते से सोमनाथ का लिंग लेकर आए थे। जब रास्ता था तो सज्जन चौहान क्यों नहीं आए? दोनों की कल्पनाओं के सामने एक ही भयंकर उत्तर उपस्थित हुआ।

आठवाँ प्रकरण

पिता और पुत्र का मिलन

[1]

अमीर महमूद की सेना सज्जन चौहान के पीछे-पीछे पश्चिम की ओर चलने लगी, एक दिन चली, दूसरे दिन चली, तीसरे दिन चली। चौथे दिन सेना के चरवाहों ने शोर मचाया—यह यात्रा की दिशा नहीं है, इस रास्ते से जाने में ऐसा भयंकर रेगिस्तान पड़ता है, जिसमें आज तक किसी को जाते हुए नहीं सुना। बात उड़ते-उड़ते सालार मसूद के पास पहुँची तो उसने सज्जन को धमकाया। सज्जन टस-से-मस नहीं हुआ। उसने कहा कि यही रास्ता है, चलना हो तो चलो, नहीं अपने रास्ते जाओ। उसकी दृढ़ता से मसूद को फिर विश्वास हो गया।

पाँचवें दिन सूर्य तपने लगा, घोड़े मृतप्राय हो गए। मनुष्य त्राहि-त्राहि करने लगे। सर्वत्र असन्तोष व्याप्त हो गया और सुलतान के कान तक पहुँचा। सज्जन को उसके आगे खड़ा किया गया, लेकिन वह टस-से-मस नहीं हुआ। उसके चतुर पथ-प्रदर्शकों को अपने पास बुलवाया। उन्होंने अनेक रास्तों की बातें कीं और उसकी परीक्षा ली, परन्तु उनको यह स्वीकार करना पड़ा कि रास्तों की जितनी जानकारी सज्जन को थी उतनी उनको भी नहीं थी।

परन्तु छठे दिन सबकी श्रद्धा घट गई। ऊँटनियों ने आगे जाने से इनकार कर दिया। सेना के पथ-प्रदर्शकों की चढ़ बनी। वे कहते न थे कि आगे तो आँधी का प्रदेश आएगा। सेना में खलबली शुरू हुई। चरवाहों की बातें चारों ओर फैलीं। उत्तर के सैनिकों ने आगे बढ़ने से इनकार कर दिया। बलवा होने की तैयारी हुई।

पदमड़ी को पकड़कर सज्जन स्वस्थ और अडिग खड़ा था। इसी रास्ते पर अनहिलवाड़ है। लेकिन उस पर से सबकी श्रद्धा उठने लगी थी। अकेला सालार मसूद ही श्रद्धावान् था। सायंकालीन वायु बहने लगी और रेत उड़ना शुरू हुआ।

हाथी बैठकर हाँपने लगे। तेज घोड़े तड़पने लगे। ऊँटनियाँ पीछे लौटने लगीं। आदमी पानी-पानी चिल्लाने लगे।

सुलतान ने सेना को रोककर मसूद को हुक्म दिया कि वह सज्जन और कुछ अन्य पथ-प्रदर्शकों को लेकर एक दिन की मंजिल आगे जाए, बाकी सेना तीन टुकड़ियों में कुछ अन्तर से आगे बढ़े और जो निर्बल हों वे घोड़े और हाथियों के साथ अन्तिम टुकड़ी में सबसे पीछे आएँ। यह हुक्म सज्जन को अच्छा नहीं लगा, परन्तु और कोई चारा न था। वह पश्चिम की ओर घिरते बादलों को देखकर प्रार्थना करने लगा, "भगवान रुद्र! आपकी आँधियाँ कहाँ चली गईं? किसलिए विलम्ब कर रहे हो?"

सज्जन सालार मसूद के साथ चलने लगा, लेकिन वह घड़ी-दो घड़ी भी आगे नहीं गया था कि रेत के बवंडर उठने लगे। एक-दो बार तो वे ऊँटनी को रोककर जैसे-तैसे लपेट में आने से बचे। पथ-प्रदर्शकों की बात सच जान पड़ी। सामन्त अडिग था, पर मसूद विचलित होने लगा।

पदमड़ी बहू समझ गई थी। सभी ऊँटनियाँ आगे जाने में घबरातीं, परन्तु वह तो झूमती हुई आगे-ही-आगे दिखाई देती थी। सज्जन दूसरे पथ-प्रदर्शकों को कायर बताता और कहता, "जब मेरी ऊँटनी चल रही है तब तुम्हारी ऊँटनियों के पेट में क्या दर्द होता है?"

लेकिन पश्चिम दिशा में अधिकाधिक रेत उड़ता दिखाई दिया। मसूद गरदन निकालकर सज्जन की ओर देखने लगा, परन्तु वह तो त्यों-का-त्यों था–स्वस्थ और हँसमुख।

"वह क्या?" मसूद चिल्लाया।

"यह तूफान अभी खत्म हो जाएगा।"

हवा गरम होने लगी, रेत के चक्कर खाते स्तम्भ वायुवेग से दौड़ते हुए दिखाई दिए।

"ओ शैतान, तू कौन है?" मसूद ने तलवार खींचकर पूछा। वह इस पथ-प्रदर्शक की चालाकी को समझ गया।

"कौन हूँ?" सज्जन ने खिलखिलाकर हँसते हुए कहा, "मैं, म्लेच्छ, मैं तो घोघाराणा का लड़का हूँ, इस रेगिस्तान का स्वामी। और देख, यह मेरे सोमनाथ का तीसरा नेत्र खुला।" उसने आती हुई आँधी की ओर गर्व से हाथ किया और उसका भयंकर हास्य गरजने लगा।

मसूद को उसके ऊँटवाले ने इसका अर्थ समझाया। लेकिन अपनी ऊँटनी की अधीरता के आगे उसका क्रोध किसी काम का न था। वह पूँछ उठाकर भागी और दूसरे पथ-प्रदर्शकों की ऊँटनियाँ भी चारों पैरों से उछलती हुई साथ देने लगीं।

पदमड़ी आती हुई आँधी के सामने मुँह करके खड़ी रही। सज्जन की इच्छा थी कि वहाँ से तनिक भी न खिसके। सज्जन दूर भागनेवाली ऊँटनियों को बड़ी तिरस्कार की दृष्टि से देख रहा था। अब क्या किया जाए? दोनों ओर मृत्यु थी–मसूद के साथ जाने पर उसके हाथ से, आँधी के सामने जाने पर उससे दबकर। इतने में पदमड़ी ने भयंकर चीख मारकर उसे चेताया। आँधी पाँच सौ हाथ दूर थी और कुछ ही क्षण में उसे निगल जानेवाली थी। पदमड़ी उसकी आज्ञा लेने के लिए अधीर होकर नाच रही थी।

यह ऐसा भयंकर समय था, जिसमें उसकी कल्पना ने कितने ही चित्र खड़े किए। उसने देखा घोघाराणा–नब्बे वर्ष में भी सोटे के समान कड़ा, हर्षित नेत्रों से पुत्र की बहादुरी को देखता हुआ; देखी अपनी बाट जोहती हुई वीरांगना; देखा प्राणों से भी प्यारा सामन्त, रास्ते में बिना उसके रोता, बाप की गोद में छिपने के लिए तरसता; और फिर देखा उसके ऊपर श्रद्धा रखकर सोमनाथ के मन्दिर में बैठे हुए गंग सर्वज्ञ को–और उसकी आँखों के आगे भगवान सोमनाथ, उसके– कुलदेवता का वह भव्य मन्दिर भी आया, जिसकी रक्षा के लिए उसने सर्वस्व समर्पण किया था।

और उस समय उसका हृदय गर्व से फूल उठा। जो किसी ने नहीं किया था वह उस अकेले ने किया था। उसने यवन-सेना का संहार किया था। जब घोघाराणा यह जानेंगे तो उसके पैरों की पूजा होने लगेगी। जब तक आकाश में सूर्य तपेगा तब तक, युग-युग तक, जहाँ कहीं भी वीरता की पूजा होगी वहाँ पराक्रम का वर्णन किया जाएगा तो उसका–चौहान शिरोमणि सज्जन का–जिसने अकेले ही यवनों से सोमनाथ के मन्दिर को बचा लिया।

आँधी का तेज उसे अन्धा बनाने लगा। पदमड़ी अधीर हो रही थी–क्या यहीं खड़े रहकर मरना है? और उसकी आँखों ने देखा लम्बी दाढ़ी और हरी पागवाला विकराल अमीर, आँधी में दबती और रेगिस्तान में तड़पती यवन-सेना और सेना के असंख्य शवों पर चक्कर लगाता गिद्धों का झुंड।

वह हँसा और नीचे झुककर पदमड़ी की गरदन से लिपट गया और उससे मिलकर प्रेम से उसका चुम्बन लिया। "पदमड़ी," उसने प्रेम से कहा, "बहू, लौट पीछे, मेरी लाडली, भगवान सोमनाथ की, त्रिभुवन के स्वामी की बन तू तीसरी आँख।" कहकर वह ऊँटनी को लौटाकर वायुवेग से आँधी के सामने चल दिया।

मसूद और पथ-प्रदर्शक जान लेकर भाग रहे थे, रास्ते में दो ऊँटनियाँ फिसलकर गिर पड़ीं और उन पर बैठे हुए पथ-प्रदर्शक पीछे रह गए। मसूद को पीछे जाने की तनिक भी इच्छा न थी। उसे तो जाकर सेना को पीछे भागने की आज्ञा देनी थी। उसने सेना के पिछले भाग को आते देखा। उसने इसकी आज्ञा

सुनी और सब जितना हो सका उतनी जल्दी भागने लगे।

मसूद नई और ताजी ऊँटनी पर बैठकर आगे बढ़ा और थोड़ी दूर आगे चलकर दूसरे भाग को पीछे लौटने की सूचना दी। उसके साथ सुलतान स्वयं था। उसे उसने पाँच पल में सब बात समझा दी। जान लेकर भागने के सिवाय दूसरा रास्ता न था। उस महान् विजेता ने क्षण-भर में ही भयंकर प्रसंग में निहित खतरे का विचार किया। उसने तुरन्त ऊँटनी को हाँका, साथ में बड़े-बड़े सरदार लिये, डंका और निशान लिये और सेना की व्यवस्था करने के लिए चारों ओर घूमने लगा। जहाँ उसका निशान दिखाई देता, वहाँ हिम्मत लौट आती थी। दूसरा भाग बड़ी मेहनत से कुछ व्यवस्था करके तेजी से पीछे लौटने लगा।

हुक्म दिया गया कि तीसरे भाग को भी व्यवस्था के साथ पीछे लौटाया जाए। इस हुक्म को अमल में लाने के लिए दो सालार शीघ्र रवाना हो गए।

पहले भाग में भगदड़ मच गई थी, इसलिए सुलतान मसूद आदि वहाँ गए। उस आज्ञा को सुनने का अवकाश तक किसी को न था। पश्चिम के क्षितिज से रेत के चमकते बगूले भयंकर वेग से आगे बढ़ते चले आ रहे थे। सुलतान ने आती हुई आँधी को देखा और जब उसे यह पता चल गया कि इसकी व्यवस्था असम्भव है तो वह दूसरे भाग की ओर पीछे लौट पड़ा। अब पहला भाग सेना नहीं थी वरन् भागते, मरते, हाँपते आदमियों और जानवरों का समूह-मात्र। गरम हवा चलने लगी थी। जगह-जगह बवंडर उठ रहे थे। और पीछे देखते तो...

सब प्राणों की रक्षा करना भूलकर टकटकी लगाए पश्चिम की ओर देख रहे थे।

तेजोमय रजकणों के चकाचौंध पैदा करनेवाले प्रकाश में, स्वर्णमयी ऊँटनी पर जाज्वल्यमान उग्र सूर्यनारायण प्रलय करने के लिए आगे आते दिखाई दिए। चक्कर खाते हुए अग्नि-स्फुलिंगों की बढ़ती हुई निस्सीम स्तम्भावलियों के आगे आँधी की वेगरूपी ऊँटनी पर लम्बे-खुले बालों और चमकती तलवार से भयंकर बने वे चले आ रहे थे। उनकी आँखों से अग्नि की ज्वालाएँ निकल रही थीं; उनके मुख पर खेलता हुआ भयंकर हास्य यवन-सेना की शक्ति की विडम्बना कर रहा था।

भागते हुए सैनिकों ने यह भयंकर प्रतापी मूर्ति देखी और जो हिन्दू थे, उनके मुँह से एक ही आवाज निकली, ''सूरज बापा,'' जो मुस्लिम थे उनके कंठ से भी एक ही आवाज निकली, ''शैतान!'' और सब भागने की हिम्मत छोड़कर औंधे मुँह रेगिस्तान में गिर पड़े—हिन्दू क्षमा-प्रार्थना करते हुए, मुस्लिम 'अल्ला हो अकबर' की शरण खोजते हुए। आँधी के अधिष्ठाता देव, विजयहास्य से इस घबराहट को देखते हुए और भी आगे आए।

पदमड़ी ऐसी दौड़ रही थी जैसी कि वह कभी नहीं दौड़ी थी। उसके पगों में विद्युत की गति थी। वह भी समझती थी कि आज वह पार्थिव नहीं थी, दैवी थी।

इस प्रकार सूर्यदेवता ऊँटनी पर चढ़े आगे आ रहे थे। पीछे से जलते हुए रेत के कणों के गोले भयंकर सरसराहट करते बढ़ रहे थे और प्रचंड घोषणा सुनाई देती थी, "जय सोमनाथ!"

वे आगे बढ़े—वहाँ, जहाँ हजारों सैनिक औंधे मुँह पड़े हुए थे। पंखवाली पदमड़ी बहू चामुंडा के व्याघ्र से भी विकराल उस देव-विनाशिनी सेना के ऊपर चढ़ी आ रही थी और अपने पैरों से खोपड़ियों का चूरा करती जा रही थी। वह आगे बढ़ी जाती और पीछे तप्त रेती के बगूले उनको जलाते निकल जाते, उनसे लिपट जाते, उन्हें ढक देते। उसे आँधी की सरसराहट से भी अधिक सज्जन की गर्जन सुनाई देती, "जय सोमनाथ!"

एक रेत के टीले पर खड़े होकर सुलतान महमूद ने आँधी पर चढ़कर आते हुए इस राजपूत को देखा।

"यह कौन? क्या शैतान है?" सुलतान महमूद ने पूछा।

"नहीं, यह तो घोघाराणा का लड़का है।"

"क्या?" कहकर वीरश्रेष्ठ गज़नी का अमीर मुग्ध हो गया। उसने कम्पित काया और भयग्रस्त हृदय से अपनी सेना के एक भाग को आँधी में अदृष्ट होते देखा, उसने एक आह भरी, "अल्लाह की मेहरबानी है कि तीन भाग किए, दो तो बच गए।" कहकर उसने ऊँटनी से उतरकर पश्चिम की ओर मुँह करके घुटने टेककर अल्लाह और पैगम्बर का आभार माना।

आँधी क्षण-भर में सेना के एक भाग को दबाकर, निष्प्राण बनाकर टीले के आगे रुक गई। जब रुके तब सबके ऊपर चार-चार हाथ रेत का ढेर पड़ा था और उसमें सज्जन और पदमड़ी बहू ने एक-दूसरे की गरदन से लिपटकर अनन्त शान्ति पाई थी।

[2]

सुलतान की प्रतिभा द्वारा शेष सेना जैसे-तैसे कुछ व्यवस्थित रही। दिवस में कुछ ही योजन चलना, खाने-पीने में कमी करना, सारे दिन प्रार्थनाएँ करना, भयंकर खुरासानी सवारों की सहायता से असन्तोषियों को डराना आदि उपायों से सेना छिन्न-भिन्न होने से बच गई। ऐसे कठिनाई के समय में सुलतान का वास्तविक व्यक्तित्व प्रदीप्त हो उठता था। वह किसी भी वस्तु से हताश नहीं होता था; किसी

भी प्रकार की निराशा से उसकी आत्मश्रद्धा कम नहीं होती थी; किसी भी प्रकार की सम्पत्ति से उसके लक्ष्य में परिवर्तन नहीं होता था। रात-दिन ऊँट पर, घोड़े पर या पैदल वह सेना में चक्कर लगाता रहता था और किसी को मजाक से, किसी को उग्रता से तो किसी को धार्मिक प्रेरणा से उत्तेजित करता रहता था। वह जहाँ जाता वहीं अनाथ सनाथ हो जाते और अशक्तों में शक्ति आ जाती। मात्र हिन्दू सैनिकों में उत्साह नहीं था।

'जहाँ सूर्य नारायण रण चढ़ें वहाँ मनुष्य क्या कर सकता है?' ऐसा प्रश्न वे अपने से पूछते और निराशा से गरदन हिलाते। कुछ लूट के लोभ से, कुछ अपने निर्वीर्य राजाओं की आज्ञा से इस आक्रमण में सम्मिलित हुए थे, लेकिन आज उन्हें पता चला था कि वे मनुष्य से लड़ने नहीं जा रहे थे वरन् अपने देव के विरुद्ध लड़ने को तैयार हुए थे। उन्हें अपने धर्म का भान होने लगा, उनका असन्तोष बढ़ गया और उनकी घबराहट की सीमा न रही।

दूसरे दिन सवेरे सुलतान के तम्बू में मुख्य-मुख्य सरदारों की बैठक हुई। हरेक को कुछ-न-कुछ फरियाद करनी थी। हाथी चल नहीं सकते, घोड़े मृतप्राय हो गए हैं, पानी और चारा चुकने लगा है, हिन्दू हिम्मत हार बैठे हैं, मुस्लिम निरुत्साह हो गए हैं, पथ-प्रदर्शकों को रास्ता नहीं सूझता, पीछे राजपूत सेना प्रतीक्षा कर रही है—ऐसी-ऐसी अनेक फरियादें सुलतान ने तकिया पर पड़े-पड़े, मोटी भौंहों के नीचे की तीक्ष्ण दृष्टि से सबकी थाह लेते हुए सुनीं। अकेला मसूद ही उत्साह से उछलता हुआ बैठा था और हरेक बात का कुरान से दृष्टान्त देकर जवाब दे रहा था। इतने में बाहर से खबर आई कि दो आदमी मुलतान के मुखिया का सन्देश लेकर आए हैं। यह खबर सुनते ही सबके मुख पर अलग-अलग भाव छा गए। जो आशावान थे वे हर्षित हुए और जो हताश थे उन्होंने लम्बी आह भरी। सुलतान ने बैठकर आज्ञा दी, "उनको अन्दर लाओ।" मसूद सोत्साह उठा और नवागन्तुकों को बुलाने गया। सब चुपचाप नई खबर की राह देखते हुए दरवाजे की ओर देखने लगे।

थोड़ी देर में मसूद सामन्त और नन्दिदत्त को ले आया। ये दोनों रेगिस्तान में गुजरात का संक्षिप्त रास्ता खोजते और सुलतान का सुराग लगाते इस जगह आ निकले और उन्होंने यवन-सेना का पड़ाव देखा। नन्दिदत्त ने सामन्त से भाग जाने का संकेत किया, परन्तु उसने भयंकर दृढ़ता से इस सम्मति की अवहेलना की और उसने सीधे पड़ाव की ओर आकर स्वयं सुलतान से मिलने की इच्छा प्रकट की। पहले तो चौकीदार चौंके क्योंकि उन्होंने कभी यह नहीं सुना था कि भटकते हुए हिन्दू बटोहियों ने सुलतान से मिलने की इच्छा प्रकट की हो। अन्त में सामन्त ने कहा कि वह स्वयं झालोर से मुलतान के मुखिया का सन्देश लेकर आया है।

इस बात को चौकीदारों ने नायक से कहा, नायक ने अपने ऊपरवाले हाकिम से कहा और इस प्रकार अधिकारियों की परम्परा द्वारा वह इस समय यहाँ उपस्थित था।

इक्कीस वर्ष का सामन्त इस समय भयंकर दिखाई दे रहा था। उसकी आँखें स्थिर और उन्मादिनी हो गई थीं। मुख की सुकुमारता अदृश्य हो गई थी और उस पर दुःख की अनाकर्षक रेखाएँ पड़ गई थीं। थोड़े दिन के हृदय-मन्थन द्वारा उसने जो विष निकाला था वह उसकी दृष्टि में उसके मुख पर और उसकी आवाज में व्याप्त था। उसकी जीभ भाग्य से ही कभी खुलती और वह भी वाक्यबाण छोड़ने के लिए ही। उसके पीछे वृद्ध नन्दिदत्त मन्द स्वर से शिव-कवच का पाठ करता, नीची निगाह किए चला आता था। उसने सामन्त से अलग न होने का संकल्प कर लिया था।

वह आया तो सब ध्यानपूर्वक खबर सुनने के लिए सीधे होकर बैठ गए। सुलतान ने भारी आवाज में हुक्म दिया, "मसूद, इसे यहाँ ला। तिलक, इससे सवाल पूछ, कहाँ से आया है?" तिलक उठकर आगे आया। फिर सुलतान द्वारा पूछे गए सवालों और सामन्त द्वारा दिए गए जवाबों का उल्था करता गया।

"तू कहाँ से आया है?"

"झालोर और मारवाड़ के रास्ते पर से।"

"किसने भेजा है?"

"मुलतान के मुखिया ने?"

"क्या सन्देश लाया है?"

"मुझे कहा गया है कि वह सन्देश मैं केवल अमीर से ही कहूँ," सामन्त ने सुलतान पर एकाग्र और स्वस्थ दृष्टि डालते हुए कहा।

"मुखिया कहाँ है?" तिलक ने पूछा।

"इन सबके सामने बताऊँ?"

"हाँ, जहाँपनाह का फरमान है।"

"मुखिया इस संसार को छोड़कर चला गया।"

"क्या?" एक नहीं अनेक सरदार मर्यादा छोड़कर बोल पड़े। सुलतान कुछ आगे आया और उसने क्षुब्ध स्वर में पूछा, "कहाँ? कब? किसके हाथ से?"

"वह मरा झालोर के रास्ते में। आज बीस दिन हो गए। हिन्दू योद्धाओं के हाथों से," सामन्त ने संक्षेप में उत्तर दिया।

"इसका क्या प्रमाण है कि तू सच कहता है?"

सामन्त ने म्यान में से मुखिया की हीरा-जड़ी कटार निकालकर पास खड़े मसूद को पकड़ा दी। "यह रही उसकी कटार, यही मेरा प्रमाण है," उसने कहा।

मसूद नीचे झुका तथा तिलक के पास आया और दोनों कटार की जाँच करने बैठे। दोनों ने एक साथ फैसला किया और कहा, "जहाँपनाह, यह उसी का खंजर है और यह वही है, जिसे आपने उसे उपहार में दिया था।" सुलतान स्तब्ध हो गया और सब चित्रवत् बनकर, स्वस्थ और निडर सामन्त का मुख देखने लगे। बहुत देर तक कोई भी नहीं बोला।

"तू किस जाति का है?" सुलतान के कहने से तिलक ने पूछा।

"राजपूत।"

"मुखिया ने कटार देते समय क्या सन्देश कहा था?"

"कहूँ? अभी? इन सबके सामने?"

"हाँ, हाँ, हाँ," सुलतान ने अकड़कर कहा, "बोल!"

सामन्त ने सुलतान के ऊपर अपनी निश्चल आँखें ठहराकर धीमी प्रहारक ध्वनि में कहा, "आपने मुखिया को झालोर और मारवाड़ को रिश्वत देने भेजा था।"

बैठे हुए सब लोग यह देखने के लिए बेचैन थे कि इस धृष्ट युवक की वाणी सुनकर सुलतान पर क्या प्रभाव पड़ता है। सामन्त तो बहुत दिन पहले से भय और क्षोभ के उस पार—जहाँ मृत्यु का डर न था वहाँ—पहुँच चुका था।

"फिर?"

"झालोर और मारवाड़ ने रिश्वत लेने से इनकार कर दिया। यही नहीं, वरन् उन दोनों की सेनाएँ गुजरात की सेना के साथ मिलकर आपसे युद्ध करने के लिए तैयार खड़ी हैं।" मन्द स्वर में स्पष्टता के साथ सामन्त ने कहा और उसका प्रति शब्द सबके हृदय में तलवार की नोक की तरह चुभकर रह गया।

सुलतान बेचैन होकर एक कदम आगे बढ़ा। उसने हरेक के मुख पर चारों ओर फैले हुए भय की रेखाएँ देखीं और आँखें मीच लीं।

सामन्त ने स्थिर स्वर में आगे कहा, "मरते समय मुखिया ने मुझसे यह सन्देश देने के लिए कहा था कि यदि प्राण और कीर्ति प्यारी हो तो जहाँ से आए हो वहीं वापस लौट जाओ।"

कुछ देर अपार शान्ति व्याप्त रही। घिरता हुआ भय सबको मूक बनाने लगा। सबसे पहले इस स्थिति से सुलतान जागा और बोल उठा, 'या अल्लाह!' हरेक आदमी मूढ़ बन गया था, सामन्त को छोड़कर। उसने व्यापक दृष्टि से सबके क्षोभ को देखा और पलक मारते-मारते उसने हाथ में रखा हुआ खंजर म्यान से निकाला और कोई कुछ सोचे, इसके पहले ही उसने छलाँग मारी। वह दिङ्मूढ़ मसूद और तिलक को छोड़कर सुलतान पर टूटा। खंजर चमका, सुलतान के गले में लगा और सब लोग हाहाकार करते हुए खड़े हो गए।

सुलतान खड़ा हो गया। उसने अपने दाएँ हाथ से सामन्त की दाईं कलाई को एक प्रकार पकड़ रखा था कि खंजर की नोक उसकी गरदन पर रखी होने पर भी भीतर नहीं घुस पाई थी। उसने सामन्त को अपनी बाईं भुजा से इस प्रकार उठा लिया जैसे कोई छोटे बच्चे को उठा लेता है और उसे उठाकर जमीन पर दे मारा। उसका प्रचंड डीलडौल दबाए हुए सामन्त, हाहाकार करते सरदारों और तलवार लेकर पास आते मित्रों के बीच सबसे ऊँचा और दीप्तिमान होने के कारण सबका ध्यान खींच रहा था। उसके चेहरे पर लालिमा आ गई और अट्टहास के साथ उसने कहा, ''महमूद को मारना आसान नहीं है। अल्ला हो अकबर!'' और उसने दोनों हाथों के जोर से सामन्त को ऐसा दबाया कि उसका हाथ मुड़ गया और उसमें से खंजर गिर पड़ा। फिर दोनों हाथों से सामन्त को ऊपर उठाकर सुलतान ने हँसते-हँसते दूर फेंक दिया। क्षणभर में ही सुलतान ने अपनी सर्वश्रेष्ठता सिद्ध कर दी थी और कुछ देर पहले जो हृदय भग्नांश हो गए थे वे अब उसके प्रति श्रद्धा से भर उठे।

सामन्त गिरते ही उठने लगा, परन्तु अनेक खून की प्यासी तलवारें उसकी ओर घूरने लगीं।

''खबरदार, सुलतान ने आज्ञा दी, तलवारें म्यान में करो।'' आज्ञा का तुरन्त पालन हुआ और सामन्त खड़ा हुआ–बिना तनिक भी डरे हुए, समस्त सभा को अपनी स्वस्थता से प्रशंसामुग्ध बनाता हुआ। उसने सुलतान की ओर क्रोधाभिभूत निर्निमेष नेत्रों से देखा, सुलतान भी उसकी ओर प्रशंसा-मुग्ध नेत्रों से देख रहा था।

''कोई इसे मारना मत, अल्लाह अपने बन्दों की सदैव रक्षा करता है।'' सुलतान ने कहा।

''जहाँपनाह,'' तिलक ने कपाल ठोककर कहा, ''मुझे अभी-अभी ध्यान आया है। यह ब्राह्मण तो घोघाराणा का राजगुरु है। मैं बड़ी देर से सोच रहा था कि मैंने इसे कहीं देखा है। जब मैं घोघागढ़ में पहली बार गया था तब मैंने इसे देखा था।''

नन्दिदत्त ने गरदन ऊपर उठाई। उसने तिलक को कभी का पहचान लिया था। ''घोघाराणा!'' मसूद ने दंग होकर पूछा, ''उसके एक लड़के ने तो परसों हमारे हजारों आदमियों को मार डाला।''

इस विदेशी भाषा में कही हुई बात को सामन्त ने नहीं समझा, परन्तु घोघाराणा का नाम और तिलक द्वारा नन्दिदत्त के विषय में कही हुई बात सुनकर उसकी समझ में कुछ-कुछ आ गया। ''घोघाराणा!'' उसने गर्वपूर्ण स्वर में कहा, ''हाँ, मैं उनका प्रपौत्र! अपनी तलवार चला; मुझे भी मेरे पितरों में भेज दे।'' जो सामन्त की भाषा समझते थे वे गर्वपूर्ण वचन सुनकर और उसके निश्चल, सुन्दर और जोश-भरे रूप को देखकर मुग्ध हो गए। मसूद होंठ दबाए तलवार की मूठ

पर हाथ रखे सुलतान से सामन्त को कत्ल करने की आज्ञा माँगने लगा। तिलक ने सामन्त के शब्दों को सुलतान को समझाया।

सुलतान ने जन्म से वीरता की भूमि पर जो नायक-पद प्राप्त किया था वह कुछ वैसे ही नहीं प्राप्त किया था। संकट के समय की परीक्षा करने, हृदय को वश में करने और महान प्रसंगों पर महान बनने की कला उसके लिए सहज-साध्य थी। वह हँसते हुए मुख और प्रशंसा-भीने नेत्रों से आगे आया, एक हाथ से मसूद और तिलक को पीछे हटाया और दाएँ हाथ को सामन्त के कन्धे पर रखकर उसकी ओर देखने लगा।

फिर अब अवाक् होकर देखने लगे।

"तिलक, इस घोघाराणा के वंशज से कह कि घोघाराणा के कुल ने अपने शौर्य से अबुल कासिम महमूद की कीर्ति को भी फीका कर दिया है। घोघाराणा ने मेरे मित्रता का सम्बन्ध स्थापित करने की इच्छा प्रकट करने पर भी मेरे हज़ारों आदमियों को काट डाला। परसों घोघाराणा के लड़के ने आँधी के वेग से चढ़ाई करके मेरी समस्त सेना को अस्तव्यस्त कर डाला और आज तूने अद्‌भुत साहस से मेरे प्राण लेने का प्रयत्न किया।"

तिलक ने इसका अनुवाद किया और सामन्त ने उत्सुकता से पूछा, "घोघाराणा का लड़का! कहाँ है? कहाँ है? यह तो मेरे पिता–" और जो अब तक अपने को सँभाले था उसके कंठ से स्नेह और वेदना से परिपूर्ण करुण स्वर निकलने लगा। "तिलक, इससे कह," सुलतान ने जवाब दिया, "कि ऐसा वीर सुलतान महमूद ने अपनी सारी उम्र में नहीं देखा। वह अकेला हमें रेगिस्तान में भटकाकर ले गया और आज मेरे दस हजार मृत योद्धाओं के बीच प्रतिकार के देवता के समान दृढ़ खड़ा हुआ है।"

"धन्य है, धन्य है!" नन्दिदत्त बड़बड़ाया और उसकी आँख से एक हर्ष और एक गर्व का बिन्दु गिर पड़ा।

"मेरे दादा को मारा, मेरे कुल को मारा, मेरे पिता को मारा," सामन्त ने स्वस्थता से पूछा, "मुझे कब मारना है?"

महमूद जैसा शूर है वैसे ही शूरों की कद्र भी करता है। "जा, मैं तुझे छोड़ता हूँ। लेकिन छोकरे, अल्लाह तो मेरी तरफ है।"

इन शब्दों का अनुवाद सुनते ही घोघाराणा के वंशज की आँखों में क्रोध उतर आया। उसने उग्रता से कहा, "अमीर, जब तक विश्वसंहारक मेरा देवाधिदेव बैठा है तब तक तुम्हारा बड़प्पन कैसा?"

जवाब में सुलतान हँसा, "मसूद, इस छोकरे और इस बुड्ढे को ले जा। इसको बढ़िया-से-बढ़िया ऊँटनी दे और दस दिन का खाना तथा चारा-पानी दे और

इसे छोड़ दे ताकि यह जहाँ जाना चाहे वहाँ चला जाए।'' और सरदारों की ओर मुड़कर बोला, ''जब तक मेरा अल्लाह मेरे साथ है तब तक ऐसे बहादुर दुश्मनों की तो मैं रोज लगन लगाता रहता हूँ।''

और एक भव्य अभिनय से अपने दुर्जेय गौरव को सिद्ध करके उसने मसूद से कड़ाई के साथ कहा, ''मसूद, इसका बाल भी बाँका करनेवाले का सिर धड़ से अलग कर देना।''

मसूद सामन्त और नन्दिदत्त को बाहर ले आया और सुलतान सरदारों की ओर मुड़ा। वह ऐसा कच्चा न था कि इतने सुन्दर प्रसंग को खो देता। ''मेरे मित्रो,'' उसने प्रेमपूर्वक सबसे कहा, ''अल्लाह ने मुझे आज फिर से जिन्दगी दे, यह बताया है कि फतह हमेशा हमारी ही होगी। हमारे पीछे रावलखन और उसकी सेना है। यदि इस छोकरे की बात सही है तो आगे झालोर, मारवाड़ और गुजरात की फौज है। तुम्हें जो अच्छी लगे उसी सेना के साथ लड़ लो। मैं तो जहाँ तक जाने की सोच चुका हूँ वहाँ तक जाऊँगा ही–बुतपरस्तों (मूर्तिपूजकों) के देव को तोड़ने। तुममें से कोई भी नहीं आएगा तो भी मैं अकेला ही जाऊँगा। इच्छा हो तो मेरे साथ आओ, न हो तो दूसरे रास्ते चले जाओ। बोलो, क्या चाहते हो?''

अन्तिम घड़ी में वातावरण बदल गया था। इस प्रश्न का उत्तर उस समय एक ही हो सकता था; और उत्साहाधिक्य में सरदारों ने सुलतान के चरण-स्पर्श करके अपना उत्तर दे दिया।

और इस भव्य परिवर्तन को देखकर सुलतान के मुख पर हास्य खेलने लगा।

घोघाबापा का भूत

[1]

दुर्गपाल अरजन चौक में अपनी खाट पर खर्राटे भर रहा था। उसके नकुओं से निकलनेवाली घरघराहट गढ़ के निवासियों को रोज की तरह आज भी उसकी उपस्थिति का ज्ञान करा रही थी। आज आधी रात बीत चुकी थी और नीलमगढ़ के गिने-चुने स्त्री-पुरुष भी सो रहे थे।

नीलमगढ़ के आगे पाटण के स्वामी का राज्य समाप्त होता था। उसके तीनों ओर जंगल था और उसमें आनेवाली वायु रोज रात को ऐसा शब्द करती थी मानो बहुत-से आदमी मिलकर रो रहे हों। अनेक वर्षों से रोज ही रात को इस शब्द के साथ दुर्गपाल अरजन का भयंकर स्वर मिलता रहता था। आज एक ऐसी आवाज सुनाई दी, जो इस स्वर-संवाद को ताल-सी देती जान पड़ी–खड़-खड़...खड़-खड़। सोते हुए दुर्गपाल को भी स्वप्न में वही आवाज सुनाई दी और उसका स्वप्न भंग हो गया। वह अर्द्ध-जाग्रत अवस्था में उस आवाज को सुन रहा था–खड़-खड़–खड़-खड़–खड़-खड़। अजीब-सी बात थी। गढ़ से दो योजन की दूरी पर एक सुन्दर विश्राम-स्थल था, इसलिए रात को उसे छोड़कर कोई भी जंगल के बीच से आने की हिम्मत नहीं करता था। आज यह कौन आ रहा था और वह भी इतनी तेजी से?

दुर्गपाल बैठकर कान देकर सुनने लगा। ऊँटनियाँ आ रही थीं–एक, दो, तीन! भ्रम की बात न थी–आवाज पास आ रही थी। कोई दौड़ती हुई ऊँटनियों पर आ रहा था। दुर्गपाल अपनी तलवार और तीर सँभालने लगा। खड़-खड़–खड़-खड़–खड़-खड़।

दुर्गपाल ने गढ़ पर जाकर रेगिस्तान की ओर देखा। तारों के धुँधले प्रकाश

में साफ दिखाई नहीं देता था, परन्तु आवाज अधिकाधिक स्पष्ट सुनाई देती थी। तीक्ष्ण और अनिमेष नेत्रों से वृद्ध दुर्गपाल अन्धकार को भेदने का प्रयत्न कर रहा था। जंगल में से ऐसी आवाज आ रही थी जैसी श्मशान-भूमि में रोनेवाले आदमियों की आती है। तारे जुगुनुओं की भाँति उड़ते दिखाई दिए। थोड़ी देर में तीन छायाएँ आती हुई दिखाई दीं। दूर से पास आती हुई वे ऐसी लगती थीं मानो वे श्मशान में ऊँटनियों के प्रेत हों। दुर्गपाल काँपा। उसने आवाज देकर अपने आदमियों को उठाया। जब वे अपार्थिव प्रतीत होती ऊँटनियाँ पास आईं तब गढ़ के ऊपर आठ तीरन्दाज निशाना लगाए तैयार अवश्य खड़े थे, पर उनके हाथ काँप रहे थे।

"कौन है?"

"मैं प्रभास पाटण जाता हूँ, जरूरी काम है," एक गहन गम्भीर ध्वनि सुनाई दी।

"क्या नाम है?"

"चौहान हूँ। गढ़ खोलो और नई ऊँटनी दो," बोलनेवाले ने अधिकार से किन्तु अधीरतापूर्ण स्वर में कहा। दुर्गपाल ने तुरन्त दुर्ग के द्वार खोले और एक आदमी पहली ऊँटनी से उतरकर अन्दर आया। दुर्गपाल अकेला होने के कारण घबरा रहा था और उसे अब भी ऊँटनियाँ मात्र छाया-जैसी दिखाई दे रही थीं।

"इस समय जल्दी में क्यों आए?" दुर्गपाल अरजन ने पूछा, लेकिन वह रुका। उसके रोंगटे खड़े हो गए। युवक सूखा-सा था और ऐसा विवर्ण था मानो चिता से उठा हुआ उसका प्रेत हो। उसकी स्थिर और तेजपूर्ण आँखें भयानक थीं।

"तीन अच्छी ऊटनियाँ दो, मुझे प्रभास पाटण जाना है और तुम गढ़ छोड़कर चले जाओ।"

"मैं गढ़ छोड़कर चला जाऊँ? क्या हाथ में चूड़ियाँ पहनी हैं? क्या वह जो गज़नी का अमीर आ रहा है उसकी धाक से?" दुर्गपाल अरजन हँसा।

"दुर्गपाल," युवक ने कहा, "पागल मत बनो। गज़नी का अमीर कौन है, इसका पता है? वह दावानल है। दस दिन में आ जाएगा और सब-कुछ जलाकर भस्म कर देगा। जैसे बने वैसे जल्दी जंगल में भाग जाओ।"

"छोकरे," दुर्गपाल ने तिरस्कार से कहा, "हम लोग दुर्गपाल हैं, तुम्हारे जैसे कायर नहीं हैं।"

युवक हँसा—कर्कशता से, बुरी तरह। दुर्गपाल अरजन को कँपकँपी आ गई। यह मनुष्य है या भूत?

"कायर? मैं?" युवक फिर हँसा। भयंकर आवाज में उसने प्रश्न किया, "घोघाराणा का नाम सुना है?"

दुर्गपाल अरजन घोघाबापा का परम भक्त था। रेगिस्तान के सिरे पर रहनेवाले इस चौकीदार ने उस राजा की अनेक दन्तकथाएँ सुनाते-सुनाते अपना जीवन

बिताया था। वर्षों पहले मूलराज देव के समय में वह उनसे मिला था, इसलिए उनसे घनिष्ठ सम्बन्ध होने का दावा भी करता था। अब तो दुर्गपाल का स्मरण-पट एकदम स्वच्छ हो गया। युवक घोघाबापा का चित्र उस पर ऐसा उतरा जैसा कि पचास वर्ष पहले देखा था।...और वह थर-थर काँपने लगा। यही वह भाल है, यही वे आँखें हैं और यही वे मूँछें हैं। यह घोघाबापा का भूत! घोघाबापा! तुम भी, बापा!" हाथ जोड़कर दुर्गपाल ने कहा, "बापा!"

युवक उसी प्रकार हँसा जैसे परलोकवासी म्लान मुख से हँसता है।

"घोघाबापा मारे गए गज़नी के अमीर के हाथों; और वह चढ़ा आ रहा है चारों ओर प्रलय मचाता हुआ सोमनाथ भगवान को तोड़ने। तुम मर जाओगे पर उसे रोक न सकोगे। जंगल में घुस जाओ और यदि जीते बचो तो पीछे से परेशान करना।"

"बापा, परन्तु तुम कहाँ जाते हो?"

"प्रभास, सोमनाथ की रक्षा करने, चलो, जल्दी करो।"

दुर्गपाल को यह विश्वास हो गया था कि यह घोघाबापा का भूत था, इसलिए उसमें अधिक बोलने की हिम्मत नहीं रही। उसने नई ऊँटनियाँ शीघ्र निकाल दीं और वह युवक तथा उसके साथी उड़ती हुई ऊँटनियों पर अन्धकार में अदृश्य हो गए।

दुर्गपाल अरजन काँपते शरीर से बहुत देर तक देखता रहा।

"बापा," उसके लड़के ने दुर्गपाल से पूछा, "यह कौन थे?"

दुर्गपाल को फिर कँपकँपी आ गई।

"बेटा, घोघाबापा आए हैं, सोमनाथ भगवान को बचाने।"

"घोघाबापा!"

"हाँ। हू-ब-हू वैसे ही जैसे कि पचास वर्ष पहले थे।"

लड़के ने चिन्ता से बाप की ओर देखा था, बापा कहीं पागल तो नहीं हो गए हैं!

अरजन ने पुत्र के मुख के भाव देखे।

"यम के घर से लौटकर आए हैं। चल, भाग चलें। यह तो सोमनाथ बापा ने ही पहले से चेतावनी दी है।"

[2]

मारवाड़ से पाटण जानेवाले सीधे रास्ते पर जो-जो गाँव पड़ते थे उनमें यह बात हवा की तरह फैल गई। गज़नी का अमीर आ रहा है, यह बात उड़ती-उड़ती चली

आती थी। मारवाड़ के जो यात्री यदा-कदा आते थे वे भी अमीर की सेना के सम्बन्ध में मनमानी बातें करते थे। कुछ लोगों की ऐसी मान्यता थी कि अमीर आ रहा है। बहुत-से लोग ऐसे कहनेवालों का मजाक उड़ाते हुए कहते, ''किसकी माँ ने धौंसा खाया है, जो भगवान पर आक्रमण करे?'' लेकिन अब तो अन्य ही प्रकार की बातें उड़ रही थीं। कारण, दुर्गपाल अरजन के आदमी लौट आए थे। रेगिस्तान का सम्राट्, घोघाबापा मारा गया और वह भूत बनकर दुर्गपाल को चेताने गया था कि भाग जाओ नहीं तो प्राणों से हाथ धोने पड़ेंगे। घोघाबापा का भूत ऊँटनी पर बैठकर सोमनाथ की रक्षा करने जा रहा था।

किसी ने दुर्गपाल के मुँह से ही इस भूत की बात सुनी थी। दुर्गपाल रास्ते में जानेवाली बारात को मिला था और वह स्वयं बारात में था। वहीं पर उसने दुर्गपाल की बात सुन ली थी। मूलराज देव के समय में दुर्गपाल घोघाराणा को पहचानता था। पचास वर्ष की बात। घोघाबापा तो शरीर छोड़ गए, लेकिन पचास वर्ष होने पर भी उनका भूत हू-ब-हू वैसा ही था। उसकी आँखें भयंकर थीं। उसकी खाल ऐसी थी, मानो वह अभी-अभी चिता पर से उतरा हो। गले में भी एक घाव था, जिसमें से रक्त टपक रहा था। दुर्गपाल ने तुरन्त पहचान लिया। घोघाबापा रेगिस्तान के सम्राट् थे। वे मारे गए, इसीलिए अमीर बात-की-बात में गुजरात में दाखिल होनेवाला था। अब शेष ही क्या था?

दूसरे गाँव के लोगों को इस बात का विश्वास हो गया। परसों आधी रात को मुखिया ने भी ऊँटनियों को तेजी से जाते देखा मानो वे उड़ रही हों। वे उसके घर के आगे से ही गई थीं। अगली ऊँटनी पर घोघाबापा थे। उनकी आँखें भयंकर और आवाज ऐसी मानो पाताल से निकल रही हो। घोघाबापा ने उससे यह भी कहा, ''गाँव के लोगों को जंगल में भगा ले जाओ। गज़नी का अमीर आ रहा है। किसी को जीता न छोड़ेगा। यदि हिम्मत हो तो पीछे से परेशान करना।''

किसी और गाँव की एक स्त्री पानी भरकर जा रही थी। उसे भी घोघाबापा मिले थे। बापा ने स्त्री से पानी माँगा। स्त्री घबरा गई। बापा की आँखें पलक भी नहीं मार रही थीं। क्यों मारें? मरे हुए की आँखें कहीं पलक थोड़े ही मारती हैं? स्त्री पानी पिलाती चली गई, पर घोघाबापा की प्यास ही नहीं बुझी। क्यों बुझे? म्लेच्छ ने उसे जान से मार डाला था, तब प्यास कैसे बुझती? पीछे घोघाबापा ने कहा, ''माँजी, अपने गाँव के लोगों से कहना कि जंगलों में भाग जाओ। गज़नी का अमीर आ रहा है।'' वही बात, वही आवाज। बात बढ़ने लगी। किसी ने घोघाबापा की छाती से रक्त का फव्वारा छूटते देखा। किसी ने ऊँटनी के पगों से चिनगारियाँ झरती देखीं। किसी ने घोघाबापा और उनके आदमियों को खाना भी दिया, पर उन्होंने खाया नहीं। भूत और प्रेत क्या कहीं खाते हैं? ऐसी-ऐसी बातों

से लोगों की घबराहट की सीमा न रही। लोग जितना बना उतना सामान लेकर जंगलों में छिपने के लिए भागने लगे। उनके रोम-रोम में अकल्पनीय और अकथनीय भय समा गया और हरेक गाँव के लोगों के कानों में घोघाबापा की तीन ऊँटनियों के पैरों की आहट पड़ने लगी। क्षितिज में कुछ भी हिलता हुआ देखकर लोगों को घोघाबापा के भूत की झलक मिलने लगी। उनके साथ ही घोघाराणा की दन्तकथाएँ भी बढ़ने लगीं।

[3]

प्रभास पाटण में पूज्यवाद गंग सर्वज्ञ पूजापाठ समाप्त करके अपने धाम से भगवान के मन्दिर में बिल्वपत्र चढ़ाने जा रहे थे। उनका तेजस्वी और गौरवशाली मुख सदा की भाँति शान्त और स्वस्थ था। उनके एक हाथ में पंचपात्र और आचमनी थी, दूसरे हाथ में अपने हाथ से तोड़े हुए बिल्वपत्र थे।

प्रभास में गज़नी के म्लेच्छ की सेना की चढ़ाई की बातें थोड़ी-सी आती तो थीं, परन्तु ऐसी नहीं, जो हलचल पैदा कर दें। कुछ योद्धा दूर की हाँकते और कहते कि म्लेच्छ मुलतान में मारा गया, रेगिस्तान में खो गया। जब तक भगवान बैठे हैं तब तक किसी की मजाल है कि सौराष्ट्र में आए? और भीमदेव सोलंकी तो म्लेच्छ को काट डालने के लिए तैयार ही था और क्या चाहिए था?

दामोदर की बात से सर्वज्ञ के हृदय में क्षण-भर के लिए क्षोभ का संचार हो गया था, परन्तु कोई खास खबर नहीं थी, इससे उसे भी भय न लगा। एक अफवाह तो यही थी कि म्लेच्छ की सेना रेगिस्तान में बिना पानी के तड़पकर मर गई। भगवान से लड़ाई लड़नेवालों की और क्या गति हो सकती है?

और इतना विचार भी वे यदि करते थे तो अपने अन्तर में ही। भगवान के आसपास तो अनादि और अनन्त जैसा शान्त और नियमित वातावरण था। वह सृजन के समय उत्पन्न हुआ था और प्रलय के समय नष्ट होनेवाला था। इस शान्ति और शक्ति की अनन्तता में म्लेच्छ-जैसे क्षणिक बुदबुदों से क्या अन्तर पड़ सकता है? पूजा होती, रुद्री होती, नर्तकियाँ नृत्य करतीं, आरती होती, भावुक भक्ति करते, सूर्य उदय और अस्त होता—और भगवान सोमनाथ की ध्वजा समीर के साथ नृत्य करती।

सर्वज्ञ मन्दिर में जाने के लिए तैयार हुए, खड़ाऊँ पहनी और जैसे ही एक पग रखा वैसे ही एक शिष्य वहाँ आया और बोला, "गुरुदेव, कोई आया है।"

सर्वज्ञ के ले आने की आज्ञा देने से पहले ही वह आगन्तुक तेजी से भीतर

आया। प्रेत-जैसा विवर्ण, बड़ी और स्थिर आँखों से भयानक आगन्तुक पैरों में गिर पड़ा।

"नमः शिवाय," उसने हाँपते हुए कहा।

"शिवाय नमः," सर्वज्ञ ने आशीर्वाद दिया, "उठ बेटा, कौन है?"

आगन्तुक खड़ा हुआ। उसके कपाल पर भयंकर रेखाएँ थीं।

"गुरुदेव! मुझे नहीं पहचानते?" उसके शब्दों में आँसू थे। सर्वज्ञ ने मूँछ पहचानकर बिल्वपत्र और पात्र शिष्य के हाथ में दे दिए। "कौन? सज्जन चौहान का पुत्र? यहाँ कहाँ से?"

"गुरुदेव, मैं ही हूँ।" सामन्त ने सिसकी रोकते हुए काँपते होंठों से कहा। गंग सर्वज्ञ ने अपार ममता से बालक के कन्धे पर हाथ रखा और उसे खंड में ले आए।

"किसी को आने न देना," सर्वज्ञ ने शिष्य को आज्ञा दी। उन्होंने सामन्त को ले जाकर बिठाया और सामने स्वयं बैठे। "वत्स, सज्जन चौहान कहाँ है? घोघाराणा कहाँ है? तू लौट कैसे आया?" उन्होंने आतुरता से पूछा।

"गुरुदेव," सामन्त टूटी आवाज में बोलने लगा और उसकी आँखों से अश्रुधारा प्रवाहित होने लगी। "आपने कहा था कि जब तक घोघाराणा के कुल में एक भी वीर जीवित रहे तब तक उसके वैरी के प्राण लेना; गुरुदेव, मुझे छोड़कर उन सबने..." सामन्त रो पड़ा, "इस वचन का पालन किया?"

"कैसे?" उदास होकर गंग सर्वज्ञ ने पूछा।

"घोघाबापा और उसका सामन्त परिवार घोघागढ़ के आगे मारा गया। मेरे बापू..." सामन्त फिर रो दिया, "मेरे बापू यवन-सेना के दस हजार योद्धाओं को रेगिस्तान में भटकाकर कैलाशवासी हो गए।" सामन्त सिसकने लगा और गंग सर्वज्ञ ने पास आकर उसे छाती से लिपटा लिया।

"बेटा, रो मत। भगवान की आज्ञा-पालन करनेवाले को परलोक में कैलाश मिलता है। और तू..."

"मैं गज़नी के अमीर के प्राण लेने उसकी सेना में गया। नंगी कटार से उसको मारने टूटा, पर पकड़ा गया। देव की आज्ञा-पालन न कर सका। मैं अभागा...अपने कुल में मैं ही एक अभागा रह गया। म्लेच्छ ने मेरे प्राण भी नहीं लिये। मुझे छोड़ दिया।"

"बेटा, जब तक भगवान त्रिशूलपाणि तेरी रक्षा करते हैं तब तक इस म्लेच्छ की क्या मजाल है जो तुझे मार सके? शान्त हो, शान्त और निश्चिन्त होकर बातें कर। ले, पानी पी।"

आँसुओं की धारा को रोककर सामन्त ने जैसे-तैसे आपबीती कह सुनाई और

वह ज्यों-ज्यों विगत कहता गया त्यों-त्यों सर्वज्ञ के शान्त और गम्भीर मस्तिष्क में उसकी श्वास के साथ 'ओऽम् नमः शिवाय' की ध्वनि उठती गई।

"और अब गज़नी का अमीर कहाँ तक आ गया है?"

"गुरुदेव, पाँच-सात दिन में आबू के पास आ जाएगा। पाँच-दस दिन की देर भी हो सकती है।"

"भीमदेव सोलंकी उसकी बाट देखता हुआ पाटण में बैठा है। उससे पार पाना मुश्किल है।" सर्वज्ञ ने इस प्रकार कहा जैसे वह अपने हृदय से ही कह रहे हों।

"गुरुदेव, यह तो मूर्खता है।"

"क्या?"

"अमीर का मुकाबला करना। यह..."

"मतलब?"

"गुरुदेव, किसी को अमीर और अमीर की शक्ति का ध्यान नहीं है। वह भले ही राक्षस हो, परन्तु उसमें मनुष्यों को वश में करने की शक्ति है। उसके पास कार्तिकेय-जैसी युद्धकला है। उसकी सेना समुद्र जैसी अगाध है। पाटण तो यों ही गिरकर ढेर हो जाएगा।"

"लड़के, क्या तुझे भगवान पिनाकपाणि की कृपा में विश्वास है?"

"विश्वास है," सामन्त ने कहा, "लेकिन इन आपके वीरों की बुद्धि में नहीं। जब हमने यहाँ गज़नी के अमीर की बात सुनी थी तब यह सोचा था कि उसे चुटकी में मसल दिया जाएगा। वाक्पतिराज ने ऐसा समझा, घोघाबापा ने ऐसा समझा और उनका सर्वनाश हो गया। चौहान बालमदेव ने भी ऐसा ही समझा था, इसलिए वह युद्ध में पीस दिया गया। मैं तो अमीर की फौज में घूमा हूँ, उसके साथ बातें की हैं, उसका बाहुबल देखा है और उसकी प्रोत्साहन शक्ति की थाह ली है। वह त्रिपुरासुर का अवतार है।"

"तो भगवान शंकर उसे समाप्त कर देंगे।"

"भगवान शंकर समाप्त कर देंगे, परन्तु भीमदेव द्वारा नहीं।"

"तब तू क्या कहता है?"

"मैं तो रास्ते में सबसे कहता आया हूँ और आपसे भी कहता हूँ। अमीर आए तो मार्ग दे दो, पाटण छोड़कर सौराष्ट्र में आने दो और पीछे से ताले लगा दो और हारी-थकी सेना के साथ वापस लौटते हुए अमीर का सफाया कर दो। इसके अलावा और कोई रास्ता नहीं।"

"लेकिन यहाँ आ पहुँचे तो?" सर्वज्ञ ने पूछा।

"इसीलिए तो मैं आया हूँ। गुरुदेव! भगवन्! आप प्रभास खाली कर जाओ। फिर भले ही अमीर आए और खाली प्रभास के दर्शन करे।"

थोड़ी देर तक सर्वज्ञ ने आँखें बन्द करके साँस ली।

"बेटा, क्या तू यह कहना चाहता है कि म्लेच्छ का प्रत्यक्ष मुकाबला नहीं किया जा सकता, इसलिए उसे यहाँ आने दिया जाए और उसे उसी प्रकार घेरकर मारा जाए जैसे श्रीकृष्ण ने शुक्राचार्य का रूप धारण कर दैत्य को मारा था?"

"हाँ," सामन्त ने कहा।

"और," उन्होंने दाढ़ी पर हाथ फेरकर विचार करते हुए कहा, "प्रभास खाली कर जाऊँ, अपने भगवान को दूसरे स्थान पर ले जाऊँ?"

"हाँ।"

"और सकल विश्व के रक्षक भगवान सोमनाथ को म्लेच्छों के भय से छिपा दिया जाए?" सर्वज्ञ ने आँख मलते हुए इस प्रकार पूछा मानो वे किसी गम्भीर विचार में हों या नींद में बोल रहे हों।

"दूसरा उपाय नहीं है।"

"और सृष्टि के आरम्भ में प्रकट होनेवाले, शत-शत ज्वालाओं से सुशोभित प्रलय-समुद्र के अग्नि-समूह के समान तेजस्वी, क्षय और वृद्धि से रहित, अनिर्वचनीय और अव्यय, जगत के मूलरूप इस ज्योतिर्लिंग को स्थान-भ्रष्ट कर दूँ?" सर्वज्ञ ऐसे बोलते चले गए मानो वे शिव-पुराण का पाठ कर रहे हों। सामन्त इस विचारधारा को समझने में असमर्थ होने के कारण देखता रह गया।...और मैं, साक्षात् शंकर के अवतार लकुलेश मत का अधिष्ठाता और शंकर की कृपा से उसका दासानुदास, स्वयं चन्द्रमा के हाथों द्वारा निर्मित, इस मन्दिर को छोड़कर भाग जाऊँ?"

"गुरुदेव!"

सर्वज्ञ ने अँगुली ऊँची करके उसे बोलने से रोका। थोड़ी देर तक वे आँखें मीचे बैठे रहे और सामन्त उनके मुख की ओर देखता रहा।

सर्वज्ञ ने आँखें खोलीं। उनके प्रफुल्ल नेत्रों में दैवी तेज था।

"बेटा, भगवान का ज्योतिर्लिंग प्रलयकाल में भी नहीं हटेगा और जहाँ लिंग है वहाँ मैं हूँ। म्लेच्छ को जो कुछ करना हो करे।"

सामन्त थर-थर काँपने लगा। उसकी आँखों के आगे उसके कुलदेवता के टुकड़े तैरने लगे। परन्तु इस महात्मा के निर्णय के आगे भावी की निश्चलता भी शिथिल होती जान पड़ी।

"परन्तु..."

"इसमें शंका या विचार को स्थान नहीं है। यदि देव और म्लेच्छ के बीच कोई माई का लाल खड़ा नहीं रहेगा तो मैं खड़ा रहूँगा। देखना है, क्या होता है? पिनाकपाणि के प्राबल्य को कौन रोक सकेगा? यदि इस वृद्ध के भाग्य में ही प्राचीन काल के मुनियों द्वारा किए गए पराक्रम लिखे हों तो तुम क्या करोगे?"

इस तेज के पुंज से सामन्त क्या कह सकता था!

"तो भीमदेव की सेना को तो यहाँ बुला लो, पाटण में तो वह बात-की-बात में कुचल जाएगा।"

"युद्ध के व्यूहों में पड़ना मेरा काम नहीं है। मैं पत्र देता हूँ। उसे लेकर कल सवेरे पाटण जा। भीमदेव और मेहता के साथ मन्त्रणा कर। देख, वे क्या कहते हैं।"

"अच्छा, आज की रात यहाँ विश्राम करूँगा और कल सवेरे चला जाऊँगा।"

"अच्छा फिर तो मिलना। मैं दोबारा स्नान कर लूँ, मुझे भगवान पर बिल्वपत्र चढ़ाने जाना है।"

पिछले चार महीने में पड़े हुए दुःख और देखी हुई दुर्दशा ने सामन्त के सिर पर अनेक वर्षों का भार रख दिया था। उसने अपने पूज्य पूर्वजों, गुरुजनों और माताओं, भाइयों और बहनों को मरते, जलते, गिद्धों का भक्ष्य होते देखा। उसने अपने प्रिय पिता को भी देवों के लिए दुर्लभ मृत्यु को प्यार से गले लगाते देखा। समस्त विश्व में गर्वीले घोघाकुल में अकेला वह रह गया था। उसके लिए न घर था न बाहर, न स्वजन थे न शान्ति। वह भगवान सोमनाथ की आज्ञा के लिए ही जी रहा था। म्लेच्छ-सिर को छेदने के अतिरिक्त उसके जीवन का अन्य कोई प्रयोजन न था। यदि ऐसा न होता तो सबके मरने पर अकेला जीवित कैसे रह सकता था।

जब वह सर्वज्ञ के यहाँ से निकला तब यही विचार कर रहा था। सर्वज्ञ की आत्मश्रद्धा और दृढ़ता से उसकी श्रद्धा को भी बल मिला। आबू और प्रभास के बीच क्या हो और क्या न हो? कौन कह सकता है कि जो प्रतापी सर्वज्ञ भूत और भविष्य को जानता था उसकी दृष्टि भ्रमपूर्ण थी?

वह मन्दिर की ओर मुड़ा और उसके विचारों में मानुषी तत्त्व आया। सोमनाथ के मन्दिर में ही अब उसका सर्वस्व था। उसके देव, उसके बापा के गुरुदेव और जिस नर्तकी ने उसको तथा उसके पिता को भस्म लगाकर कहा था कि 'विजय करके शीघ्र लौटना', उसकी स्थिति, उसके शब्द उसे प्रतिदिन याद आते थे और उसके जीवन में परिव्याप्त हो रहे थे। वह तो इधर-उधर भटकता अमीर के प्राण लेने जानेवाला था। उसे अपने भाग्य में दोबारा भगवान के मन्दिर में पग रखना भी नहीं दिखाई दिया। होनहार उसे यहाँ ले आई है तो वह क्यों न अपने खारे जीवन में मीठे पानी की बूँद जीभ पर रख ले?

वह धीमे-धीमे मन्दिर में आया और चारों ओर नजर डाली। उसे आशा थी कि वह मुख, वह हास्य और वह अंग-लालित्य वहाँ कहीं-न-कहीं होगा, परन्तु उसकी आशा पूरी नहीं हुई। भारी हृदय से उसने भगवान के चरण-स्पर्श किए,

बिल्वपत्र चढ़ाया और रोती आँखों से प्रार्थना की। इतने दिन के दुःख और परिश्रम का प्रभाव आज दिखाई दिया। उसने सर्वज्ञ से सबकुछ कह दिया, इसलिए उसका बोझ उतर गया। थोड़े दिन पहले वह अकेला, भयाकुल चित्त से निर्जन अरण्य में भटका था; उसका दृश्य उसके आसपास आ खड़ा हुआ। वह असहाय, अकेला बेचैन हो रहा था। वह चल न सका। वह सभामंडप के एक कोने में जा बैठा और घुटनों पर सिर रखकर दहाड़ मारकर रोने लगा।

वह एक के बाद एक प्रिय स्वजनों का स्मरण करने लगा। उसके घोघाबापा बहादुर और उसकी गौरवशाली दन्तकथा के देव, उसके पिता अमीर को भी अकेले थकानेवाले रेगिस्तान के राही, उसकी माँ देवी के समान देदीप्यमान–उनके शव का जला हुआ हाथ उसने देखा था। उसकी चार बरस की छोटी बहन, जो फूल की कली के समान सुकुमार थी–उसका भी आधा जला हुआ पैर उसने देखा।...यह–वह–सभी भयंकर दृश्य उसी के कर्मों के फल थे।

उसकी आँखों से दहकते हुए अंगारों के समान अश्रुबिन्दु झरने लगे। फटती हुई छाती से सिसकियाँ उठने लगीं।

वह कितनी देर तक रोता रहा, इसका उसे खयाल भी नहीं रहा। अन्त में एक स्त्री के मधुर स्वर ने उसे उद्वेग–मूर्च्छा–से जगाया। एक पच्चीस वर्ष की नर्तकी उसकी ओर दयापूर्ण दृष्टि से देख रही थी।

"नायक, रोते किसलिए हो? शंकर जो कुछ करते हैं अच्छे के लिए ही करते हैं।"

सामन्त को इस मुख के देखने से एक आघात-सा लगा। यह भी नर्तकी थी और वह भी नर्तकी? परन्तु वह काजल से भरी, विषय की प्यासी आँखें थीं और उसकी कल्पना के आगे थीं उस बालिका की निर्दोष आँखें।

"नायक, रोने से किसी का उद्धार नहीं हुआ। मेरे साथ चलो, मैं हँसाऊँ," आँखें नचाकर उस प्रगल्भ नर्तकी ने कहा।

"मुझे हँसाओगी? बाई, संसार-भर में कोई मेरे आँसू पोंछनेवाला नहीं है।"

"भूल है," नर्तकी ने कटाक्षपूर्ण नेत्रों द्वारा सामन्त को वश में करने का प्रयत्न करते हुए कहा, "जहाँ त्रिपुर-सुन्दरी की कृपा होती है, वहाँ आँसू खोजने पर भी नहीं मिलते। उठो, चलो मेरे साथ।"

"कहाँ?" सामन्त उठा। यह ठीक था कि सर्वज्ञ के आदमी उसकी राह देखेंगे, परन्तु उसे तो किसी प्रकार अपने हृदय का भार हलका करना था। उस नर्तकी ने नीचे झुककर धीरे-से कहा, "आज त्रिपुर-सुन्दरी का उत्सव है। चलो, मेरे साथ कोई नहीं है। जन्म-जन्म के पाप मिट जाएँगे।"

"त्रिपुर-सुन्दरी का उत्सव!" वह ऐसे बोला जैसे वह शब्दों का अर्थ ही न

समझता हो। उसने सुना था कि मन्दिर के एक सुरक्षित भाग में शंकर की अर्द्धांगिनी महाशक्ति के रूप में पूजी जाती थीं और उनका उत्सव परम्परा से दीक्षित स्त्री-पुरुष भयानक और अवर्णनीय विधियों से मनाते थे। वे विधियाँ क्या थीं, इसे भाग्य से ही कोई जानता था। आज उसे इसके जानने की जिज्ञासा नहीं थी। "लेकिन मैं क्यों आऊँ? मैं दीक्षित नहीं।"

"हो, कल रात को मुझे महाशक्ति ने स्वप्न दिया था..."

"क्या?"

"रात को महामाया त्रिपुर-सुन्दरी ने स्वप्न में मुझसे कहा था कि तू ही उनका सच्चा भक्त है।"

"अच्छा," सामन्त ने चौंककर कहा।

"हाँ, महामाया ने कहा था कि एक वीर मेरे भोलानाथ के मंडप में बैठा-बैठा रो रहा है। वह आएगा और मुझे तथा मेरे पति को बचाएगा।"

"क्या सच कहती हो?"

"हाँ, और तुझे महामाया के चरणों में ले जाने की आज्ञा है।"

क्या यह सच बात है? क्या स्वयं पार्वती ने उसे उद्धारक माना है? क्या गज़नी का अमीर उसी के हाथों मारा जाएगा? उसका उद्वेगपूर्ण हृदय उछलने लगा। क्या वही शम्भु के इस भव्य मन्दिर का त्राता है?

"तुम कौन हो?"

"मैं हूँ कुंडला, देवदासी। चल!"

सामन्त उठा और नर्तकी के पीछे चल दिया। धीरे-धीरे उसका मन स्वस्थ होता गया और वह उस नर्तकी के भरे हुए, विलाससूचक अंगों को देखने लगा। यह उस छोटी-सी नर्तकी से कितनी भिन्न थी! उसके अंगों से शिव-भक्ति की निर्मलता झरती थी जबकि यह स्थूल विलास में मग्न देवदासी थी। सामन्त के हृदय में आशा के अंकुर बढ़ने लगे थे। क्या सोमनाथ के इस सुमेरु पर्वत के समान प्रासाद की रक्षा उसके ही हाथों होनी थी? इस नर्तकी ने सच कहा है या केवल बात बनाई है? नहीं, नहीं, ऐसा नहीं हो सकता। घोघाबापा के समस्त कुल में वह अकेला जीवित ही क्यों रहता?

सामन्त नर्तकी के पीछे चला। बगल के दरवाजे में होकर वह नर्तकियों के वर्ग में आया। इस नई, अपरिचित परिस्थिति को देखकर सामन्त पल-भर को अपना उद्वेग और निराशा दोनों भूल गया। वह अगम्य महाशक्ति त्रिपुर-सुन्दरी के रहस्यमय मन्दिर में जगज्जननी महामाया का बुलाया हुआ जा रहा था।

कुंडला ने आगे जाकर एक छोटे-से दरवाजे की कुंडी खटखटाई। थोड़ी देर में किसी ने अन्दर से दरवाजा खोला।

"कौन?"

"मैं हूँ कुंडला।"

"वह मिला?" उसने पूछा। अर्द्धनिद्रित अवस्था की आवाज थी।

"हाँ।"

"ला।"

उस आदमी ने दरवाजा खोला और कुंडला तथा सामन्त भीतर दाखिल हुए। वहाँ एक आँगन में तीन साधु बैठे थे, जिनके शरीर पर राख के सिवा और कुछ नहीं था। उनकी आँखें लाल सुर्ख थीं और वे कुछ अस्पष्ट मन्त्र पढ़ रहे थे।

जिस साधु ने दरवाजा खोला था उसने भीत में खुँसी हुई एक मशाल निकालकर सामन्त के आगे रखी और पूछा, "तू कौन है?"

"चौहान हूँ।"

"महाशक्ति का भक्त है?"

"मैं भगवान सोमनाथ और जगदम्बा महाशक्ति दोनों का भक्त हूँ।"

"यही, यही वह है जो मेरे स्वप्न में आया था," कुंडला ने कहा।

"तेरे हृदय में साहस है?" दूसरे साधु ने पूछा।

"क्या करने का?"

"जीते-जी महाशक्ति की दीक्षा लेने का।"

सामन्त ने चारों ओर देखा। कुंडला उसके पास से हटकर किसी काम में लग गई थी। ऐसा मालूम पड़ता था मानो वह अपने कपड़े उतार रही हो। उसने मशाल द्वारा अस्थिर हो जानेवाले अन्धकार में आँगन के दूसरे कोने के एक दरवाजे से छायाकृतियाँ बाहर जाती हुई देखीं। आकृतियाँ मनुष्यों के शरीर की थीं।

त्रिपुर-सुन्दरी के मन्दिर में ली जानेवाली जिन दीक्षाओं की कहानियाँ सामन्त ने सुनी थीं वे उसके मस्तिष्क में ताजी हो गईं। क्या इस मन्दिर की भयानक विधियों के लिए उसे दीक्षा मिल रही थी? भगवन्! जब अमीर बिना रुके हुए इस मन्दिर का नाश करने चला आ रहा था, जब उसका कर्तव्य पाटण की ओर दौड़ती ऊँटनी पर जाने का था, तब वह इस भयंकर पन्थ की दीक्षा लेने चला था!

"बोल, साहस है?" उस साधु ने पूछा।

"साहस? साहस नहीं है।"

तीनों साधु एकदम उसकी ओर बढ़े, "क्या कहा?"

"त्रिपुर-सुन्दरी की विधियों को पूरा करने के लिए मुझसे दीक्षा नहीं ली जाएगी। मैं इसके योग्य नहीं हूँ।"

"तो यहाँ किसलिए आया? पापी, अधम!" एक साधु ने सामन्त की गरदन पकड़ ली। "महामाया का कोप हुआ तो?"

"मैं अपनी मरजी से नहीं आया। वह कुंडला मुझे ले आई है। मुझे यहाँ नहीं रहना। लो, मैं यह चला।"

"यह चला! कहाँ जाता है?" एक साधु ने सामन्त की बाँह पकड़ ली। "महामाया के मन्दिर को अपवित्र करके छूटना चाहता है?"

"छोड़ो मुझे।" सामन्त उस साधु के पंजे से छूटने का निष्फल प्रयत्न करने लगा। उसको छुड़ाने की कोशिश करते देख दूसरे साधु ने आकर पीछे से उसके हाथ पकड़ लिये। "तुझे छोड़ दें? अच्छा!" कहकर वह साधु खिलखिलाकर हँसा।

"छोड़ो! कुंडला, क्या मुझे यहाँ इसीलिए लाई?" सामन्त ने क्रन्दन किया।

"मुए!" क्रोधाभिभूत कुंडला अँधेरे में से बोली। ऐसा लगा जैसे वह भी क्रन्दन कर रही हो। "मुझे क्या खबर थी कि मेरा स्वप्न झूठा निकलेगा? मुझे तो विश्वास था कि महामाया मेरे ऊपर प्रसन्न होगी। लेकिन तू तो ऐसा दम्भी निकला। अब मर।"

"महामाया के मन्दिर को भ्रष्ट करके कोई जीता नहीं जाने पाया।"

साधुओं ने सामन्त को जकड़कर एक खम्भे से बाँध दिया। उसने प्रयत्न करना छोड़ दिया। उसको जीने की लालसा न थी।

"तो महाराज," उसने दीनता से कहा, "कोई गुरुदेव से तो यह कह आए कि मेरी बाट न देखें।"

साधु चौंककर पीछे हट गए, "सर्वज्ञ!"

"हाँ, वह मेरी बाट देख रहे हैं।"

एक साधु ने बड़े ध्यान से सामन्त को देखा, मानो वह कुछ समझ गया हो। "अच्छा!" उसने भयंकर आवाज में कहा, "तब तो वह तेरी बाट ही देखा करेगा," कहकर उसने पृथ्वी पर पड़ा त्रिशूल उठाकर सामन्त के गले पर रख दिया।

सामन्त और चौला का पुनर्मिलन

[1]

सामन्त को लगा कि अब उसके दिन आ गए, परन्तु उसे जीने की तनिक भी इच्छा नहीं थी। उसने आँखें मींचकर सोमनाथ और घोघाबापा का स्मरण किया। वह अभी अपने माता-पिता से जाकर मिलेगा।...

कुंडला की घबराहट-भरी चीख सुनाई दी, ''नहीं, नहीं, आज यहाँ पुरुष के रुधिर का छींटा न गिरे।''

साधु चौंककर पीछे हट गया। ''यदि उत्सव के समय पुरुष के रुधिर की बूँद महाशक्ति के मन्दिर में गिरेगी तो पृथ्वी रसातल को चली जाएगी।''

''सर्वज्ञ ने ही इसे यहाँ भेजा है,'' साधु ने दाँत पीसकर धीरे-से कहा।

''इसे मैं समझाऊँ?''

''नहीं। यह तो मुझे झूठा स्वप्न आया था।''

''राशिजी से पूछना कि क्या करना है?''

तीनों साधुओं ने धीमी आवाज में कुछ बातें कीं और दो साधु तथा कुंडला अन्दर के दरवाजे से चले गए। सामन्त के मस्तिष्क में ऐसी जिज्ञासा उत्पन्न हुई जैसे वह अर्द्ध-स्वप्नावस्था में हो। इस अन्दर के दरवाजे के उस ओर त्रिपुर-सुन्दरी के मन्दिर में कैसी-कैसी विधियाँ चल रही होंगी—बीभत्स, भयानक उद्दीपक। और इन मूर्खों को भान न था कि यम से भी अधिक विनाशक अमीर पल-पल पास आ रहा था और जिसके हाथ में उसे परास्त करने की कुंजी थी उसे उन्होंने इस प्रकार बाँध रखा था। क्या समस्त विश्व विनाश के मुँह में जा रहा था?

कुंडला की घबराहट की सीमा न थी। वह नर्तकियों में अत्यन्त आकर्षक और महत्त्वाकांक्षी थी। किसी दिन नए गुरुदेव की गंगा बनकर इस मन्दिर की अधिष्ठात्री

बनने की उसके भीतर तीव्र लालसा थी। वह चाहती थी कि प्रति तीन मास के बाद जब यह उत्सव हो तब महाशक्ति उसमें उतरे और वह स्वयं जीती-जागती त्रिपुर-सुन्दरी की भाँति पूजी जाए। परन्तु पिछले वर्ष वह इतनी योग्य नहीं थी कि त्रिपुर-सुन्दरी उत्सव के समय उसके शरीर में उतर सकती। वह कल योग्य हुई थी, कल रात महामाया ने उसे स्वप्न दिया था, आज स्वप्न के अनुसार उसे निर्दिष्ट स्थान पर पुरुष मिला था और फिर भी अन्तिम बार सबकुछ धूल में मिलने जा रहा था।

उसकी दूसरी सबसे बड़ी इच्छा शिवराशि को अपना बनाने की थी। सर्वज्ञ के ये शिष्य आगे चलकर गुरु की गद्दी पर बैठेंगे। यदि इनकी कृपा हो जाए तो अवश्य ही कुंडला की इच्छा पूरी हो सकती है। शिवराशि के ध्यान को खींचना तो सरल बात थी, परन्तु उनको अपना बनाना कुंडला को असम्भव जान पड़ता था। यह सच है कि वे उग्र संयमी नहीं थे, परन्तु उनका चित्त चौला पर टिका था। कुंडला के मन में एक आशा की किरण थी। यदि उत्सव के समय महाशक्ति उसमें उतरे और शिवराशि आचार्य की हैसियत से एक बार भी उसकी आरती उतारें तो उनका हृदय चौला से कुछ हट सकता है।

त्रिपुर-सुन्दरी का उत्सव कुछ ऐसा-वैसा नहीं था। महाशक्ति किसी स्त्री में जीवित प्रकट होती और गुप्त-विधियाँ करते-कराते बड़े-बड़े चमत्कार दृष्टिगोचर होते। लेकिन जैसे-जैसे उत्सव का समय पास आता गया वैसे-वैसे उसके हृदय में बेचैनी बढ़ती गई। स्वप्न झूठा निकाला और इस नायक ने मन्दिर को अपवित्र कर दिया; यह तो ठीक है, लेकिन जिसमें महाशक्ति उतरनेवाली होती है, उसे जो मूर्च्छा-सी आती है, वह उसे नहीं आ रही। क्या यह अवसर भी हाथ से जाएगा? उसने सुरा भी अच्छी तरह पी थी, परन्तु अभी तक कोई प्रभाव उसका न था। हाथ में आया मौका निकला जा रहा था।

दो साधुओं के साथ वह जैसे ही अन्दर गई कि आँगन के आगे का दरवाजा– वह दरवाजा जिसमें होकर वह सामन्त को अन्दर लाई थी–खटका। शिवराशि आए। हाथ से अवसर निकला जा रहा था; निकल गया तो क्या होगा?

उसने दरवाजे से झाँककर देखा। शिवराशि और सिद्धेश्वर आ रहे थे। महामाया पर कब तक विश्वास किया जाए? वह स्वयं ही महामाया थी। उसने चीख मारी और अपने माथे पर इस प्रकार हाथ रखा, जैसे चक्कर आ रहा हो। उसके साथ आनेवाले साधुओं के हाथों को लम्बा करके सहारा देने से पहले ही वह बेहोश होकर गिर पड़ी।

साधु यह मानकर कि कुंडला में त्रिपुर-सुन्दरी उतरी है, सम्मानपूर्वक 'जय जगज्जननी' कहते हुए उसकी सार-सँभाल में लग गए।

शिवराशि के क्रोध की सीमा न थी। वह पैर ठोकता हुआ चौक में आया। उसके साथ उसका विश्वासपात्र सिद्धेश्वर भी था। जीवन में प्रथम बार आज गुरुदेव के प्रति श्रद्धा नहीं रख पा रहा था। उसे ऐसा लगा कि गुरुदेव ने आज जो कुछ किया है, उससे दसों दिशाएँ अपवित्र हो गई हैं। लकुलेश-मत के अधिष्ठाता, ज्ञान के समुद्र और रुद्र के अवतार माने जानेवाले गंग सर्वज्ञ ने आज धर्म का नाश किया था। चौला त्रिपुर-सुन्दरी के उत्सव के लिए हर प्रकार से उपयुक्त थी और आज सवेरे त्रिपुर-सुन्दरी उसके शरीर में उतरी भी थी तो भी उसकी पूजा करने की आज्ञा न दी थी।

चौला तो मूर्ख थी, बालक थी। त्रिपुर-सुन्दरी के लिए अपेक्षित वाममार्गीय विधियों से वह बहुत घबराती थी। गत एकादशी तक तो जब-जब उसे इस मन्दिर में लाने की सूचना दी जाती तब-तब उसकी माँ गंगा यह कहकर बात उड़ा देती थी कि वह बालिका है और इन विधियों में भाग लेने योग्य नहीं। परन्तु गत एकादशी को तो उसे भगवान के मन्दिर में नृत्य करने का अधिकार प्राप्त हो चुका था। अब वह बालिका न थी और फिर आज तो उसके शरीर में जीती-जागती जगदम्बा उतरी थीं। जिस अधिकार के लिए नर्तकियाँ मरी मिटती थीं, वह उसे बिना माँगे मिल गया था। वह सवेरे ही बेहोश हो गई थी और फिर वह इस प्रकार बोलने-चालने लगी थी मानो वह स्वयं भगवान शम्भु की अर्धांगिनी हो। उसकी योग्यता हर प्रकार से सिद्ध हो चुकी थी। शिवराशि की इच्छा थी कि चौला आज के उत्सव पर त्रिपुर-सुन्दरी के रूप में पूजी जाए।

शिवराशि को चौला की मनोदशा अजीब-सी लगती थी। गत एकादशी के बाद से चौला कुछ खिन्न-सी हो गई थी। उसकी आँखें ऐसी जान पड़तीं जैसे वे दूर की वस्तु को देख रही हों। उसकी आवाज और चाल-ढाल में ऐसी पृथकता आ गई थी जो समझ नहीं आती थी। सामान्य स्त्री की उससे तुलना करना शिवराशि को कठिन जान पड़ा। जैसे-जैसे यह कठिनाई अधिक स्पष्ट होती गई वैसे-वैसे शिवराशि का मोह बढ़ता गया। गंगा की समझ में भी कुछ नहीं आया। चौला शिवराशि को सर्वस्व समर्पण करे, यह तो वह भी चाहती थी, परन्तु चौला की मनोदशा ऐसी विशुद्ध और भक्तिपूर्ण थी कि उससे जबरदस्ती कुछ कराया जा सके, इसकी गुंजाइश नहीं रही थी।

लेकिन शिवराशि दो दिन से इस आशा में था कि इस उत्सव के अवसर पर जब वह चौला को महामाया की भाँति पूजेगा तब यह व्यवधान मिट जाएगा। परन्तु यह आशा मन-की-मन में ही रह गई और गुरुदेव ने परम्परा से चली आती पूजा की विधि की अवहेलना करके धर्म का खंडन किया। शिवराशि विद्वान, श्रद्धालु और गुरुभक्त था, परन्तु उसमें अपने गुरु की-सी विशाल दृष्टि नहीं थी।

एक नर्तकी के हठ के कारण जो धर्म-खंडन हुआ था उससे उसका धार्मिक जोश प्रज्वलित हो उठा था और अतृप्त वासना ने उसमें घी का काम किया था।

इस समय जो वह आया तो उसकी भौंहें तनी हुई थीं। गुरु को भी क्या अधिकार है, जो देवी की विधि में दखल दें? वे भी धर्म के रक्षक थे। उनको धर्म का उच्छेद करने का क्या अधिकार था? क्या गुरु-भक्ति में अन्धा होकर उसे यह धर्म-खंडन सह लेना चाहिए? क्या शास्त्र खोटे हैं और सर्वज्ञ खरे हैं? इस विधि के आचार्य की हैसियत से उसका कर्तव्य क्या था?

उसके आते ही वे साधु बेहोश कुंडला को लेकर आए।

"आचार्य, आचार्य," एक साधु ने कहा, "जगज्जननी उतरीं–उतरीं कुंडला में।"

शिवराशि भूखे शेर की तरह गुर्राया, "रख दो इसे, यह तो ढोंग करती है ढोंग, महामाया तो चौला में उतरी है।"

"क्या?" कहकर साधुओं ने कुंडला को जमीन पर रख दिया।

शिवराशि को किसी पर गुस्सा उतारना था। उसने जाकर पैर से कुंडला को ठोकर दी। "उठ झूठी, नहीं तो एक लात मारूँगा तो दाँत टूट जाएँगे।"

कुंडला को भी ऐसा डर था, इसलिए उसने आँखें खोलकर 'जय जगज्जननी' का उच्चारण किया।

"मैंने नहीं कहा था कि यह ढोंग करती है? जगज्जननी चौला में उतरी है।"

साधु कुंडला को पड़ी हुई छोड़कर राशि के पास आए। कुंडला अँधेरे में स्वयं बैठी रहकर हताश दृष्टि से चारों ओर देखने लगी। जीवन की आशा जाती रही और पास ही खम्भे से बँधा सामन्त किसी भी प्रकार अपनी हँसी न रोक सका।

इतने में कुछ बाबा आए–आठ, दस, बारह–नाम-मात्र के वस्त्र से अपने शरीर को ढके हुए। उनकी लाल आँखों में और उनके मुख पर उग्रता थी।

"महाराज!" एक वृद्ध चिल्लाया, "यह क्या? अनादि काल से जो महामाया की पूजा कभी नहीं रुकी वह क्या आज रुकेगी? यह तो प्रलयकाल आ गया जान पड़ता है।"

जब बाबा हुंकार कर रहे थे तब दरवाजे के उस ओर अँधेरे में सामन्त ने देखा कि वहाँ अनेक अनाच्छादित आकृतियाँ अधीरता से बाट देख रही हैं। उसकी दृष्टि के सामने कैसा एक नाटक-सा हो रहा था। उसे ऐसा खयाल आया जैसे कि वह स्वयं स्वप्न देख रहा हो।

शिवराशि भी उग्र हो गया था, "मैं भी यही कह रहा हूँ। यह कुंडला ढोंग कर रही है, इसमें महाशक्ति नहीं उतरी। जिसमें उतरी है उसे गुरुदेव आज पूजने

नहीं देते।''

क्षण-भर सभी ने इस बात का अर्थ समझने का प्रयत्न किया और फिर वह वृद्ध साधु आग बरसाती हुई लाल-लाल आँखों से आगे आया।

''महामाया त्रिपुर-सुन्दरी को अपूजित रखने की शक्ति किसमें है? जो विधियों का उल्लंघन करता है उसे गुरुपद पर रहने का अधिकार नहीं।''

''ठीक,'' सिद्धेश्वर ने अर्थसूचक ढंग से कहा और शिवराशि की ओर देखा। उसके हृदय में चलनेवाला द्वन्द्व उसके मुख पर झलक रहा था, गुरुभक्ति या विधि-सेवा—संयम या चौला का मोह?

वृद्ध ने आकर राशि को हाथ जोड़े, ''राशिजी, यदि विधियाँ आप सम्पन्न नहीं करेंगे तो करेगा कौन? अनादि काल के धर्म का लुप्त होना मुझसे नहीं देखा जाता।''

''महामाया त्रिपुर-सुन्दरी की पूजा होनी ही चाहिए,'' सिद्धेश्वर ने धीमे से कहा। शिवराशि के लिए यह अवसर सर्वज्ञ को अपदस्थ करके अधिकार प्राप्त करने का था। इन बाबाओं का विश्वासपात्र होने में भावी अधिकार की कुंजी थी।

शिवराशि ने निश्चय किया, ''अवश्य, महाशक्ति कभी अपूजित नहीं रहेगी। सिद्धेश्वर, चल, चौला को ले आएँ। परम पूज्य जगदम्बा की विधियों का उल्लंघन मैं नहीं सह सकता,'' कहकर वह और सिद्धेश्वर चौला को लेने गए और बाबाओं ने हर्षध्वनि की। उसे इतनी निश्चिन्तता अवश्य थी कि उस समय गुरुदेव प्राणायाम करने में लगे थे, इसलिए उनको कोई खबर नहीं दे सकता था।

लेकिन राशि को जाते देख सामन्त का हृदय, जो चौला को देखने के लिए तरसता था, इस स्थिति में उसको देखने का अवसर पाने के कारण थर-थर काँपने लगा। वह निर्निमेष नेत्रों से लम्बी-लम्बी साँसें लेकर दरवाजे की ओर देखने लगा। उसने फिर अपने बन्धन को देखा, परन्तु वह ऐसा न था, जिसे जबरदस्ती करके या चतुराई से खोला जा सके। उसने अपने कुल को नष्ट होते देखा था और अब केवल त्रिपुर-सुन्दरी के समान वह स्त्री ही शेष थी, जिसकी स्मृति पर वह जीवित था। उसे भी भ्रष्ट होते देखना उसके भाग्य में लिखा था। उसके मुँह में निराशा के झाग आ गए।

[2]

चौला अर्द्धमूर्च्छित थी। उसकी उनींदी आँखें मद-भरी थीं। उसके मुख पर विह्वलता थी। उसके आधे दबे गुलाबी होंठों में से थोड़ी-थोड़ी देर में ये शब्द निकल रहे थे,

"मेरे शम्भु, मेरे नाथ!" ऐसी मूर्च्छा उसे अब थोड़ी-थोड़ी देर में आती थी। उस समय वह कल्पनालोक में भीलनी या पार्वती बनकर भगवान शंकर के साथ कैलाश पर विहार कर रही थी। पास ही चिन्तातुर मुखमुद्रा में गंगा बैठी थी। पहले तो वह यह मानती थी कि चौला पागल होती जा रही है, परन्तु सर्वज्ञ ने उसे विश्वास दिला दिया था कि वह पागलपन नहीं था, वरन् शिव-समर्पण की पराकाष्ठा थी।

इस बीच जल्दी में तथा उग्र बने हुए शिवराशि और सिद्धेश्वर आए। यह देखकर गंगा चौंकी।

"क्यों क्या है?" गंगा ने घबराकर पूछा।

"चौला"–परन्तु इससे पहले कि वह कुछ बोले, दूर से गम्भीर शंखनाद सुनाई दिया और इस आवाज के कान में पड़ते ही चौला बिछौने पर उठकर बैठ गई।

"मेरे नाथ का शंखनाद," वह विह्वल होकर चारों ओर देखने लगी, "माँ, माँ, मेरे नाथ बुलाते हैं। मुझे ले चल भगवान के पास। नाथ, प्रभो, मैं आई–यह आई।"

शिवराशि हँसा। वस्तुतः चौला में महामाया उतरी दिखाई देती थीं और उसने जिस अवसर का निश्चय किया था वह आ पहुँचा था। "चौला ठीक है, तुझे भगवान बुलाते हैं। मैं तुझे लिवाने आया हूँ।"

चौला तत्काल उठी और अभिसारिका की-सी उत्सुकता से पास आई, "राशिजी, सचमुच? तो मुझे ले चलो, ले चलो मुझे; मेरे स्वामी को बताओ, मेरे जटधारी शम्भु को।" आधे दबे होंठ मिलन-लालसा को व्यक्त कर रहे थे। शिवराशि चौला के कन्धे पर हाथ रखकर उसे दरवाजे की ओर ले जाने लगा।

गंगा ने बीच में आकर कहा, "राशिजी, यह क्या करते हो? चौला को कहाँ ले जाते हो?"

"सिद्धेश्वर, गंगा को यहीं रख, इसका वहाँ काम नहीं," कहकर शिवराशि चौला को ले गया और सिद्धेश्वर ने गंगा को उसी के घर में बन्द कर साँकल लगा दी।

जब सामन्त ने त्रिपुर-सुन्दरी के मन्दिर में चौला को अन्दर आते देखा तो आश्चर्य हुआ। उसने तो यह सोचा था कि शिवराशि तड़पती हुई चौला को उसकी मरजी के विरुद्ध उठा लाएगा, लेकिन उसके बदले चौला इस प्रकार आ रही थी जैसे कोई चाव-भरी, लाड़ली प्रियतमा उत्साह में डूबी हुई अपने प्रियतम से मिलने आती है। उसकी आँखों में उत्साह था, खुले होंठों से अधीरता की साँस निकल रही थी; उसके पैरों में भी ठुमुक थी। वह हरिणी की भाँति नाचती-कूदती जा रही थी–छोटी और सुकुमार, वायु में डोलती कमलिनी की भाँति। लोकमर्यादा से अस्पृष्ट वह आई। उसके मुख पर प्रणय-भावना के दिव्य उल्लास की छाया थी।

उस समय चौला की वही दशा थी, जो प्रणय की तीव्रता का अनुभव करनेवाली किसी स्त्री की होती। सामन्त ने जैसा पहले उसे देखा था उससे अब हजार गुनी देदीप्यमान वह दिखाई देती थी। वह क्षण-भर को इस दिव्यता के दर्शन में मग्न होकर अवसर के गाम्भीर्य को भी भूल गया।

''मेरे शम्भु यहीं हैं—इस मन्दिर में?'' उसने चारों ओर देखकर पूछा। आँखों में तेज था, परन्तु यह नहीं देख सकती थी कि उसके आसपास क्या है!

''हाँ, आज यहीं तेरी बाट देखते हैं,'' शिवराशि ने कहा।

चारों ओर मशालें लेकर खड़े हुए बाबा इस त्रिपुर-सुन्दरी को साक्षात् आते देखकर नीची आँखें किए स्तवन बोल रहे थे। वह भीतर के दरवाजे में अदृश्य हो गई—मनोहर विद्युल्लेखा के समान। शिवराशि और बाबा उसके पीछे-पीछे गए। शिवभक्ति ने क्षण-भर के लिए उनकी विषय की मलिनता को धो दिया था।

वह जल्दी से, अधीर पगों से अन्दर आई। उसने अपनी पूजा करने के लिए उत्सुक अन्धकार में खड़े स्त्री-पुरुषों को नहीं देखा। उसका वेश महामाया की पूजा-विधि के अनुकूल नहीं था और उसके शरीर पर लेपन भी नहीं था। उसने मन्त्रों से शुद्ध हुई मदिरा का पान नहीं किया था। लेकिन किसी को इस बात का ध्यान तक न रहा कि उसे यह सब करना चाहिए। उनको तो वह भगवान शंकर से मिलने दौड़ती हुई प्रणय-विह्वलता जगदम्बा त्रिपुर-सुन्दरी जान पड़ी। मन्दिर के वृद्ध पुजारी ने हर तीन महीने के बाद भिन्न-भिन्न स्त्रियों में त्रिपुर-सुन्दरी को उतरते देखा था, इसलिए उसके लिए यह नया अनुभव नहीं था। परन्तु आज उसके भी होश-हवाश जाते रहे। 'जय महामाया!' शब्द से अर्घ्य देने के बाद वह कुछ कर या कह न सका। परन्तु शिवराशि इस अवसर से लाभ उठाना न भूला। गंगा सर्वज्ञ को शंकर के भाव से भजती थी; चौला उसे इस भाव से क्यों नहीं भजती! वह चौला के आगे होकर त्रिपुर-सुन्दरी के गर्भद्वार के सामने जा खड़ा हुआ और पास ही के आले में पड़ा त्रिशूल अनजाने ही उसके हाथ में आ गया।

चौला आई मन्दिर में—दौड़ती। अधीर नयनों से उसने शिवराशि को बीच में खड़ा देखा, ''शिवराशि, मेरे नाथ कहाँ हैं!''

''ये रहे,'' शिवराशि ने दोनों भुजाएँ फैलाकर बताया। परन्तु चौला में इस संकेत को समझने की शक्ति न थी। उसने शिवराशि को दूर हटाया और वह दौड़ती हुई गर्भद्वार में पहुँची, ''मेरे नाथ, मैं आ गई! यह आई! यह आई!'' और वह मन्दिर के शिवलिंग से लिपट गई तथा मनमाने ढंग से प्यार करने लगी। पीछे खड़े हुए नर-नारी गर्भद्वार में से इस अद्भुत प्रणय को अत्यन्त आदर से देख रहे थे।

लेकिन चौला शीघ्र मूर्च्छित होकर गिर पड़ी। यह देखकर प्रेक्षकों को भान

हुआ कि चौला ने बिना विधिवत् तैयारी किए शंकर के लिंग को स्पर्श किया था। जो कपड़े उसने पहने थे वे ही उसके शरीर पर थे; उसने लेपन नहीं किया था; महामाया के प्रतीक की पूजा भी नहीं हुई थी! इस समय सभी विधियाँ भुला दी गई थीं। जो विधियाँ त्रिपुर-सुन्दरी की पूजा का रहस्य थीं, उन्हें भ्रष्ट करके चौला अपनी भक्ति द्वारा इस वीभत्स रस के प्रेमियों को विशुद्ध भाव-भूमि पर ले आई थी। लेकिन जैसे ही भक्ति का यह जादू समाप्त हुआ वैसे ही वे एक-दूसरे की ओर देखकर, इस नवीन पूजा-विधि के प्रति अरुचि का प्रदर्शन करने लगे।

शिवराशि के पल्ले तो गुरु के मान और आज्ञा दोनों भंग करने पर भी असफलता ही पड़ी थी। उसे यह न सूझा कि वह क्या करे। लेकिन वे बाबा बड़बड़ाए, "अधूरी विधियाँ पूरी होनी चाहिए, महामाया का मन्दिर इस प्रकार भ्रष्ट नहीं होगा।"

कुंडला की आवाज सुनाई दी, "जगदम्बा ऐसे नहीं उतरतीं—यह तो ढोंग था या पागलपन।"

और किसी ने सुझाव दिया कि बेसुध चौला को ले जाकर विधिवत् तैयार करो और महामाया की पूजा क्रिया पूर्ण करो।

अनेक जीभें चलने लगीं, रसिक नर-नारी अधीर हो गए।

[3]

गंग सर्वज्ञ प्राणायाम करने बैठे, परन्तु वे सदैव की भाँति स्वस्थता प्राप्त न कर सके। ध्यान करने के लिए उत्सुक उनका चित्त अपनी वृत्तियों को किसी भी प्रकार न रोक सका। अमीर के आक्रमण का विचार उनको सदा आया करता था। उनको अपने ध्यानस्थ चित्त के आगे सहसा चौला क्रन्दन करती हुई दिखाई दी। वह चिल्ला रही थी, उसे भ्रष्ट किया जा रहा था। शिवभक्ति के सत्त्व के समान उस बाल-नर्तकी पर कुछ अत्याचार हो रहा था। ध्यान टूटा, उन्होंने प्राणायाम छोड़ा और खड़े हो गए। जिस प्रकार चंचल हरिण चारों ओर देख शिकारी से बचने का प्रयत्न करता है, उसी प्रकार उन्होंने चारों ओर दृष्टि डालकर जल्दी से साँस ली और वे नर्तकियों के आवास की ओर गए। मन्दिर के आगे से गुरुदेव को इस प्रकार तेजी से जाते देखकर एक-दो शिष्यों को आश्चर्य हुआ, परन्तु उनके श्रद्धावान् हृदय में इस तेजी का कारण खोजने की जिज्ञासा न हुई।

सर्वज्ञ गंगा के घर के सामने पहुँचे तो वहाँ साँकल लगी थी। लेकिन जैसे ही वह पीछे लौटने को हुए कि उन्हें अन्दर से गंगा का रुदन सुनाई दिया। वे

शीघ्र मुड़े और साँकल खोलकर अन्दर घुस गए। वहाँ गंगा औंधे मुँह पड़ी रो रही थी।

"गंगा, क्या है? क्यों रोती है?"

"गुरुदेव!" सिसकी भरकर गंगा बोली, "उस पगली लड़की को राशिजी अभी-अभी त्रिपुर-सुन्दरी के मन्दिर में ले गए हैं। मेरी इस लड़की का क्या होगा?"

गंग सर्वज्ञ की स्वस्थता क्षण-भर को जाती रही। उनकी दृष्टि अनेक वर्षों के तप से विशुद्ध हो गई थी और जब वह छोटे थे तभी से उनको विश्वास हो गया था कि त्रिपुर-सुन्दरी की वाममार्गीय विधियों में अत्याचार और अधमता का अंश है। बहुत वर्ष हुए, उन्होंने उन विधियों का संशोधन करने का प्रयत्न किया था। पूर्ण इच्छा के बिना कोई इसमें दीक्षा न ले; दीक्षित हुए बिना इसे कोई देख न सके; स्वयं उनके या शिवराशि के बिना कोई इसका उत्सव न मना सके–इन नियमों को तो उन्होंने पहले ही से लागू कर दिया था। कितने ही वर्षों से तो उन्होंने स्वयं इन विधियों और उत्सवों में भाग लेना बन्द कर दिया था; और कभी-कभी जब शिवराशि वहाँ आचार्यपद लेने जाते थे तो उनको भी ये अनेक प्रकार की चेतावनियाँ देते थे। धीरे-धीरे उन्होंने मन्दिर के आसपास अपनी अरुचि का द्योतक एक परकोटा खिंचवा दिया था। अन्त में तो उनके मन को ऐसा लगने लगा था जैसे मन्दिर का यह भाग कलंक रूप हो। परन्तु जब तक इन विधियों में निष्णात पुराने पुजारी थे और जब तक इन विधियों में श्रद्धा रखनेवाले भावुक भक्त थे, तब तक वे उन्हें बन्द नहीं कर सके थे। सर्वज्ञ को यह भी विश्वास था कि लकुलेश मत के कितने ही सिद्धान्तों और विधियों में नवीन संशोधन करने की बड़ी आवश्यकता है और वे इस ओर शीघ्रता से प्रयत्न भी करते जाते थे। उनके प्रयत्न उनके मूर्ख शिष्यों, पुजारियों और भावुकों को पसन्द नहीं थे, यह भी उनकी जानकारी के बाहर की बात नहीं थी और कई बार तो यह देखकर कि शिवराशि जैसों को भी इस विषय में उत्साह नहीं है, उनको निराशा हो जाती थी। चौला के विषय में उन्होंने यह दृढ़ निश्चय कर लिया था कि वे इस निर्दोष बालिका को वाममार्गीय दीक्षा नहीं दिलाएँगे। इस विषय में उन्होंने गंगा और शिवराशि को अपना संकल्प बता दिया था। परन्तु इसमें उनका पट्टशिष्य सहमत न था, इसे भी वे जानते थे। इसीलिए आज जब वह यह कहने आया कि चौला में महामाया उतरी है तब उन्होंने स्पष्ट कह दिया था कि उसे उत्सव में नहीं ले जाया जाएगा। राशि के मुख पर वासना थी, इसे उन्होंने देख लिया था। जैसे शिष्य के अन्य दोषों को वे सखेद स्वीकार करते थे वैसे ही उन्होंने मानसिक दृष्टि से स्वीकार कर लिया था। लेकिन सामन्त से बातचीत करने में वे इस विषय में कोई कदम उठाना भूल गए। अब गंगा की हकीकत सुनकर उनका पुण्य-प्रकोप

प्रज्वलित हो उठा। पल-भर श्वास की परीक्षा करके वे पूर्ववत् स्वस्थ बने रहे, परन्तु उन्होंने निश्चय किया कि वर्षों का संकल्प आज कार्यरूप में परिणत होना ही चाहिए।

"मैं जानता नहीं था," उन्होंने कहा, "चल मेरे साथ। वह मशाल ले ले।"

गंगा ने आँसू पोंछकर मशाल हाथ में ली और उसे साथ लेकर सर्वज्ञ ने त्रिपुर-सुन्दरी के मन्दिर में जाने के लिए गुप्त द्वार का कुन्दा खटखटाया। जो बाबा वहाँ पहरा दे रहा था उसने किवाड़ खोले, परन्तु वहाँ गुरुदेव को खड़ा देखकर उसके होश उड़ गए।

"गुरुदेव!" वह बोल उठा।

"हाँ, यहीं खड़ा रह।"

बाबा घबरा गया और जहाँ था वहीं स्तब्ध बनकर खड़ा रहा।

गंगा मशाल लेकर आई और उसके धुँधले प्रकाश में भी सर्वज्ञ ने सामन्त को खम्भे से बँधा देख लिया।

"सामन्त, तू यहाँ कैसे?"

"गुरुदेव, मुझे यहाँ त्रिपुर-सुन्दरी की दीक्षा लेने के लिए लाया गया," कर्कशता से हँसकर सामन्त ने कहा, "और जब मैंने दीक्षा लेने से इनकार किया तो मुझे यहाँ बाँध दिया गया। साथ ही एक बाबा ने मेरे प्राण लेने का निश्चय किया है। मैं उसकी राह देख रहा हूँ।"

"और जिस पर समस्त प्रभास का बोझ है, उसे यहाँ समाप्त कर दिया जाए, जिससे विनाश और पहले आ गए। भगवान पिनाकपाणि, यह आप कैसी बुद्धि दे रहे हैं? इधर आ तो।" उन्होंने उस बाबा को आज्ञा दी, "खोल इसे।"

उस बाबा ने झट से सामन्त के बन्धन खोल दिए।

"चौला को देखा!"

"हाँ, कुछ देर हुई, वह राशिजी के साथ आई और अन्दर चली गई।" सामन्त ने कहा।

"अपनी मरजी से!"

"हाँ, हँसती और कूदती।"

"हाँ," गंगा ने कहा, "शिवराशि ने कहा कि भगवान शम्भु उसकी बाट देखते खड़े हैं, इसलिए वह दौड़ती गई। आज वह भक्ति-विह्वल होकर ही गई थी।"

"प्रसन्नता से गई!" गुरुदेव ने पूछा। यदि वह प्रसन्नता से गई हो तो फिर आपत्ति कैसे हो सकती है, इस बात की शंका उनकी आवाज से स्पष्ट हो रही थी।

"नहीं, नहीं। ऐसी दीक्षा वह कभी प्रसन्नता से स्वीकार नहीं करेगी," गंगा ने कहा।

"अरे ये तो विचित्र लोग हैं," सामन्त ने कहा। उसकी आँखों के सामने उद्दाम वासना से भयंकर बनी हुई कुंडला आई और उसे कँपकँपी आ गई।

"हूँ," कहकर सर्वज्ञ अन्दर गए और मुक्त सामन्त तथा गंगा दोनों उसके साथ हो लिए। वे अन्दर चौक में त्रिपुर-सुन्दरी के मन्दिर के सामने पहुँचे। वहाँ सामन्त को भूतावलि दिखाई दी और वह आँखें मूँदकर खड़ा हो गया। एक ही मशाल के चंचल प्रकाश में अनेक नर-नारी त्रिपुर-सुन्दरी के स्तवन गाते गोलाकार घूम रहे थे और हाथ से ताल दे रहे थे। ये स्त्री-पुरुष थे या उनकी काली और बड़ी छाया, यह समझ में नहीं आता था। कुछ भी हो, सामन्त को अपने नाते-रिश्तेदारों के शवों को देखकर जो कँपकँपी आई थी वही इन छायाओं को देखकर आ रही थी।

इस समय वाममार्गियों की बीभत्स विधियों को देखकर, उनकी कल्पना-मात्र से ही उसकी आँखों के सामने अँधेरा छा गया।

ये सब तीन-चार आदमियों के आसपास फिर रहे थे। उनमें से एक के हाथ में मशाल थी। गाते हुए पुजारी सहसा चुप हो गए। स्तवन और पगध्वनि को भेदती भयत्रस्त मुख से निकली हुई चीख-पर-चीख उनके कान में पड़ने लगी। सर्वज्ञ और गंगा यह समझ गए कि वह किसकी आवाज थी। सामन्त को भी पता चल गया। सर्वज्ञ ने पग उठाया; गंगा थर-थर काँपने लगी, परन्तु सामन्त का धीरज चुक गया। म्यान से तलवार निकालकर सिंह के समान गर्जना करता हुआ वह इन बीभत्स रस के रसिकों पर टूट पड़ा। हाथ में तलवार लेकर आते हुए इस काल भैवर को देखकर उन नर-नारियों ने रास्ता दिया। बीच में वृद्ध पुजारी मशाल लिये खड़ा था। एक बलिष्ठ स्त्री छूटने का प्रयत्न करती हुई चौला को पकड़े खड़ी थी। वह अभी-अभी होश में आई थी और अपने आसपास घूमनेवाले स्त्री-पुरुषों के रूप को देखकर चीख रही थी। सामने शिवराशि उसकी आरती उतार रहे थे।

सामन्त एक छलाँग मारकर पास आया और उस स्त्री को दूर हटाकर छूटने का प्रयत्न करती चौला को अपने हाथ में लिया। राशि की आरती की ज्वालाओं से चमकते हुए उसके खड्ग ने क्षण-भर के लिए सबको भयभीत बना दिया।

"राशि, यह क्या?" सर्वज्ञ ने पूछा। राशि की आँखें फट गईं। एक ओर कालभैरव के समान भयंकर खड्गधारी सामन्त खड़ा था और दूसरी ओर नयनों को उपालम्भ देते गुरुदेव यहाँ विद्यमान थे। उसके हाथ काँपे और उनमें से झनझनाती हुई आरती पृथ्वी पर गिर पड़ी।

"गुरुदेव! गुरुदेव! गुरुदेव!" घबराते हुए स्त्री-पुरुषों के मुख से आवाज निकली।

"राशि, तूने आज महामाया की पूजाविधि का महासूत्र तोड़ा है," सर्वज्ञ ने

अत्यन्त खेद से कहा, "तू चौला को उसकी मरजी के विरुद्ध पूजा में लाया है।"

"नहीं, नहीं। वह इच्छा से आई है–अपनी मरजी से।" सिद्धेश्वर साहस करके राशि की सहायता के लिए बढ़ा।

"इसीलिए चीख रही थी, क्यों? सिद्धेश्वर, तू लकुलेश मत के लिए कलंक-रूप है। राशि, इस समय यहाँ से जा। कल मैं तुझे उचित प्रायश्चित्त बताऊँगा।"

"नहीं, नहीं। यह अपनी मरजी से आई," राशि ने कहा।

"हाँ, हाँ, हाँ।" वृद्ध पुजारी ने आगे आकर समर्थन किया। उसके पास दो-तीन और बाबा भी आकर खड़े हो गए। उनके मुख पर गुरु के प्रति स्पष्ट विरोध झलक रहा था। एक-दो तो हाथ में चिमटा लिये थे। और उनकी खटखटाहट से सर्वज्ञ को डराने का प्रयत्न कर रहे थे।

शान्त और स्वस्थ सर्वज्ञ इन सबको म्लान वदन से देख रहे थे।

"तुम सबने मिलकर आज इस मन्दिर को भ्रष्ट किया है," सर्वज्ञ ने शान्ति से कहा, "आँखें हों तो देखो, चौला कितनी लज्जा से, कितने भय से तुम्हारी आकृतियाँ देख रही है। यह महामाया का मन्दिर है, दम्भियों का नहीं, अत्याचारियों का नहीं, विषय-लोलुपों का नहीं। जब तक तुम सब पूरा-पूरा प्रायश्चित्त नहीं करोगे तब तक यह मन्दिर आज से बन्द रहेगा।"

"यह मन्दिर बन्द रहेगा? कौन करेगा?" वृद्ध बाबा ने आगे आकर भयंकर आवाज में पूछा। उसका हाथ चिमटा उठाने के लिए तरस रहा था, यह भी स्पष्ट दिखाई देता था।

गुरुदेव खिलखिलाकर हँस पड़े, "कौन करेगा? मैं स्वयं–भगवान लकुलेश के सम्प्रदाय के अधिष्ठाता के अधिकार से।"

"ताकत है आपमें?" वृद्ध बाबा ने हाथ उठाया और सामन्त शीघ्र ही उसका हाथ पकड़ने दौड़ा।

"सामन्त, दूर हट," शान्ति से गुरुदेव ने कहा, "हरदत्त, मुझे मारना चाहता है? ले यह मस्तक अपने गुरु का। अपनी अधोगति पूरी कर," कहकर गुरुदेव ने मस्तक झुका दिया।

वृद्ध बाबा की आँखें आकुल-व्याकुल हो गईं। उसके हाथ से चिमटा छूट गया और वह पृथ्वी पर पछाड़ खाकर गिर पड़ा। सर्वज्ञ ने धीमे पगों से लौटकर सैकड़ों वर्ष से बन्द न हुए त्रिपुर-सुन्दरी के मन्दिर के गर्भद्वार को बन्द कर दिया।

"तुम्हारे पाप के संचय से त्रिपुरारि का तीसरा नेत्र खुला है। दानव के समान अमीर इस मन्दिर को तोड़ने चला आ रहा है। जब तक प्रायश्चित्त से तुम अपने पाप धोओगे और यह विपत्ति टलेगी तब तक महामाया की पूजा मेरे अतिरिक्त कोई नहीं करेगा," और सब लोग आत्मबल के इस प्रभाव के आगे नतमस्तक

होकर तितर-बितर हो गए।

सर्वज्ञ कुछ देर तक मन्दिर के चौक में अकेले खड़े रहे। चौला माँ की गोद में सिर रखे अपनी दुर्दशा को याद करके सिसकियाँ भरकर रो रही थी। सामन्त एक दीवार का सहारा लेकर बैठा था।

"गंगा," सर्वज्ञ ने कहा, "चौला को अब घर ले जा। इस परमधाम का क्या होनेवाला है? सामन्त!"

"जी।"

"बेटा, रात अधिक हो गई है। अब तू जाने की तैयारी कर।"

"जैसी आज्ञा।"

"गंगा, इस चौहान को पहचाना? इसको और इसके बाप को चौला ने भस्म लगाई थी। याद है, चौला!"

चौला भक्ति के आवेश से जगी थी, इसलिए उसने सामन्त को पहचान लिया। सामन्त भी पास आया। दोनों ने एक-दूसरे को देखा।

"गंगा, चौहान बहादुर है। पन्द्रह दिन में तो इस पर दैवी प्रकोप हुआ है। अपने विशाल कुल में यह अकेला ही आज सोमनाथ की सेवा के लिए तत्पर खड़ा है। इसे अपने यहाँ ले जा और खिला। इस बेचारे ने कुछ खाया ही नहीं। सबको इसी का सहारा है," यह कहकर सर्वज्ञ नीचा मुँह किए, खेदयुक्त नयनों को पृथ्वी पर गड़ाए धीमे-धीमे चले गए।

चौला लजाई हुई खड़ी थी। थोड़ी देर पहले सामन्त ने उसे जिस अवस्था में देखा था उसका स्मरण आने के कारण वह पृथ्वी में समा जाने के लिए मार्ग माँग रही थी। गंगा ने उसे प्रेम से अपने साथ ले लिया।

"चौहान, चलो। मुझे बताओ तो सही कि तुम पर क्या-क्या बीती है?"

और बहुत दिन बाद सामन्त ने आपबीती कहते-कहते आनन्दमग्न होकर रात बिताई। चौला इस साहसी मनुष्य की बातें सुनकर नए उत्साह का अनुभव करने लगी।

अनहिलवाड़ पाटण

[1]

दो सौ वर्ष पहले अनहिलवाड़ जंगल के बीच एक गढ़-मात्र था। गुजरात में ऐसे सैकड़ों गढ़ थे। वहाँ के चावड़ा राजा प्रतिवर्ष कुछ आदमी लेकर बाहर निकलते और पड़ोस के गढ़ों को लूटते, गाँवों में अपनी अमलदारी चलाते और भीलों को जंगल में भगा देते। कभी तो पाटण के स्वामियों की हद बढ़ती और कभी घटती, कभी उन्हें किसी पड़ोसी राजा के डरके मारे पावागढ़ में शरण लेनी पड़ती और कभी उनकी धाक लाट और सौराष्ट्र के प्रदेशों में जमती दिखाई देती।

लेकिन इस गढ़ का भविष्य विधाता ने सोने के अक्षरों में लिखा था। संवत् 1017 में चालुक्य वंश के मूलराजदेव इसकी गद्दी पर बैठे। तब से इसके रंग-ढंग बदल गए, आसपास के जंगल काट डाले गए और उसकी सरस भूमि में सुन्दर तथा सुघड़ गाँव बसने लगे। राजा के शौर्य ने इन गाँवों को सुरक्षित किया और श्रीमाल, कन्नौज, उज्जयिनी तथा भृगुकच्छ की भद्र जनता वहाँ आकर रहने लगी। गुर्जर भूमि की शूरवीर जातियाँ भी धीरे-धीरे इस विजयी वीर के छत्र के नीचे आकर अधीनता स्वीकार करने लगीं। मूलराजदेव की कुशलता के कारण अनहिलवाड़ का विस्तार और प्रताप दोनों साथ-साथ बढ़े। जहाँ एक छोटा-सा गढ़ था वहाँ खम्भात, भरूच और माँगरोल के व्यापारी समृद्धि के लिए लेन-देन करने लगे; वहाँ देश-देश के विद्वान ब्राह्मणों ने संस्कार और विद्या के केन्द्र स्थापित किए। मिट्टी के छोटे-छोटे घरों का स्थान प्रासाद लेने लगे। सुन्दर मन्दिरों के गगनचुम्बी शिखर धर्म और समृद्धि की साक्षी देने लगे। इन सबके आसपास एक बड़ा भव्य गढ़ बनाया गया। वही अनहिलवाड़, जो केवल एक गढ़ था, अब पाटण हो गया।

मूलराजदेव की सत्ता चारों ओर बढ़ने लगी। उसकी सत्ता को जूनागढ़ के

प्रतापी राजा ने माना, कच्छ ने माना, लाट ने माना और समस्त प्रदेश के राजाओं में पाटण के नरेश ने अग्रस्थान पाया। झालोर, मारवाड़ और स्थानक (थाना) के राजाओं ने उससे मित्रता जोड़ ली। उज्जयिनी के चक्रवर्ती राजा इस दिन-दिन प्रबल होते पड़ोसी को उठते ही गिराने के अनेक प्रयत्न करने लगे, परन्तु वे एक में भी सफल नहीं हुए। और जब मूलराजदेव कैलाशवासी हुए तब अनहिलवाड़ पश्चिम की राजधानी बन चुका था।

मूलराजदेव के कुलदेवता भगवान सोमनाथ थे। उनके वंशजों पर भी भगवान की कृपा थी। जब मूलराजदेव के पुत्र चामुंड और उसके पुत्र दुर्लभसेन की अनीति और संकीर्ण बुद्धि से धरित्री काँपने लगी, तब लकुलेश मत के अधिष्ठाता और सोमनाथ के मठाधिपति गंग सर्वज्ञ के आशीर्वाद से भीमदेव इस गद्दी पर बैठे।

[2]

आज जबकि भगवान के परम धाम को तोड़ने के लिए गज़नी का अमीर चढ़ा आ रहा था तब भगवान की कृपा से बाणावली भीम-जैसा प्रतापी वीर पाटण की गद्दी पर था। उसने यवन का विनाश करने का व्रत लिया। जो कार्य लोहकोट का राजा न कर सका, वीर बालमदेव नहीं कर सका, उसे करने के लिए वह तैयार हुआ। उसकी वीर हुंकार गाँव-गाँव में सुनाई दी और कच्छ और सोरठ, श्रीमाल और गुजरात, लाट और कोंकण के वीरों के हृदय में उसकी प्रतिध्वनि गूँजी। जो देश थे वे प्रान्त हो गए। सबकी दृष्टि पाटण पर जम गई। भिन्न-भिन्न राज्यों के लोग एक झंडे के नीचे आने के लिए तरसने लगे। प्रतिस्पर्द्धा रखनेवाले राजा पाटण के स्वामी की आज्ञा मानने में बड़प्पन का अनुभव करने लगे। भृगुकच्छ से दादा चालुक्य आए, वैर बिसारकर जूनागढ़ का राजा रत्नादित्य आया; कच्छ से कमा लखाणी आया; आबू से त्रिलोचनपाल परमार आया। द्वारिका से बाँसवाड़ा और दमन से आबू तक सोमनाथ की रक्षा करना प्रत्येक का परम मनोरथ हो गया; और बाणावली भीमदेव महाराज को इस मनोरथ को सिद्ध करने का साधन ठहराया गया। पाटण स्वधर्म-रक्षा और स्वाधीनता की अमर मूर्ति बना। एक वीर की आज्ञा, एक नगर का प्रेम और आक्रमण का विरोध करने के लिए एकाग्र चिन्ता—इन तीनों ने मिलकर गुजरात की एकता और पाटण की महत्ता को स्थापित किया।

भीम सबके बीच बिजली की तरह चमकता। किसी स्थान पर वह वीरता जगाता तो किसी स्थान पर भयंकर क्रोध से शिथिलता को दबाता। उसकी बड़ी-बड़ी आँखों में युयुत्सा की अग्नि सदैव प्रज्वलित रहती। कितनी बार वह घोड़े

पर चढ़कर आसपास चक्कर लगाता और उत्साह की चिनगारी रख आता। बहुत बार सैनिकों की व्यूह-रचना में व्यस्त हो जाता। उसने गाँव-गाँव में ढिंढोरा पिटवा दिया था कि हर आदमी को यवनों का सामना करने पहुँचना है। इस निमन्त्रण से आकर्षित होकर नित्यप्रति योजनों दूर से शूरवीर समरांगण महोत्सव मनाने आ पहुँचते। इन सबको शस्त्र-सज्जित करने, उनको विविध आयुधों का उपयोग सिखाने, उनको टुकड़ियों में बाँटने, उनकी हर आवश्यकतापूर्ति की योजनाएँ बनाने और कोट के कंकड़-कंकड़ को सुरक्षित रखने के काम में भीमदेव और विमल मन्त्री रात-दिन लगे रहते।

इस उत्साह की बातें घर-घर होने लगीं। उसकी प्रेरणा से घर-घर वीरों को विदा दी जाने लगी। उत्साहपूर्ण युवकों की छाती चौड़ी हो रही थी, वीरांगनाएँ भय से धड़कते हृदय से कुंकुम-केसर से तिलक करतीं। यवनों के आक्रमण को रोकने में तत्पर अप्रतिरथ भीम की दन्तकथा सुनकर युद्धोत्साह का उदधि उछला और इस सागर के मन्थन के लिए वह सुमेरु पर्वत के सामने हँसते हुए मुख और श्रद्धालु हृदय से बीच में घूमने लगा।

राजगढ़ की एक छोटी-सी कोठरी में दामोदर मेहता बैठे थे। कितने ही दिनों से उनकी आँखों में नींद नहीं आई थी। उनके पास अमीर की विजय-यात्रा की खबर आती थी और उनकी चिन्ता बढ़ती थी। उन्होंने सबसे पहले पाटण के वृद्धों, स्त्रियों और बालकों को पावागढ़ भेज दिया, वेदपाठियों को खम्भात और भरूच रवाना किया और निरुपयोगी जनसमूह के दूर भाग जाने की व्यवस्था कर दी। अमीर के पाटण का घेरा डालने पर अधिक समय ठहरा जा सके, इस आशा से उन्होंने चारों ओर से अनाज मँगाकर कोठार भरवा दिए। गाँव के जलाशयों में महीने-भर के लिए पानी भरवा दिया। खम्भात के जहाजों को इकट्ठा करके उनको युद्ध के लिए तैयार किया। आसपास के हर एक राजा के दरबार में उन्होंने भीमदेव के सन्धि-विग्रहक के रूप में कार्य किया था, इसलिए उनके साथ बातचीत करने, उनकी सेनाओं को मँगाने और जो माँगे उसे पैसे से रिझाने का काम भी उन्हीं के सिर पड़ा।

परन्तु इस समय उनको इतने से ही सन्तोष नहीं था। उन्होंने गुजरात के गाँव-गाँव की व्यवस्था अपने ऊपर ले ली थी। गज़नी के अमीर के घातक व्यवहार की जो बात हर एक की जीभ पर थी वह अधिक न चल सके, यह सोचकर उन्होंने सभी गाँव की स्त्रियों और बालकों को सुरक्षित स्थान पर पहुँचा देने की सलाह दी थी।

इन सब कामों को ये नागरिक-शिरोमणि हँसते हुए मुख और मीठी बोली से करते रहते। विमल मन्त्री की बात सच थी; किसी दिन भी वे आपे से बाहर हुए

हों, ऐसा न किसी ने देखा न सुना था। भीड़ में से रास्ता निकालने के लिए वे सदा ही तैयार रहते।

इस प्रकार वीर गुजरात अमीर का स्वागत करने के लिए कटिबद्ध हो रहा था।

[3]

आज तीन दिन से हरएक सैनिक के मुँह में एक ही बात थी और हरएक साधारण आदमी के मन में यह बात अश्रद्धा उत्पन्न करती थी। कहा जाता था कि रेगिस्तान के सम्राट् माने जानेवाले घोघाबापा को अमीर ने मारा था और उनका भूत सोमनाथ भगवान को बचाने के लिए गुजरात की ओर आया था। बहुतों ने इस भूत को देखा था; कुछ ने तो उसके साथ बातें भी की थीं। वह कहता था कि अमीर बड़ा बलशाली है, इसलिए सब लोगों को जंगलों में भाग जाना चाहिए और जब वह लौटने लगे तो पीछे से उसको लूट लेना चाहिए। इस प्रकार सब लोग बातें करते थे और जैसे-जैसे बात बढ़ती थी वैसे-वैसे उनका साहसी हृदय सन्तुलन खोकर अस्वस्थ होता जाता था। सैनिक कहते कि यह बात झूठ नहीं है; दुर्गपाल अरजन, जिन्होंने भूत को देखा था और उनके साथ बातें की थीं, स्वयं पाटण आ पहुँचे थे और उन्होंने इस विषय में महाराज भीमदेव के साथ बातें की थीं। यह भी कहा जाता था कि बाणावली ने इस बात को हँसकर टाल दिया था। लेकिन हँसी में टालने से क्या सच बात झूठ हो सकती है? लोग शंकालु हृदय से सिर हिलाने लगे।

स्थान-स्थान पर यही बात चल रही थी। घोघाबापा का भूत उनकी युवावस्था के रूप के समान था। उनकी खाल इतनी ज्यादा सफेद थी कि उसे देखकर लगता था मानो अभी-अभी चिता से उठे हों। उनके गले में भी बड़ा घाव था, जिससे रक्त टपक रहा था। यह वर्णन इतनी बार किया गया था कि जैसे कोई स्वयं भूत देख लेता है वैसे ही उनकी आकृति पाटण के प्रत्येक व्यक्ति के लिए परिचित-सी बन गई थी।

पाटण के चारों ओर योजन तक दिन-दिन बढ़ती हुई सेना की छावनी थी। उसकी सीमा पर एक दिन सन्ध्या-समय कुछ चौकीदार बैठे-बैठे गप्प मार रहे थे। गप्पों का विषय घोघाबापा का भूत था। इसके अतिरिक्त और विषय मिलना कठिन था। इतने में दूर से धूल उड़ती दिखाई दी और चौकीदार बात अधूरी छोड़, शस्त्र सँभाल, उस ओर ध्यान से देखते बैठ गए। सौराष्ट्र के रास्ते से चार ऊँटनियाँ

तेजी से चली आ रही थीं। एक चौकीदार ने हुंकार करके थोड़ी दूर पर बैठे सैनिक को सावधान किया और इस प्रकार हुंकार का वह सन्देश एक के द्वारा दूसरे पर होता हुआ चारों ओर फैल गया।

एक चौकीदार पहली ऊँटनीवाले से मिलने आगे बढ़ा। इस ऊँटनी पर एक युवक बैठा था, जिसे देखते ही चौकीदार के होश उड़ गए। वही भयंकर आँखें, वही चिता से उठे हुए की-सी खाल और वही गले पर गहरा घाव!

"कौन हो?" उसने थर-थर काँपते हुए पूछा।

"चौहान हूँ। सोमनाथ से चला आ रहा हूँ—भीमदेव महाराज से मिलने।"

"घोघाबापा!" चौकीदार बोल उठा। वह युवक हँसा नहीं; भूत क्या कहीं हँसता है? उसने इनकार भी नहीं किया; सच बात के लिए क्या कहीं इनकार किया जाता है? ऊँटनीवाला आगे बढ़ा।

दूसरे चौकीदार ने शब्द पकड़ लिये, "कौन, घोघाबापा का भूत?" उसने भी भूत को पहचाना और वह अवाक् हो गया।

तीसरे की भी यही दशा हुई। एक सैनिक से दूसरे सैनिक तक यह शब्द पहुँचा और ऊँटनीवाला युवक निश्चिन्तता से आगे बढ़ता हुआ राजगढ़ की ओर चला गया।

जब युवक की ऊँटनियाँ राजगढ़ के पास पहुँचीं तो उसके दरवाजों के आगे सैनिकों की भीड़ खड़ी थी। रात होने को आ गई थी। युवक ने अपनी ऊँटनी बिठाई और उससे वह और एक वृद्ध ब्राह्मण दो आदमी उतरे। उस नवागन्तुक को सैनिकों ने आकर घेर लिया।

"मुझे भीमदेव महाराज से मिलना है। सोमनाथ पाटण से सन्देश लेकर आया हूँ।"

तत्काल एक वृद्ध दुर्गपाल गढ़ के दरवाजे से बाहर आया और खड़ी हुई भीड़ को हाथ से दूर करने लगा। उसके साथ एक मशालची था। सबने मार्ग दिया और वृद्ध उसी युवक के सामने आया। उसने युवक को देखा और उसकी आँखें आकुल-व्याकुल हो गईं। उसने पागल की तरह आँखों पर हाथ रख लिये और जैसे-तैसे अपने साफे को सँभाला।

"घोघाबापा! अरे बाप रे!" कहकर और दोनों हाथ साफे पर रखकर दुर्गपाल अरजन लौटकर राजगढ़ में जाने लगा। सैनिकों के होश-हवास उड़ गए।

"दुर्गपाल अरजन, भीमदेव से कहो कि मैं एक आवश्यक काम से मिलना चाहता हूँ।"

दुर्गपाल अरजन और उसका मशालची तेजी से आगे गए और सामन्त और उसका वृद्ध साथी अँधेरे में वहीं खड़े रहे। देखते-देखते वहाँ खड़े सैनिक तितर-बितर

हो गए। घोघाबापा के भूत के साथ खड़े होने की हिम्मत किसी में न थी। युवक धीमे-धीमे उसके पीछे गया।

[4]

राजगढ़ के सभाभवन में सब लोग विचार करने के लिए इकट्ठे हुए थे। बीच में गद्दी पर स्वयं वाणावली बैठे थे—मूँछों पर ताव देते हुए। उनकी दाईं ओर जूनागढ़ के राय रत्नादित्य थे—अधेड़ उम्र के, विशाल-बाहु, नरशार्दूल जो पुराने वैर को भुलाकर मूलराजदेव के वंशज के दाएँ हाथ बने थे। उनके पास कच्छ के वृद्ध वीर बन्धुवर कमा लखाणी बैठे थे। उनकी सफेद भरी हुई दाढ़ी के बीच उनका झुर्रीदार मुँह अनेक दर्शकों के अनुभव की साक्षी दे रहा था। यद्यपि वे एक आँख से काने थे तथापि उनकी अच्छी आँख दूसरे आदमियों की दो आँखों की अपेक्षा अधिक तीक्ष्ण और दीर्घदर्शी थी। भीमदेव महाराज की बाईं ओर भरूच के राजाओं का वंशज दद्दा बैठा था। उसे पाटण की धाक के कारण ही यहाँ आना पड़ा था और कब वापस लौटना होता है, यही चिन्ता उसके मुख पर झलक रही थी। उसके पास अठारह वर्ष का उत्साही बालक और भीमदेव का परम भक्त त्रिलोचनपाल परमार प्रशंसा-मुग्ध नयनों से भीमदेव की ओर देखता हुआ बैठा था। भीमदेव के दोनों मन्त्री और सेनापति बैठे थे।

इस समय एक ही विचारणीय प्रश्न था और वह यह कि आगे बढ़कर अमीर की सेना का मुकाबला किया जाए या तैयारी करके यहीं लड़ने के लिए ठहरा जाए।

"मैं तो निश्चय कर चुका हूँ कि आगे बढ़ना ही है। पहली चोट तो राणा की ही होगी," भीमदेव ने कहा, "अपनी सेना के आगे उसकी क्या गिनती है?"

दामोदर मेहता ने हँसकर सिर हिलाया, "महाराज, जो इतनी-इतनी सेनाओं को हराकर आ रहा है, उसकी अवहेलना कैसे की जा सकती है?"

"लेकिन अपनी सेना को तो देखो। फिर उसके आने से पहले तो यह सवाई हो जाएगी। साथ ही वह थका हुआ है और हम ताजा हैं।"

"और उसके लिए देश भी अपरिचित है," जूनागढ़ के राय रत्नादित्य ने कहा।

"उसके लिए तो रेगिस्तान भी अपरिचित था। आगे बढ़े और हार खा गए तो उसके लिए प्रभास पाटण का रास्ता खुला मिल जाएगा, जबकि यहाँ ठहरने पर वह यदि पाटण का घेरा डाले तो भी छह महीने लग जाएँगे।"

“और वह हार जाएगा सो अलग,” त्रिलोचनपाल ने भी समर्थन के स्वर में कहा।

“नहीं, नहीं,” भीमदेव ने दृढ़ता के स्वर में कहा, “इस अपनी सेना के साथ यदि मैं पाटण के कोट में बन्द होकर बैठ जाऊँ तो मुझे कलंक लग जाएगा।” बोलते-बोलते वे घुटनों के बल खड़े हो गए। “मुझे तो उस पर बिजली की भाँति टूट पड़ना है और उसकी फौज को जमींदोज करना है। त्रिपुर के इस अवतार का विनाश करने के लिए ही तो महादेवजी ने मुझे जन्म दिया है। मेहताजी, हम आगे बढ़ेंगे। हमें कोई रोक न सकेगा, गुजरातियों के बाहुबल से हम इस विदेशी को भगाकर छोड़ेंगे। हममें से जो कायर हों वे भले ही घर लौट जाएँ। हम तो आगे बढ़ेंगे और अमीर को हराकर अपनी कीर्ति को अमर करेंगे।” और भीमदेव की आँखों से गर्व की ज्वाला निकलने लगी।

“धन्य है, धन्य है,” वहाँ बैठे हुए अनेक शूरवीरों के मुँह से निकल गया। उनकी शिराओं में भी नवचेतना का संचार हुआ।

“लेकिन रेगिस्तान का थका हुआ वह करेगा क्या?” राय रत्नादित्य ने फिर दामोदर मेहता से कहा। सबको लगा कि यह मन्त्री व्यर्थ डरता है।

“जो रेगिस्तान को पार करते हुए नहीं थका वह इस सरस भूमि में आते हुए कैसे थकेगा?”

‘थकेगा नहीं तो थका दूँगा। आप, मेहताजी, पाटण में रहिए और पीछे से हमें रसद पहुँचाइए। मेरे हृदय में अत्यन्त श्रद्धा है। इस देवद्रोही को मारकर पवित्र गुर्जर भूमि को फिर से पवित्र करूँगा। जहाँ भगवान सोमनाथ का हाथ हो वहाँ यह यवन कौन हैं? क्यों, सच है न?” उसने आसपास बैठे वीरों से पूछा।

“सच है, सच है,” उत्साह से उन्होंने उत्तर दिया।

वृद्ध कमा लखाणी की एक आँख भी उग्र हो गई। “क्या हम सब चूड़ियाँ पहनकर बैठे हैं?” उसने गर्जना की।

“किसकी हिम्मत है जो ऐसा कहे?” भीमदेव ने उछलकर कहा।

[5]

“अन्नदाता, घोघाबापा,” मानो इस प्रश्न का उत्तर दे रहा हो ऐसे ही दौड़ता, घबराता दुर्गपाल अरजन खंड में आते ही बोला। उसके साफे का ठिकाना न था और उसकी आँखों में भय था। उसके हाथ थर-थर काँप रहे थे। उसे इस रूप में देखकर सब चकित हो गए।

"क्या है दुर्गपाल?" कड़ाई के साथ भीमदेव ने पूछा, "क्या हुआ है?"

"अन्नदाता, घोघाबापा आए हैं," अरजन ने कहा और आँखों पर हाथ रख लिये। बैठे हुए सब लोग खड़े हो गए। सबके हास्य में अकल्पनीय भय समा गया। अकेले भीमदेव ही काँपते हुए दुर्गपाल की ओर देख रहे थे।

पीछे से सामन्त आ पहुँचा–स्वस्थ, दृढ़ और विवर्ण, एकाग्र और स्थिर आँखों से सारी सभा की परीक्षा करता हुआ–वही आँखें, वही खाल, वही घाव।

"महाराज, मैं घोघाबापा का पौत्र सामन्त हूँ," कहकर उसने भीमदेव को साष्टांग दंडवत् प्रणाम किया, "भीमदेव महाराज की जय! जय सोमनाथ!" विमल ने उसको शीघ्र पहचान लिया और सब लोगों के सँभलने से पहले ही बोल उठा, "चौहान वीर, पधारो।"

भीमदेव आगे बढ़कर सामन्त से लिपट गए, "चौहान वीर, तुम्हारे कुल ने राजपूतों की इकत्तर पीढ़ियाँ तार दीं। आओ, आओ!"

सामन्त विनय के साथ परन्तु दृढ़ता से भीमदेव की विशाल भुजाओं में से छूट गया और कुछ कड़ाई और भावहीनता धारण किए तनिक दूर जाकर अलग खड़ा हो गया। सबको धीरे-धीरे यह विश्वास हो गया कि वह जीवित व्यक्ति है। अकेला दुर्गपाल अरजन ही इस बात को मान सका।

"बैठो, चौहान!" भीमदेव ने सामन्त का हाथ पकड़कर उसे अपने सामने बिठाया। सामन्त दोनों पैर मोड़कर साभिमान बैठ गया। "कहाँ से आए हो? क्या खबर लाए हो?"

"मैं गुरुदेव गंग सर्वज्ञ के पास से आया हूँ।"

"प्रभास से? आप वहाँ कब गए थे?" दामोदर मेहता ने पूछा।

"मैं अमीर की सेना से छूटकर सीधा प्रभास पहुँचा। बाहर हमारे गुरु नन्दिदत्त खड़े हैं।"

"कौन, नन्दिदत्तजी? अरे वहाँ क्यों खड़े हैं? मैं ले आऊँ," कहकर दामोदर मेहता भीमदेव के राजगुरु घोघागढ़ के वृद्ध राजगुरु को उचित सम्मान देने के लिए बाहर गए और नन्दिदत्त को विनयपूर्वक अन्दर ले आए। अन्दर आते ही उनकी आँखों में आँसू आ गए। इस समय उनके लिए यह सम्मान असह्य हो उठा था।

"आइए! आइए!"

सब बैठे और भीमदेव के प्रश्न के उत्तर में नन्दिदत्त ने यथासम्भव संक्षिप्तता से घोघाबापा के कुल की विध्वंस-कथा कह सुनाई।

"आपने अमीर की सेना कब छोड़ी है?" मेहता बात को प्रस्तुत विषय पर ले आए।

"मारवाड़ की सीमा से थोड़ी दूर, रेगिस्तान में। वहाँ से मैं सीधा गुरुदेव को

चेताने के लिए प्रभास गया और वहाँ से दौड़ती ऊटनी पर यहाँ आया हूँ।"

"अमीर कितनी दूर होगा?"

"पन्द्रह दिन की यात्रा की दूरी पर।"

"आपने अमीर की सेना देखी है?" भीमदेव ने पूछा।

"देखी है।" म्लान वदन सामन्त ने कहा, "मैं उसमें घूमा हूँ, मैंने उसकी शक्ति को नापा है और अमीर की परीक्षा भी की है। मैं यही गुरुदेव से कहने गया था, परन्तु मुझे उन्होंने आज्ञा दी कि जो कुछ मुझे कहना है वह मैं आपसे कहूँ। आप ही भगवान सोमनाथ के दाएँ हाथ हैं।"

"गुरुदेव की आज्ञा मुझे शिरोधार्य है," भीमदेव ने कहा, "चौहानराव, जो कुछ कहना हो, प्रसन्नता से कहो।"

"हाँ, अवश्य; आप समय पर आ पहुँचे हैं।"

"सबसे पहली बात तो मुझे यह कहनी है कि यदि युद्ध में अमीर का सामना करने का विचार हो तो छोड़ दो।" सामन्त के धीरे-से कहे हुए शब्दों ने सारी सभा को चैतन्य कर दिया। सब ध्यान और आश्चर्य से सुनने लगे। अभी तो उन्होंने दूसरा ही संकल्प किया था।

"क्या? मैं–पाटण का चालुक्य–प्रत्यक्ष लड़ाई न लड़ूँ?" ऐसा लगा मानो भीमदेव की क्रोधपूर्ण आँखें सामन्त को जलाकर भस्म करने के लिए बेचैन हों।

सामन्त शान्त बैठा था, केवल उसके मुख पर तिरस्कारयुक्त हास्य था। थोड़े ही दिन में जन्म-जन्म के दुःख का अनुभव करके वह इतनी छोटी-सी अवस्था में ही वृद्ध हो गया था। "महाराज, क्षमा करो।" और उसके धीमे-से कहे हुए शब्दों को सुनने के लिए सब गरदन लम्बी करके उत्सुकता के साथ बैठ गए। "ऐसी गर्व की बातें सुनते-सुनते मैं थक गया हूँ। चालुक्य-राज, ऐसा लगता है कि क्षुद्र बुद्धि और पारस्परिक विरोध में मस्त अपने राजाओं को मारने के लिए ही भगवान सोमनाथ ने इस अमीर को भेजा है।"

जो राजा थे वे क्रोध में और दूसरे आदमी आश्चर्य में आकर इस छोटे-से लड़के द्वारा कहे गए भयंकर शब्दों को सुन रहे थे। भीमदेव का हाथ तो जल्दी में तलवार की मूँठ पर चला गया। सामन्त की तीक्ष्ण दृष्टि भी भीमदेव के हाथ के साथ ही मूँठ पर पड़ी। सामन्त इस अधीरता को समझ गया है, इस बात को भीमदेव ने जान लिया और कुछ लज्जित होकर हाथ को मूँठ से हटा लिया।

"चालुक्यराज, गर्व में मस्त हम सब यह जानते हैं कि अमीर को कुचलना मामूली बात है। परन्तु जैसे अजगर के मुख में वनचर जा पड़ते हैं वैसे ही हम उसके मुख में चले जा रहे हैं। इसी गर्व में घोघाबापा ने कुल का नाश कर लिया, बालमदेव ने पचास हजार योद्धा होम दिए और आप भी उसी आग में कूदने के

लिए तैयार हो रहे हैं।''

''क्या कहते हो?'' राय रत्नादित्य ने कटाक्ष से कहा, ''क्या आप यह कहना चाहते हैं कि हम अब यहाँ से वापस लौट जाएँ?''

''नहीं, जो कुछ करना हो करो, परन्तु करने से पहले यह तो सोच लो कि अमीर कैसा है। मेरी बात आपको कड़वी तो लगेगी, पर मैं कहता हूँ कि आपने जो सेना इकट्ठी की है वह अमीर की सेना के आगे आधी घड़ी भी नहीं ठहर सकती।''

''तो क्या पाटण और जूनागढ़, लाट–'' राय ने कहा।

इस बीच भीमदेव मूँछों पर ताव देते सामन्त की ओर देख रहे थे। वास्तव में यह मित्र है या शत्रु? वे बीच में बोल उठते, परन्तु उन्होंने दामोदर मेहता को सामन्त के शब्द-शब्द का सिर हिलाकर समर्थन करते देखा, इसलिए कुछ संयम रखा।

''महाराज, यदि अमीर की शक्ति और व्यवस्था का आपको तनिक भी ध्यान होता तो आप भी वही कहते, जो मैं कह रहा हूँ। आपकी जो सेना इस समय है, उससे दस गुनी सेना हो तो भी आप उसे हराने में असमर्थ होंगे, समझे?''

''हम इस प्रकार डरनेवाले नहीं हैं,'' भीमदेव ने अपमानजनक उग्रता के साथ कहा, ''हम कम हैं और शत्रु अधिक, यह तो कायर कहा करते हैं।''

क्षण-भर के लिए सामन्त के मुख पर क्रोध आ गया, लेकिन उसने होंठ दबाकर अपने को शान्त रखा। उसके बाद उसका मुख दृढ़ और भयंकर बना और उसकी आँखों में अमानुषी तेज झलका। उसने चरण-स्पर्श किए, उठा और हाथ जोड़े और बिगड़े हुए साँप के मुँह से निकली हुई फुंकार के समान उसके मुँह से शब्द निकले–

''चालुक्यराज, यदि भोले भीमदेव के अतिरिक्त किसी और ने मुझे कायर कहा होता तो मैं उसके प्राण ले लेता। परन्तु आज मैं आपसे लड़ने नहीं आया, भगवान सोमनाथ को बचाने की चेष्टा कर रहा हूँ। आपको अपने राजपाट का लोभ है, परन्तु मुझे अमीर को हराने के अतिरिक्त और कोई लालसा नहीं है। आपने तो अभी अमीर का नाम ही सुना है, परन्तु मेरे घोघाबापा ने तो उसे रोकने के लिए अपने पूरे कुल की आहुति दी है। मेरे पिता ने उसे रेगिस्तान में भटकने के लिए अपूर्व पराक्रम किया है और मैंने अकेले ही उसकी सेना के बीच उसके गले पर खंजर रखा है।'' और सामन्त की आवाज और आँखें शोक से ओत-प्रोत हो गईं। ''और यदि मन में निश्चय की हुई बात हो जाती तो जो लाखों राजपूत नहीं कर सके वह मैंने अकेले ने कर डाला होता, लेकिन–लेकिन...'' उसकी आवाज रुकी, ''लेकिन भगवान सोमनाथ की इच्छा थी कि वह न मरे। भीमदेव महाराज! मेरे कुल

ने और मैंने जितना किया है, उतना यदि आप करेंगे तो आपको भोलानाथ अवश्य यश देंगे।" इतना कहकर सामन्त नीचे झुका और बाहर जा ही रहा था कि मेहता ने खड़े होकर उसे रोका।

"चौहान वीर!" उसने मीठी आवाज में कहा, "घोघागढ़ के चौहान को कायर कहने से पहले तो महाराज अपनी जीभ काट डालेंगे। घोघाबापा की सन्तान का स्थान तो सदैव सूर्य के सिंहासन के पास है।"

भीमदेव उठकर सामन्त से लिपट गया। "चौहान," उसने गद्गद होकर अपमान का प्रायश्चित्त किया, "क्षमा करो, मैं ऐसा कह गया। मैं उतावला हूँ। हमें तो अभी शूरता दिखानी है, पर तुम तो कभी के अनेक पूर्वजों को तार चुके हो। मुझे क्षमा करो।" और उन्होंने मोहक स्नेह से सामन्त को फिर छाती से लगा लिया।

इस अद्भुत निश्छलता से सामन्त पानी-पानी हो गया और बैठ गया।

[6]

"बैठो चौहान वीर," दामोदर मेहता ने कहा, "जो कुछ आप कह रहे हैं, वही महाराज से मैं कह रहा था। अमीर से प्रत्यक्ष लड़ने में कोई लाभ नहीं।"

"मेहताजी," सामन्त ने खेद से कहा, "यह सब कहते हुए मेरे प्राण निकलते हैं। मैं भी टेकी कुल का हूँ। मेरी भी यह सबसे बड़ी इच्छा है कि लाज जाने से पहले ही मेरे प्राण निकल जाएँ। परन्तु आज डेढ़ महीने से मेरे ऊपर जो बीती है उसी को देखकर मैं आप जैसे गुरुजनों को सम्मति देने का साहस कर रहा हूँ।"

"चौहान, कहो, सब कहो," भीमदेव ने कहा।

"महाराज," सामन्त ने कहा, "अमीर की सेना नहीं है, महासागर है। आपके पास होंगे तो बीस हजार पैदल और पाँच हजार घुड़सवार..."

"आठ हजार..."

"आठ हजार। बहुत होंगे तो दो हजार हाथी और ऊँट होंगे। महाराज अमीर के पास तीस हजार सवार हैं जो पंखवाले जंगली घोड़ों पर विचरते हैं। उसके पास दस हजार तो हाथी होंगे और असंख्य भयंकर योद्धाओं की पैदल सेना है। कम-से-कम तीस हजार ऊँटों पर पानी लादकर उसने रेगिस्तान को पार किया है। कोटों को तोड़ने के लिए उसके पास बड़े-बड़े यन्त्र हैं। उसके आगे हमारी गिनती नहीं है। नगरकोट से मारवाड़ तक जिन इक्के-दुक्के राजपूतों ने लड़कर प्राण दिए हैं, वे यदि एकत्र हो जाते तो उनके भाग्य से काम बन सकता था," सामन्त रुका

और सारी सभा दिङ्मूढ़-सी सुनती रही।

"फिर?" दामोदर मेहता ने पूछा।

"यह तो सेना का बन है। और अमीर अलग। उसमें ऐसी सेना को हाथ में रखने की कला है। उसे मित्र बनाना आता है, कायरों को साहसी बनाना आता है। उसकी व्यूह-रचना की शक्ति की कोई सीमा नहीं। उससे कैसे लड़ेंगे?"

"तो क्या करें?" गौ-ब्राह्मण प्रतिपालक हम विदेशी द्वारा अपनी भूमि को आक्रान्त होने दें? अपनी स्त्रियों और ब्राह्मणों को भ्रष्ट होते देखें? अपने इष्टदेवता के संरक्षण के लिए भी प्राण न त्यागें?"

"महाराज, मैं यह तो कहता ही नहीं," सामन्त ने कहा, "आपको तो दृढ़ होकर लड़ना है और प्राण देकर भी प्रभास और इस पाटण को बचाना चाहिए।"

"लेकिन कैसे?"

"अमीर को आने दो सौराष्ट्र में–बिना विरोध के; जितने ही कम आदमी मरने दोगे उतने ही पीछे काम आ सकेंगे। उसे पीछे से परेशान करना होगा।"

"यह तो मैं भी मानता हूँ कि अमीर का प्रत्यक्ष रूप से सामना करने में बड़ा खतरा है," दामोदर मेहता ने कहा, "मेरा तो मत यह है कि पाटण में रहकर ही मुकाबला किया जाए।"

"उसने इतने गढ़ तोड़े हैं कि उसके लिए पाटण की कोई गिनती नहीं है," सामन्त ने कहा।

"यह भी सच है," चिन्तातुर दामोदर ने कहा।

"लेकिन और हो क्या सकता है?" राय ने पूछा।

"और पाटण छोड़कर जंगल में छिप जाऊँ तो मेरी कीर्ति का तो लोप हो जाएगा।"

"और सेना का उत्साह भी जाता रहेगा," त्रिलोचनपाल परमार ने कहा।

"जो होना हो सो हो, पर मैं यहाँ से हिलने का नहीं। यह तो मेरा पाटण है, मेरे बाप-दादों का पाटण है। यदि अमीर को खदेड़ने का मेरा प्रण चला गया तो उससे पहले ही मैं कोट के नीचे कुचलकर मर जाऊँगा।"

"लेकिन इससे भगवान सोमनाथ नहीं बचेंगे," सामन्त ने कहा। उसकी धीमी और तिरस्कारयुक्त आवाज चाबुक की फटकार की भाँति सबको तिलमिलाने लगी।

"तो करना क्या है?"

"मुझे एक ही रास्ता दिखाई देता है," दामोदर मेहता ने सामन्त की ओर देखकर धीरे-से कहा, "अमीर फौजों से लड़ा है, निर्जनता से उसका पाला नहीं पड़ा। यही दुश्मन उसे थका मारेगा।"

"इसका अभिप्राय?"

"अभिप्राय यह है कि हमें पाटण का मार्ग और पाटण दोनों खाली कर देने चाहिए, भले ही वह वायु वेग से आगे बढ़े।"

"यही तो मैं कहता हूँ, मेहताजी," सामन्त ने समर्थन किया।

"लेकिन मैं क्या करूँ! भाग जाऊँ?" भीमदेव ने निराशा-भरे स्वर में पूछा।

"नहीं महाराज, नहीं," मेहता ने हँसकर कहा, "आप समस्त सेना को लेकर प्रभास जाइए। यदि आपको विजय प्राप्त करनी है तो इसे सौराष्ट्र के जंगलों का पूरा-पूरा अनुभव कराना चाहिए।"

"लेकिन प्रभास पाटण का गढ़ छोटा है," राय ने शंका उठाई।

"छोटा है तो क्या, पलक मारते ही उसे बड़ा कर देंगे। लेकिन वहाँ भगवान की आड़ रहेगी और गुरुदेव की प्रेरणा मिलेगी। वहाँ जो राजपूत लड़ेंगे वे राजधानी को बचाने के लिए नहीं, वरन् इष्टदेव को बचाने के लिए जान हथेली पर रखकर लड़ेंगे। उनको इस लोक में विजय या परलोक में कैलाश के अतिरिक्त दूसरी लिप्सा नहीं होगी।"

भीमदेव की बड़ी-बड़ी आँखें और खिल उठीं। वह मूँछों पर ताव देने लगा। साथ ही उसने एक छोटी-सी नर्तकी को पानी में से सौन्दर्य-स्नान करके निकलते देखा और पल-भर में वह मूर्ति अलोप हो गई।

"हाँ मेहताजी, वहाँ मैं लड़ूँगा अपने इष्टदेव के समक्ष और ऐसा पराक्रम दिखाऊँगा जैसा न कभी देखा है, न कभी सुना है। और दानव की सेना को समुद्र में विलीन कर दूँगा।" उसने गौरव से कहा।

"मेहताजी," सामन्त ने कहा, "आपकी योजना अद्भुत है। यदि हम इस अन्तिम प्रयास पर ही अपना सर्वस्व निछावर कर दें तो हजारों युद्धों की अपेक्षा यह एक युद्ध ही श्रेयस्कर है। लेकिन मैं तो अकेला यहीं रहूँगा।"

"हम आपको इस प्रकार नहीं मरने देंगे, चौहान," दामोदर मेहता ने कहा।

"और मुझे इस प्रकार मरना भी नहीं है—अमीर के पैर जब तक मेरी भूमि पर हैं तब तक। यदि सम्भव हो तो थोड़े-से आदमी मुझे दे जाना। मैं तो घोघाबापा का भूत हूँ। मैं अपने ढंग से उससे भुगत लूँगा और आपका सहायक भी हो सकूँगा।"

"लेकिन तुझे मेरे साथ ही होना चाहिए सामन्त," भीमदेव ने कहा।

"नहीं महाराज, वह भले ही आ जाए, मैं उसे पीछे नहीं लौटने दूँगा।"

"तेरे लिए मैं उसे छोड़ूँगा, तभी न?" भीमदेव ने कहा।

"महाराज के मुँह में घी-शक्कर।"

"यह भी गलत नहीं," दामोदर मेहता ने कहा, "और मैं ही खम्भात के

बन्दरगाह से समुद्र के मार्ग से प्रभास के लिए आवश्यक वस्तुएँ जुटाऊँगा। और प्रभास पाटण खाली भी शीघ्र ही करना पड़ेगा न!"

"और विमल तो मेरे पास ही होगा न?"

"अवश्य अन्नदाता," विमल ने कहा।

[7]

और उसी रात को भीमदेव महाराज ने इस संकल्प को कार्यरूप में परिणत कर दिया। घुड़सवार गाँव खाली करने की आज्ञा लेकर चारों ओर निकल गए। रातोंरात पाटण में एकत्रित अनाज गाड़ियों में भरकर प्रभास भेज दिया गया। सवेरे ही सारी सेना ने सौराष्ट्र का रास्ता लिया। मध्याह्न के समय जब भीमदेव महाराज ने पाटण छोड़ा तब सामन्त, नन्दिदत्त और महाराज के दिए हुए पाँच सौ घुड़सवार पाटण में रह गए।

चलते-चलते भीमदेव ने सामन्त के निश्चय को बदलने का बड़ा प्रयत्न किया, परन्तु वह टस-से-मस नहीं हुआ।

जब पूरी सेना पाटण छोड़ गई तब सामन्त सबसे ऊँचे कँगूरे पर चढ़कर दाँत पीसता हुआ क्षितिज को देखने बैठा।

"अमीर, आ। अब मैं हूँ या तू।"

प्रभास में तैयारी

[1]

अमीर की चढ़ाई की खबर की अपेक्षा महाराज भीमदेव के सेना के साथ आने की खबर से प्रभास में विचित्र प्रकार की चेतना आई। भगवान की छाया में रहनेवाले स्त्री-पुरुषों को अमीर का रत्ती-भर भय नहीं था। त्रिपुरासुर को, तीसरे नेत्र से जलाकर भस्म करनेवाले को एक ऐसे यवन की क्या चिन्ता थी! नर-नारी स्वागत की ऐसी तैयारी करने लगे मानो सेना विजय करके आ रही है। घर-घर तोरण बाँधे गए, द्वार-द्वार पर साँथिया पूरे गए, मन्दिरों पर नई ध्वजाएँ फहरीं, गीत और मृदंग से गलियाँ गूँजीं। प्रत्येक शिवलिंग पर रुद्री शुरू हुई और शिवपुराण के पारायण होने लगे। भगवान पर महारुद्र आरम्भ हुए और श्रोत्रियों के स्वर से मन्दिर गूँजने लगे। हृदय-हृदय में प्रतिध्वनि हुई, 'आया-आया भगवान का अवतार, बाणावली भीम, यवनों का संहारक, साधुओं का उद्धारक।'

[2]

चौला बड़े मन्दिर के शिखर के एक किनारे पर खड़ी होकर व्याकुल नयनों से पाटण से आनेवाले मार्ग को देख रही थी। उसके मुख और गले पर लाली आ गई थी, उसका छोटा-सा हृदय कुरबक के समान उछलता था। बाणावली भीम आ रहे थे—पाटण के स्वामी और रुद्र के अवतार, जिन्होंने उसे कालमुखे के हाथ से बचाया था वे। नहीं-नहीं, भीम ने तो उसे हाथ में लिया था, उसके अंग-अंग का स्पर्श किया था। वह माधुर्य के सार के समान चाँदनी; उस दिन का सागर का चन्द्रिका

स्नान; भयानक कालमुखे की वह चीख और मूर्च्छा में देखा हुआ वह तेजस्वी मुख। वे शौर्य-प्रदर्शक मूँछें, वे चमकती मोहक आँखें और विशाल भुजाएँ, जिनमें वह बालक की भाँति भूली थी; वह अविस्मरणीय रात्रि—समस्त जीवन-सरिता की एक अद्भुत उल्लास-तरंग की भाँति उसकी कल्पना में पुराने अनुभव को नवीन रूप देने लगी। आज वह मुख, मूँछ, आँख और भुजा धनी त्रिपुरासुर का नाश करने के लिए उद्यत भगवान का अवतार बनकर आ रहा था। अवर्णनीय उमंगों द्वारा स्वागत करने के लिए उसने अपनी आँखें क्षितिज पर गड़ा दी थीं। सागर के ऊपर से आती हुई वायु उसके बालों और वस्त्रों को कुछ-कुछ नचा-सी रही थी और उसकी रग-रग में अजीब-सी झनझनाहट पैदा कर रही थी। 'आया, वह आया मेरे रुद्र का अवतार,' यह ध्वनि उसके अंग-अंग में सुनाई दे रही थी।

दो दिन हुए, भगवान सोमनाथ का स्वरूप भी अज्ञात रूप से बदल गया था। युद्ध के लिए तत्पर रुद्र ने जटाओं पर मुकुट धारण किया था और उसके ऊपर था मयूर-पक्ष। उनके श्याममनोहर मुख पर भलाई और भोलापन दिखाई दे रहे थे; उनकी मूँछों में बल ाड़े हुए थे; दाढ़ी कुछ अच्छी हो गई थी और उनके मुड़े हुए बाल कान के पीछे छिप गए थे। उन्होंने शरीर के ऊपर सोने का बख्तर पहना था और कन्धे पर धनुष लटका रखा था। त्रिशूलधारी शम्भु बाणावली पिनाकपाणि बन गए थे। उनके कन्धे और हाथ एक बार चाँदनी में देखे कन्धे और हाथ के समान हो गए थे। हृदय का पक्षी पंख फड़फड़ाता था और उसको शान्त रखने के प्रयत्न निष्फल हो रहे थे।

सामने दूर तक जहाँ दृष्टि जाती थी, देलवाड़ा से आने का मार्ग दिखाई देता था। उस पर सैकड़ों गाड़ियाँ पाटण से अनाज लेकर आ रही थीं। अन्त में धूल के बवंडर उठे, जंगल में से असंख्य घुड़सवार बाहर निकले। उसकी बेचैनी बढ़ी। घुड़सवार चार-चार पाँच-पाँच की कतार में आ रहे थे। वह कुछ क्षण के लिए हर्ष से चीख उठी। सब घुड़सवारों के आगे, जरी की जीनवाले सफेद घोड़े पर, छत्र और चमर धारण किए भीमदेव महाराज आ रहे थे। जैसे ही घोड़ा ठुमकता वैसे ही मध्याह्न के सूर्य की किरणों में मुकुट, कान, मूठ और जीन की मणियाँ चमकतीं और तेज के इस समूह में भीमदेव का भरावदार मुँह श्याम होते हुए भी तेजस्वी और उग्र दिखाई देता था। घोड़े तेजी से आगे बढ़े आ रहे थे।

वह पास आते भीमदेव महाराज के बख्तर और बाणों को स्पष्ट रीति से देख सकी। उसकी अपरिमित शक्ति को भी उसने नापा। वे रुद्रावतार की भाँति उग्र और दुर्धर्ष थे। वे भगीरथ के समान अपने पीछे घोड़ों, हाथियों और पैदलों की क्षण-क्षण बढ़ती और उत्तुंग तरंगों से उछलती गंगा को ला रहे थे।

शिखर के एक किनारे पर खड़ी होकर वह नीचे के कोट को देख सकती थी।

उसे यह भी दिखाई देता था कि प्रभास के मुख्य दरवाजे पर गुरुदेव पाटण के नरेश का सत्कार करने के लिए आए हैं। साथ ही लगभग अठारह दिन के उपवास से क्षीण, हाथ में स्थापित लिंगसहित शिवराशि खड़ा था। गुरुदेव ने उसे जो तपश्चर्या बताई थी वह अभी पूरी नहीं थी। साथ में और भी अनेक शिष्य थे। पुरजन भी खड़े थे। यह समस्त सत्कार रुद्रावतार भीमदेव के लिए था।

जैसे चारों दिशाओं में बिजली कड़क उठती है वैसे ही भीमदेव महाराज ने घोषणा की, ''जय सोमनाथ!'' तीस हजार सैनिकों ने उनके साथ-साथ कहा, ''जय सोमनाथ!'' गुरुदेव, शिष्यों और पुरजनों ने प्रत्युत्तर दिया, ''जय सोमनाथ!'' साथ ही हजारों नगाड़ों पर डंकों की चोटें पड़ीं। भीमदेव कोट के पास आ पहुँचे थे। उन्होंने ऊपर देखा, उनकी आँखें एक क्षण के लिए शिखर पर फरफराती ध्वजा पर टिकीं और फिर एकदम अटारी पर जाकर ठहर गईं। एक क्षण, दो क्षण–चौला ने भी उन्हें देखा और वह शरमा गई। बिना पहचाने हुए उसकी आँखें नीचे गुरुदेव पर पड़ीं, और अपनी हीनता का अनुभव करती चौला का हृदय स्तब्ध रह गया। कहाँ तो पाटण का स्वामी, यवनों के संहार में तत्पर बाणावली और कहाँ वह एक क्षुद्र देवदासी! जैसे उसे किसी ने घायल कर दिया हो वैसे ही वह चीखती हुई, बिना पीछे देखे जल्दी में ज़ीना उतर गई। उसके शम्भु साक्षात् आए थे, परन्तु वह थी निर्जीव, अस्वीकार्य।

[3]

जब वह हाँफती हुई और गले पर हाथ फेरकर अपनी अकुलाहट को दबाती हुई ज़ीने से उतरकर नीचे आई तो उसे गंगा की आवाज सुनाई दी, ''चौला, कहाँ दौड़ रही है?''

''कहीं नहीं माँ, कहीं नहीं,'' कहकर वह जाने को थी कि उसे एक विचार आया। वह ठिठककर खड़ी हो गई। उसका हृदय फिर धड़का। वह उछलकर गंगा से लिपट गई। बोली, ''माँ, अभी दोपहर होने को है। इस समय नृत्य करने की किसकी बारी है?''

''क्यों? कुंडला की।''

''नहीं, मैं नृत्य करूँगी–इस समय–अभी।''

''लेकिन क्या दोपहर को यह सब अच्छा लगेगा?''

''नहीं, बस नहीं, मैं अभी करूँगी।''

''आज सायंकाल तुझे अवसर दूँगी, बस।''

"नहीं, बस नहीं; अभी माँ! मुझे अवसर नहीं दोगी तो मैं जीभ काटकर मर जाऊँगी।"

"लेकिन कुंडला को बुरा लगेगा।"

"तो तू बैठकर मना लेना। माँ, मना मत कर, तुझे मेरी सौगन्ध है माँ!"

गंगा ने चौला के फटे हुए नेत्र, उछलती छाती और अधीरता से टूटता हुआ स्वर देखा और वह कुछ समझी।

"अच्छा, तो तू तैयार हो। मैं कुंडला से मना कर दूँगी।"

हँसती-कूदती चौला ने भगवान के आगे नृत्य आरम्भ किया। आज वह युद्ध के लिए तत्पर शिव की आराधना कर रही थी, इसलिए उसकी कला भी तीक्ष्ण हो गई थी। उसके पगों में और ही ठुमुक थी। उसके अभिनय में भयानक छटा आ गई थी। परन्तु आज उसकी आँखें महादेवजी के लिंग की अपेक्षा बाहर से आनेवाले रास्ते पर लगी थीं। भीमदेव भगवान के दर्शन करने अवश्य आएँगे और आएँगे तो उसे पहचानेंगे। और वह रुद्रावतार के लिए ही नृत्य करेगी।

डंके की चोटें निकट सुनाई देने लगीं। भीड़ का कोलाहल भी नजदीक आता जान पड़ा। और परकोटे के दरवाजे में से गुरुदेव और भीमदेव दाखिल हुए। साथ में दूसरे राजा, मन्त्री और सेनापति थे। चौला का हृदय जोर से धड़कने लगा। उसके पैर काँपे और उसकी आवाज भर्राने लगी। गुरुदेव और बाणावली गम्भीर बातों में मग्न पास आए। वही मुख, वही आँखें, वही चाल और वही भुजा। परन्तु इस समय वह मुख भयंकर था, आँखें एकाग्र थीं और चाल निश्चयात्मक थी। यह उस रात के भीमदेव नहीं थे, यह तो कोई अपरिचित और उग्र योद्धा था। चौला के पग अवश्य थिरक रहे थे, परन्तु उसका हृदय मूक रुदन करने लगा। गंग सर्वज्ञ और बाणावली दोनों मन्दिर में आए। चौला की आशाएँ व्यर्थ हो गईं। भीमदेव की एकाग्र, भौंहों-चढ़ी आँखें क्षण-भर के लिए उस पर पड़ीं और उसके हृदय की धड़कन रुकने-सी लगी। जैसे अपरिचित मनुष्य की दृष्टि जड़ वस्तु से हट जाती है, वैसे ही वह दृष्टि उस पर से हट गई। भीमदेव ने उसको पहचान तो लिया परन्तु अपरिचितता के हिम ने उसके अंग-प्रत्यंग को गला दिया।

भीमदेव महाराज और उनके साथ के राजाओं ने दर्शन किए, दंडवत् प्रणाम किया, चरणामृत लिया, चंदन से तिलक कराया, घंटनाद किया। और उस नर्तकी का क्रन्दन-भरा स्वर ऐसा हृदय-भेदक संगीत छेड़ रहा था जैसे कोई मरती हुई राजहंसिनी अन्तिम गीत गाती है।

सब गर्भद्वार के बाहर आए और गुरुदेव ने हाथ ऊँचा करके सबको शान्त रहने के लिए कहा। सब शान्त रहे, मात्र गतिशील नृत्य और संगीत नियमानुसार चलते रहे। भीमदेव से भ्रूभंग किया। 'संगीत बन्द करो' उसने गानेवाली की ओर

देखे बिना ही गर्जना की और गानेवाली का गीत तथा पैर का ठेका मरते हुए मनुष्य के शब्द की भाँति अधूरे रह गए।

''वत्सो,'' गुरुदेव ने धीमे और गम्भीर स्वर में कहा, ''भगवान सोमनाथ ने कटाकटी का प्रसंग उपस्थित कर दिया है। आठ-दस दिन में यवन यहाँ आ पहुँचेगा। और आज से मैं अपने इस भगवान के धाम के अधिकार को भीमदेव महाराज को सौंपता हूँ। भगवान की सेवा में लीन यह महारथी जो कुछ कहे, वही आप सबको करना है। भगवान की कृपा इन्हीं पर उतरी है।''

सब ध्यान से सुनते रहे। जिनके हृदय में उत्सव की उमंग थी वे थर-थर काँपने लगे। उस क्षण सबको आसन्न विपत्ति का कुछ-कुछ भान हो गया।

और भीमदेव प्रौढ़ तभी अधिकारपूर्ण स्वर में बोला, ''मैं तो निमित्त मात्र हूँ, भगवान की इच्छा का वाहक हूँ। हमारे द्वार पर त्रिपुर से भी भयंकर विध्वंसक आ खड़ा हुआ है। परन्तु यदि भगवान की आज्ञा हुई तो उसे भी हम समाप्त कर देंगे।'' वह कुछ रुका और उसकी दृष्टि सब पर हो आई। वह पहले की तरह चौला पर भी पड़ी, परन्तु उसमें परिचय की ऊष्मा नहीं थी। ''दो दिन हुए, खम्भात से कुछ नावें आई हैं। कल कुछ और आएँगी। समस्त पुरजन, ब्राह्मण, स्त्रियों और बालकों को प्रभास खाली कर जाना है। प्रत्येक मनुष्य अपनी दौलत तो सब ले जाए परन्तु नाज-पानी यहीं रहने दे। मेरी सेना सब घरों पर कब्जा करेगी, विमल,'' उसने हाथ के अधिकारपूर्ण अभिनय से विमल को आज्ञा दी, ''तुरन्त पूरे-का-पूरा गाँव खाली कराओ। और गुरुदेव, अब इस संगीत को बन्द कराओ। जब भगवान अमीर का विनाश कर लेंगे तब फिर देव-मन्दिर में यह विधि आरम्भ हो जाएगी।''

और वह भयंकर नयनों से सबको डराता हुआ गुरुदेव और दूसरे साथियों के साथ चला गया।

[4]

लोगों में कोलाहल मच गया, चौला बेहोश-सी आँखों पर हाथ रखे वहाँ से अपने घर की ओर दौड़ गई। भयंकर विपत्ति में पड़े हुए नर-नारियों का उसकी ओर देखने का ध्यान नहीं था।

घर जाकर बिना वस्त्राभूषण उतारे ही चौला बिछौने पर गिर पड़ी और धाड़ मारकर रोने लगी। युद्ध के लिए तत्पर उसके रुद्र आए थे, परन्तु उसे पहचाने बिना चले गए। मोक्ष के द्वार खुले, परन्तु उसकी दृष्टि के भीतर पहुँचने के पहले

ही बन्द हो गए।

चौला की यह धारणा कि उसके नृत्य और संगीत बिना देखे रह गए, गलत थी। सत्रह दिन के उपवास और हाथ में स्थापित पार्थिव (मिट्टी का शिवलिंग) की असुविधा से होते हुए भी शिवराशि की दृष्टि चौला के ऊपर से हटी नहीं थी। उसने ऊपर के शिशु-भाव से गुरु की आज्ञा शिरोधार्य कर ली थी, नहीं करता तो गुरुदेव पट्टशिष्य का पद छीन लेते। लेकिन उसके हृदय में होली जल रही थी। गुरु ने उसका अपमान किया था और उसका अधिकार छीन लिया था। त्रिपुर-सुन्दरी की विधि को रोक देना उसका अक्षम्य अपराध था और यह सब उन्होंने अपनी दासी पुत्री को प्रसन्न करने के लिए किया था। उसके मन में वे गुरुपद से गिर गए थे। अब उनको गुरु होने का अधिकार नहीं था। ये विचार क्षण-क्षण उसके मस्तिष्क में आ रहे थे।

जैसे-जैसे उपवास के दिन बढ़ते गए और प्रायश्चित्त से उसकी बुद्धि निर्मल होती गई वैसे-वैसे गुरु का अपराध उसे और ही प्रकार का दिखाई देने लगा। उस दिन चौला में महामाया त्रिपुर-सुन्दरी उतरी थीं और उन्होंने उसकी पूजा को रोकने का पाप किया था। वास्तविक प्रायश्चित्त तो उनको करना था। इस पाप के कारण ही त्रिपुर-सुन्दरी ने कोप करके गुरु के लिए अमीर को भेजा था।

जैसे-जैसे उपवास बढ़ता गया और बुद्धि अधिक निर्मल होती गई वैसे-वैसे जो कुछ घटनाएँ घटने लगीं उनमें त्रिपुर-सुन्दरी की महाशक्ति का ही परिचय मिलने लगा। उसे कुछ-कुछ ऐसा विश्वास होने लगा कि अमीर अवश्य जीवित रहेगा, गुरु को पद-भ्रष्ट करेगा और अन्त में उसे ही सर्वज्ञ-पद मिलेगा। जीती-जागती जगज्जननी महामाया और सबकुछ सह सकती हैं, परन्तु अपनी अवज्ञा नहीं सह सकतीं।

महामाया का ध्यान करते हुए उसे प्रतिक्षण चौला याद आती। चौला के जिस स्वरूप की उस रात उसने पूजा की थी वही उसके मन में रम रहा था। जागते हुए और स्वप्न देखते हुए उसी का मुख दिखाई दिया। वह अपूर्ण विधि को पूर्ण करने के लिए विकल होने लगा। कई बार स्वप्न में ही उसने इस विधि को पूर्ण किया; परन्तु वह जागता और अपूर्णता का ध्यान आते ही तड़पकर रह जाता। जैसे-जैसे अमीर के आक्रमण की बातें सुनाई देतीं वैसे-वैसे हृदय में आशा का संचार होता। बिना ऐसे किसी भूकम्प के महामाया की विजय असम्भव थी।

इतने में भीमदेव आए। मन्दिर तक आते-आते उन्होंने गुरुदेव के साथ जो बातें की थीं उनके कुछ शब्द उसने सुने थे। सबको यहाँ से खम्भात जाना था। यदि गुरु न जाएँगे तो वह सबको यहाँ से ले जाएगा और खम्भात में लकुलेश मत की ध्वजा फहराएगा। चौला उसके साथ ही रहेगी। और फिर...गुरु साथ नहीं

रहेंगे। उसने यह भी तो कुछ-कुछ सुन लिया था कि भीमदेव और चौला एक रात को कहीं मिले थे। परन्तु वह कहाँ खम्भात जानेवाला था?

और जब उसने भीमदेव की अलिप्त दृष्टि को चौला के ऊपर पड़ते देखा तब उसे शान्ति मिली। इतने दिन के उपवास से तीव्र बनी हुई वृत्तियों की तृषा उसने चौला के स्वरूप और नृत्य को देखकर बुझाई। जब भीमदेव ने भयंकर कठोरता से नृत्य को बीच में ही रोक दिया तब उसके पुण्य-प्रकोप की सीमा नहीं रही। जब गुरुदेव की सम्मति से भीमदेव ने नृत्यविधि बन्द की तब इस महापाप को होते देखकर उसके रोंगटे खड़े हो गए। अब गुरु की अधोगति की सीमा नहीं रही थी।

जब गुरुदेव और भीमदेव मन्दिर से बाहर निकले तो वह भी साथ गया। सीढ़ियाँ और उतरकर गुरु ने उसकी ओर देखा, "शिवराशि, तू भी जाकर पारणा कर और पार्थिव का विसर्जन कर। इस नए आपद्धर्म के आगे सब धर्म बदल जाने चाहिए। उसके बाद मेरे पास आना।"

शिवराशि ने प्रणाम किया और वह पार्थिव का विसर्जन करने गया। इस कर्तव्य को करने पर, उपवास छोड़ने से पहले उसे महामाया का स्मरण हुआ। जिस देवी के लिए उसको प्रायश्चित्त करना पड़ा था, उसके दर्शन किए बिना उपवास छोड़ना उसे अच्छा नहीं लगा। चौला की वासना ही दर्शनों के लिए प्रेरित कर रही थी, यह बात उसकी कल्पना में भी नहीं थी। लकुलेश-मत के अधिष्ठाता पद की दूसरी सीढ़ी पर खड़े होकर अठारह दिन के उपवास से निर्मल हुई बुद्धि से प्रेरित वह महामाया की भक्ति में तल्लीन तत्त्वज्ञानी और तपस्वी सनातन विधि को सम्पन्न करने में लगा था।

वह धीमे-धीमे गंगा के घर गया।

द्वार खुला था। वह भीतर गया तो देखा कि खाट पर औंधी पड़ी हुई चौला रोते-रोते सो गई है। शिवराशि बड़ी देर तक चौला के अंग-प्रत्यंग को देखता रहा। जिसमें सुन्दरी प्रकट हुई हो, ऐसी इस महामाया की उसे पूजा करनी चाहिए थी। जब गुरुदेव न होंगे तब वह करेगा। अमीर आ रहा है। इसलिए, यह अवसर थोड़े दिन में भी आ सकता है। इस समय तो उसे केवल हृदय का भार ही हलका करना था। औंधी सोती हुई चौला का एक पैर खाट के बाहर लटक रहा था। उसमें भूरी नसें भी दीख रही थीं। उसने प्रणिपात किया, बड़ी कठिनाई से उमंगों को दबाकर अपना मस्तक महामाया के चरण-कमलों पर रख दिया। चौला चौंककर जाग उठी। उसने खाट के पास उपवास से विकृत और विकराल आँखों से भयानक शिवराशि को देखा। और 'ओ मेरी माँ', की चीख के साथ छलाँग मारकर वह खंड के बाहर गई और इस प्रकार भागी जैसे कि राशि उसे खाने को दौड़ रहा हो।

शिवराशि वहाँ से उठा। अपमानित त्रिपुर-सुन्दरी उसकी पूजा भी कैसे स्वीकार कर सकती है! वह व्याकुल होकर अपने मुकाम पर पहुँचा। सिद्धेश्वर और हरदत्त को बुला लाने की आज्ञा दी और उपवास छोड़ दिया।

हरदत्त तुरन्त आ गया। त्रिपुर-सुन्दरी की विधि के भंग होने से इस भावुक पुजारी के हृदय पर प्राणलेवा आघात हुआ था। पचास वर्ष हुए, गंग सर्वज्ञ के गद्दी पर बैठने के पहले से ही वह त्रिपुर-सुन्दरी के मन्दिर का भक्त था। उसने अगणित उत्सव देखे और कराए थे। आज का उत्सव अधूरा रहा। मन्दिर विधिहीन हुआ और महामाया की पूजा उसके हाथ से चली गई। उसके लिए तो पृथ्वी ही रसातल को चली गई। उसका बोलना बन्द हो गया। वह अर्द्धविक्षिप्त-सा महामाया के मन्दिर के आसपास चक्कर लगाता रहा। कभी-कभी वह किसी अँधेरे कोने में कुछ वाममार्गी दीक्षितों के साथ मिलकर कुछ विधियों को पूरा कराता।

''हरदत्त, हम लोगों पर भयंकर विपत्ति आई है।''

''ऊँह,'' हरदत्त ने कहा।

''तू क्या सोचता है? जगज्जननी महाशक्ति की पूजा अधूरी रही है, इसी कारण यह दैवी प्रकोप हुआ है।''

हरदत्त की आँखें स्थिर हो गईं। बोल उठा, ''सच है।''

''अधूरी पूजा पूरी करनी चाहिए और किए हुए पाप का प्रायश्चित्त करना चाहिए, इसके बिना यह विपत्ति दूर नहीं होगी।'' शिवराशि ने कहा।

''महामाया के कोप से कोई नहीं बचा,'' हरदत्त बोला।

''हमें महामाया की आराधना करनी ही चाहिए। कल हमें खम्भात जाना पड़ेगा। तू मेरे साथ रहना। वहाँ हम जगज्जननी की पूजा करेंगे।''

''अच्छा, मैं वहीं रहूँगा।''

''खबर है, साथ में चौला भी होगी।''

''राशिजी, यह तो कोई नहीं कह सकता कि महामाया के कोप से क्या होगा, परन्तु इतना अवश्य सच है कि उनकी पूजा में विघ्न उपस्थित करनेवाला बच नहीं सकता,'' हरदत्त ने कहा।

''छिः-छिः,'' शिवराशि ने कहा, ''तू अब यहीं रह। मैं जाता हूँ,'' कहकर गंग सर्वज्ञ का यह शिष्य अपनी विपत्ति दूर करने की योजना का क्रियात्मक स्वरूप प्रस्तुत करके गुरु के पास गया।

[5]

चौला भागी और भागकर मन्दिर, जहाँ उसकी माँ बिल्वपत्र साफ कर रही थी, पहुँची, ''माँ, माँ, वह मेरे पीछे पड़ गया है।''

''कौन? भीमदेव?''

''क्या कहती है? राशिजी...''

''तू तो पागल है। भीमदेव महाराज देखे?''

''माँ मुझसे मत पूछ,'' और चौला की आँखों में आँसू आ गए। ''मैं तो हतभागिनी हूँ। मेरे भाग्य में सुख है ही नहीं।'' और वह रो पड़ी। गंगा ने उसे किसी प्रकार सान्त्वना दी।

''माँ, कल हमें खम्भात जाना पड़ेगा।''

''जैसी सर्वज्ञ की इच्छा।''

''हमको जाकर पूछ तो आना चाहिए।''

''क्यों, क्या यहीं से जाने के लिए आकुल है?'' गंगा ने पूछा।

''मेरे शम्भु मेरे नहीं। अब मैं उनको नृत्य से रिझा नहीं सकूँगी, मैं जिऊँ तो क्या और नहीं तो क्या?'' और फिर सिसकी भरकर रोने लगी।

''चल, चल, हम पता लगाएँ,'' कहकर गंगा चौला को लेकर गुरुदेव के निवास-स्थान की ओर गई। गुरुदेव एकान्त में मन्त्रणा कर रहे हैं, इस बात को जानकर वह आँगन में ही भीत के सहारे बैठ गई। चौला भी उसके पास ही बैठ गई। दोनों में से कोई खंड के भीतर नहीं देख सकती थी, पर सुनाई सब देता था।

''भीमदेव, अमीर आए या उसका बाप आए, भगवान का लिंग यहाँ से हटने का नहीं।''

''परन्तु गुरुदेव, शम्भु न करें यदि कुछ हो गया तो?'' राय ने कहा।

''जब तक इस लिंग का तेज जीवित है तब तक त्रिपुरासुर ही कुछ नहीं कर सका तो मनुष्य की क्या बिसात है?''

''लेकिन उसने ऐसे कितने ही तोड़ डाले। कहा जाता है कि वह देवमूर्तियों का काल है।'' विमल मन्त्री ने कहा।

''तुम्हारे हृदय की श्रद्धा चुक गई है, इसलिए उसमें देव-मूर्तियाँ खंडित हो रही हैं, लेकिन मेरी श्रद्धा कम नहीं हुई है, डिगी नहीं है। मेरे भगवान अनादि और अनन्त हैं। किसी की मजाल नहीं कि उनको खिसका सके।''

''ऐसा न कहो, गुरुदेव!'' भीमदेव ने कहा, ''हमारी श्रद्धा अविचल है।''

''तुम जो अमीर की चिन्ता करते हो, वह मैं तो नहीं करता। मेरे भगवान

की इच्छा के बिना जब तिनका भी नहीं हिल सकता तब वह कौन होता है?''

''परन्तु गुरुदेव,'' राय ने कहा, ''हम तो दुनियादार हैं; हमें जय और पराजय दोनों का विचार करना है।''

''जय और पराजय का विचार करना तो मूर्खों का काम है। इसका विचार करनेवाला तो भोलानाथ है। तुम क्या करोगे?''

''गुरुदेव, हम भी यही निश्चय करके बैठे हैं। हम जीते-जी अपने भगवान की एक भी ध्वजा को नहीं गिरने देंगे, लेकिन यदि हम न रहे तो?'' राय ने कहा।

''कौन किसको रख सका है राय? तुम्हारा कहना व्यर्थ है। मेरे देव यहाँ से नहीं हटेंगे। जहाँ तुम्हारे जैसे बत्तीस लक्षणों से युक्त वीर प्राण होमने के लिए तत्पर हैं वहाँ पराजय की बात क्यों करते हो? लड़ो और विजय प्राप्त करो। भगवान तुम्हारी सहायता करेंगे।''

''मैं जानता हूँ, मैं यह जानता हूँ,'' भीमदेव ने कहा, ''मेरे अन्तर में भी यही आवाज उठ रही है। जब मेरा भोलानाथ त्रिशूल लिये बैठा है तब विजय भी हमारी ही है। लेकिन युद्ध के समय लिंग को ले जाया जा सकता है...''

''नहीं ले जाया जा सकता, मेरे भाई,'' गुरुदेव ने कहा, ''यह तो सृजनकाल में यहीं प्रकट हुआ और प्रलयकाल में भी यहीं रहेगा।''

''तो फिर आप खम्भात जाइए। आपके ऊपर तो समस्त पाशुपत मत का आधार है।''

''वत्स,'' गुरुदेव ने धीरे-से परन्तु दृढ़ता से उत्तर दिया, ''तुम मुझे कब पहचानोगे? मुझे यह गुरुपद प्रिय नहीं है और न मुझे लकुलेश मत का सर्वज्ञपद ही प्रिय है। मैं तो अपने भगवान का दासानुदास हूँ। जहाँ वह, वहाँ मैं। इनसे पृथक् जीवन की मैं कल्पना भी नहीं कर सकता।''

''लेकिन यह भी कहीं तपस्वियों का काम है? यह तो हमारा काम है।''

''तपस्वियों का काम कहाँ नहीं है, भीमदेव?'' गुरुदेव ने पूछा, ''जहाँ तपस्वी नहीं वहाँ पुण्य नहीं और जहाँ पुण्य नहीं वहाँ विजय नहीं।''

''लेकिन आप होंगे तो...''

''लेकिन इस बात को छोड़ो,'' सर्वज्ञ ने कहा, ''सामन्त भी इसी हठ को पकड़े बैठा था, परन्तु मैंने तो अपना निश्चय कभी का कर लिया है। जहाँ भगवान का लिंग वहाँ मैं। म्लेच्छ को जो-कुछ करना हो, करे। देव और म्लेच्छ के बीच यदि कोई माई का लाल नहीं रहेगा तो मैं अकेला खड़ा रहूँगा। मेरे भाग्य में कैसे-कैसे पराक्रम करना लिखा है, यह तुम कैसे जान सकते हो?''

सर्वज्ञ की मीठी परन्तु निश्चल आवाज सुनकर गंगा ने आँसू पोंछे। भीमदेव आदि वीर भी इस वृद्ध की अडिगता को देखकर अवाक् हो गए।

थोड़ी देर में सर्वज्ञ ने कहा, ''मेरे सब शिष्यों को ले जाओ। ये लकुलेश मत के स्तम्भ हैं। उनकी विद्या और तप की रक्षा आवश्यक है। शिवराशि, तू और गगनराशि सबको लेकर खम्भात जाओ।''

''जैसी आज्ञा,'' शिवराशि ने कहा। गगनराशि ने, जो शिवराशि के बाद दूसरा मुख्य शिष्य था, बिना कुछ कहे आज्ञा को शिरोधार्य कर लिया।

''वणिकों को तो मैं आज रात को ही चढ़ा दूँगा,'' विमल ने कहा, ''सवेरे ब्राह्मण चले जाएँगे।''

''हाँ, मुझे कोई काम नहीं,'' गुरुदेव ने कहा।

''गुरुदेव,'' शिवराशि ने आवश्यक संयम रखकर तटस्थ आवाज से कहा, ''गंगा और दूसरी नर्तकियों को भी ले जाना चाहिए।''

''क्यों नहीं,'' गुरुदेव ने कहा, ''ये बेचारी यहाँ रहकर क्या करेंगी? गंगा से कह देना कि तैयार हो।''

''गंगा यहाँ से इंच-भर खिसकने की नहीं,'' दरवाजे के बीच से कमर पर हाथ दिए, क्रोधित चंडी के समान उग्र गंगा बोली। सब राजा तो देखते ही रह गए। ''गुरुदेव, यदि भगवान के चरणों में आपका स्थान है तो आपके चरणों में मेरा स्थान है, समझे?''

सर्वज्ञ हँसे, ''गंगा, परन्तु यह स्त्रियों का काम नहीं। तुझे तो जाना ही पड़ेगा।''

''अपना काम मैं अच्छी तरह जानती हूँ। आप सब लोगों का व्रत हो सकता है, पर हमारा नहीं हो सकता?''

''लेकिन पुरुषों की अपेक्षा स्त्रियों को यवनों का अधिक भय है,'' राय ने कहा, ''इसीलिए तो हजारों स्त्रियों को अग्नि में कूदना पड़ा।''

''मेरा जीव तो पूज्यवाद के चरण-कमलों में है। उनको प्राप्त करने में तो मुझे अग्नि की भी आवश्यकता नहीं पड़ेगी।''

गुरुदेव ने गंगा की ओर देखा और इस भक्त नारी के हृदय की निर्मलता को परखा।

''अच्छा विमल, इसे रहने दो और गंगा तेरे पीछे कौन है, चौला? इसे भेज दे।''

''हाँ, इसे अवश्य भेजना चाहिए,'' राशि ने कहा, ''जवान लड़कियों का यहाँ काम नहीं।''

''चौला, जाएगी?'' गंगा पुत्री की ओर मुड़ी।

चौला का स्वरूप कुछ विचित्र-सा था। होंठ दबाकर अपनी तेजस्वी आँखों से वह गुरुदेव से भीमदेव और भीमदेव से राशि की ओर देखने में संलग्न थी। अवरुद्ध

श्वास को बाहर निकालने के लिए उसका सुकुमार हाथ गले पर रखा था।

"चौला, जाएगी न?" गंग सर्वज्ञ ने हँसकर कहा। उत्तर में चौला के नेत्र बावले हो गए।

"आप सबने मिलकर," उसका टूटता और साश्रु स्वर जैसे-तैसे अवरुद्ध कंठ से निकला–"मेरे शम्भु को ले लिया, मेरा नृत्य बन्द कर दिया। अब मुझे जीना ही नहीं है। लो, मार डालो," कहकर वह एक कदम आगे बढ़ी। उसके पैर लड़खड़ाए और वह आँखों पर हाथ रखे बेहोश होकर गिर पड़ी। उस समय भीमदेव का स्मृति-पट स्वच्छ हुआ। वह रात्रि, वह चन्द्रिका, वह मुख, वह शरीर! उसका हृदय एकदम उछला और उसने खड़े होकर चौला को उठा लिया। क्षण-भर के लिए सब लोग युद्ध की बातें भूल गए।

भीमदेव ने धीरे-से चौला को उठाकर गंगा की गोद में सुला दिया। गंग सर्वज्ञ हँसे।

"जहाँ श्रद्धा होती है वहाँ जीव प्यारा नहीं होता," उन्होंने कहा, "जिसमें श्रद्धा हो वह भले ही रहे। भक्तों को भगवान से अलग करना घोर पाप है।"

"ठीक है," भीमदेव खिसियाकर बोले, "मैं जो-कुछ करना चाहता हूँ, उसके विरुद्ध कोई-न-कोई सिद्धान्त अवश्य निकल आएगा। परन्तु गुरुदेव, मुझे अपने निश्चय के अनुसार काम तो करने देंगे?"

"अच्छा, अच्छा, अब नहीं बोलूँगा," खिलखिलाकर हँसते हुए गुरुदेव ने कहा, "बस! जब मैंने अपना सारा अधिकार तुमको दे दिया है तब फिर अब क्या रहा?"

[6]

लेकिन यह काम उतना सरल नहीं था, जितना कि भीमदेव ने सोचा था। दामोदर मेहता ने जैसे-तैसे करके आठ नावें भेजी थीं। कल ग्यारह नावें आएँगी, ऐसी खबर मिली थी। यह आशा भी प्रकट की गई थी कि भड़ौंच के बन्दरगाह से भी कुछ नावें आएँगी। छोटी नावों में पचास आदमी आ सकते थे और बड़ी नावों में दो सौ। इस कारण इतनी नावों में दस-पन्द्रह हजार आदमियों का भेजना बड़ा मुश्किल काम था।

लेकिन भीमदेव हारनेवाले न थे। किसे भेजना है, किसको पहले और किसको पीछे, किस प्रकार और कब–ये सब निश्चय उन्होंने कर डाले। सन्ध्या के समय नावें तैयार हो गईं और पहला जत्था घर-बार छोड़कर नावों पर चढ़ने के लिए

चला। सगे-सम्बन्धियों और मित्रों का रुदन शुरू हुआ। बन्दरगाह पर साश्रु विदा दी जाने लगी। जानेवाले भगवान का नाम रटते थर-थर काँपते नावों पर चढ़ने लगे। कुछ स्तोत्र पढ़ने लगे। बहुतों ने अमीर को बुरी-बुरी गालियाँ दीं। जिनके स्त्री-बच्चे जा रहे थे उनके क्रन्दन की सीमा न थी। जिन्होंने पीढ़ियों से प्रभास को छोड़कर दूसरा स्थान नहीं देखा था उन्होंने भी परदेश का रास्ता लिया। इस सब कार्यक्रम को विमल मन्त्री सांगोपांग पूरा करने लगे।

दूसरा और इससे भी कठिन काम तो नए आए हुए सैनिकों को ठहराने का था। भीमदेव शिवराशि और मन्दिर के दीपा कोठारी को लेकर इस काम में जुटे। तीस हजार मेहमानों की व्यवस्था करना कोई छोटा-मोटा काम न था। एक गली के रहनेवाले, अपने घरों को खाली करके एक या दो आदमियों के घरों में जाकर रहे और खाली घरों में सैनिकों ने अड्डा जमाया। धर्मशालाओं में फौज की टुकड़ियों के पड़ाव पड़ गए। आवश्यकता होने पर कितने ही छोटे मन्दिरों के सभागृहों में पड़ाव डालकर ठहर गए। जो अनाज प्रभास में था और अनहिलवाड़ से लाया गया था वह सब प्रभास के दीपा कोठारी के हाथ में सौंप दिया गया और उसका स्थान-स्थान पर वितरण करने के लिए स्थान निश्चित कर दिए गए और किसी को रहने-सहने में कोई कठिनाई न हो, इसकी पूरी-पूरी व्यवस्था कर दी गई।

भीमदेव फिर दूसरे काम में लगे। उनकी, राय की और त्रिलोचनपाल की सम्मति थी कि प्रभास का किला और उसकी खाई ऐसी नहीं है जैसी कि चाहिए। इसलिए तीनों ने लौटकर उन दोनों को ठीक बनाने का निश्चय किया। पल-पल मूल्यवान था। यह नहीं कहा जा सकता था कि अमीर कब आ जाए, इसलिए शीघ्र ही नागरिक और सैनिक इस कार्य में लगा दिए गए। यह काम रात-दिन चलना था, इसलिए मशालों की भी व्यवस्था कर दी गई।

थोड़े ही समय में समस्त प्रभास चींटियों की पंक्ति की भाँति हलचल से भर गया। उसके प्रेरक थे भीमदेव। वे पैदल या घोड़े पर बैठे हुए इधर-से-उधर मन्त्रियों और सेनापतियों के साथ दौड़ते थे। उनकी दृष्टि प्रत्येक वस्तु पर रहती थी। पल-पल में उनके हुक्म निकलते थे। उनकी आँखों से ज्वाला निकलती थी, उनके मुख से वाक्य-बाण छूटते थे। दो-एक आज्ञा उल्लंघन करनेवालों को उनके बाहुबल का भी पता चल जाता था। एक धृष्ट नायक ने, जिसने खाई खोदने से साफ इनकार कर दिया था, तलवार के एक ही झटके में अपना सीधा हाथ खो दिया। सबको ऐसा विश्वास हो गया कि अब गाँव का मालिक आ गया है।

जिस समय नगर की समस्त हलचल को अन्तिम बार देखकर भीमदेव लौटे उस समय लगभग आधी रात बीत चुकी थी। सारा काम चल रहा था और उनको यह देखकर सन्तोष था कि सवेरे तक बहुत-सा काम निपट जाएगा। अन्त में वे

परकोटे में भगवान के मन्दिर के आगेवाले खंड में उस स्थान पर आए जहाँ वे ठहरे हुए थे। वहाँ वीरा चावड़ा उनकी प्रतीक्षा कर रहा था। उसने नहाने का पानी और खाना तैयार कर रखा था।

वीरा महाराज के लिए अनुचर, मित्र और माँ, तीनों की आवश्यकता पूरी करता था। उसने भीमदेव महाराज को बचपन में कन्धे पर बिठाकर घोड़ा-घोड़ा खिलाया था। बड़े होने पर उसने तलवार चलाना और बाण चलाना सिखाया था। भीमदेव जब कुँवर थे तभी से वह उनके साथ रहता था। वह नित्य-प्रति स्वयं चखने के बाद ही अपने मालिक को खिलाता था और रात को उनके सोने के कमरे के द्वार पर नंगी तलवार लेकर सोता था। वीरा जब तक रात को पैर नहीं दबाता था तब तक उनको नींद नहीं आती थी और जब तक भीमदेव रात को आकर वीरा से बात नहीं करते थे तब तक वीरा सो नहीं पाता था।

आज भी वीरा ने भीमदेव को नहलाया और खिलाया। उसके बाद बोला, ''बापू, अब सो जाओ। दो-चार घड़ी नींद लिये बिना तबीयत ठीक नहीं रहेगी।''

''और जब तक मैं अमीर को नहीं भगा देता तब तक मेरे लिए सोना हराम है,'' कहकर उन्होंने कमर से तलवार बाँधना शुरू कर दिया।

''लेकिन बापू, जरा तो आराम कर लो। कल रात से आप शान्ति से नहीं बैठे हैं। अभी तो युद्ध का काम बहुत दिन तक चलेगा।''

''वीरा, यह युद्ध का काम नहीं है, तू भी चल, तैयार हो।''

''ऐसा क्या है?'' कहकर वीरा भी शस्त्रों से सज्जित होने लगा।

''तू बुड्ढा हुआ, तू क्या जाने?'' और दोनों अपने निवास-स्थान से नीचे उतरे।

''वीरा, कल इस सामने के खंड में गुरुदेव रहने के लिए आनेवाले हैं, सावधानी से रहना।''

''अपना निवास-स्थान छोड़कर यहाँ?''

''हाँ,'' भीमदेव ने कहा, ''उनके अनेक शिष्य कल चले जाएँगे और वे परकोटे में अपने साथ रहेंगे। इससे यह होगा कि जब आवश्यकता होगी तब हम लोग शीघ्र मिल लिया करेंगे।''

दोनों नीचे आए तो सभामंडप के सामनेवाले पहरेदारों ने नमस्कार किया। भीमदेव को इससे सन्तोष हुआ।

''देवधाम लश्करी स्वरूप धारण तो करने लगा है,'' उन्होंने धीमे-से वीरा के कान में कहा।

''बापू, जहाँ आप जैसा कार्तिकेय का अवतार होगा वहाँ और क्या हो सकता है?''

दोनों ने भगवान के दर्शन किए और भीमदेव नर्तकियों के आवास में गए। काफी रात बीतने पर भी बहुत-से घरों में शोरगुल हो रहा था। कारण, कल बहुत-सी नर्तकियाँ खम्भात जानेवाली थीं। कुछ ने ही यहाँ रहने का विचार प्रकट किया था। परन्तु इतनी स्त्रियों को भी यहाँ रहने देना चाहिए या नहीं, इसका भी विमल मन्त्री ने निश्चय नहीं किया था।

भीमदेव गंगा के घर की ओर गए। उसका दरवाजा बन्द था और आले में एक छोटा-सा दीपक जल रहा था। उन्होंने कुंडी खटखटाई और भीतर से शीघ्र गंगा की आवाज आई, "इस समय कौन है?"

दो महीने पहले का भीमदेव अब यहाँ सर्वेसर्वा के रूप में खड़ा था। अब उसे तनिक भी क्षोभ नहीं हो रहा था। "मैं हूँ भीमदेव, चौला की खबर लेने आया हूँ।"

"भीमदेव महाराज!" क्षुब्ध गंगा बोल उठी। माँ ने बेटी को उठाया। दोनों के बीच धीमे-धीमे कुछ बातें हुईं। दीये की लौ ऊँची हुई और गंगा ने आकर दरवाजा खोला, "पधारिए चालुक्यराज!"

"वीरा, अन्दर आ और दरवाजे को देखता रह," कहकर भीमदेव गंगा के साथ ऊपर गए।

"चौला स्वस्थ तो हो गई है, लेकिन उसका स्वभाव ऐसा है कि तनिक-तनिक-सी बात में चिढ़ जाती है और बेहोश हो जाती है। यह देखकर मेरी चिन्ता की सीमा नहीं रहती। पधारिए, बैठिए।" कहकर गंगा ने बाणावली को आसन दिया। भीमदेव ने चारों ओर देखा। "चौला कपड़े बदलने गई है, अभी आती है।"

किवाड़ों की सन्ध में से चौला धड़कते हृदय से अपने युद्ध के लिए तत्पर रुद्र को देख रही थी। उसके कानों में देव की दुन्दुभी की गड़गड़ाहट हो रही थी। उसके देव, उसके प्रभु, उसकी तपश्चर्या को स्वीकार करके अमीर का मद-मर्दन करने आ पहुँचे थे। जिस समय उसके मन में ये विचार उठ रहे थे उस समय उसकी चपल उँगलियाँ साड़ी बदलने में लगी हुई थीं। उसने कपड़े तो बदल लिये, परन्तु उसका पैर आगे न बढ़ा।

"चौला, आ न," गंगा ने कहा।

चौला हिम्मत करके बाहर के कमरे में आई और लज्जा के मारे नीचे से ऊपर न देख सकी।

"आ," गंगा ने कहा।

वह आई, अद्भुत छटा विकीर्ण करती—लजाती बाल-अप्सरा की हृदय-बेधक मोहिनी से भीमदेव की आँखों को आँजती हुई। उसके झाँझन झमके और वह भीमदेव के पैर पड़ी तथा उनके चरणों की रज अपने माथे पर लगाई।

"चौला, उस रात को तुमने कहा था कि विजय करके जल्दी लौटना, सो उस

बात को मैं भूला नहीं हूँ।'' नीचे किए हुए मुख की दो भावभीनी आँखों को ऊपर उठाकर उसने अपने पूर्व-परिचित भीमदेव के प्रति इसके लिए कृतज्ञता प्रकट की। ''मैं उसे भूला नहीं हूँ,'' उन्होंने फिर कहा।

''जब आप मन्दिर में पधारे थे और नृत्य बन्द कर दिया था तब मैं ही नाच रही थी, महाराज!'' मधुर स्वर में उपालम्भ था।

''मैंने तुझे देखा नहीं, मैं एकदर्शी हूँ। उस समय मैं प्रभास को लड़ाकू बनाने की धुन में था।'' और हँसे, ''लेकिन मुझसे भूल हो गई। मैं तुझसे यही कहने आया हूँ कि नित्य-प्रति थोड़े-से नृत्य द्वारा भगवान की पूजा करने की तुझे छूट है।''

''और आपने चौला को कालमुखे से बचाया, उसके लिए कितना उपकार मानूँ?'' गंगा ने कहा।

''स्त्री, विप्र और गाय की रक्षा क्षत्रिय नहीं करेगा तो कौन करेगा?'' भीमदेव ने कहा।

चौला की आँखों से फिर उपालम्भ के तीर छूटे, ''आप क्षत्रिय थे, इसीलिए आपने मेरा उद्धार किया था?'' वे आँखें पूछ रही थीं।

भीमदेव के हृदय के तार एकदम झनझना उठे, परन्तु ऐसा लगा कि यह समय प्रणय-वार्ता का नहीं है, इसीलिए वे एकदम खड़े हो गए, ''अभी मुझे बहुत-सा काम है। मैं जाता हूँ।''

गंगा भी खड़ी हो गई, ''महाराज, कभी दर्शन देना।''

भीमदेव ठिठका। उसने अपने सामने उर्वशी को भी लज्जित करनेवाली लावण्यमूर्ति को खड़े देखा और उसकी हिम्मत न हुई कि उसे दूर हटा दे।

''प्रभास में कल के बाद कदाचित् ही कोई स्त्री रहे। अतः कल से तुम दोनों को वहाँ आना पड़ेगा जहाँ गुरुदेव और मुझे रहना है। तुम्हीं को हमारी देखभाल करनी है।''

गंगा के हर्ष की सीमा न रही। ''जैसी कृपानाथ की मरजी,'' उसने कहा।

चौला को तो दसों दिशाएँ नृत्य करती दिखाई दीं। भीमदेव की कर्तव्यपरायणता ने एक और नई बात की सूचना दी, ''कल सवेरे नर्तकियों के इस पूरे आवास में सैनिक अपना पड़ाव डालनेवाले हैं।''

और उन आँखों से तीसरी बार उपालम्भ के तीर छूटे, 'इस सूचना के देने की ऐसी क्या जल्दी थी?'

[7]

शिवराशि आधी रात के समय बिलकुल थक गया था। आज ही उसने उपवास छोड़ा था और आज ही यह सारा काम उसके ऊपर आ पड़ा। उसमें भी कल जाए या न जाए, यह प्रश्न उसके हृदय को मथे डालता था और वह उपवास द्वारा शुद्ध हुई वृत्ति से इस कथन का निराकरण करना चाहता था।

दोपहर तक एक पलड़े में भगवान की सेवा और गुरु-भक्ति थी और दूसरे में थी गुरु की अनुपस्थिति में पाशुपत मत की विजय और जिसमें त्रिपुर-सुन्दरी उतरी थीं, ऐसी चौला की निकटता। अब तो चौला भी पहले पलड़े में जा बैठी थी। गुरु ने पाप किया था। उसे अनुचित ढंग से प्रायश्चित्त कराया था और विधिभंग किया था, इसलिए गुरु-भक्ति का वजन तो कम हो ही गया था और संयोग की बात है कि यदि अमीर जीत जाए तथा प्रभास को ले ले तो पाशुपत मत के उद्धार का कार्य उसे ही करना पड़ेगा। इस कारण दूसरे पलड़े में भार भी बढ़ा। गुरु हठ करके यहीं रहें, अमीर सबका नाश कर दे और यदि वह खम्भात में हो तो उसे सर्वज्ञ-पद शीघ्र मिल जाए, इस विचार को उसने मन से निकाल दिया। उसे एक तपस्वी की दृष्टि से ही इस प्रश्न का उत्तर खोजना था। स्वयं यहीं रहे और गुरु भी न हो तथा वह भी न हो तो पाशुपत मत विद्या का लोप हो जाएगा। चौला यहाँ रहे और वह स्वयं जाए तो त्रिपुर-सुन्दरी की पूजा के अधूरे रहने से दैवी प्रकोप बढ़ेगा। इस प्रकार संकल्प-विकल्प करता हुआ वह परकोटे में दाखिल हुआ। इस पवित्र धाम में सैनिकों का पहरा और भक्तों का अभाव देखकर वह खिन्न हो गया। यदि उसकी तपश्चर्या पूरी हो, यदि महामाया की पूजा पूरी हो तो अमीर अपने आप जलकर भस्म हो जाए। यह सब कैसे किया जाए?

जब वह एक ओर से आ रहा था तो भीमदेव और वीरा चावड़ा अपने डेरे पर जा रहे थे। उसने उन्हें पहचान लिया। भीमदेव बलिष्ठ था, होशियार। उसे गद्दी पर बिठाने में उसका भी कुछ हाथ था। यदि अमीर हार जाए और भीमदेव गुजरेश होकर राज्य भोगे तो हमारे लिये सर्वज्ञ का पद निश्चय ही शोभा की बात होगी। विचार-शृंखला टूट गई और उसके कानों में भीमदेव के शब्द पड़े, ''वीरा, चौला अद्भुत सुन्दरी है। जब कल तू मिलेगा तब मुझे विश्वास होगा।''

चौला, अद्भुत सुन्दरी! सुन्दरी। इस क्षुद्र संसारी जीव को खबर नहीं है कि उसमें त्रिपुर-सुन्दरी का अंश है और उसकी पूजा के अधूरे रहने के कारण ही सब विपत्ति आ पड़ी है। परन्तु भीम के स्वर द्वारा व्यक्त भाव उसे अच्छा नहीं लगा। वह कल वीरा से मिलेगी। कहाँ? कैसे? दोपहर को भीमदेव ने उसे पहचाना न

था और अब यह बात? भीमदेव और चौला पहले मिले थे, यह गप्प है या सच बात है?

इस समय भीमदेव उसके मन से उतर गया। उसे स्पष्ट ही यह भान हुआ कि भीम ऐसा कहकर चौला में निहित महामाया का अपमान कर रहा था।

भीमदेव और वीरा अपने खंड में चले गए। वह सहसा रुककर खड़ा हो गया। उसका मार्ग प्रकाशित हो गया। जब तक चौला में उतरी हुई महामाया नहीं रीझती तब तक यह विपत्ति दूर होने की नहीं। इस विपत्ति को दूर करने में उसके तप की कसौटी थी। उसका निश्चय स्पष्ट हुआ। अब वह प्रभास में ही रहेगा।

उमिया-शंकर

[1]

पौष सुदी पूनम और बृहस्पतिवार। छह दिन से चौला का जीवन एक सुमधुर उल्लासमय नृत्य था। पल-पल रुद्रावतार भीमदेव का नाम रटना, उनका चिन्तन करना, उनकी सेवा करना, उनकी बाट देखना, ये ही उसके श्वास और प्राण हो गए थे। भगवान शंकर त्रिपुरासुर से लड़ने चले थे और वह स्वयं उमिया होकर उनकी सेवा में उपस्थित थी। इस बात की कल्पना से वह निमग्न हो जाती थी। वह सुखी थी—ऐसी सुखी जैसी वह न तो कभी हुई थी और न होने की उसने कभी आशा ही की थी।

परकोटे में एक ओसारा और पहली मंजिल पर तीन कमरे थे, जिनमें से एक में भीमदेव महाराज ठहरे थे। बीच में गुरुदेव थे और तीसरे में वह स्वयं और दो अन्य सेविकाएँ थीं। कमरों के आसपास बड़ी छत थी। अधिकतर पुरुष बाहर रहते थे, इसलिए वह गुरुदेव के कमरे में से दौड़ती, गाती और कूदती हुई भीमदेव के कमरे में पहुँचती; घड़ी में गंगा के साथ हँस-हँसकर बातें करती और घड़ी में वीरा से भीमदेव के बचपन की बातें सुनती। भीमदेव के सारे दिन के कार्यों की बातें जानकर वह प्रसन्न होती। कभी-कभी वह मन्दिर के शिखर की एक ऊँची अटारी पर चढ़कर नए बने कोट, गहरी और चौड़ी हुई खाई, कोट पर खड़ी तीरन्दाजों की कतार, हथियारबन्द घूमते हुए मनुष्यों के झुंड देखती और गर्व से नाच उठती। दो-चार बार तो उसने गाँव या कोट पर महाराज को सेनापतियों के साथ घूमते हुए भी देखा था। ऊँचे, कवच पहने हुए, तेजस्वी, आज्ञा देते हुए जब वे सबके मान और प्रेम को आकर्षित कर रहे होते थे तब उसका हृदय वश में नहीं रहता था। दिन में एक बार वह भगवान के आगे नृत्य कर आती थी। अब वहाँ भीड़

नहीं होती थी, कदाचित् ही कोई बिल्वपत्र चढ़ाने आता; बहुत बार तो वह और उसके भगवान दो ही वहाँ रहते थे, इसलिए वह बिना संकोच के चाहे जो कहती और गाती थी।

इस सुख में एक बाधा थी। वह तनिक बाहर जाती कि या तो उसे शिवराशि मिलता या हरदत्त या ऐसा ही कोई दूसरा साधु और वे दूर से ससम्मान नमस्कार करते। वह शीघ्र वहाँ से भाग आती।

भीमदेव महाराज दिन-दिन काम में अधिकाधिक व्यस्त रहने लगे। आधी रात के समय वे मुश्किल से डेरे पर आते, नहाते और खाते। कभी-कभी वह परोसती और थोड़ी-बहुत बातें करती। उसके बाद गुरुदेव, राय या परमार या भड़ौंच के चालुक्य आते और पिछली छत पर एकान्त में बैठकर या टहलते हुए बातें करते। उस समय वह एक छप्पर की छाया में अँधेरे में खड़ी होकर उन्हें देखा करती। थोड़ी देर में भीमदेव महाराज अपने कमरे में जाकर सो जाते और वह माँ के पास जाकर सो जाती।

पौष सुदी चौदस और बुधवार की रात को महाराज बड़ी देर से आए और खाकर छत पर गए। चौला सदैव की भाँति छप्पर के नीचे खड़ी थी। आज गुरुदेव या और कोई आनेवाला नहीं दिखाई देता था; महाराज अकेले ही टहल रहे थे। मस्तक झुकाए लम्बे डग भरते हुए वे कुछ गम्भीर विचार में डूबे थे। चौला का मन हुआ कि उनके साथ जाकर बातें करे, परन्तु उसकी हिम्मत न हुई।

भीमदेव महाराज रुके और अपने कमरे की ओर चलने लगे। उतावली में छप्पर के नीचे खड़ी चौला से कुछ आवाज हो गई। भीमदेव महाराज ने शीघ्र ही तलवार पर हाथ रखा।

''कौन है?''

''यह तो मैं हूँ,'' कहकर चौला काँपती हुई बाहर आई।

''चौला, यहाँ इस समय? क्यों?''

महाराज की आँखें चमक रही थीं। चन्द्रिका में अद्भुत मादकता दिखाई देती थी। चौला का हृदय टूक-टूक हो रहा था।

''महाराज,'' और उसका स्वर काँप रहा था, ''अब सो जाइए। कल सवेरे जल्दी उठना है न?''

''चौला, मेरे लिए सोना-जागना बराबर है,'' भीमदेव के स्वर में खेद और थकान दोनों थे।

चौला ने चारों ओर देखा और वह पास आई। ''महाराज, मैं तो केवल एक दासी हूँ, परन्तु—परन्तु क्या किसी प्रकार आपका भार हलका नहीं कर सकती?'' उसने पूछा।

भीमदेव का हृदय उमंग से भर उठा। चन्द्रिका में उन्होंने आधे दबे होंठों और आशा-भरी आँखों की मोहकता देखी। उन्होंने इस अप्सरा को एक बार हाथ में लिया था, उसकी याद आई। उनके मस्तक का भार हलका हुआ और उनकी शिरा-शिरा में संगीत गूँज उठा।

''चौला,'' और महाराज की आवाज में तीव्र उमंगें बोल रही थीं, ''तुझे देखता हूँ तो तेरे सहारे मेरा भार हलका हो जाता है। यदि तेरे वचन सच निकलेंगे और मैं विजय प्राप्त कर लूँगा तो तुझे सदैव मेरा भार हलका करना पड़ेगा।''

शब्दों के अर्थ की अपेक्षा उनके संकेत ने चौला को विवश बना दिया, ''महाराज, तब तो मुझे भूल जाओगे।''

''तुझे भूल जाऊँगा?'' कहकर भीमदेव ने अपना प्रचंड पंजा चौला के कन्धे पर रखा और उसके अंग-अंग से ज्वालाएँ उठने लगीं।

''नहीं, कभी नहीं,'' कहकर भीमदेव ने उसका आलिंगन किया और उसका चुम्बन लिया। आलिंगन और चुम्बन किस सीमा तक पहुँचे, इसका अद्भुत सौन्दर्य धारण कर लिया था—केवल यही ध्यान उन्हें रहा। दोनों क्षोभ से बेचैन थे इसलिए बड़ी देर तक कोई नहीं बोला। चौला तो ऐसी लगती थी मानो वह साक्षात् चन्द्र-किरणों से ही बनी है।

''महाराज,'' उसने कहा, ''क्या कोई नई विपत्ति आई है? इतने गम्भीर क्यों थे?''

''चौला, आज खबर आई है कि वह अमीर लूटता, गाँव जलाता, स्त्री तथा ब्राह्मणों को मारता और गायों को काटता चला आता है। मेरा गुजरात श्मशान बन रहा है और मैं यहाँ बैठ उसके बचाने के लिए कुछ नहीं कर सकता।''

''वह कब आएगा?''

''कल या परसों।''

''अच्छा है,'' चौला ने कहा, ''कि इस विपत्ति का शीघ्र अन्त हो।''

''चौला, हमारा भोलानाथ बैठा है न,'' और भीम का मुख पीछे से थोड़ा खिन्न हो गया।

''महाराज, अब सो जाओ। बहुत समय हो गया। यह समय आपके शक्ति संचय करने का है।''

''ठीक है,'' कहकर भीमदेव वहाँ से चले गए। जाते-जाते उन्होंने फिर चौला पर नजर डाली। लौटने का मन हुआ, परन्तु पैर न उठे। और किरणावली के समान चौला जैसी आई थी वैसी ही अदृश्य हो गई। वीरा चावड़ा, जो दोनों से छिपकर चुपचाप यह सब देख रहा था, अपने मन में खूब हँसा।

[2]

भीमदेव महाराज सोने गए, परन्तु उनको ठीक से नींद नहीं आई। थकान के मारे आँखें तो मिंच गईं, परन्तु मस्तिष्क में गढ़ के कोट ऊँचे होते गए, बड़े-बड़े राक्षस गौ-ब्राह्मण की हत्या करते दिखाई दिए और वे स्वयं बँधे और अकुलाते हुए एक स्थान पर पड़े दिखाई दिए। सबकुछ जल रहा था, चारों ओर नाश का प्रसार था और वे हाथ या पैर नहीं हिला सकते थे। उनकी दृष्टि के सामने किरणों की बनी हुई एक बालिका तेजपूर्ण आँखों द्वारा उपालम्भ देती, असंख्य घोड़ों की पंक्तियाँ दौड़तीं; अगणित धनुषों से बिजली जैसे तीर छूटते, लेकिन वे वहीं-के-वहीं थे और किरणों की बनी बालिका उपालम्भ देती। वे घबराकर, चौंककर जागे; कुछ देर तक मस्तक स्वस्थ किया, उस चुम्बन का अविस्मृत स्वाद फिर से लिया और करवट बदलकर सो गए।

फिर स्वप्न आया। वह बालिका नृत्य कर रही थी। वे स्वयं दौड़ रहे थे। उसके चारों ओर हाथी ऊँची पूँछ किए दौड़ते थे और गुरुदेव मृदंग बजाते थे। नाचते-नाचते बालिका दौड़ गई। वे उसके पीछे दौड़े। सामने एक कालमुखा मिला। इतने में अँधेरी रात में चन्द्रमा उगा, चाँदनी छिटकी और कालमुखा नदी में गिर पड़ा तथा उन्होंने बालिका को हाथों में ले लिया। सामने गुरुदेव मृदंग बजा रहे थे। गिड़गिड़-धुम...।

और उनकी आँख खुली। सेना को जगाने के लिए नगाड़े बज रहे थे। वे शीघ्र बैठ गए और हाथ बढ़ाया। वे प्रतिदिन जब उठते थे तब वीरा उनके वस्त्र और कवच लेकर तैयार रहता था। नित्यप्रति की भाँति आज भी उन्होंने उतनी दूर तक हाथ बढ़ाया था जितनी दूर पर वीरा खड़ा रहता था, परन्तु उनके हाथ कुछ नहीं आया। 'वीरा', उन्होंने आवाज लगाई। किसी बहुत ही नीचे खड़े आदमी ने हाथ ऊँचा करके कपड़े ऊपर रख दिए। भीमदेव की समझ में बात नहीं आई। उन्होंने हाथ नीचा किया। वीरा कहाँ गया? या यह स्वप्न है। उन्होंने अँधेरे में हाथ नीचा करके कपड़े लिये और साथ ही कपड़े देनेवाले का हाथ पकड़ा...अवश्य स्वप्न था; हाथ कमलनाल की भाँति छोटा और कोमल था। जैसे चाँदी की घंटी का स्वर होता है वैसी ही मधुर हँसी खंड में व्याप्त हो गई। उमंग का सागर लहराया। महाराज ने दो हाथ पकड़े और खींचे और उनके विशाल वक्ष पर चौला लिपट गई। 'मेरे शम्भु', 'मेरे नाथ' उसके मुख से मन्द-मन्द आवाज आ रही थी और कोने में खड़े हुए वीरा की कठिनाई से रोकी हुई हँसी फूँट निकली, 'हा-हा-हा–'

और उस समय स्तब्धता छा गई।

[3]

डंकों की चोटें पड़ीं और महाराज नए उत्साह से उछलते हुए बाहर आए। उनकी आँखें आज ऐसी चमक रही थीं जैसे कभी नहीं चमकी हों। भुजाओं में अपार बल उछल रहा था। उन्हें जरा देर हो गई थी। कोट के ऊपर गुरुदेव, राय, परमार, चालुक्य, कमा लखाणी, मन्त्री और सेनापति खड़े थे। महाराज छलाँग मारते हुए कोट पर पहुँचे। अँधेरे में क्षितिज पर चारों ओर लाल लपटें दिखाई देतीं और सिन्दूर के समान धुआँ आकाश की ओर चढ़ता जान पड़ता। अमीर के पदचिह्न देखकर महाराज की छाती फूल उठी। 'आया, आया, आया,' महाराज ने हर्ष से कहा, "राय, चलो सेना सजा लें।"

पूर्व आकाश में कुछ हलचल हुई। "भीमदेव, यह क्या?" गुरुदेव ने पूछा। जंगलों में एक-एक, दो-दो काले धब्बे काली चींटियों की भाँति दौड़ते, प्रभास की ओर आ रहे थे। धब्बे बढ़े, अनेक हुए, सौ हुए, दो सौ हुए, बढ़ते गए। कुछ घोड़ों पर आ रहे थे, तो कुछ गाड़ी में। वे पास आए और उनके आक्रन्द को प्रातःकाल की वायु वहाँ ले आई।

"देलवाड़ा के लोग भागकर आते दिखाई देते हैं,' राय ने कहा और जैसे पानी की बूँदें टपकती हैं वैसे ही आदमी जंगलों से टपकने लगे।

"भोलानाथ, तू करे सो ठीक," गुरुदेव ने कहा।

"स्त्री और बच्चे भी हैं," विमल मन्त्री ने कहा।

"अरे, ये तो फिसल पड़े," गुरुदेव की आवाज कुछ अटकती-सी निकली, "शिव, शिव, शिव!"

प्रकाश बढ़ता गया और क्रन्दन करते नर-नारी पास आते गए। कुछ तो अध-बीच में ही गिर गए।

"देलवाड़े का पतन हो गया," भीमदेव ने होंठ-से-होंठ दबाते हुए कहा। उनकी आवाज गम्भीर थी और उनकी आँखें आते हुए आदमियों और क्षितिज पर फिर रही थीं।

"विमल," महाराज ने कहा, "समुद्र की ओर का दरवाजा खुलवा दो और जितनी नावें हों उतनी खाई में ले जाओ तथा जो जीवित किनारे पर आ सकें उन्हें ले आओ।"

"चालुक्यराज," वृद्ध कमा लखाणी ने कहा, "इन सबको अन्दर लेकर क्या करोगे? अपने पास तो इतना अनाज नहीं है कि दो महीने भी चल सके।"

"लखाणी, यदि अमीर दो महीने ठहर जाए, तो उसे मरा ही समझना। विमल, इस समय कितनी नौकाएँ हैं?"

"तीन, महाराज!"

"औरतों और बच्चों को उनमें बिठाकर विदा कर।"

"जैसी आज्ञा," कहकर विमल चला गया।

"राय, अब कोट पर तीरन्दाज जमा दो और युद्ध की तैयारी करो।"

राय ने कमर पर बँधे हुए एक शंख को लेकर फूँका। चारों ओर शंख और भेरी के स्वर गूँजने लगे, डंके और नगाड़े युद्ध का निमन्त्रण देने लगे और सूर्योदय से पहले सारा प्रभास गढ़ युद्ध के लिए सज्जित हो गया। जब सूर्य उदय हुआ तब गढ़ पर सात हजार तीरन्दाज तीर-कमान सँभाले तैयार खड़े थे। स्थान-स्थान पर ऊँटनियाँ भी कोट पर चढ़ा दी गई थीं, जिन पर डंका-निशान शोभित हो रहे थे। दो सौ नायक घुड़सवारों के रूप में कोट पर शोभित थे। प्रत्येक के हाथ में निशान था। सेनापति सुन्दर अश्वों पर सवार होकर ऊँचे और बड़े कँगूरों पर खड़े होकर क्षितिज की जाँच-पड़ताल कर रहे थे।

गंगा और चौला मन्दिर के शिखर की अटारियों पर चढ़ी थीं। चारों ओर सैनिकों, शस्त्रों, पताकाओं से शोभित गढ़ को देखकर चौला का हृदय गर्व से छलकने लगा, "माँ, देख तो सही गढ़ कितना सुन्दर है! महाराज ने आठ दिन में जैसे जादू कर दिया हो।"

और सबसे ऊँची अटारी पर राजाओं के साथ खड़े गुरुदेव भी भीमदेव को इसी प्रकार धन्यवाद दे रहे थे। दुर्भेद्य और सैन्य-शक्ति से सजीव गौरवशाली प्रभास गढ़ उगते हुए सूर्य के प्रकाश में जगमगा रहा था और ऊपर त्रिभुवन-पति भगवान की भगवी ध्वजा जगत् के कल्याण की परम भावना के समान फर-फर उड़ रही थी।

महाराज ने एक लम्बी साँस ली और अपनी शक्ति के ध्यान में मग्न उन्होंने तलवार निकालकर जय-घोषणा की, 'जय सोमनाथ!' और तीस हजार योद्धा बोल उठे, 'जय सोमनाथ!' सहसा भीमदेव महाराज ने आँखें खोलकर कहा, "राय, देखो, देखो।" कहकर उन्होंने राय का हाथ अपनी ओर खींचा। समुद्र के किनारे-किनारे घुड़सवारों की एक टुकड़ी कोट की ओर आ रही थी।

"इधर भी देखो न," परमार ने ध्यान खींचा। दूसरी ओर से भी किनारे-किनारे ऐसी ही एक टुकड़ी चली आ रही थी।

"ये समुद्र की ओर के हमारे मार्ग को बन्द कर देना चाहती हैं।"

एक ओर किनारे पर होकर आती हुई सेना ऐसे आगे बढ़ रही थी जैसे कि वह यन्त्र हो। प्रभास गढ़ की खाई के उस छोर पर श्मशान था और वहाँ कालमुखों का वास था। गुरुदेव ने उनसे गढ़ में आने या खम्भात में जाने के लिए बड़ा अनुरोध किया था, परन्तु अपनी भयानक रीति-नीति में मस्त कालमुखों ने गुरुदेव की बात हँसकर टाल दी थी। कभी किसी युद्ध में उन्हें किसी ने नहीं छुआ था।

किसी की ताकत ही नहीं थी। परन्तु अमीर के भयंकर घुड़सवारों को इस लोक या परलोक की परवाह नहीं थी। उन्होंने कालमुखों को ऐसे काट डाला जैसे माली घास काटता है। इस सम्प्रदाय के प्रति गुरुदेव की तनिक भी सहानुभूति नहीं थी। उन्होंने आह भरकर कहा, ''भोलानाथ, तू जो करे सो ठीक!''

इतने में महाराज ने देलवाड़े की ओर दृष्टि डाली और वे स्तब्ध हो गए। इस रास्ते से घुड़सवारों की एक बड़ी सेना हाथ में तीर-कमान लेकर बाहर निकली।

''राय और परमार, तुम समुद्र के रास्ते की जाँच करो। मैं इसे देखता हूँ।''

राय और परमार अपनी जगह जाने के लिए रवाना हो गए और देलवाड़े के जंगल के रास्ते से अमीर की सेना ऐसे निकली जैसे कोई बड़ी रेल आ रही हो। घुड़सवार पूरे जोश से दौड़े आ रहे थे—पाँच नहीं, पचास नहीं बल्कि हजारों, अभेद्य व्यूह में, भयंकर चमड़े की पोशाक में और चमकते शिरस्त्राणों में, भयंकर लम्बी और बड़ी-बड़ी कमानों पर तीर चढ़ाए हुए। उनके पीछे सैकड़ों हाथी आए—साथ-साथ चलते हुए और ऐसा व्यूह बनाते हुए जैसे वे साक्षात् सजीव गढ़ हों। और फिर बड़े-बड़े यन्त्र आए—ऐसे यन्त्र जिनको भीमदेव ने न कभी देखा था और न जिनकी कल्पना ही की थी।

''महाराज!'' विमल ने धीरे-से कहा, ''सामन्त की बात ठीक थी। यह सेना नहीं है, यह तो पूरा देश उमड़ रहा है।''

''लेकिन भगवान तो हमारे साथ हैं न!''

''भीमदेव बेटा,'' गुरुदेव ने महाराज के कन्धे पर प्रेम से हाथ रखकर कहा, ''भोलानाथ ने तुझे ऐसा युद्ध-प्रसंग दिया है, जो देवों को भी दुर्लभ है।''

''और गुरुदेव, मैं भी आपको ऐसा युद्ध दिखाऊँगा जो देवों तक ने कभी न देखा होगा। देखिए तो सही!''

और अमीर की सेना जंगल के बाहर आकर प्रभास के आसपास प्रलय की तरह छा गई और आकाश को बेधनेवाली प्रचंड गर्जना हुई, ''अल्ला हो अकबर!''

''गुरुदेव, आप खड़े रहें, मैं जाता हूँ।'' कहकर भीमदेव लखाणी और विमल को लेकर शिखर से उतरकर मुख्य दरवाजे के कँगूरे पर दौड़ते हुए गए। खाई के उस ओर घुड़सवारों की सेना थोड़ी दूर आकर खड़ी हो गई थी। सेना का व्यूह जैसा अद्भुत था वैसा ही अपूर्व था। तीनों ओर की टुकड़ियाँ पुतलों की तरह खड़ी थीं। सब तीर चढ़ाए हुए थे, परन्तु किसी ने छोड़े नहीं थे। समुद्र को छोड़कर तीनों ओर से प्रभास घिर गया।

फिर गर्जना हुई, ''अल्ला हो अकबर!''

भीमदेव और उनकी सेना ने उद्घोष किया, ''जय सोमनाथ!''

अमीर की सेना के बीच राजपूत वीरों से सज्जित प्रभास ऐसा खड़ा था जैसे

कालीय नाग के बीच हँसते-खेलते श्रीकृष्ण।

भीमदेव महाराज छत्र और चमर से सुशोभित, मुख्य कँगूरे पर, सबसे आगे खड़े हुए यह सब देख रहे थे। इतने ही में अमीर की सेना के बीच एक छोटे-से चौगान में एक बड़ा-सा हरा झंडा गाड़ने में आया। हाथियों की कतार के पीछे हजारों आदमी पड़ाव डालने के लिए दौड़-धूप करते दिखाई दिए। हाथियों के बीच से पाँच सौ घुड़सवारों की टुकड़ी बाहर आई। उसकी व्यूह-रचना भी अद्‌भुत थी। तीन ओर तीरन्दाजों की पंक्ति थी, उनके भीतर नंगी तलवारोंवाले घुड़सवारों की पंक्ति थी और इस पंक्ति-रक्षित स्थान में पन्द्रह के लगभग घुड़सवार आ रहे थे। इन सबके आगे बड़ी-सी हरी पगड़ी बाँधे, एक प्रचंड घुड़सवार काले और बड़े घोड़े पर आ रहा था। सामन्त द्वारा दिया हुआ विवरण अक्षरशः सत्य था, यही था गजनी का सुलतान, अमीर महमूद।

महाराज ने दाँत पीसे। उन्होंने अपना धनुष निकालकर जमीन पर टेका और बाण चढ़ाया। गुजरात में अप्रतिम समझे जानेवाले बाणावली के हाथ अधीर हो रहे थे।

अमीर प्रभास की जाँच-पड़ताल करने आगे आया और उसकी सेना ने गर्जना की, "अल्ला हो अकबर!"

राजपूतों ने प्रत्युत्तर दिया, "जय सोमनाथ!" और महाराज ने मूँछों पर ताव दिया।

अमीर बड़ी देर तक प्रभास की ओर देखता रहा और फिर उसने दो अचूक तीरन्दाजों को तीर छोड़ने का हुक्म दिया। एक का तीर खाई में गिरा, दूसरे का वहाँ तक भी न जा सका। राजपूत सेना ठहाका मारकर हँस पड़ी। अधीर मसूद घोड़ा कुदाता आगे बढ़ा और तीर चढ़ाया। महाराज का तीर भी तैयार था। पल-भर में ही उन्होंने ऐसे जोर से तीर छोड़ा जैसा कि कभी नहीं छोड़ा था। दोनों तीर एक-दूसरे से बचकर निकल गए। मसूद का तीर आया और कोट से टकराकर गिर पड़ा। महाराज का तीर पवन-वेग से मसूद के पैर में घुसकर घोड़े के पेट में समा गया। घोड़े ने चक्कर खाया और घोड़ा तथा सवार धूल में लोटने लगे। राजपूत सेना ने भयंकर हर्षनाद किया। 'जय सोमनाथ' के घोष से आकाश गूँजने लगा। महाराज को देखकर कितने ही राजपूतों ने तीर छोड़े, परन्तु किसी का भी उतनी दूर नहीं पहुँचा।

मसूद ने पट्टी बाँधी और अमीर के साथ हँसता-हँसता रिसाले को साथ लेकर लश्कर के पीछे चला गया। आज लड़ाई छेड़ने की अमीर की इच्छा न थी। उसकी सेना थोड़ी देर तक पुतले की तरह खड़ी रही और फिर हुक्म मिलते ही सवार अपने घोड़ों से उतरकर, अपनी टुकड़ी का पड़ाव डालकर खाने की व्यवस्था करने लग गए। प्रभास में तो विजय का डंका बजता ही गया। पहली चोट राणा ने मारी,

इस शुभ शकुन से सब प्रसन्न हो गए। दोपहर को ऐसा जान पड़ा मानो अमीर की सेना महीनों की तैयारी कर रही हो। चारों ओर से मिट्टी लाकर, आगे के घुड़सवारों के सामने, तीरन्दाजों की रक्षा के लिए ढेर लगाया जाने लगा। यह प्रयोग पूरे दिन चलता रहा और राजपूत सैनिक कोट पर खड़े-खड़े उनका उपहास करते रहे।

[4]

हरदत्त पागलों की तरह गाँव में चक्कर काटता रहा। त्रिपुर-सुन्दरी का मन्दिर बन्द हो गया था। उनके दर्शन उसके लिए अलभ्य थे और उनकी पूजा का अधिकार उससे छीन लिया गया था। साथ ही मांस-मदिरा का प्रसाद भी बन्द हो गया था और मदिरा की सुवास से सराबोर, नृत्य करते हुए नर-नारियों के अंग से मादक बने हुए महोत्सव बन्द हो गए थे। जहाँ वह रात को पूजा करता था वहाँ गुरुदेव स्वयं जैसे-तैसे पूजा कर आते थे और उसकी महामाया का मन्दिर कारावास के समान बन्द और श्मशान के समान शून्य पड़ा रहता था। उसके जीवन का कार्य चला गया था, इसलिए वह दूसरे दिन से दाँत पीसता हुआ और चिमटा हिलाता हुआ घूमा करता था।

इस पर भी जब वह देखता कि कितने ही मन्दिरों पर सैनिक कब्जा किए हुए हैं तो उसकी आँखों में खून उतर आता था। इस पुण्यधाम में ऐसा भ्रष्टाचार उसने आज ही देखा था। अमीर का आना उसे अत्यन्त उचित जान पड़ा। उसका ज्ञान परिमित था। उसके लिए अमीर इस विधि-भ्रष्ट गुरु का नाश करने के लिए उपस्थित कोई परम दैवी उपाय था। कौन जीतता है, कौन हारता है, इसकी उसे परवाह नहीं थी; उसे तो अपना मन्दिर खुलवाना था।

जब वह इस प्रकार विचार करता हुआ गढ़ में चक्कर लगा रहा था तो उसे अपने जैसे ही प्रसाद से रहित और यात्रियों की भेंट न मिलने से असन्तुष्ट कितने ही दूसरे साधु भी मिले। इन समान दुखियों ने एक-दूसरे के आगे अपने हृदय खोले। कहाँ गई पूजा, कहाँ गया प्रसाद और कहाँ गई उनकी अभंग 'निद्रा'? उनको यह भी लगा कि इस समस्त विपत्ति के लिए गुरु ही जिम्मेदार थे। उन्हें यह स्पष्ट दिखाई दिया कि गुरु के अनेक पाप हो सकते हैं, परन्तु यह उनका सबसे बड़ा पाप था।

गुरुदेव अपने कमरे में बैठे थे। सामने हरदत्त और थोड़े-से दूसरे साधु हाथ जोड़े बैठे थे। परन्तु उनके मुख और आवाज से धृष्टता टपक रही थी।

''गुरुदेव, जब तक महामाया का मन्दिर नहीं खुलता तब तक यह विपत्ति दूर नहीं होगी। अनादिकाल से यह कभी बन्द नहीं रहा,'' हरदत्त ने चिमटे को कड़े हाथ से पकड़कर कहा। उसकी आँखें विकराल पशु के समान थीं।

''अब तो मैं स्वयं पूजा करता हूँ, वह बन्द नहीं है।'' गुरुदेव ने कहा।

''परन्तु हम भक्तों के लिए महामाया के दर्शन कभी बन्द नहीं हुए,'' हरदत्त ने कहा।

''मुझे तुम लोगों के कार्यों के कारण ही दर्शन बन्द करने पड़े हैं।''

''गुरुदेव,'' हरदत्त ने धमकी-भरी आवाज में कहा, ''आज पचास वर्ष से मेरे कार्यों में किसी ने बाधा नहीं डाली, आज आपने डाली है और यह अमीर यहाँ पर चढ़ आया है। महामाया विधि का खंडित होना कभी नहीं सह सकती।''

''हरदत्त, भगवान लकुलेश की कृपा से मुझे भी विधियों का ज्ञान है। एक भी विधि खंडित नहीं हुई।'' गंग सर्वज्ञ ने दृढ़ता से कहा।

''तो अमीर क्यों आ गया?'' हरदत्त ने पूछा।

''देवों की पूजा के स्थान पर पुण्य धामों में अत्याचार आरम्भ हो गया, इसलिए।''

''इसका अर्थ है कि आप मन्दिर नहीं खोलेंगे?'' एक साधु ने पूछा।

''नहीं, यदि मेरे कृत्यों से ही यह दैवी प्रकोप हुआ है तो मैं भगवान से प्रार्थना करता हूँ कि इसका फल मुझ अकेले को ही भोगना पड़े।''

''लेकिन यह तो हमें भोगना पड़ रहा है,'' हरदत्त ने सर्वज्ञ की शान्ति से ऊबकर कहा। उसकी मुद्रा से प्रकट हो रहा था कि वह गुरु के साथ कुछ कर बैठेगा।

''तो यह मेरे कृत्यों का परिणाम नहीं होगा,'' गुरुदेव ने शक्ति से कहा, ''मैं भी आज वर्षों से पाशुपत सम्प्रदाय का गुरुपद भोगता आ रहा हूँ। अभी तक मैं अपने धर्म से भ्रष्ट नहीं हुआ और इस परीक्षा के समय भी नहीं हूँगा। जब तक अमीर को महाराज खदेड़ नहीं देते तब तक महामाया का मन्दिर बन्द रहेगा।''

''तो हम जाते हैं,'' हरदत्त ने कहा। उसका गुस्सा इतना बढ़ता जा रहा था कि उसने वहाँ से चला जाना ही उचित समझा।

''हाँ, तुम जा सकते हो,'' गुरुदेव ने कहा। और सब साधु उनकी ओर क्रोधपूर्ण दृष्टि से देखते चले गए।

''महाराज ने जिस समय इन सबको भेज देने का आग्रह किया था उस समय यदि मैं उनकी बात मान लेता तो अच्छा होता। अब तो भोलानाथ जो कुछ करें सो ठीक है,'' वे बड़बड़ाए और ध्यान करने चल दिए।

[5]

हरदत्त और वे साधु गुरु के स्थान से उतरकर ओसारे में उस स्थान पर गए जहाँ शिवराशि पंचाग्नि में बैठा-बैठा तपश्चर्या कर रहा था। शिवराशि को ऐसा लगा करता था कि उसकी तपश्चर्या जितनी उग्र होनी चाहिए उतनी नहीं है, इसलिए अमीर आया है। तप की कमी को शीघ्रातिशीघ्र पूरा करने के लिए ही उसने यह विधि आरम्भ की थी। इस प्रकार बैठा हुआ वह सर्वकल्याण के दाता शिव और सर्वशक्ति की मूल पार्वती का ध्यान कर रहा था।

जब तक उनका ध्यान टूटा तब तक हरदत्त और दूसरे साधु प्रशंसा-मुग्ध होकर उस तपस्वी को देखते रहे। गुरुदेव का सौम्य स्वभाव, विशाल बुद्धि और उदार चरित्र उनकी समझ में नहीं आता था, जबकि राशिजी में सामान्य साधु के अनेक लक्षण थे। वे लक्षण उन्हें ऐसे लगते थे जैसे वे स्वयं उन्हीं के हों। तप और विधि तथा लकुलेश मत की छोटी-छोटी रीतियाँ सभी उन्हें प्रिय थीं। उनकी जरूरतें और फरियादें भी राशिजी अच्छी तरह समझ लेते थे, इसलिए वे उनके पास जाते हुए झिझकते नहीं थे। गुरु किसी हिम से आच्छादित दुर्लभ शिखर जैसे लगते थे, जबकि राशिजी सुन्दर वृक्षों से सुशोभित पवित्र गिरिश्रृंग का आभास देते थे।

राशिजी का ध्यान टूटा और उन्होंने पंचाग्नि से बाहर आकर हरदत्त तथा दूसरे साधुओं का सत्कार किया।

"राशिजी, महामाया का मन्दिर नहीं खुलेगा तो हम प्राण दे देंगे। गुरुदेव के इस जुल्म को हम नहीं सह सकते," हरदत्त ने क्रोध-भरे स्वर में कहा।

"गुरु की आज्ञा हमें सदा ही शिरोधार्य है।"

"तो क्या महामाया के दर्शन के बिना हम तड़पकर मर जाएँ?" हरदत्त ने कहा।

"हरदत्त, तेरी आँखें स्थूल हैं। जब मैं आध्यात्मिक दृष्टि से देखता हूँ तो मुझे स्पष्ट दिखाई देता है कि जिस दिन से महामाया का मन्दिर बन्द हुआ है, उस दिन से महामाया अपना मन्दिर छोड़कर सारे परकोटे में फिरती है। जिसमें भक्ति है, जिसमें दृष्टि है और उसी को महामाया मनुष्य-देह में दिखाई देती है।"

"किसमें? चौला में?" हरदत्त ने धीमे-से कहा।

"किसी की शक्ति नहीं है जो महामाया को दीवारों के अन्दर बन्द कर दे।" शिवराशि ने सीधा जवाब नहीं दिया।

"तो यह अमीर क्यों आया?"

"इस पहेली को सुलझाने के लिए मैं कई दिन से यह तपश्चर्या कर रहा

हूँ। मुझे इसका कारण स्पष्ट दिखाई देता है।''

''क्या?''

''यह गढ़ है और मैं इसके उपाय का विचार सोच रहा हूँ,'' शिवराशि ने कहा।

''हमें भी बताइए। हम भी उपाय करेंगे,'' एक साधु ने कहा।

''समय आने पर कहूँगा।''

''नहीं कहिए,'' हरदत्त ने कहा, ''नहीं तो हम त्रिपुर-सुन्दरी के मन्दिर के आगे धरना दे देंगे।''

''मुझमें इतनी श्रद्धा नहीं? तुम्हीं महामाया के भक्त हो, मैं नहीं?'' शिवराशि ने कहा।

''आप गुरु-भक्ति में लीन हैं,'' हरदत्त ने कहा।

''मैं गुरुभक्त होने के कारण ही महामाया का अधिक भक्त हूँ।''

''और आपको विश्वास है कि अभी तक उसमें महामाया का निवास है?'' हरदत्त ने कहा।

''हाँ। यदि तुमको सन्देह हो तो जब वह काफी रात बीतने पर अकेली नृत्य करके भगवान को रिझा रही हो तब देखना।''

''वह नाचती है?''

''हाँ, भीमदेव महाराज की भी मजाल नहीं जो महामाया को रोक सकें।''

''स्पष्ट कहिए, राशिजी, हम आपके सहारे हैं। इस पुण्यधाम को भ्रष्ट होने से कैसे रोका जाए? इस अमीर को कैसे वापस किया जाए? आप जो कुछ कहते हैं, उससे बहुत ज्यादा जानते हैं,'' एक साधु ने विनयपूर्वक कहा।

''इसीलिए कह रहा हूँ, मुझमें श्रद्धा रखो।''

''आप हरदत्त से कहिए, जिसमें हमें सन्तोष मिले। ऐसा कौन-सा उपाय है, जो हमें दिखाई नहीं देता और जिसे आप बता नहीं सकते,'' उस साधु ने हाथ जोड़े।

''ठीक है, हरदत्त से कहूँगा। तुम सब लोग निश्चिन्तता से बैठो। महामाया सब ठीक करेंगी।'' शिवराशि ने कहा और हरदत्त को छोड़कर दूसरे सब साधु वहाँ से चले गए।

''क्या उपाय है?'' हरदत्त ने पूछा।

''उस दिन की अधूरी पूजा को पूरा करना चाहिए,'' धीमे-से शिवराशि ने हरदत्त के कान में कहा और दोनों की आँखों में भयंकर तेज झलकने लगा।

[6]

भीमदेव महाराज बड़े आनन्द में थे। उन्होंने पहला वार किया था, उनकी तीरन्दाजी उनकी सर्वश्रेष्ठ बात थी और दुश्मन की फौज परेशानी में पड़ी थी। यदि अमीर घेरा डाले तो महीनों तक उसे परेशान करने का सामान था; यदि वह हमला करे तो विफल करने के लिए उसके पास अनेक साधन थे। ऐसा विचार करते और चारों ओर दृष्टि डालते हुए वे घूम रहे थे। पीछे अकेला वीरा आ रहा था।

जब वे समुद्र की ओर के दरवाजे के आगे पहुँचे तो उन्होंने देखा कि वहाँ राय कमा एक आँख से समुद्र की ओर ध्यान से देख रहा है। उसका मुख गम्भीर था।

"क्यों राय, क्या देखते हो?" महाराज ने पूछा।

"वह देखो?"

"क्या?" महाराज ने क्षितिज पर दृष्टि डालते हुए पूछा, "वह जो काले धब्बे जैसा है सो?"

"हाँ," लखाणी ने कहा, "जहाज है।"

"मुझे ऐसा नहीं लगता।"

"मैं कच्छी हूँ, बचपन से समुद्र में घूमा हूँ। जहाज इस ओर आ रहे हैं," कहकर उसने महाराज को दूर खींचा, "यदि इस ओर आ गए तो हम मर गए।"

"क्यों?"

"अमीर ने किनारे के दोनों ओर घुड़सवार रखे हैं। यदि अपनी कोई भी नौका उसके कब्जे में चली गई तो समुद्र का मार्ग बन्द हो जाएगा।" कमा ने क्षितिज को फिर बारीकी से देखा, "लगभग आठ जहाज हैं।"

"समुद्र का मार्ग तो खुला ही रहना चाहिए। क्या करें?"

"एक उपाय है," और कमा की एक आँख मिंचने लगी। "वहाँ जाकर जहाज रोकने चाहिए।"

"इससे क्या होगा?" भीमदेव ने कहा, "वहाँ भी हमें कुछ अच्छे योद्धा भेजने चाहिए जो जरूरत पड़ने पर नावों से ही लड़ सकें।"

कमा खिलखिलाकर हँसा। "महाराज, यह तो आधे योजन तक डुबकी मारने का काम है। आप नहीं समझते।" एक अच्छे तैराक के अभिमान से कमा ने कहा।

"कैसे?"

"मेरी सेना में थोड़े-से ऐसे आदमी हैं, जो मिस्र से चीन तक धावा मार आए हैं। उनको तैयार करता हूँ।"

"परन्तु वे समुद्र में रहकर लड़ सकेंगे?"

"जहाज पर रहकर लड़ना तो हमारे बाप-दादों का काम है," कमा ने कहा।

"तो इसका नायक कौन होगा? मेरे पास एक-दो खम्भाती हैं, पर उनमें जान नहीं।"

कमा ने अपनी एक आँख मींच ली।

"मेरा लड़का होता तो इस काम को करता। कुछ नहीं। पिछली दिवाली पर ही मैं बहत्तर का हुआ हूँ। मैं क्या बुड्ढा हो गया हूँ?" कहकर बत्तीसों दाँत दिखाता हुआ वह हँसा, "आधा योजन तो पलक मारते-मारते पार कर दूँगा।"

"धन्य है राव, धन्य है!"

"अपने आदमियों को ढूँढ़ता हूँ। अँधेरा होते ही दो हजार तीरकमान यहाँ रख देना। अमीर यदि जमीन से तीर छोड़ेगा तो हम तक नहीं पहुँचेगा, लेकिन यदि घोड़ों को लेकर पानी में घुस गया तो हमें भारी पड़ेगा। उससे बचाना आपका काम है।"

"निर्भय रहो राव, मैं भी तैयारी करता हूँ।"

और बिना ज्यादा हाय-तौबा किए भीमदेव महाराज ने समुद्र की ओर के दरवाजे पर दो हजार चुनिंदा तीरन्दाज इकट्ठे कर दिए। सूर्यास्त हुआ और अँधेरा फैलने लगा तो अमीर की सेना में हजारों मशालें जल उठीं। महाराज की आज्ञा थी इसलिए कोट पर मशालें देर से जलनेवाली थीं। अँधेरा होते ही वीर कमा लखाणी तीन सौ अनूठे तैराकों को लेकर प्रभास के समुद्र की ओर के दरवाजे पर जा खड़ा हुआ। भीमदेव और विमल मन्त्री भी आए। महाराज और राव प्रेम से मिले। विमल ने खिड़की थोड़ी-सी खोल दी।

वीर कमा तीर-कमान और तर्कश को दुपट्टे से कन्धे पर बाँध, कमर में कटार खोंस, कच्छ बाँध, सोमनाथ का स्मरण कर, खिड़की में होकर पानी में सरका। तनिक भी आवाज नहीं हुई, यहाँ तक कि ऊपर पानी का बबूला तक नहीं बना। थोड़ी देर तक सब कान देकर सुनते रहे, परन्तु तनिक भी आवाज नहीं आई। तुरन्त ही दूसरा कच्छी योद्धा भी उसी प्रकार पानी में सरका और अदृश्य हो गया। इस प्रकार तीन सौ बहादुर वीरों ने डुबकी मारी और अपार सागर में खो गए। काम इतनी खूबी से हो रहा था कि खाई के उस पार थोड़ी ही दूर पर पड़े हुए अमीर के चौकीदारों को सन्देह तक न हुआ।

जब आधी रात हो चुकी थी तब अन्तिम कच्छी वीर विदा हुआ और महाराज की आज्ञा से सैनिकों ने कोट के ऊपर ठौर-ठौर मशालें जला दीं। कमा ने अपने सिर पर भारी बोझ ले लिया था; अँधेरे में आधा या एक योजन तैरकर दूर की नावों पर जाना कोई खेल नहीं था और इस बात का भी पूरा पता नहीं था कि

नावें खम्भात की हैं या किसी अज्ञात व्यापारी की या दुश्मन की। महाराज बड़ी देर तक अधीरता से समुद्र की ओर देखते रहे। घड़ी-पर-घड़ी बीतती गई। कई बार तो उन्होंने आशा छोड़ दी। आधी रात बीत गई पर कहीं कमा का नामोनिशान नहीं मिला। निदान खिन्न हृदय से उन्होंने अपने डेरे पर जाने का निश्चय किया। तब दूर क्षितिज पर, समुद्र के बीच अनेक मशालें ऊँची-नीची हुईं। महाराज हर्ष से उछल पड़े, "शाबाश, मेरे कमा, शाबाश!"

और जलती हुई मशालों से पहरा देनेवाली अमीर की समुद्रवाली टुकड़ियाँ एकदम सतर्क हो गईं। रणसिंघे फूँके गए। घोड़े हिनहिनाए, कोट पर पट्टली तीरन्दाज चढ़ाकर आज्ञा की प्रतीक्षा करने लगे। परन्तु मशालें अन्त में अदृष्ट हो गईं। थोड़ी देर में अमीर की टुकड़ियाँ शान्त हो गईं। और भीमदेव हर्षित हृदय से अपने डेरे पर गया।

[7]

जब रात हो गई तब शिवराशि ने पंचाग्नि-तप छोड़कर स्नान किया। फिर उन्होंने भगवान के दर्शन किए, बिल्वपत्र चढ़ा अपने डेरे पर आकर सिद्धेश्वर द्वारा तैयार किया हुआ भोजन पाया। आज की तपश्चर्या से उनके मन के अनेक विकार दूर हो गए थे। अब उनको तनिक भी शंका नहीं थी कि त्रिपुर-सुन्दरी चौला के रूप में प्रभास में विचर रही थीं। उन्हें यह भी दीपक की तरह साफ दिखाई दिया कि जब तक वे स्वयं उसकी अधूरी पूजा पूरी नहीं करते तब तक न तो अमीर हारेगा और न यह युद्ध ही समाप्त होगा। जब यह पूजा पूरी हो जाएगी तब चौला में से महामाया चली जाएँगी और पुराण-विहित विधि के अनुसार स्वयं आचार्य-रूप में वे चौला के अधिकारी हो जाएँगे। वह वस्तु उनके तपस्वी मन को अपरिहार्य जान पड़ी। काम, क्रोध और मोह को जीतनेवाले इस तपस्वी को इस वस्तु में कोई महत्त्व दिखाई नहीं दिया। उसका समस्त जीवन त्यागमय था। इस समय त्रिपुर-सुन्दरी की पूजा पूरी करने के लिए वह कुछ भी त्याग करने के लिए तैयार था; तैयार होना उसका परम कर्तव्य था।

वह धीमे-धीमे भगवान के मन्दिर में गए और एक खम्भे के पास छिपकर बैठ गए। लिंग के आगे एक ही घी का दीपक जल रहा था। कुछ समय बीतने पर खिंचती हुई चौला आई और भगवान के पैरों पड़ी; थोड़ा-सा नृत्य किया। शिवराशि उसके अंग-अंग की शोभा की कल्पना कर रहे थे। वस्तुतः चौला का दैवी सौन्दर्य उसका न था वरन् जगज्जननी महामाया का था। अधूरी रह जानेवाली

पूजा का अविस्मरणीय अनुभव उनकी कल्पना में नया हो गया और उनका रोम-रोम खड़ा हो गया–उसी प्रकार जैसे कि एक भक्त का होता है। उनके तपस्वी हृदय ने सोचा और इस पूजा को पूरी करवाने की उनकी इच्छा दृढ़ हो गई। नृत्य पूरा हुआ। चौला ने भावपूर्ण शब्दों से त्रिपुरारि को रिझाया। राशिजी को लगा कि इसी समय पूजा पूरी कर डालें, परन्तु इस समय विधिपूर्वक नहीं होगी, इस डर से जैसे-तैसे मन को रोका।

चौला अपने निवास-स्थान की ओर गई। पीछे-पीछे शिवराशि गए। उनके भावुक मन में यही विचार आता रहता कि कब कैसे पूजा पूरी की जाए और वे अँधेरे में भी चेतन त्रिपुर-सुन्दरी की पग-ध्वनि के आनन्द को हृदय में धारण करते रहते थे।

चौला उतावली होकर दौड़ती हुई छत पर गई। ऐसा लगा जैसे उसके पैरों में पंख हों। महामाया के पैरों में भी पंख न होंगे तो किसके पैरों में होंगे! चौला भीमदेव के कमरे की ओर मुड़ी। शिवराशि अचम्भे में पड़कर अँधेरे में, दीवार के सहारे-सहारे पीछे च ाने लगे। महामाया बिना कारण के ऐसे नहीं जाएँगी। चौला कमरे की बगल में होकर छप्पर पार कर उस ओर की छत पर गई। पीछे राशिजी भी गए। अँधेरे में छत पर एक पुरुष खड़ा था–भीमदेव ही; ऐसा कद भीमदेव को छोड़कर और किसका हो सकता था! राशिजी ने छप्पर के नीचे देखा।

"महाराज," धीमे-से परन्तु उत्साह के साथ चौला बोली, "कहाँ हो?"

"मैं तेरी ही बाट देख रहा हूँ," भीमदेव की आवाज आई।

दो काले धब्बे एक-दूसरे से लिपट गए–दो के एक हो गए और एक प्रकार की आवाज स्पष्ट रूप से उस अन्धकार और शान्त वातावरण में राशिजी के कान में टकराई। उनको रोमांच हो आया, उनकी रग-रग में क्रोधाग्नि भभक उठी; उनके हृदय में ज्वालामुखी फूटा। उनकी आँखों के सामने ऐसा पाप हो रहा था जिसकी कल्पना भी कभी किसी ने नहीं की होगी; भीमदेव के होंठों ने जगज्जननी महामाया के होंठों का स्पर्श किया।

और देवेन्द्रदेव के क्रोध को इस दुष्ट चालुक्य के ऊपर गिरने का निमन्त्रण देकर तपस्वियों में श्रेष्ठ वे शिवराशि पुण्य-प्रकोप से जलते हुए अपने डेरे पर आए। इस अधम पापी को पल-भर भी जीने का अधिकार नहीं है।

पौष वदी 1, शुक्रवार

[1]

नित्य के नियमानुसार शिवराशि के पैर उन्हें गुरु के डेरे की ओर ले गए। यह बड़ी भयंकर बात थी; दसों दिशाएँ शाप दे रही थीं। सोमनाथ भगवान के पुण्यधाम में ऐसे घोर पाप को होने देने की शक्ति किसी भी शास्त्र में नहीं थी। यह पाप धोना चाहिए; इसका प्रायश्चित्त जीवन को जोखिम में डालकर भी होना चाहिए।

महामाया की विशुद्धि अभंग और अभेद्य रखनी चाहिए। गुरु के डेरे पर जाते हुए शिवराशि के पैर रुक गए। किसलिए गुरु के पास जाऊँ? वे तो अपने ढंग से हँसेंगे कि चौला तो एक सामान्य नर्तकी है। उनकी स्थूल आँखों से त्रिपुर-सुन्दरी भी नहीं दिखाई देगी। उन्होंने तो त्रिपुर-सुन्दरी की विधियों को भंग करके उसके पट बन्द करा दिए हैं। वे तो गुरुपद से कभी के गिर चुके। गंगा–नर्तकी–को गृहिणी की भाँति और उसकी पुत्री चौला को अपनी पुत्री की भाँति रखते हुए वे कितने ही दिन से गृहस्थ धर्म का पालन-सा करते आ रहे थे और शिवराशि स्वयं कृतज्ञता के मारे तपोबल के विश्वास के कारण सर्वज्ञ को भक्ति-भाव से सम्मान दिया करते थे। देव, शास्त्र और तपश्चर्या की अवहेलना करके स्वयं ऐसे मनुष्य को गुरु के रूप में स्वीकार करते थे। वस्तुतः देखा जाए तो यह एक निर्बल और भीरु बुड्ढा था। सच्चा तप तो स्वयं उन्होंने किया था। इस बुड्ढे ने अपने गुरुपद को दृढ़ करने के लिए भीमदेव को गद्दी पर बिठाया; आज भी उसकी रक्षा के लिए भीमदेव को मनमानी करने देता था। ऐसे ही पूजा करना–उसकी आज्ञा मानना–पाशुपत मत से द्रोह करने के समान था। अब गुरु-शिष्य का सम्बन्ध पूरा हुआ। बचपन में गुरु द्वारा दी हुई रुद्राक्ष की वह माला, जो उनके गले में थी, उन्होंने क्रोध से काँपते हाथों से पकड़ी, खींची और तोड़ डाली। अब उनके गुरु

भगवान लकुलेश थे; ये उनके ही उत्तराधिकारी थे; अपने तपोबल से पाशुपत मत की रक्षा करना ही उनका परम कर्तव्य था।

[2]

वे वहाँ से पीछे लौटे। निश्चय हो जाने के कारण उन्होंने अपने कम्बल को शरीर पर जोर-से लपेट लिया और धीरे-धीरे कोट पर घूमने लगे। अलख के आसपास बैठे हुए सैनिकों ने जब दूर से उनको जाते देखा तो उनमें अमीर की सेना देखकर जिनका बाल भी नहीं फड़का था वे भी काँपने लगे। उनको ऐसा लगा मानो भयंकर जटा तथा स्थिर क्रोधपूर्ण आँखों से भयंकर बने शिव ही स्वयं परिस्थिति देखने निकले हों। बहुतों ने तो अपने सिर घुटनों में छिपा लिये, बहुतों ने साष्टांग दंडवत् प्रणाम किया, बहुतों ने घबराहट की आवाज में 'नमः शिवाय' से सत्कार किया और वह ऊँची, काली, भयानक आकृति जलती हुई आँखों को भौंहों पर टिकाए अदृश्य हो गई।

भरूच के दद्दा चालुक्य एक अनुचर को साथ लेकर कोट की व्यवस्था देखने निकले थे। उस समय इस व्यवस्था को देखने का काम उन्हीं का था और वे कमर कसकर इसे कर रहे थे। उनकी उम्र लगभग पैंतीस वर्ष की थी। जब मूलराजदेव ने दक्षिण के सेनापति वाण को हराकर भृगुकच्छ ले लिया था तब पुराने चालुक्यवंशीय राजाओं की एक सन्तान को लाट की राजगद्दी पर बिठाया था, यद्यपि राज्य वास्तव में पाटण के दंडनायक ही करते थे। चामुंडराज के समय में दद्दा के पिता ने सिर उठाने की कोशिश की थी, परन्तु उसे तो पाटण की सेना ने चुटकी में मसल डाला था और उसके इस पुत्र को गद्दी का अधिकारी ठहराया था। दद्दा खाते-पीते और मौज करते, पाटण के दंडनायक की आज्ञा का पालन करते और स्वयं इस विचार से कि वे राजा हैं, प्रसन्न रहते। अमीर का आक्रमण होने पर उनसे भरूच की सेना लेकर आने को कहा गया, इसलिए महल और महिलाओं को छोड़कर पौष मास की ठंडी रात में इन शस्त्र-सज्जित सेनाओं के बीच कोट की रखवाली करने का दुर्भाग्यपूर्ण कार्य उनके जिम्मे पड़ा था। यदि उनका वश चलता तो वे दूसरे ही क्षण भरूच का रास्ता ले लेते। परन्तु भीमदेव ने उनकी गरदन पकड़ रखी थी। उनकी धाक के कारण न तो वे जा ही सकते थे और न रह ही सकते थे। न जाने किस घड़ी में मूलराजदेव ने उनके दादा को गद्दी पर बिठाया, इस बात का ही विचार करना उन्हें अभीष्ट था।

उन्होंने दूर से शिवराशि को जाते हुए देखा और उनका हृदय धड़कने लगा।

उनको भी पहले भगवान शंकर का ही ध्यान आया, फिर वहाँ से भाग जाने की भावना जागी। लेकिन कुछ सैनिक उनको नमस्कार कर रहे थे और कुछ उस भयंकर मूर्ति को, इसलिए प्रतिष्ठा खोने के डर से वे वहीं-के-वहीं खड़े रहे।

परन्तु जैसे ही शिवराशि पास आए, उन्होंने उनको पहचान लिया। तीन वर्ष हुए, राशिजी रेवाजी परिक्रमा करने आए थे। तब वे इस भव्य तपस्वी के चरणों में स्वयं जा बैठे थे और उस समय उन्होंने इनसे बड़ा बल प्राप्त किया था। इनके आशीर्वाद से उनके यहाँ पाँच लड़कियाँ और एक लड़का पैदा हुए थे। दद्दा ने साष्टांग दंडवत् प्रणाम किया और शिवराशि ने 'शिवायः नमः' कहकर आशीर्वाद दिया। अकेले जाने की अपेक्षा उनको इस तपस्वी के साथ कोट पर घूमना अधिक अच्छा लगा।

"राशिजी, यह पीड़ा कब जाएगी?"

शिवराशि ने जवाब नहीं दिया और कुछ देर दोनों चुपचाप चलते गए।

"गुरु महाराज, कहिए तो सही कि इस सबका क्या परिणाम निकलेगा?"

शिवराशि ने दद्दा की ओर देखा और उनकी भयंकर आँखें देखकर भरूच के चालुक्यराज काँप उठे।

"परिणाम?"

"हाँ, राशिजी, आपको तो तीनों कालों का ज्ञान है। क्या होगा?"

शिवराशि ने ऊपर देखकर क्षितिज पर दृष्टि डाली, "महामाया को भ्रष्ट करनेवाले कुत्ते की मौत मरेंगे।"

दद्दा प्रसन्नता से उछल पड़े। "अमीर?" उन्होंने पूछा।

शिवराशि खड़े रहे और दद्दा की ओर उग्रता से देखा। दद्दा काँपे और हाथ जोड़कर खड़े हो गए।

"नहीं," उन्होंने धीरे-से कहा, "भीम।"

दद्दा ऐसे स्तब्ध हो गए जैसे उन पर बिजली गिर पड़ी हो। उनका सिर घूमने लगा।

"भगवान् सोमनाथ की अर्द्धांगना का शाप है।"

और राशिजी लम्बे-लम्बे डग भरते हुए वहाँ से चले गए।

दद्दा पैर उठाने में असमर्थ, उन्मत्त की भाँति इस भयंकर आकृति को अन्धकार में लुप्त होते देखते रह गए।

[3]

परन्तु दद्दा को अधिक विचार करने का समय न था।

अरुणोदय के साथ ही अमीर की सेना में एकदम हलचल मच गई। घोड़े मशालचियों के साथ इधर-से-उधर दौड़ने लगे। काँपते हुए दद्दा ने कन्धे पर लटकाया हुआ शंख फूँका। तुरन्त दरवाजों पर खड़े चौकीदारों ने भेरी का नाद किया। भीमदेव बिस्तर से उछलकर बैठ गए; कमल के नाल के समान हाथ की मृदुता देखे बिना ही बख्तर सजाया, शंखनाद किया और कोट की ओर दौड़े। राय ने भी शस्त्र सज्जित कर, कोट पर आकर अपना रणसिंघा फूँका। परमार और विमल भी कोट पर आए और सब लोग मुख्य दरवाजे के उस कँगूरे पर जमा हुए जिस पर भीमदेव महाराज खड़े थे।

अमीर की सेना में अजीब चलाचली हो रही थी। भारी आवाज में, समझ में न आनेवाली बोली में हुक्म दिए जाते, घोड़े हिनहिनाते, शस्त्रों की आवाज होती। दूर पर जंगल के बिलकुल पास, जहाँ अमीर डेरे-तम्बू डालकर पड़ा था, मशालें जल रही थीं। वहाँ से घोड़े छूट रहे थे और जैसे किसी महामन्त्र की चरखी घूमती है वैसे ही सारी सेना में समझ में न आनेवाले व्यूह बन रहे थे।

भीमदेव ने भी तैयारी कर डाली। धनुर्धारियों की एक पंक्ति घुटने टेककर तैयार हो गई। उसके पीछे शरीरों पर ढाल बाँधकर दूसरी पंक्ति तैयार हुई। पीछे बख्तर पहने राजपूत योद्धा खड़े थे।

गुरुदेव भी ऊपर आए। भीमदेव ने साष्टांग दंडवत् प्रणाम किया। गुरुदेव ने आशीर्वाद दिया और राजाओं को केसर तिलक किया। केसर और कुंकुम की फुहारें उड़ने लगीं। 'जय सोमनाथ' से गगन गूँज गया।

अन्धकार के परदे खिंचे और भीमदेव ने चारों ओर दृष्टि डाली। अमीर की समस्त सेना का स्वरूप बदल गया। तीनों ओर लम्बी, मोटी और चौरस चमकती ढालों के नीचे कछुए के समान सैनिकों की दो पंक्तियाँ छिपी पड़ी थीं। केवल उनकी आँखें और उनके हाथ की नंगी और छोटी तलवारों की नोकें बाहर दिखाई देती थीं। हरेक के पास खाई को पार करने के लिए छोटा-सा तख्ता था।

पीछे चार-चार, छह-छह पंक्तियाँ घुड़सवार धनुर्धारियों की थीं। उनकी छातियों पर जंगली जानवरों की खाल के बख्तर थे। उनकी पचरंगी दाढ़ियाँ विशाल वस्त्रों पर लहरा रही थीं। उनके माथे पर जानवरों के सींगवाले टोप थे। उन्होंने धनुष चढ़ा रखे थे। उनकी तैयारी ऐसी थी कि एक शब्द सुनाई देने के साथ दस हजार तीर छूटने लगें। उनके पीछे पास-पास खड़े हाथियों की पंक्ति ने एक बड़ा कोट बना दिया था। हरेक पर तीन-चार तीरन्दाज थे; हरेक की बगल में कोट पर चढ़ने

की सीढ़ियाँ थीं।

अद्‌भुत समानता थी, अपूर्व व्यवस्था थी, दुर्धर्ष प्रभाव था। राय और भीमदेव इस सेना की प्रशंसा करते हुए इसे देख रहे थे।

"महाराज, यदि हम जीतेंगे तो भगवान की कृपा से ही," राय ने धीमे-से कहा।

"भगवान की कृपा और क्षत्रिय की टेक," महाराज ने गर्व से कहा, "हम कभी हारेंगे नहीं, हमारा युद्ध धर्म का है।"

"जहाँ धर्म वहाँ जय," गुरुदेव ने हँसकर कहा और वे कोट के नीचे चले गए।

दूर पर एक विचित्र ध्वनिवाला रणसिंघा बजा। उसके बाद स्थान-स्थान पर रणसिंघे बजे। यवन-सेना के बीच मार्ग हुआ और अमीर अपनी छावनी से बाहर निकला। पचास डंकेवाले घोड़े दोनों ओर चले और उनके बीच निशानवाले पच्चीस-तीस घोड़े बढ़े। उनमें सबसे आगे हरी पगड़ी और लाल तथा बड़ी दाढ़ी से शोभित प्रचंडकाय अमीर काले घोड़े पर आ रहा था। उसके आसपास छठ के चन्द्रमा के समान स्वर्ण की आकृतिवाले निशान लिये घुड़सवार ठुमुक रहे थे।

चारों तरफ फैले हुए इस आसुरी प्राबल्य को देखकर भीम की रगों में क्रोधाग्नि की लपटें दौड़ने लगीं। उसके मस्तिष्क में जैसे हथौड़ों की चोटें पड़ने लगीं। एक ही छलाँग में वह वीरा द्वारा तैयार किए घोड़े पर सवार हो गया और रकाबों पर खड़े होकर आसपास खड़े योद्धाओं पर दृष्टि डाली।

"मेरी, पाटण की और भगवान सोमनाथ की लाज तुम्हारे हाथ है। वीरा, स्वर्ग के द्वार खुलने ही वाले हैं। एक-एक क्षत्रिय वीर हजारों यवनों को मरेगा। जो पैर पीछे हटाए वह क्षत्रिय का जाया नहीं।"

और राय रत्नादित्य भी हर्षातिरेक में अपने घोड़े पर उछला और तलवार निकालकर बोला, "भीमदेव महाराज की जय!"

आसपास खड़े योद्धाओं ने घोषणा को दुहराया। भीमदेव महाराज जरा रुके, हँसे और फिर तलवार चमकाकर भयंकर आवाज में जयध्वनि की–'जय सोमनाथ!' सैनिकों ने उसे दुहराया और उसकी प्रतिध्वनि अमीर के कानों में ऐसे पड़ी जैसे कहीं गड़गड़ाहट हो रही हो।

अमीर दाढ़ी पर हाथ रखकर इस गढ़ की ओर देखता रहा। अपने विश्व-विजय के क्रम में उसने ऐसे अनेक गढ़ों पर आक्रमण किया था, परन्तु यह धाम उन सबसे श्रेष्ठ था। यहाँ आने के लिए उसे अज्ञात रेगिस्तान को पार करना पड़ा और अपूर्व साहस दिखाना पड़ा था। इस समय उसकी प्रचंड सेना तैयार थी; सम्मुख भयंकर प्रतिज्ञा लेकर छोटी-सी क्षत्रिय-सेना खड़ी थी। क्षण-भर के लिए उसके मन

में दया का संचार हुआ। "हजारों राजपूत सेनाएँ कट गईं तो यह भी कट जाएगी। अल्लाह और उसके पैगम्बर आली की उस पर मेहरबानी थी। लेकिन यह सब किसलिए?" विचार आया और उसी क्षण नष्ट हो गया।

उसे इतिहास के पृष्ठों में अद्वितीय जगद्विजेता की कीर्ति अर्जित करनी थी; सोमनाथ का विनाश इस कीर्ति-मन्दिर का स्वर्ण-कलश था; इस कलश को रखने में ऐसी सेना विघ्न-स्वरूप थी। काफिरों की ऐसी सेनाएँ अपने विनाश से उसकी कीर्ति को उज्ज्वल करने के लिए निर्मित की गई थीं। उसकी आँखें चमकीं और उसने प्रौढ़ आवाज में पुकार लगाई–'अल्ला हो अकबर!' उसके आसपास के डंकेवालों ने डंकों की गड़गड़ाहट से इस आज्ञा का सत्कार किया। चारों ओर 'अल्ला हो अकबर' की ध्वनि गूँजी। टुकड़ी-टुकड़ी में डंके की चोट पड़ी और समस्त सेना किसी भूखे प्रचंड अजगर की भाँति शान्त निश्चयात्मकता से प्रभास गढ़ को निगलने के लिए आगे बढ़ी।

[4]

महाराज मध्यद्वार के कँगूरे पर खड़े-खड़े मानुषी कछुओं के आते हुए इस समूह को देख रहे थे। "घुड़सवार पास आएँ, तो उन पर तीर छोड़ना। कछुओं पर बेकार मत चलाना," कहकर वह घोड़े से नीचे उतरे।

"विमल विमल!" महाराज ने आवाज लगाई, "वीरा, विमल को खोज। कह कि पत्थर हाथ में लेकर आदमी कोट पर भेजो। वे कछुए पानी में गिरें कि उन्हें डुबा देना है।"

और वीरा महाराज के घोड़े पर चढ़कर मन्त्री को खोजने गया। महाराज ने अपना बाण निकाला।

"मेरे तीर छोड़ते ही तुम भी छोड़ना। कछुओं पर नहीं, सवारों पर नहीं, वरन् घोड़ों पर।"

कछुए हाथ और पैरों के बल आगे आए। पीछे घुड़सवार आए। उनके पीछे हाथी आए। जैसे ही घुड़सवार इतनी दूर पर आए, जहाँ कि तीर पहुँच सकता था, वैसे ही तीर छोड़े गए, घोड़ों को एड़ लगाकर तीनों क्रियाएँ एक साथ हुईं।

उसी क्षण भीमदेव ने बाण छोड़ा, इसे देख हजारों तीरन्दाजों ने भी वैसा ही किया; और सैकड़ों घायल घोड़े या तो कतार से कूदकर अलग हो गए या भूमि पर लोटने लगे। कोट पर खड़े हुए धनुर्धरों में से कितने ही घायल होकर गिर पड़े। परन्तु शेष बचे हुओं ने अपने घोड़ों को जैसे-तैसे सँभालकर अमीर के सवारों को

बेध डालने का प्रयास जारी रखा।

घोड़े गड़बड़ाए तो हाथी जमे। खड़े हुए धनुर्धरों को यह सूझ नहीं पड़ा कि उन पर तीर छोड़े जाएँ या नहीं। कछुए घुड़सवार और हाथियों के संरक्षण के बिना ही खाई की ओर आगे बढ़ने लगे।

खबर पड़ी तो अमीर उछलते हुए घोड़े पर आगे आया, हुक्म-पर-हुक्म दिए गए और दूसरे घुड़सवार कछुओं के रक्षणार्थ आगे बढ़ आए।

दोनों ओर से तीरों की झड़ी लग गई, परन्तु भीमदेव और उनके चुनिंदा धनुर्धरों के निशाने नहीं चुके। किसी को घोड़े का पुट्ठा, किसी को सैनिक का अरक्षित शरीर और किसी को खड़े होते योद्धा की पीठ दिखाई दे ही जाती और देखते-देखते उनमें गुजराती तीर घुस जाते। महाराज इधर-उधर देखते, नायकों को खोज निकालते और प्रत्येक तीर से ऐसी किसी एक को धराशायी बना देते। दूर खड़े हाथी भी उनसे न बच सके। और जिस समय कछुए पास आए उस समय तो उनके और सीढ़ी लेकर आते हुए हाथियों के बीच भारी अन्तर पड़ गया था।

अमीर के एक सेनापति ने यह कठिनाई देखी और कितने ही घुड़सवार सीढ़ियाँ लेकर आगे आए। एक-दो हाथी भी बिलकुल आगे आ लगे। तीरों की वर्षा में भी अनुभवी योद्धा आगे बढ़ आए। थोड़ी-सी सीढ़ियाँ कछुओं को दीं।

"कछुओं पर बाण मत छोड़ना, व्यर्थ जाएँगे। घुड़सवारों को ही बेधो," महाराज ने फिर आज्ञा दी।

अमीर के घुड़सवार भी अब पास आकर तीर छोड़ने लगे और कितने ही पट्टणी धनुर्धर धराशायी हो गए। परन्तु भीमदेव महाराज के बख्तरवाले हजारों धनुर्धर कभी इधर तो कभी उधर घूमते रहे। इन सबके बीच महाराज की अथक भुजाएँ अकल्पनीय निशाना मार रही थीं। कछुओं ने एक हाथ में तख्ते और दूसरे में सीढ़ियाँ लीं और पानी में छलाँग मारी।

"विमल, विमल!"

"महाराज, हाजिर हूँ।"

"पत्थर लाए हो?"

"जी हाँ।"

"कछुओं को मारना मत, बाण बेकार जाएँगे। रास्ता करो, जगह दो," महाराज ने आवाज लगाई। वीरा के हाथ में धनुष देकर, पास खड़े आदमी से एक बड़ा पत्थर लेकर उन्होंने ताककर निशाना मारा। यह बड़ा पत्थर जोर से निश्चित की हुई जगह पर—कछुए की एक ओर की ढाल पर—गिरा और भयंकर चीख मारकर वह सैनिक पानी में नीचे दब गया। महाराज को देखकर दूसरे सैनिक पत्थर लेकर कछुओं को डुबाने लगे।

बड़ी देर तक यह तुमुल युद्ध चला। बहुत देर तक नए कछुए आकर खाई में समाते रहे। कई बार खाई में कछुओं पर पत्थर का निशाना नहीं बैठता और वे आगे बढ़ने की चेष्टा करते, परन्तु खाई पार करके कोट के पास आते-आते तीरों से बिंध जाते। घुड़सवार कभी-कभी तीर छोड़ते खाई के किनारे तक आते तो कभी तीरों से बिंधकर फिसल पड़ते और कभी विनाशक पत्थरों की इस वर्षा से बचने के लिए दूर हट जाते। ऊपर कोट पर भी सैकड़ों सैनिक बाणों से बिंधे पड़े थे। उनमें कुछ तो घायल होने पर भी तीर छोड़ते थे और कुछ मरते-मरते भी पत्थर फेंककर कछुओं के प्राण लेते थे।

भीमदेव महाराज घड़ी में पैदल, घड़ी में घोड़े पर, इधर-से-उधर घूमकर सैनिकों को आज्ञा देते, पत्थर फेंकते, बाण छोड़ते, 'जय सोमनाथ' की गर्जना से सबके हृदयों को उत्साहित करते। जहाँ उनकी माथे पर बँधी हुई केसरी पाग की जगमगाती कलगी घूमती वहाँ पट्टणी योद्धा नए उत्साह से युद्ध करते। इस कलगी पर मौत की तरह दुश्मन के तीर मँडराते और उसे स्पर्श किए बिना पृथ्वी पर गिर पड़ते। नख से शिखर तक उन्होंने सुनहरी बख्तर पहना था। उनकी कमर पर केसरी कमरबन्द था, जिसमें मणिजटित तलवार लटक रही थी। छह आदमी भरे हुए तरकश लेकर पीछे दौड़ते थे और उनके अविभ्रान्त हाथों के लिए बाण जुटाते थे। हाथ उनका शकुनवाला था; जहाँ उठता वहाँ कोई-न-कोई धराशायी अवश्य होता।

और मन्दिर के शिखर की एक ऊँची अटारी पर गंगा और चौला, भयभीत होकर एक-दूसरे से लिपटीं, इस कलगी पर टकटकी लगाए बैठी थीं। 'ओ गया'– 'ओ-ओ'–'ओ मेरे बाप', 'ओ भगवान' आदि शब्द दोनों के मुख से निकल जाते थे। कलगी दृष्टि से ओझल होती तो चौला घबराकर गंगा की गोद में छिप जाती। कलगी के उछलने के साथ ही उसका हृदय उछलता और बाणावली के बाणों के छूटने के साथ ही उसके पग बैठे-बैठे भी नृत्य करते। उसके प्राण उसकी आँखों द्वारा इस कलगी पर टिके थे। वे कलगी के गिरने के साथ ही निकल जाने को तैयार थे। इतने में पीछे से गुरुदेव आए। कुछ समय से वे भी महाराज का शौर्य देख रहे थे।

"गुरुदेव," चौला ने नमस्कार करके पूछा, "महाराज रुद्र के अवतार हैं न?"

गुरुदेव हँसे, "हाँ बेटा, हैं। इसमें सन्देह क्या है?" और वे त्रिपुर-सुन्दरी की पूजा करने चले गए।

[5]

गुरुदेव जब पूजा करने गए तब उनके हृदय में कुछ शान्ति थी। उन्होंने भीमदेव के शौर्य की बातें तो बहुत-सी सुनी थीं, परन्तु आँखों से उसे आज ही देखा था। वह ऐसा अद्‌भुत है, इस बात की उन्हें कल्पना भी नहीं थी। फिर उन्होंने दोनों सेनाओं के बल का अनुमान भी लगाया था। अमीर की सेना का जितना अनुमान लगाया था, उससे वह बहुत बड़ी थी; परन्तु भीमदेव का बल भी जितना समझा गया था, उसकी अपेक्षा कई गुना अधिक था। उन्हें यह स्पष्ट दिखाई दिया कि यह सब भोलानाथ की कृपा थी।

जब वे त्रिपुर-सुन्दरी के मन्दिर में गए तब उन्हें अचम्भा हुआ। किसी ने बाहर के दरवाजे के ताले तोड़ डाले थे। वह यह मानकर भीतर गए कि यह हरदत्त की करतूत होगी। गर्भद्वार के किवाड़ भी खुले थे। किसी ने जानबूझकर उनकी अवज्ञा की थी।

वे गर्भद्वार से आगे गए तो देखा कि त्रिपुर-सुन्दरी की पूजा करके और उसके आगे मांस तथा मदिरा का प्रसाद रखकर शिवराशि ध्यान करने बैठे थे। गुरुदेव रुक गए। उनकी आज्ञा का ऐसा अनादर और वह भी उनके पट्टशिष्य द्वारा, इसकी उन्होंने कभी कल्पना भी न की थी। वे दरवाजे में खड़े रहे। शिवराशि क्या पागल हो गया था?

वे थोड़ी देर तक कुछ नहीं बोले। कुछ क्षणों में शिवराशि ने आँखें खोलीं और गुरु के ऊपर ऐसी धृष्ट और विकराल दृष्टि डाली जैसे कभी न डाली थी। सर्वज्ञ कुछ-कुछ म्लान परन्तु हँसते मुख से यह देखते रहे। जीवन-भर के गुरु की आज्ञा पालन करने के धर्म को ही जो न माने उसे उपालम्भ कैसे दिया? ये पाशविकता अथवा रोग के चिह्न हैं। इसके लिए या तो दया दिखाई जा सकती है या इसकी सेवा की जा सकती है। ऐसा सोचते हुए वे चुपचाप खड़े रहे।

शिवराशि ने और भी धृष्टता से गुरु की ओर देखा।

"कहिए, आपको क्या कहना है?" उसने गुरुदेव से पूछा।

"कुछ नहीं कहना है।"

"मैंने ये ताले तोड़े हैं। मैंने त्रिपुर-सुन्दरी की पूजा की है।"

"अच्छा किया, आज मेरी मेहनत बच गई," गुरुदेव ने शान्त भाव से कहा। गुरु की शान्ति देखकर शिवराशि का क्रोध बढ़ा, "मैंने कल से आपका गुरुपद छोड़ दिया है।"

"तेरे जैसे शिष्य के लिए मैं योग्य गुरु नहीं हूँ, इस बात को तो मैं कब का समझ गया हूँ।"

"और आज से," खड़े होकर शिवराशि ने कहा, "पाशुपत मत का गुरुपद मैंने ले लिया है।"

"गुरुपद लेने से नहीं मिलता, गुरुपद परम्परा से देने से मिलता है।"

पीछे से सिद्धेश्वर हरदत्त और दूसरे दो साधुओं को ले आया और वे सब इस गुरु-शिष्य के संवाद को सुनने लगे। उन्हें देखकर शिवराशि को और जोश आ गया।

"आप मेरे गुरु नहीं, मुझे आपसे यह पद नहीं लेना है। आप पतित हैं; आपने पाशुपत मत के सिद्धान्तों को तोड़ा है; महामाया की विधियों को रोका है।"

"और?"

"आपने महामाया का मन्दिर बन्द किया, उसकी पूजा अधूरी रखी और जिसमें उसने वास किया है उसे अपनी महत्त्वाकांक्षा की सिद्धि के लिए उस भीम को अर्पित कर दिया है।"

"और?"

"आपकी आज्ञा से उस दुष्ट ने महामाया को भ्रष्ट करके इस पुण्यधाम को घोर नरक बना दिया है। बूढ़े तुमको एक पल भी जीने का अधिकार नहीं है।" ज्यों ही गुरुदेव चुप होते थे, शिवराशि का पारा चढ़ जाता था और जैसे कोई भयंकर दुर्वासा शाप देता है वैसा ही तेज उसके मुख पर छा रहा था।

"बेटा, जिस ढंग से तू बात करता जाता है, उसे देखकर मैं भी यह कहता हूँ कि मुझे पल-भर भी जीने का अधिकार नहीं, परन्तु जब तक जी रहा हूँ तब तक तो पैंतीस कोटि देवता भी मेरे पद को नहीं ले सकते।"

"बुड्ढे, तुम अपना गुरुपद तो न जाने कब का सदा के लिए खो चुके हो।"

"जब मैं तेरी तरह तपश्चर्या का गर्व और ज्ञान का आडम्बर करूँगा तब मैं गुरुपद खोऊँगा।"

"तुमने खोया है, खोया है और मैं इस पद का उत्तराधिकारी हूँ। जाओ, अब तुम्हारा राज्यकाल गया।" शिवराशि ने कहा।

"मूर्ख, यदि मैंने इस पद को खो भी दिया हो तो इसका उत्तराधिकारी खम्भात में बैठा है—गगनराशि। जाते-जाते मैंने चार राजाओं के सम्मुख उसका पट्टाभिषेक किया है और उसे भगवान लकुलेश की पादुकाएँ तथा बाण दिए हैं।"

इस बुड्ढे ने उसे छकाया। शिवराशि पल-भर के लिए अचम्भे में पड़ गया और बड़ी देर तक वह कुछ न बोल सका।

"शिवराशि, पाशुपत मत का गुरुपद तो समस्त विश्व का गुरुपद है। जहाँ ज्ञान, तप और भगवद्भक्ति है वहीं उसका अधिष्ठाता पद है। वह अभिमान से वासना को ईश्वरेच्छा समझने से नहीं मिलता।"

"बुड्ढे, बुड्ढे!" शिवराशि ने कहा, "मुझे तुम्हारा पद नहीं चाहिए। तुम्हारा भीमदेव महामाया के कोप का भाजन बना हुआ है और तुम्हारी मौत तुम्हारे सिर पर मँडरा रही है।"

"मैं भले ही मर जाऊँ, पर पाशुपत मत को तो गगनराशि तेरे-जैसों से बचा लेगा," कहकर गुरुदेव धीमे-धीमे त्रिपुर-सुन्दरी के मन्दिर से चले गए।

जब वे चलने लगे तो हरदत्त ने उन पर थूक दिया। गुरुदेव हँसकर पीछे मुड़े और बोले, "क्या तू यह चाहता है कि मैं क्रोध में आऊँ? पागल, तुझ-जैसे बच्चों को मैं–तेरा गुरु–ही न चलाऊँगा तो और कौन चलाएगा?" और वे इन सबको दयामयी दृष्टि से देखते हुए खिन्न हृदय से बाहर चले गए। हरदत्त और दूसरे साधु उन्हें बुरा-भला कह रहे थे।

[6]

जूनागढ़ी दरवाजे पर मामला कुछ अधिक गम्भीर था। आबू के युवक परमार ने भीमदेव महाराज की आज्ञा के अनुसार शुरू में तो उसकी रक्षा करते हुए घुड़सवारों को तीरों से बेधा; लेकिन यहाँ बख्तरवाले वीर कम थे, इसलिए दुश्मन के तीरों ने उनका कचूमर निकालना शुरू कर दिया था। फिर पत्थर इकट्ठा करने की जो सूझ भीमदेव काम में लाए थे वह यहाँ किसी ने काम में नहीं लाई थी। परिणाम यह हुआ कि दुश्मन मनमाने ढंग से आगे बढ़ सके। कछुए समय पर खायी में तैरने लगे, पीछेवाले घुड़सवार कोट के तीरन्दाजों को अपने साथ युद्ध में भुलाए रख सके और हाथीवाले आगे बढ़कर कछुओं को समय पर सीढ़ियाँ दे सके। घुटनों पड़े धनुर्धरों ने कछुओं को मारने का पूरा प्रयत्न किया, परन्तु उनकी धातु की लम्बी और चौरस ढाल पर पड़कर अनेक बाण व्यर्थ हो गए।

परमार ने सैनिकों को प्रेरणा देने और अपने शौर्य की परीक्षा करने में तनिक भी कसर न रखी। उसके अधीन सैनिकों ने भी अथक परिश्रम किया और बहुतों ने तो भगवान की सेवा में प्राण भी दे दिए। परन्तु इतना होते हुए भी कछुए खाई पार करके इस ओर सीढ़ियाँ लगाने लगे। घुड़सवार पानी में उतरकर कछुओं की मदद को दौड़े। हाथी उस किनारे पर आ लगे और उनके ऊपर खड़े धनुर्धर कोट पर खड़े सैनिकों में भगदड़ मचाने लगे। सौभाग्य से दुश्मन ने मुख्य हमला कोट के बीच के दरवाजे पर किया था और अमीर तथा उनके सेनापतियों का ध्यान उसी पर था, इसलिए जूनागढ़ी दरवाजे पर मिली हुई सुविधा से वे लाभ न उठा सके।

"जा, जा," परमार ने विश्वासी नायक से कहा, "महाराज और राय से कह आ कि आदमी भेजें, नहीं तो जूनागढ़ी दरवाजा दोपहर के बाद फतह कर लिया जाएगा।"

"अच्छा बापू," कहकर नायक घोड़ा दौड़ाता महाराज और राय से सन्देश कहने गया।

जब भीमदेव महाराज को यह खबर मिली तब दोनों दलों ने बीच के दरवाजे पर बैठकर खेल-सा खेलना शुरू कर दिया था। आक्रमण का जोर कम हो गया था। पट्टणियों की विनाशकता भी कम हो गई थी।

नए घुड़सवारों का भरती होना बन्द हो गया। नए कछुए आते हुए रुके। तीन सौ के लगभग खाई में हलचल मचा रहे थे और ऊपर से पट्टणी पत्थरों के प्रहार से उनके प्राण ले रहे थे। परन्तु अभी तक कोट पर सीढ़ी लगाने का सौभाग्य किसी को नहीं मिला था।

"विमल, तू यहाँ का ध्यान रखना, मैं जूनागढ़ी दरवाजे पर जाता हूँ, वहाँ परमार कठिनाई में है। अपने आधे बाणावली मेरे साथ चलें, लेकिन दुश्मन को बिना खबर दिए।" यह बताने के लिए कि वे स्वयं वहाँ हैं, उन्होंने अपनी पाग विमल के सिर पर रखी और उसका टोप स्वयं पहना तथा परमार की सहायता के लिए दौड़े।

राय ने भी द्वारिका दरवाजे पर रंग बाँध रखा था। उसकी सावधानी से और उसके सोरठी तीरन्दाजों की विनाशक निशानेबाजी से दुश्मन की फौज पार न पा सकी थी। इसलिए जैसे ही उसे परमार का सन्देश मिला वैसे ही वह तीन सौ आदमी लेकर जूनागढ़ी दरवाजे पर पहुँचा।

वहाँ की स्थिति गम्भीर थी। पाँच सौ तैरते घुड़सवारों ने मिलकर व्यूह रचा था। उन्होंने एक प्रकार की जीवित नाव बना रखी थी। उन पर कछुए चढ़े हुए थे और सीढ़ी लगाने का प्रयत्न कर रहे थे। खाई के उस पार खड़े हुए हाथियों से ऐसे बाण छूटते थे कि गढ़ पर के धनुर्धर बड़ी कठिनाई से उनसे बच पाते या उनका प्रतिरोध कर सकते। ऊपर तीरों का जो लेन-देन हो रहा था उसकी परवाह किए बिना उन अभ्यस्त कछुओं और घुड़सवारों ने तख्ते बाँधकर बेड़े बना लिये और खाई में देखते-देखते पुल तैयार हो गया। नए कछुए आए और उन्होंने बेड़ों पर होकर जूनागढ़ी दरवाजे के कुन्दों में रस्से डालकर बेड़ों को मजबूत कर दिया। सीढ़ियाँ लगाई गईं और उनके ऊपर से कछुए ढालें नीचे किए हुए ऊपर चढ़ने लगे। दुश्मन की सेना में हर्ष का संचार हो गया, कोट पर तीरन्दाज भारी संख्या में गिरने लगे।

परमार के शौर्य की भी पराकाष्ठा हो गई। उसने बेड़ों को डुबाने का पूरा

प्रयत्न किया और अकेले कितने ही कछुओं को मारा, परन्तु उसकी क्षीण होती हुई सेना पर्याप्त न हो सकी। थोड़ी-थोड़ी देर बाद वह 'भीमदेव महाराज कहाँ हैं?' ऐसा पूछता था। उसकी केवल इतनी-सी इच्छा थी कि जब तक उसका मित्र और आदर्श आ पहुँचे तब तक वह दरवाजे को बचाए रहे। दरवाजे पर खड़े-खड़े उसने कई-एक कछुए और सवार मारे। लेकिन जहाँ वह एक को मारता वहीं चार खड़े हो जाते। अन्त में वह एक मोटी गदा लेकर कँगूरे पर खड़ा हुआ। उसका बख्तर भी दोपहर के बाद के सूरज के तेज में जगमगाने लगा। उसके सिर पर तीरों की वर्षा हो रही थी, परन्तु वह कँगूरे की चोटी पर खड़ा सीढ़ी पर चढ़ते कछुओं को ढेर करने में लगा था।

परमार के शौर्य ने उसके सैनिकों में प्राणों का संचार किया। कुछ दरवाजे पर खड़े होकर उसकी मदद करने लगे। उस ओर हाथी पर खड़े तीरन्दाजों ने भी वहीं तीर बरसाए। गढ़ की समस्त सीमाओं की अपेक्षा वास्तविक युद्ध तो इस दरवाजे के ऊपर ही हुआ।

घोर संकट-काल था। सौ कछुए सीढ़ी पर चढ़ रहे थे। ऊपर दरवाजे की चोटी पर पच्चीस के लगभग बख्तरवाले योद्धाओं के बीच परमार जूझ रहा था और सामने से दुश्मन के तीर आ रहे थे। यदि एक कछुआ परमार के नीचे गड़बड़ाता तो उनका भी कोई साथी बाण से बिंधकर खाई में जा गिरता। "भीमदेव महाराज, आओ, आओ।"

परमार को कुछ न सूझ पड़ा। एक राक्षसी काकेसियन योद्धा सीढ़ी पर चढ़ता हुआ और ढाल से अपने शरीर को बचाता हुआ ऊपर आ लगा। एक ही क्षण की देर थी। उस योद्धा के हाथ कोट पर थे। एक ही छलाँग में वह ऊपर आ गया। नीचे दूसरा बेड़ा तेजी से बाँधा जा रहा था। दूसरी सीढ़ियाँ बाँधने की तैयारियाँ हो रही थीं। दूसरे कछुए ऐसी सीढ़ियों पर चढ़ रहे थे। भयंकर परिस्थिति थी। परमार ने 'जय सोमनाथ' कहकर गर्जन की और उसने कोट के ऊपर पैर रखकर चढ़नेवाले योद्धा को फेंकने का प्रयत्न किया। पीछे से आनेवाले तीन कछुओं ने पहले को बचाने का प्रयत्न किया।

सहसा एक सनसनाता हुआ तीर आया और परमार के गले में लगा। उसी क्षण परमार को एक युक्ति सूझी और उसने अपने को मृत्यु के मुख में डाल दिया। उसने उस प्रचंड योद्धा को अपनी बाँहों में भरकर और 'जय महाराज' की अन्तिम आवाज लगाकर खाई में गिरने के लिए जोर लगाया। इस अकल्पनीय बल के आ जाने से यवन योद्धा का पैर चूक गया। एक निमिष दोनों हवा में अधर लटकते रहे। और गिरे–और गिरते हुए परमार ने सीढ़ी के एक डंडे में पैर फँसा दिया। आँख खुलने से पहले ही क्या देखते हैं कि एक-दूसरे की बाँहों में लिपटे परमार

और यवन योद्धा तथा साथ में अनेक कछुओंवाली पूरी सीढ़ी पानी में डूब रही है। बेड़ा हिल उठा। कछुए पानी में गिर पड़े। उनके अरक्षित शरीरों पर ऊपर से बाणों की वर्षा होने लगी। परमार ने प्राणों की बाजी लगाकर जूनागढ़ी दरवाजे की रक्षा की।

[7]

परमार गिरा और सैनिकों में हाहाकार मच गया। उसी क्षण भीमदेव महाराज और उनके बाणावली आ पहुँचे। महाराज ने परमार को गिरते देखा, सीढ़ी सरकती देखी, नीचे पानी में कछुओं, घोड़ों और बेड़ों के भँवर देखे। परमार उनका शिष्य था–पुत्र से भी अधिक प्रिय और मित्र से अधिक विश्वसनीय। उन्हीं की इच्छा से वह वृद्ध माता-पिता और नवपरिणीता वधू को छोड़कर युद्ध में लड़ने आया था। 'भीमदेव', 'भीमदेव' कहता वह मृत्यु के मुख में पड़ा था–उनकी खातिर, उनके पाटण के लिए, उनके इष्टदेव के लिए। महाराज सबकुछ भूल गए। केवल स्नेही त्रिलोचनपाल का स्नेह ही उन्हें याद रहा। उन्होंने नीचे देखा। घायल परमार अकेला बाघ की तरह लड़ रहा था, "परमार, हिम्मत रख", कहकर महाराज ने एक गर्जना की छलाँग मारकर खाई में उस जगह जा पहुँचे, जहाँ परमार सौ योद्धाओं के बीच पानी में लड़ रहा था। इस धृष्टता से सबके हृदय काँपने लगे, परन्तु पट्टणी बाणावली स्वामी की सेवा में मृत्यु को खेल समझते थे। एक के बाद एक करके पच्चीस वीर महाराज के पीछे कूद पड़े, शेष सामने के किनारे पर हाथियों और बाणावलियों को बेधने के लिए रुक गए। नीचे खाई में भयानक युद्ध हुआ। भीमदेव महाराज ने कूदते ही परमार को मारनेवाले योद्धा का सिर काट दिया और पास ही बिना सवार के तैरनेवाले घोड़े पर चढ़ गए।

"परमार, घोड़े पर चढ़!"

"महाराज, चढ़ता हूँ," परमार ने कहा। और अँधेरा छाई हुई आँखों से वह घोड़ा खोजने लगा। यवन योद्धा घबराया। पल-पल में ऊपर से एक योद्धा कूदता और किसी एक को डुबो देता। पानी में भी गुत्थमगुत्था होने लगी। खंजर और तलवारें चमकने लगीं। परन्तु पट्टणी पच्चीस थे और दुश्मन की संख्या अनेक गुनी थी।

राय आए और भीमदेव महाराज का अप्रतिम साहस देखकर उन्हें भी जोश आया। वे चतुर थे। वे इस बात को जानते थे कि युद्ध की कला में अकल्पनीय आक्रमण ही अकल्पनीय विजय दिलाता है। उन्होंने भी चतुराई की हद कर दी।

स्वयं अपने योद्धाओं को पीछे बुलाकर वे कोट की सीढ़ियाँ उतरकर नीचे दरवाजे पर पहुँचे और पल-भर में दरवाजा खोल डाला। इसका किसी को भी पता न था कि क्या हो रहा है। बाणों की मार-काट चल रही थी, इसलिए धनुर्धर तो देख भी न सके और राय रत्नादित्य तथा उनके सारे ही योद्धाओं ने बेड़ों की रस्सियाँ काट डालीं, उन पर बैठे आदमियों को या तो मार डाला या डुबा दिया और पानी में लड़ते महाराज की मदद के लिए तुरन्त पहुँच गए।

"जय सोमनाथ!" राय ने गर्जना की।

"जय सोमनाथ!" महाराज ने प्रतिशब्द किया।

"जय सोमनाथ!" परमार ने अन्तिम प्रयत्न करके जय-घोषणा की।

पाव घड़ी तक मनुष्यों की तरंगें उठीं, शस्त्रों की बिजली चमकी, घोषणाओं की गर्जना हुई, ऊपर तीरों के बादल छाए और राय तथा उनके आदमी भीमदेव महाराज, परमार और सत्तर जीवित पट्टणी योद्धाओं को दरवाजे में ले आए।

जूनागढ़ी दरवाजे की साँकलें जैसे खुली थीं वैसे ही बन्द हो गईं और ऊपर पट्टणी धनुर्धर दद्दा की सरदारी में यवन धनुर्धरों को भगाने लगे। लोहूलुहान परमार को कोने में सुलाकर भीमदेव महाराज ने उसे पानी पिलाया। उस बाणवीर ने आँखें खोलकर भीमदेव पर टिका दीं। "भीमदेव महाराज!" उसने टूटते और मन्द होते हुए परन्तु स्नेहपूर्ण स्वर में कहा।

"परमार, परमार!" महाराज सजल आँखों से उससे भेंटे, "तूने आज अमर कीर्ति प्राप्त की है।"

"महाराज, जय सोमनाथ!"...परमार का मन्द होता स्वर जैसे-तैसे निकला। "अब तो म...हा...रा...ज..." और उसकी गरदन रह गई।

और महाराज उसकी छाती पर सिर रखकर सिसकने लगे। पीछे से गुरुदेव ने भीमदेव के कन्धे पर हाथ रखा। "महाराज, इतने तो कर्तव्य की वेदी पर अपना सिर देकर कैलाशवास प्राप्त किया। अभी हमारा कर्तव्य हमारे सिर माँग रहा है। खड़े हो, तुम्हारे घाव पर पट्टी बाँध दूँ," कहकर गुरुदेव ने महाराज के हाथ पर लगे घाव पर पट्टी बाँधी।

"सच है गुरुदेव!" कहकर भीमदेव उठे और मित्र की आँखें मींचकर और उसके शव को गुरु को सौंपकर वे कोट पर चले गए।

उस रात को

[1]

भीमदेव महाराज वी...ा को लेकर हर ओर दृष्टि डालने लगे। मुख्य द्वार पर दुश्मन पीछे लौट रहे थे और धीरे-धीरे हाथी पर बैठनेवाले दुश्मन के धनुर्धर भी पीछे हट रहे थे। घुड़सवार तीर छोड़ रहे थे और पट्टणी उनका जवाब दे रहे थे।

भीमदेव महाराज ने उस मोरचे को मजबूत बनाकर विमल मन्त्री को सौंपा और स्वयं द्वारिका दरवाजे पर पहुँचे। इसके सामने खाई और समुद्र का संयोग था, इसलिए इसकी रक्षा करना सरल था। युद्ध धीरे-धीरे चल रहा था और राय खड़े-खड़े गम्भीर विचार कर रहे थे। महाराज जाकर उससे लिपट गए।

"राय, धन्य हैं आप। आज आपने मुझे जीवनदान दिया है।" उन्होंने कहा।

"इसमें क्या है? आपको बचाने में मैंने तो अपने कर्तव्य का ही पालन किया है," राय रत्नादित्य ने कहा।

"आपने दरवाजा खोलने में बड़ी हिम्मत से काम लिया। दूसरा कोई होता तो काँप जाता।"

"लेकिन इतने ऊँचे कोट से कूदने की हिम्मत मुझमें नहीं थी," राय ने हँसकर जवाब दिया और दोनों वीर परस्पर फिर मिले।

"राय, ये लोग यहाँ इस प्रकार क्यों खेलते रहते हैं?" महाराज ने पूछा।

"मैं भी यही सोच रहा हूँ। इनकी नीयत बुरी जान पड़ती है," राय ने कहा और विचार करते-करते मूँछों पर ताव देने लगे, "मुझे लगता है कि सन्ध्या होने पर यहाँ थोड़े-बहुत आदमी रखने पड़ेंगे।"

"अच्छी बात है, मैं अभी थोड़े-से आदमी भेज देता हूँ।"

"महाराज आप तो सवेरे से थक गए हैं और मुझे विशेष श्रम करना नहीं

पड़ा है। अभी सब ओर शान्ति भी है, इससे ज़रा थकान उतार लें तो अच्छा है। न जाने रात को क्या हो?"

भीमदेव महाराज कोट से नीचे उतरे तो देखा कि एक ओर कितने ही साधु मरे हुए सैनिकों के शवों को इकट्ठा कर रहे थे। गुरुदेव अन्तर कोट के मन्दिरों में घूम रहे थे और घायल सैनिकों की देखभाल कर रहे थे। जिस गंग सर्वज्ञ की चरण-रज को राजा अपने मस्तक पर चढ़ाते थे वे ही आज एक सामान्य वैद्य की भाँति पीड़ितों का दुःख दूर करने में लगे थे। दीपा कोठारी जो कोई आता था उसे खिलाने-पिलाने में लगा था। इस समस्त व्यवस्था को देखते, किसी को कुछ और किसी को कुछ प्रोत्साहन देते और बीच में मिलनेवालों का अभिनन्दन स्वीकार करते महाराज अपने डेरे की ओर आए।

परकोटे में मन्दिर के आगे हरदत्त मिला। वह भीमदेव महाराज के सामने खड़ा रहा और माथे पर चिमटा रखकर बोला, "तेरे सिर पर मौत घूम रही है, महामाया को भ्रष्ट करनेवाले!" भीमदेव महाराज ने पहले तो तलवार खींची, परन्तु फिर निःशस्त्र बाबा को देखकर हँसते हुए चले गए। हरदत्त अपने रास्ते पर चला गया।

जब महाराज अपने डेरे पर आए तो उनके पगों में स्फूर्ति थी। अन्दर आकर उन्होंने चारों ओर आशा-भरी दृष्टि डाली। वीरा समझ गया, "महाराज, यह पागल लड़की है। वह अटारी है न? उसी में माँ के साथ बैठी सारे दिन आपको देखा करती है।"

"वीरा, यदि सारा संसार ही ऐसा पागल हो तो कितना अच्छा हो? मैंने उसे एक बार अपनी ओर देखते हुए देखा था।"

"अब तो उसे आपके अतिरिक्त कुछ सूझता ही नहीं," वीरा ने मजाक किया।

"ज़रा ठहर तो सही, तुझे भी नहीं सूझेगा।"

महाराज बख्तर उतारकर नहाए, खाया और सो गए। नींद आने से पहले कोई इस प्रकार दौड़ा जैसे हरिण दौड़ता है। उन्होंने आँखें खोलकर देखा।

गुलाबी पैर दौड़ रहे थे, उड़ते हुए वस्त्रों में एक छोटा-सा सुन्दर शरीर उछल रहा था। बिखरे और खुले केशों में हाँपता हुआ लाल मुख। यही मुख कह रहा था, "माँ, माँ! आज तो महाराज ने हद कर दी।"

भीमदेव हँसे और धीमे-से बोले, "अभी तो हद करना बाकी है।"

चौला ने महाराज को देखा और वह शरमा गई। अपने वस्त्र सँभालकर नीचे देखती हुई वह हँसती-लजाती चली गई। थके हुए भीमदेव करवट बदलकर सो गए और दौड़ते गुलाबी पैर, हाँपता मुख और सुमधुर आँखों का सलज्जन सत्कार उनके स्वप्न में निरन्तर आते-जाते रहे।

[2]

महाराज पहर-भर ही सोए होंगे कि एक भारी कोलाहल ने उनको जगा दिया। वे एकदम उठे और शस्त्र लेकर बाहर छत पर आए। सन्ध्या होने को आ गई थी। सैनिकों के टोल-के-टोल उछलते-कूदते और नाचते-गाते तथा 'जय सोमनाथ' का उच्चारण करते उनके डेरे की ओर आ रहे थे। सबसे आगे गुरुदेव, राय और दद्दा चालुक्य मशालचियों के साथ आ रहे थे। विमल मन्त्री सबसे आगे वाहवाही लूटने के लिए दौड़ रहा था। महाराज ने छत से नजर डाली। उन्होंने देखा कि बहुत दूर गुरुदेव के डेरे के उस पार गंगा और चौला झुक-झुककर अभिनन्दनार्थ आनेवाले इस जनसमूह को देख रही हैं।

"विमल, क्या हुआ?" महाराज ने हँसते हुए कहा।

"यवन सेना पीछे हट गई।"

"हैं! सच! हमला करना बन्द कर दिया?"

"हमला क्या, तीनों ओर समस्त सेना ठीक आधा योजन पीछे हट गई। आप जीते।"

जैसे-तैसे शस्त्र-सज्जित होकर महाराज नीचे उतरे और समस्त सेना ने "भीमदेव महाराज की जय," की पुकारों से उनका अभिनन्दन किया।

महाराज ने गुरुदेव को साष्टांग दंडवत् प्रणाम किया और कहा, "गुरुदेव, आपका आशीर्वाद ही हमारी शक्ति है।"

"वत्स चिरंजीव हो, आज भोलानाथ की ही कृपा है। मैं तो मात्र उनका दास हूँ। परन्तु तेरे शौर्य ने तो अनन्तकाल को दीप्तिमान बना दिया है। धन्य है। उठ, वत्स, मुझसे मिल।" कहकर गुरुदेव महाराज से मिले और उसके बाद राय, दद्दा, विमल और सेनापति मिले। 'जय सोमनाथ' और 'भीमदेव महाराज की जय' बोली जाती रही। सैनिकों ने शंख और भेरी तथा मृदंग और नगाड़ों में से जो मन में आया सो बजाना शुरू कर दिया। कुछ तो हर्षातिरेक में रास ही रच बैठे।

"महाराज, सन्ध्या की आरती का समय है। सर्वयशदाता भगवान के चरणों में जाना चाहिए।" और सब हँसते-खेलते, नाचते-कूदते भगवान के मन्दिर में गए। सारे परकोटे में सेना फैल गई। गुरुदेव ने ध्यान किया और भगवान की आरती की। थके होने पर भी सारी भीड़ ने उसे हर्षाभिभूत स्वर से गाया। गुरुदेव ने आरती को नन्दी के आगे रखा और आशीर्वचन कहे। सब लोग शान्ति से सुनते रहे।

"वत्स, भगवान की रक्षा के लिए सजे हुए तुम सभी योद्धाओं को मेरे अनेक आशीष। तुम शत शरद् जियो और अधर्म का नाश करके इस लोक में यश और

परलोक में कैलाशवास प्राप्त करो। महाराज, तुम्हारा राज्य अमर हो। यवनों का नाश करने से तुम्हें जो कीर्ति मिले वह यावच्चन्द्र-दिवाकरौ वीरों का पथ-प्रदर्शित करे। शत शरद् जियो, महाराजाधिराज परम भट्टारक श्री भीमदेव चालुक्य!" और क्षण-भर के लिए अभंग शान्ति व्याप्त हो गई।

एक अँधेरे खम्भे के पीछे से एक जटाधारी, ऊँची और भयंकर आकृति आगे बढ़ी। जहाँ गुरुदेव खड़े थे वहाँ से थोड़ी दूर, जैसे स्वयंभू शंकर ही प्रकट हुए हों ऐसे, वह आकृति चिमटा गुरुदेव की ओर करके, भयंकर आवाज में इस प्रकार बोली जिससे कि सब सुन सकें।

"धर्मद्रोही, तेरे अभिमान में निर्मित ये प्रासाद धूल में मिल जाएँगे। महामाया को भ्रष्ट करनेवाले भीम। तू और धर्म के लिए कलंक-स्वरूप तेरा गुरु दोनों ही मरोगे। और जहाँ तुमने अपनी अनीति के कृत्य किए हैं वहाँ गिद्ध उड़ेंगे और कुत्ते रोएँगे।" यह प्रौढ़, भयानक और कम्पित करनेवाली आवाज सुनाई दी और एक हजार योद्धा तलवार निकालकर इस बोलनेवाले के टुकड़े करने के लिए तत्पर हो गए। भीमदेव ने तलवार निकाली। राय ने कटार खींची। दद्दा थरथराता हुआ आँखों पर हाथ धरे बैठ गया। कोलाहल और धमाचौकड़ी मच गई।

गुरुदेव आगे आए और एक भव्य तथा अजेय अभिनय से भीमदेव और राय को बिठा दिया। "वीरो, वीरो, मेरे वीरो"—उन्होंने बोलना शुरू किया और मशाल की रोशनी में श्वेत दाढ़ी और त्रिपुंड से तेजस्वी बने हुए इस वृद्ध के अभेद्य गौरव का प्रभाव पड़ा और 'शी-शी, सुनो, चुप रहो' की आवाजें उत्तरोत्तर मन्द होती हुई शान्त हो गईं।

"मेरे वीरो! तपश्चर्या और इस युद्ध की तैयारी के बोझ से मेरे शिष्य शिवराशि का मस्तिष्क विकृत हो गया है। इसके कहने-सुनने का विचार मत करना। क्षमा तुम्हारे-जैसे वीरों का भूषण है।"

इस प्रकार कहकर वे शिवराशि के पास आए। उस समय ऐसा प्रतीत होता था कि उनमें से एक तो भयंकर, उग्र जटा और कम्बल-धारी रुद्र है और दूसरा खुले सफेद बालों और दाढ़ीवाला सौम्य, दयालु और भोला शम्भु है—दोनों ही लम्बे और तपस्वी; एक अस्वस्थ और आकुल होने पर भी कठोर; दूसरा शान्त, स्वस्थ और दया की मूर्ति। थोड़ी देर गुरु-शिष्य ने एक-दूसरे की ओर देखा और स्नेहमयी माता की भाँति गुरुदेव की आवाज सुनाई दी, "शिवराशि, जो संयम खो देता है वह अधोगति को प्राप्त होता है। चल, तेरी स्वस्थता तेरे हाथ से जाती रही है। तू बीमार है।"

शिवराशि ने बिना बोले ही होंठ पीसे और व्यर्थ ही कुछ बोलने का प्रयत्न किया।

"चल बेटा, चल," गुरुदेव ने प्रेम से कहा। शिवराशि के अन्तर से एक प्रचंड ज्वाला उठी, उसका गला रुँधा और उसके सिर में अग्नि की चिंगारियाँ उड़ने लगीं। उसकी आँखें चक्कर खाने लगीं। उसके मन में आया कि इस परिचित वृद्ध के मुख पर तमाचा मार दे, परन्तु हाथ ने उसका कहना नहीं माना।

"चल बेटा, चल," जैसे साँप को मन्त्र से वश में करते हैं वैसे ही गुरुदेव ने कहा, "बेटा चल," इन शब्दों में कुछ अधिकार की ध्वनि थी। शिवराशि ने एक बार प्रयत्न किया, परन्तु वर्षों की आदत और इस सौम्य तथा स्नेहपूर्ण आवाज की मोहिनी से वह बच न सका। उसने चारों ओर उग्र और शस्त्र-सज्जित योद्धाओं को देखा। उसने फिर से गुरु की निर्भय आँखों को देखा और अनुभव किया कि यह योजना व्यर्थ ही नहीं की गई है।

"चल," कहकर गुरुदेव ने उसके कन्धे पर हाथ रखा और शिवराशि भीतर से कुछ-न-कुछ करने के विचारों में डूबा पालतू जानवर की भाँति पीछे-पीछे चल दिया।

दोनों अदृष्ट हो गए और राय की 'भीमदेव महाराज की जय' की गर्जना ने मौन भंग कर दिया। सब स्वप्न से जागे हुए व्यक्ति की भाँति बोलने लगे। घोषणा हुई और मृदंग तथा शंख की ध्वनि के साथ सबने आज्ञा ली।

"मेरे वीरो, प्रसन्न होकर न बैठना। अभी हमें अपने कैलाशवासी वीरों का दाह-संस्कार करना है। पीछे खा-पीकर सबको अपनी-अपनी जगह तैयार रहना है। इस बात को कौन कह सकता है कि दुश्मन के क्या-क्या प्रपंच हो सकते हैं?"

और वहाँ से चलकर सबने द्वारिका दरवाजे पर अपने साथियों का दाह-संस्कार किया। तीन हजार दो सौ वीरों ने वीरगति पाई थी। लगभग डेढ़ हजार दूसरे वीर घायल पड़े थे। सबको सन्तोष इतना ही था कि एक-एक गुजराती ने कम-से-कम पाँच-पाँच, सात-सात यवनों को मारा था।

रात को भीमदेव महाराज और राय फिर कोट पर चक्कर लगा आए, नीचे की सारी व्यवस्था देख आए और आगामी कल की तैयारी होती देखकर अपने डेरे की ओर चले आए।

"महाराज," राय ने कहा, "मैं कुछ देर आराम करके फिर आता हूँ। यह अमीर पीछे हटा है, इसमें कुछ चाल जान पड़ती है।"

"अच्छा, आवश्यकता पड़े तो मुझे जगा लेना," भीमदेव महाराज ने कहा।

[3]

जब भीमदेव महाराज अपने डेरे पर गए तब उनके कान में स्वर्गीय संगीत गूँज रहा था। उन्होंने अप्रतिम शौर्य दिखाया था; दावानल के समान अमीर को पीछे हटाया था; सेना का सत्कार और अमर कीर्ति प्राप्त की थी। अब बाणावली भीम का नाम कुन्ती-पुत्र भीम के साथ विश्व में गिना जाएगा। भगवान भोलानाथ द्वारा प्रदत्त शक्ति की सफलता की साधना से उन्होंने स्वर्ग में भी स्थान बना लिया। साथ ही पर्वतों में बहती स्रोतस्विनी के समान वह नर्तकी, जो कल्लोल कर रही थी, आनन्द मना रही थी और उनसे मिलने को उत्सुक थी, अपने उछलते हुए अंगों की बेचैनी से और भी आकर्षक बनकर, उनसे मिलने दौड़ रही होगी। उसका हर्षपूर्ण मस्तिष्क चौला का विचार करने बैठा। वह गुरुदेव की कन्या कहलाती और अपने को पार्वती मानती थी। विचित्र बालिका थी। उसके पृथ्वी पर पैर टिकते नहीं, जगत् का जंजाल उसे स्पर्श करता नहीं। वह जैसे मन्दिर में नाचती थी वैसे ही पल-पल में अपूर्व होनेवाली समस्त जीवन की छटा से नाचती थी। वह अनुभव के पाषाणों पर से नाचती-नाचती इस प्रकार जा रही थी जैसे वह चन्द्रिका-मंडित निर्मल जल की एक छोटी-सी लहर हो। उसके हास्य में, अश्रु में और भय में विचार न था। केवल सरसता के सत्व के समान जीने और भोग करने की लालसा थी।

इनकी दो रानियाँ थीं—सुन्दरी, सद्गुणी और चतुरा; उन्होंने इनके जीवन के भार को हलका कर दिया था। एक पलक से भी उन्होंने कभी इनके वचन को नहीं टाला था। उनके द्वारा इनका जीवन सुखी और समृद्ध था। परन्तु चौला का स्पर्श अकेला सुख या समृद्धि देनेवाला नहीं था। उसके साथ वे कुटुम्ब, संसार और राजकीय हलचल के सम्बन्ध में बातें नहीं कर सकते थे। ऐसी बातें करने का उनका मन नहीं होता था। ऐसा करना सुवासित पुरुष द्वारा घोड़े के टूटे हुए जीन जोड़ने-जैसी मूर्खता थी। वह चन्द्र के प्रकाश, पुष्पों की सुगन्ध और जल-तरंगों के नृत्य की बनी थी। उसके साथ तो पृथ्वी से बहुत दूर, अगाध समुद्रों में, हिमाच्छादित गिरिवरों में, विशाल व्योम में विहार किया जा सकता था। उसके प्राण पार्थिव बन्धनों को तोड़ एक अद्भुत निरंकुशता में उड़ते थे। उसकी दृष्टि से उसके प्राण पल-पल निष्कलंक सरसता से पूर्ण होकर नया ही रूप ले रहे थे और उनकी शक्ति अपार तथा उनका उल्लास सहस्रधा होता जाता था।

ऐसे-ऐसे विचारों में डूबे वह डेरे पर आए, शस्त्र उतारे, फिर से खाया और छत पर गए। कृष्ण-पक्ष की प्रतिपदा का चन्द्रमा आकाश में उदय हुआ था। क्षण-क्षण में चारों ओर होती आवाज धीमी पड़ रही थी और शान्ति रक्तरंजित दिवस

को भुलवा रही थी। महाराज अधीर इधर-से-उधर चक्कर लगा रहे थे और थोड़ी-थोड़ी देर में कान लगाकर चौला की राह देख रहे थे।

परन्तु चौला की पगध्वनि कहाँ से आती? वह छप्पर के नीचे, अँधेरे कोने में किसी अधीर होते महाराज को हँसती आँखों से देख रही थी।

दिन-भर उसके प्राण थिरकते रहते थे। मन्दिर के शिखर की अटारी ही कैलाश थी; महाराज की पीली पाग ही पीले बालों की जटा थी। उनकी कलगी ही चन्द्र थी। उसकी दृष्टि से पाटणपति भीम युद्ध में लड़ने नहीं आए थे वरन् स्वयं भगवान शम्भु ही त्रिपुरासुर के साथ युद्ध में उतरे थे। स्वयं ब्रह्मा गंग सर्वज्ञ के रूप में उनके सारथी बने थे। विष्णु उनके बाण हुए; ध्रुवादि ज्योतिर्गण उनके आभूषण हुए।

सर्वदेवमय शिव, पृथ्वी को कँपाते हुए इधर-से-उधर घूम रहे थे। उसे आकाश में अप्सराओं से घिरे ऋषि उनकी स्तुति करते दिखाई दिए। जिनके हाथों में दंड था, उन जटाधारियों को उसने नृत्य करते देखा।

वह सबको पहचानती थी। वीरा चावड़ा नन्दी था; विमल मेहता गणपति था; राय रत्नादित्य देवों में श्रेष्ठ इन्द्र था; और चारों ओर गण जय-ध्वनि कर रहे थे।

कैलाश पर वह—हिमवान पर्वत की कन्या—पति की बाट जोहती हुई बैठी थी। वह अभी आएँगे, साथ ले जाएँगे और दोनों त्रिपुर विजय करेंगे।

सामने त्रिपुर की नगरी फैली हुई थी। उसने त्रिपुरासुर को भी देखा था—हरी पाग तथा लाल दाढ़ी में भयंकर। उसने अपने शम्भु को पाशुपतास्त्र खींचते देखा था। हजारों दैत्य विद्ध होकर मर गए थे। मुख्य द्वार के आगे की खाई प्रलय के समय रुद्र द्वारा जलाए जगतत्रय के समान लगती थी।

उसने महादेव का क्रोध देखा। भयभीत देवसेना को चारों ओर से प्रणाम करते देखा। अन्त में त्रिपुर विजय हुआ। ब्रह्मा और इन्द्र जिनके प्रमुख हैं, ऐसे देवता हर्षित होकर स्तुति कर गए हैं, इस बात को भी उसने सुना।

उस समय उसे अपने शिवजी अद्भुत जान पड़े—करोड़ों सूर्यों के समान कान्तिवाले, सुन्दर नेत्रों से तेजस्वी और अनुपम आभूषणों से सुसज्जित, विचित्र वस्त्र पहने हुए और मनोहर मुकुट से सुशोभित। और उसके मुख से अनेक बार उल्लास के साथ बोले हुए शिवपुराण के श्लोक निकल गए।

विजयी शिव इस समय उसकी बाट जोह रहे थे।

भीमदेव अत्यन्त व्याकुल थे। अभी तक चौला क्यों नहीं आई? उसने पैर पटके; उसके बाद कान लगाकर सुनती रही। यद्यपि अधीरता से आकुल भीमदेव को देखने में चौला को बड़ा आनन्द आ रहा था तथापि वह हँस पड़ी। भीमदेव ने उसकी हँसी सुनी। वे छप्पर में घुस गए, उसे पैर पकड़कर खींच लिया और

फूल की तरह हाथों में उठा लिया। चौला का न रुकनेवाला हास्य उसे आकुल बना रहा था। परन्तु भीमदेव ने उसे अपने आलिंगन-पाश में जकड़ लिया।

"ओ, ओ, ओ, मर गई," चौला ने कहा।

"अच्छा, मर गई! मैं यहाँ कब से खड़ा हूँ, पता है?"

"आपको क्या मुझे देखने की फुरसत थी? मैं न जाने कब से यहाँ आपका स्वागत करने के लिए बैठी हूँ।"

"अरे, तुझे खोजते-खोजते मेरी आँखें थक गईं।"

"खड़े रहिए शिवजी, मैं आपकी पूजा करने के लिए चन्दन और फूल लाई हूँ। आपने आज त्रिपुरासुर को हराया है, इसलिए बिना पूजा के काम नहीं चल सकता।" कहकर वह महाराज के हाथों से छूटकर नीचे उतरी।

"चौला, यह हार एक के लिए नहीं दो के लिए है," कहकर भीमदेव ने चौला की गरदन में भी अपना हार डाल दिया। दोनों खूब हँसे।

"भोलानाथ, प्रसन्न होओ! भगवान प्रसन्न होओ! और यह भी बताओ कि सदैव ऐसे ही रहोगे न?" चौला ने कहा, "पार्वती और परमेश्वर।" इसके बाद चौला भीमदेव के हाथों में समा गई। अद्भुत रात्रि थी। चन्द्रमा भी अमृत-वर्षा कर रहा था। चौला आँख मींचकर अपने भगवान की शरण में गई। उसने ऐसे सुख की कभी कल्पना नहीं की थी। वह जन्म से नर्तकी थी, भक्ति-भाव से धृष्ट बन गई थी। वह दोनों हाथ महाराज के गले में डाले लटकी रही। भीमदेव की शिराओं में भी हलचल मची। उसे अधर उठाकर वे अपने कमरे में लाए और किवाड़ बन्द कर लिये।

हाथ में नंगी तलवार लेकर ज़ीने पर बैठा नन्दी, चन्द्रमा की ओर एक आँख मींचकर देखता हुआ मूँछों-ही-मूँछों में हँस रहा था।

[4]

राय को जो चिन्ता हुई थी, वह अनुचित नहीं थी। महाराज गए और शीघ्र उनके कान में कुछ आवाज पड़ी। समुद्र के किनारे ऐसे स्थान पर कुछ ठोका-पीटी और पानी में गिरने की आवाज हो रही थी, जिस पर उनकी दृष्टि नहीं पहुँचती थी। दूर किनारे पर ऐसी आवाज सुनाई दे रही थी जैसे कोई नाव पानी में उतारी गई हो या कोई तैर रहा हो।

चन्द्रमा के प्रकाश में भी वे कुछ न देख सके, परन्तु उन्होंने रात के समय भिन्न-भिन्न कँगूरों पर रखवाली करनेवाले सेनापतियों को आदमी भेजकर खबर

कराई और बिना अधिक गड़बड़ के उन्होंने बात-की-बात में एक हजार धनुर्धर इकट्ठे कर लिए। दूर पर, जहाँ चाँदनी स्पष्ट प्रकाश नहीं डाल रही थी, कुछ आदमियों की हलचल दिखाई दी।

जहाँ पर समुद्र खाई से मिलता था वहाँ डेल्टा के ऊपर, कुछ दूर चलकर आम्रकुञ्ज था। यह स्पष्ट रूप से दिखाई दिया कि उसके नीचे आदमी इकट्ठे हैं। इस समय किसी के द्वारा कोट पर हमला करने की तो सम्भावना थी नहीं क्योंकि अमीर की सेना खाई से दूर थी, इसीलिए इस हलचल का उद्देश्य कुछ दूसरा ही जान पड़ा।

क्षितिज के बिलकुल पास राव कमा लखाणी की नावें पड़ी थीं। उनमें से एक बहुत ही धीरे-धीरे प्रभास की ओर आ रही थी। हो सकता है कि यवन-सेना की यह हलचल इस नाव को रोकने या पकड़ने के लिए हो और यह भी सम्भव है कि यह हलचल यवन-सेना की न भी हो; कुछ सैनिक चाँदनी में नावों पर भी पड़े हो सकते हैं।

आवाज देकर या मशाल से संकेत करके इस नाव को स्पष्ट रूप से न आने देने के लिए कहने में खतरा था क्योंकि ऐसा करने से उस ओर दुश्मन का ध्यान न गया हो तो भी जा सकता था। फिर दुश्मन देख नहीं रहा है, इस भरोसे पर आती हुई नाव को आने देने में भी खतरा था।

राय ने कुछ देर विचार करके हिम्मत से भय की ओर बढ़ने का निश्चय किया। उसकी सेना में बेरावल के खारा और नीरा नाम के दो तैराक थे। उन्होंने उनको बुलाया, अलावों को बुझाने का आदेश दिया और रस्से मँगाकर गढ़ से दोनों तैराकों को नीचे खाई में उतारा। दोनों को उन्होंने दिन-भर के समाचार और यहाँ आने के खतरे की बात कहला भेजी।

जब खारा और नीरा पाँच सौ हाथ दूर निकल गए तब राय को आम्रकुञ्ज की हलचल का रहस्य मालूम हुआ। सैनिक चुपचाप किनारे से बेड़ों की कतार-की-कतार खींचे ला रहे थे।

राय घबराए। दरवाजे से आदमी बाहर निकलते हैं तो वे बेड़ों तक पहुँचने से पहले ही समाप्त हो जाएँगे। यदि दुश्मन के बेड़ों को लगाने के बीच ही नाव आ लगती है तो वह खतरे में पड़ जाएगी। और यदि वह दुश्मन के हाथ पड़ गई तो प्रभास को धक्का लगेगा।

राय ने यह ठीक समझा कि जब तक ये सैनिक बेड़े लगाकर जाएँ तब तक ठहरा जाए। सैकड़ों बेड़ों को एक-दूसरे के साथ बाँधकर एक बड़ा पुल बनाया गया था। उसे खाई के मुँह से थोड़ी दूर पर, जहाँ तीर न पहुँच सकें, किनारे पर गड़े हुए खूँटों से बाँध दिया गया था।

उनका इरादा ऐसा जान पड़ता था कि जब युद्ध शुरू हो तब उसे खाई में खींच लिया जाए, जिससे कोट पर चढ़ना आसान हो सके। यह बेड़ा डुबाना तो है पर कैसे डुबाया जाए, यह प्रश्न राय को उलझन में डाले हुए था।

वह नाव तो दूर पर रुक गई थी और उसके आदमी उतरने लगे थे। राय को कुछ शान्ति मिली। खारा और नीरा पहुँच गए मालूम होते थे और नाव दुश्मन के हाथ में पड़ने से बच गई थी।

जिस समय सैनिक उस पुल को खूँटों से बाँध रहे थे उस समय दूर से डाँडों की 'छलक-छलक-छलक' की आवाज आ रही थी। उस समय राय ने बड़े ध्यान के साथ उस ओर देखा अवश्य था, परन्तु ठीक दिखाई नहीं दिया था। बाद में आवाज बन्द हो गई। जब उस पुल को बाँधकर सैनिक चले गए तब यह सोचकर कि जो कुछ भी होगा देखा जाएगा, राय ने पचास अच्छे तैरनेवाले सैनिक बुलाए और बेड़े को डुबाने के लिए उनको कोट से नीचे उतारने का प्रबन्ध करने लगे।

रस्से तैयार करके कोट पर लटकाए गए और सैनिक उतरने को तैयार हुए। तब सारा पुल ऐसे हिल उठा जैसे शेषनाग नींद में से जगे हों। बेड़े एक-दूसरे से अलग होने लगे और वे सब बहते हुए पानी के साथ ऐसे खिंचने लगे जैसे उन्हें किसी ने बुला लिया हो।

वे स्वयं जाग रहे हैं या सो रहे हैं, इसका भी राय को विश्वास नहीं हुआ और वे आँख मलने लगे।

जब बेड़े बहुत दूर खिसक गए तब आम्रकुञ्ज में कोलाहल मचा। राय मूँछों में हँसे, भोलानाथ की कृपा के बिना ऐसा चमत्कार नहीं हो सकता।

इतने में कोट के नीचे तीन आदमी तैरते हुए आए और दरवाजे की सीढ़ियों पर चढ़ गए।

"बापू," खारा ने जलमुर्गी की-सी आवाज की। उन तैराकों ने उसकी आवाज को पहचान लिया। राय ने शीघ्र ही रस्से कोट के नीचे लटका दिए और दो के बदले तीन आदमी हाँपते-हाँपते ऊपर चढ़ आए।

"यह कौन है?" तीसरे नए आदमी को देखकर राय ने खारा से पूछा।

"मुझे नहीं पहचानते? मैं हूँ सामन्त चौहान।" राय ने आवाज पहचानी, कुछ मूँछें पहचानीं और उन्होंने सामन्त को छाती से चिपकाकर कहा, "कौन? सामन्तराज! क्या तुमने वे बेड़े बहा दिए?"

"क्या करता? हम तैरते हुए आ रहे थे कि मुझे ये बेड़े दिखाई दिए और मैं समझ गया। आपके इन मल्लाहों और मैंने जाकर रस्से काट डाले," कुछ लजाते हुए सामन्त ने कहा।

"चौहान, तुमने तो प्रभासगढ़ को बचा लिया," राय ने आनन्दित होकर कहा,

"मैं बड़ी देर से सोच रहा था कि इस संकट से कैसे छुटकारा हो। धन्य हो!"

"धन्य तो आप सब हैं। मैंने आज का सारा समाचार सुना है। भीमदेव महाराज कहाँ हैं?"

"उन्होंने दिन-भर इतनी मेहनत की है कि अब उन्हें तंग नहीं करना है। सो रहे हैं, लेकिन तुम यहाँ कहाँ?"

"राय, आप सब पाटण से गए और गुरु नन्दिदत्त, मैं और आपके दिए तीन सौ आदमी आसपास के जंगल में छिप गए। अमीर आया और खाली किए हुए पाटण को देखकर भौंचक्का रह गया। फिर हमने घोघाबापा के भूत की बात फौज में फैला दी, इसलिए अमीर पाटण छोड़कर सीधा यहाँ चला आया।"

"और पाटण?"

"जब वह जा रहा था तब महाराज के पदभ्रष्ट भाई दुर्लभसेन आए और अमीर की शरण में पहुँचे। अमीर ने उनको पाटण की गद्दी दी और पाँच सौ राजपूत दिए तथा अपने लौटने तक पाटण की रक्षा का काम उनको सौंपा।"

"अच्छा! फिर तुम्हारा क्या हुआ?"

"फिर तो काम सरल हो गया। दुर्लभसेन ने सवेरे आनन्द से राज्य करना आरम्भ किया, दोपहर को नन्दिदत्त नामक ब्राह्मण घोघाबापा के भूत से घबराकर दुर्लभसेन की शरण में गया; दूसरे दिन आसपास के भयभीत ग्रामीणों ने भूत से घबराकर पाटण की शरण ली। भूत की कथा से पाटण के वीर काँपने लगे, महाराज दुर्लभसेन दरवाजे बन्द करके भीतर बैठ गए।"

राय खिलखिलाकर हँस पड़े, "फिर?"

"तीसरी रात को वृद्ध नन्दिदत्त को भूत आता हुआ दिखाई दिया। योद्धा घबराकर घर में घुस गए, नन्दिदत्त ने गढ़ के दरवाजेवाले चामुण्डेश्वर के मन्दिर में भूत को भागने के लिए यज्ञ आरम्भ किया। बाहर से आए हुए ग्रामीण वहाँ एकत्रित हो गए।"

"फिर क्या हुआ?"

"फिर ठीक आधी रात के समय गढ़ के किवाड़ खटके। सब लोग थरथर काँपने लगे। घोघाबापा का भूत अकेला अन्दर आना चाहता था। 'ना' कहने की किसी की हिम्मत न हुई। दुर्गपाल ने दरवाजा खोला। भूत अन्दर आया, नन्दिदत्त ने भूत की आवभगत की। ग्रामीण शस्त्र-सज्जित योद्धा बने और उन्होंने राजगढ़ को अपने अधिकार में ले लिया। भूत ने ढिंढोरा पिटवाया कि पाटण पर घोघाबापा के भूत ने कब्जा कर लिया है और वहाँ मरे हुए आदमियों को छोड़कर दूसरा कोई नहीं रह सकता। जो यवन वहाँ थे उनको ठंडा कर दिया। जो राजपूत सामने आए वे भी मौत के घाट उतार दिए गए। जो शरण में आए उन्हें साथ ले लिया गया।"

"और दुर्लभसेन का क्या हुआ?"

"वह तो घोघाबापा के चरणों में गिर पड़ा और उसने राज्य की अभिलाषा छोड़ने की शपथ ले ली। पीछे उसे और उसके दो-चार सेवकों को जंगल में खदेड़ दिया गया।"

"शाबाश, शाबाश, चौहान! फिर क्या हुआ?"

"लूला मेहता को पाटण सौंपकर भीमदेव महाराज के नाम पर सेना तैयार की जाने लगी। मेहताजी भी खम्भात से सेना लेकर आए। जो घोघाबापा की सलाह से जंगल में छिपे बैठे थे वे भी आ गए। यह शुभ समाचार भी मिला कि मेहताजी ने उज्जैन से जो सहायता माँगी थी वह भी मिलेगी। और अमीर के यहाँ आने से पहले मंजिल-दर-मंजिल कूच करती हुई उज्जैन की सेना उसके पीछे लग गई।"

"उसका सेनापति कौन है?"

"दामोदर मेहता ही ना-ना करते हुए अन्त में सेनापति हुए।"

"लेकिन तुम क्यों नहीं हुए?"

"अमीर के साथ मेरे बाप-दादे लड़े, अभी मेरी बारी नहीं आई। मैं खम्भात आया।"

"फिर घोघाबापा यहाँ आए," राय ने हँसकर कहा।

"जहाँ शौर्य और टेक होती है वहाँ घोघाबापा सदैव रहते हैं," म्लान-वदन सामन्त ने कहा, "आपकी जरूरत की चीजें नाव में लेकर आज ही सवेरे आया हूँ। और वहाँ," कहकर सामन्त ने समुद्र की ओर संकेत किया, "मुझे राव कमा लखाणी मिले। वे वहाँ बैठे हैं और मैं यहाँ आया हूँ।"

"चलो, भोलानाथ की कृपा तो चारों ओर है। इस अमीर को भी अभी गुजरातियों की वीरता दिखानी है।"

"चलो, अब तो महाराज को जगाकर मिल लूँ। पौ फटने से पहले तो मुझे वापस पहुँच जाना है।" दोनों वीर फिर भेंटे और सामन्त रास्ता बताने के लिए एक सैनिक को लेकर महाराज के डेरे पर गया।

परकोटे में आते ही सामन्त की कुछ दिन पहले की स्मृतियाँ सजीव हो गईं। उसने उस खम्भे को देखा, जिसके नीचे बैठा-बैठा वह रोया था; कुंडला का स्मरण किया; त्रिपुर-सुन्दरी के मन्दिर का स्मरण किया; वहाँ जो महामाया की आरती हो रही थी वह भी फिर दिखाई दी और जिसकी आरती हो रही थी उसके साथ बातों में बिताई रात भी याद आई। कैसा हास्य, कैसा प्रेम और कैसा उल्लास था!

आँधी-भरे जीवन के रेगिस्तान में भटकनेवाले उस वीर के लिए इस बाला की भावना ही एक मात्र विश्राम-स्थल थी। मानव-सम्बन्ध की तृषा से मरते हुए इस

निराश प्राणी के लिए यही एक आशाबिन्दु था।

जिस समय आसपास के विनाशक झंझावात में, अन्तर की दुखद स्मृतियों को झुलसानेवाली रेती में, उसे तनिक भी सुखमय उमंग के अनुभव करने का अवसर मिलता कि शीघ्र यह उमंग एक सुन्दर और कोमल लावण्यमयी नारी के चारों ओर लिपट जाती। जब वह खम्भात आया और उसे खबर मिली कि प्रभास से नर्तकियाँ नावों में आई हैं तो उसने क्षण-भर उल्लास का अनुभव किया था। कदाचित् चौला भी आई हो!

परन्तु गगनराशि से मिलते ही उसे पता चल गया कि गंगा और चौला दोनों गुरुदेव के साथ रह गई हैं। अब यहाँ आने पर भी उसका पता गुरुदेव से ही चलेगा, यह सोचकर वह वहाँ जाने के लिए अधीर था। परन्तु उसका पहला कर्तव्य महाराज से मिलकर उन्हें समाचार देना था, इसलिए वह पहले वहाँ गया।

सैनिक ने आवास की ओर संकेत किया और वह वहाँ जाने के लिए ज़ीने पर चढ़ा। ऊपर की सीढ़ी पर नंगी तलवार लेकर वीरा चावड़ा बैठा था।

"कौन है?" वीरा ने पूछा।

"मैं हूँ सामन्त चौहान। कौन वीरा? महाराज उठे?"

"बापू, आप?" चौंककर धीमे-से वीरा बोला।

"हाँ। मैं खम्भात से नाव में आया हूँ और तैरकर यहाँ महाराज से मिलने आया हूँ। मुझे इसी समय लौटना है," कहकर वह ज़ीने पर चढ़ने लगा।

वीरा ने तलवार आड़ी करके कहा, "नहीं बापू!"

सामन्त का मुख उग्र हो गया, "क्यों? जो-कुछ मैं कह रहा हूँ उसे सुनता नहीं? मुझे आवश्यक बात करनी है।"

"खड़े रहिए बापू, मैं उन्हें जगा देता हूँ।"

"मैं जगा लूँगा।"

"नहीं, अन्नदाता अकेले नहीं हैं।"

"साथ कौन है? अब? ऐसे समय में?"

सामन्त को वीरा का मन्द और विशाल हास्य सुनाई दिया। सामन्त ने यह भाँप लिया कि इसमें एक प्रकार का विनोद था।

"ऐसा कौन है?" सामन्त ने पूछा।

वीरा हँस पड़ा, "वही, चौला नर्तकी।"

सामन्त के कानों में इन शब्दों का पड़ना था कि समस्त ब्रह्मांड टूटकर उसके मस्तक पर गिर पड़ा। पहले उसने दीवार का सहारा लिया और फिर आँखों पर हाथ रखकर सीढ़ियों पर बैठ गया।

"बापू बैठो, मैं अन्नदाता को जगाकर आता हूँ।"

"वीरा, सोने के लिए गए कितनी देर हो गई?" सामन्त की आवाज रुकती, घरघराती हुई धीमी थी–मरते हुए मनुष्य की भाँति।

"चार-छह घड़ियाँ हुई होंगी।"

"सोने दे, सोने दे," सामन्त क्रन्दन करता हुआ-सा बोला।

[5]

शिवराशि गुरुदेव के साथ चुपचाप अपने डेरे पर आए। इसका कारण उनके सिवाय और किसी को मालूम नहीं था। जिस समय गुरुदेव उनके सामने थे उस समय उन्होंने अपने समक्ष भगवान लकुलेश को खड़े देखा था। वे उनसे कह रहे थे, "चल बेटा, चल," और वे चुपचाप चलने लगे थे।

उनको तपश्चर्या का फल मिला। पाशुपत मत के प्रणेता उनको पापाचारियों के इस धाम से बाहर ले जा रहे थे। दिव्य तेज के पुञ्ज के समान महामाया त्रिपुर-सुन्दरी थिरकते हुए, सुकोमल गुलाबी पगों से उनके आगे-आगे चल रही थी। उनका अन्तर दीन हो गया था। इस अन्धकार से उनके गुरु और इष्टदेव उनको प्रकाश में ले जा रहे थे।

बड़ी देर तक वे अन्धकार में आँखें फाड़कर देखते रहे। अन्त में सिद्धेश्वर ने आकर उनका ध्यान खींचने के लिए खाँसा।

"सिद्धेश्वर," नम्र और प्रेरणामय स्वर में शिवराशि ने कहा, "भगवान अभी आकर चले गए।"

सिद्धेश्वर चकित हो गया। सर्वज्ञ को फिर इन्होंने भगवान कैसे बना दिया?

"भगवान लकुलेश ने अभी-अभी आज्ञा दी है।"

"भगवान लकुलेश!"

"हाँ, अभी-अभी उन्होंने–शंकर के अवतार ने–मुझे दर्शन दिए हैं," उन्होंने कहा। शिवराशि ने ससम्मान उच्चारण किया, "यह सारा स्थान घोरतम पापाचार से दूषित है।"

"यह तो मैं जानता हूँ।"

"और इस पाशुपत मत के आद्य प्रणेता ने मुझसे कहा, 'ये धर्म और सम्प्रदाय से द्वेष करनेवाले सब-के-सब कुत्ते की मौत मरनेवाले हैं। ये पाप के मन्दिर जलकर भस्म हो जाएँगे, इन पर गिद्ध मँडराएँगे।' और इन तपस्वियों में श्रेष्ठ ने मुझसे कहा, 'इस पापाचारियों के धाम को छोड़कर तू ऐसी जगह जा, जहाँ इसकी छाया का भी स्पर्श न हो सके और कोई नया तीर्थधाम खोजकर संसार को सिखा–

पाशुपत धर्म की विजय; और प्रतिष्ठा कर भगवान सोमनाथ और महामाया त्रिपुर-सुन्दरी की नवीन भक्ति की, उसी प्रकार जैसा कि मैं पहले कर चुका हूँ।"

कुछ दिन से राशिजी के भीतर होनेवाले परिवर्तन को सिद्धेश्वर घबराहट के साथ देखा करता था। अब वे कमजोर खिलौने न थे; उनमें तेज, आत्मश्रद्धा और किसी दैवी पुरुष जैसा भयंकर व्यक्तित्व आ गया था।

"गुरुदेव," जब से राशि ने गंग सर्वज्ञ से गुरुपद छीन लिया था तब से सिद्धेश्वर ने यह पद अपने गुरु को दे दिया था, "मैंने तो जब अमीर की सेना देखी तभी समझ लिया था कि यहाँ रहने में कोई सार नहीं। और गुरुदेव, अरे गंग सर्वज्ञ से आप कहें तो अभी खम्भात जाने की व्यवस्था कर दें। राव कमा लखाणी समुद्र में नावों में बैठे हैं।"

छेड़े हुए बाघ के समान शिवराशि सिद्धेश्वर की ओर घूरने लगे, "इस पापी की सहायता लेकर जाने की अपेक्षा मुझे आत्मशुद्धि में रहना अधिक अच्छा लगता है।"

"लेकिन फिर जाएँगे कैसे?"

"मुझे जान बचाने के लिए नहीं जाना। मुझे तो भगवान लकुलेश की आज्ञा के अधीन होना है और भगवती महामाया, दिव्य प्रकाश से निर्मित त्रिपुर-सुन्दरी, मुझे पथ बता रही है। जहाँ वे जाएँगी वहाँ मैं जाऊँगा और उनकी आज्ञा का पालन कर पाशुपत मत का उद्धार करूँगा। महामाया! जगदम्बे!" कहकर अँधेरे में आँखें फाड़कर वे देखते रह गए।

वहाँ उन्होंने तेल के दीपक के प्रकाश में रात्रि के अन्धकार में बाहर खड़ी त्रिपुर-सुन्दरी को देखा। वे महामाया सौम्य तेज से निर्मित उल्लसित आँखों से उन्हें बुला रही थीं। उनके थिरकते गुलाबी पाद-पद्मों के कारण उनके मनोहर तथा सुकुमार अंगों के आकर्षक सौन्दर्य में अजेयता आ गई थी। वे हँस रही थीं। यह वही हास्य था, जो उनके हृदय में घर कर चुका था।

"सिद्धेश्वर, आज्ञा हुई है। महामाया पथ बता रही हैं। चल इस पापतीर्थ को छोड़कर चलें।"

"अरे, लेकिन कैसे?" गुरु की स्थिति तक पहुँचने में असमर्थ सिद्धेश्वर ने थककर कहा।

शिवराशि आकुल होकर चारों ओर इस प्रकार देखने लगे, जैसे वे स्वप्न से जागे हों। कुछ देर बाद वे स्वस्थ हुए।

"सिद्धेश्वर, जा, जाकर दद्दा चालुक्य को ले आ।"

"वे जूनागढ़ी दरवाजे पर पहरा देते हैं।"

"जा, कह कि मेरी आज्ञा है, इसी समय मुझसे आकर मिले," शिवराशि ने कहा।

सिद्धेश्वर दद्दा को खोजने गया और कुछ देर बाद हरदत्त और एक साधु आए।

"नमः शिवाय, गुरुदेव!"

"शिवाय नमः वत्सो," शिवराशि ने कहा, "क्यों?"

"गुरुदेव, चलो। हमने त्रिपुर-सुन्दरी की पूजा की तैयारी कर ली है। केवल आपकी ही कमी है। आप चलें तो हम चौला को उठा लाएँ।"

"चौला को? महामाया को?"

"हाँ।"

"मूर्खो! अन्धो! पूजा करने से क्या होगा?" शिवराशि ने क्रोध से दाँत पीसते हुए कहा, "हमें तो इस पापतीर्थ से निकलकर किसी पुण्यधाम में जाकर त्रिपुर-सुन्दरी की प्रतिष्ठा करनी है। भगवान लकुलेश की आज्ञा है और स्वयं महामाया मुझे खींच रही हैं।"

"लेकिन जाएँगे कहाँ?"

"कहीं भी। आज ही पापाचारियों का स्थान छोड़ना है। क्या तुममें आने की हिम्मत है? कल यह सब जलकर भस्म हो जाएगा।"

"ठीक, परन्तु किस प्रकार?"

"महामाया मार्ग बनाएँगी। आओगे।"

"अवश्य।"

"ठीक है, तो चौला को यहाँ ले आओ," उन्होंने आज्ञा दी, "लेकिन देखना, किसी को पता न चले। हमें एक घड़ी में ही प्रभास छोड़ देना है।"

और इस भगवान शंकर जैसे प्रतापी गुरु की आज्ञा को पालन करने के लिए हरदत्त और उसका साथी चले गए।

शिवराशि को चौला-रूपी सुन्दरी सागरों और पर्वत शिखरों के उस पार, उनको नए तीर्थों, नए मन्दिरों और नए सम्प्रदायों का स्वामी बनाती हुई आगे-आगे जाती दिखाई दी। सृष्टि ने नए पल्लव का कंचुक धारण किया, सूर्य की किरणों ने सुवर्ण मेरु की रचना की, जिसके ऊपर त्रिपुर-सुन्दरी महामाया के रूप में खड़ी थीं और जिसकी तलहटी में वे स्वयं जगद्गुरु के रूप में प्रणिपात कर रहे थे।

[6]

सिर पर हाथ रखकर, सोने में भी असमर्थ, सामन्त बड़ी देर तक बैठा रहा।

जहाँ तक दृष्टि जाती थी वहाँ तक उसके लिए बिना पानी का, मृत्यु के भी

आश्वासन से रहित रेगिस्तान फैला था। वह अकेला–अकेला–नितान्त अकेला, बिना कुटुम्ब, बिना भाग्य, बिना आश्रय और बिना आशा जीता हुआ भी मरा-सा था। वह हँसा–भयंकर ढंग से; भोलानाथ ने भी उसके भाग्य में कुछ नहीं रखा था।

"चौहानराज, चलो", वीरा ने ऊपर से आवाज दी, "महाराज आपको बुलाते हैं।"

सामन्त जैसे-तैसे खड़ा हुआ, कपाल पर हाथ फेरा और ऊपर गया। भीमदेव हाथों को चौड़ा करके खड़े थे।

"सामन्त, मेरे भाई! आ, तू कहाँ से आया?"

सामन्त महाराज से ठंडे शव के समान मिला।

"कौन चौहान?" आवाज के दरवाजे में से आवाज आई और वह बाहर आई। जैसे बहन भाई की बलाएँ लेती हैं वैसे ही उसने सामन्त की बलाएँ लीं।

वह थर-थर काँपता हुआ चौला के स्पर्श को सहन कर रहा था। उसने वीर राजा को देखा, रानी बनने के योग्य चौला को देखा और दोनों की मद-भरी आँखों में एक-दूसरे के लिए व्याप्त आकुलता को देखा। उसने आती हुई सिसकी को रोका और सिर झुकाकर दोनों को हाथ जोड़कर प्रणाम किया।

"महाराज, चौला! आप दोनों का अहोभाग्य कि आपने एक-दूसरे को पाया।"

कभी-कभी स्वप्न में या अर्द्ध-जागृत अवस्था में वह ऐसे विचारों में डूब जाता था कि घोघाबापा की सन्तान राज्य प्राप्त करने के लिए सौभाग्यशाली हो गई है और चौला उसकी अर्द्धांगिनी बनकर राज्यसिंहासन की शोभा बढ़ा रही है। इस समय जबकि उसने सिर झुकाया तो उसे लगा कि ऐसा विचार करना बड़ी धृष्टता थी। परन्तु उसी क्षण उसने इस विचार को बेध डाला, कुचल डाला और उसके टुकड़ों को बिखेरकर उन पर कूदने लगा।

"सामन्त, मुझे क्या खबर थी कि तू भी चौला को पहचानता है!"

"महाराज, मैं अकेला विश्व की निर्जनता में भटक रहा हूँ। मेरे लिए तो इसने सगी बहन का कार्य पूरा किया है। इसका सौभाग्य अखंड रूप में तपे। बहन, अब मुझे महाराज के साथ अकेले में बातें करनी हैं। घड़ी-आधी घड़ी में मुझे यहाँ से चले जाना है। तू अन्दर जा।"

चौला चली गई और सामन्त भीमदेव को दूर छत के किनारे पर ले गया।

"महाराज, समय कम है और काम बहुत। मैंने सारी स्थिति राय को समझा दी है, पूछ लेना। पाटण में आपकी आन बनी हुई है। दामोदर मेहता लश्कर लेकर अमीर के पीछे पड़े हैं। मारवाड़ और उज्जैन की सेनाएँ भी दो-चार दिन में आ मिलेंगी। मैं खम्भात से नावें लाया हूँ। उनगें अनाज और शस्त्र हैं।"

"क्या कहता है? शाबाश सामन्त, शाबाश!"

"अब मैं शीघ्र वापस जा रहा हूँ। कल फिर आऊँगा।"

"सामन्त, तू मनुष्य नहीं देवता है।"

"वास्तव में मैं मनुष्य नहीं क्योंकि मनुष्य होता तो इतने दुःख से न जाने कब का मर गया होता।"

"ऐसा मत कह, तू मेरा दायाँ हाथ है।"

"अब मैं एक बात अपनी भी कहता हूँ," सामन्त ने कड़ाई के साथ कहा।

"क्या?" और भीमदेव आश्चर्यचकित होकर पीछे हट गए। सामन्त उग्र और भयंकर हो गया। उसके हाथ में खंजर खेलने लगा।

"क्या चौला का मोह क्षणिक है—थकी हुई रात का विश्राम-मात्र है या और कुछ?" और उस प्रश्न के भीतर के निश्चित संकल्प ने भीमदेव के साहसी हृदय को भयभीत बना दिया।

"किसी ने कहा?"

"यह जन्म और वृत्ति से नर्तकी है। अवसर बीत जाने पर यह पाटण के चालुक्य के घर में कैसे रह सकेगी?"

भीमदेव समझे और हँसे, "सामन्त, तेरा भय व्यर्थ है। चौला मेरे जीवन का सर्वस्व है। मैं इसे कभी नहीं भुला सकता।"

"यह गुरुदेव की पुत्री है, मेरी धर्म-बहन है। इसलिए यदि आज की रात के बाद यह पाटण की पत्नी न हो सके तो हम इसी समय फैसला कर लें," कहकर सामन्त ने खंजर निकालकर भीमदेव की नंगी छाती पर रख दिया। सामन्त दृढ़, भयंकर और क्रोधित था।

भीमदेव खिलखिलाकर हँस पड़े, "चौहान, मुझे क्या खबर थी कि चौला के ऐसा भाई है। घबरा नहीं, जब से मैंने इसे देखा है तभी से मैंने इसे अपनी पत्नी माना है। जो स्त्री सत्कार करने योग्य होती है वह पत्नी बनने योग्य भी होती है।"

सामन्त ने खंजर म्यान में रख लिया, "महाराज, क्षमा करिए! क्षमा करिए! मैंने आप पर व्यर्थ ही आक्षेप किया।"

"नहीं, तू मेरा भाई नहीं, मेरी पत्नी का भाई है। इसमें क्या हुआ? यह युद्ध समाप्त हो जाए कि तू कन्यादान देना।"

सामन्त फिर गम्भीर हो गया, "महाराज, आज यह पत्नी बन चुकी है। कल भोलानाथ न करे कि कुछ और हो जाए।"

भीमदेव ने विचारकर कहा, "सामन्त, तेरी बात सच है। भैया! राय, विमल और दद्दा तीनों को गुरुदेव के पास बुला ला। अनिर्धारित मुहूर्त के समान दूसरा मुहूर्त नहीं है। चल, चौहान वीर! चौला, चल गुरुदेव के पास चलें, हम अपना विवाह कर लें।"

और जिस समय भीमदेव का विवाह-संस्कार सम्पन्न हुआ, गुरुदेव ने आशीर्वाद दे दिया और गंगा हर्ष के कारण बुरी तरह रोने लगी, तो सामन्त खड़ा हो गया, "गुरुदेव, महाराज, मैं जाता हूँ। अभी पौ फटनेवाली है।"

भीमदेव और चौला गुरुदेव के आवास के बाहर तक उसे छोड़ने आए।

"भाई, मेरे मा-जाये भाई," चौला रो पड़ी, "जल्दी ही लौटना।"

"किसी दिन, बहन, किसी दिन जीता रहा तो राखी बँधवाने के लिए आऊँगा; नहीं तो..." और सामन्त रो पड़ा, "बहन, किसी दिन याद करना," इतना कहकर, सामन्त मस्तक झुकाए द्वारिका दरवाजे की ओर दौड़ गया।

[7]

जिस समय सिद्धेश्वर आया उस समय शिवराशि अधीरता से तड़फड़ा रहा था।

"क्यों?"

"दद्दा चालुक्य तो नहीं मिले। सब गुरुदेव के पास गए हैं।"

"तो बाहर खड़ा रह। उतरता दिखाई दे तो बुला लाना," राशि ने कहा। सिद्धेश्वर बाहर जाकर खड़ा हो गया।

कुछ देर बाद हरदत्त और उसका साथी आए। दोनों के मुख से व्याकुलता टपक रही थी, "गुरुदेव, गुरुदेव, गजब हो गया!"

"क्या?"

"गुरुदेव, गंग सर्वज्ञ ने चौला का भीमदेव के साथ विवाह कर दिया।"

"क्या कहा?" शिवराशि पागल की तरह चिल्ला उठा।

"अभी-अभी विवाह किया है। मैंने अभी छत से देखा है।"

यह सुनते ही शिवराशि का मुख विकृत हो गया। उनकी आँखें इतनी बड़ी हो गईं जैसे वे बाहर निकली पड़ रही हों। उन्होंने दोनों हाथों से अपने बाल नोच डाले। उनकी नस-नस में आग लग गई। उन्होंने गुरुपद का आडम्बर छोड़ दिया।

उनकी तपस्वीपन में जो श्रद्धा थी वह नष्ट हो गई। चौला–उनकी चौला–उनकी त्रिपुर-सुन्दरी अब पाटण के भीम की पत्नी हो गई थी। वह ऐसा हो गया जैसे वह जमे हुए हलाहल का बना हो।

"गुरुदेव, अब हमें क्या करना है? जाना है कि नहीं?"

"अब तो जब तक ये पापाचारी जलकर भस्म नहीं हो जाते तब तक कैसे जाया जा सकता है? जाओ, जरूरत पड़ेगी तो बुला लूँगा।" राशिजी की आँखों के तेज को देखकर दोनों साधु चले गए।

कुछ देर बाद सिद्धेश्वर और दद्दा चालुक्य दोनों आए और राशिजी की भयावह आकृति देखकर स्तब्ध हो गए।

''दद्दा, मेरी एक आज्ञा पालन करनी पड़ेगी।''

''क्या?''

''जैसे बने वैसे सिद्धेश्वर के लिए कोट से बाहर जाने की युक्ति सोच।''

''मेरे लिए?'' गुरु के मन के परिवर्तन को समझने में असमर्थ सिद्धेश्वर बोला।

''हाँ, तेरे लिए,'' राशि ने गर्जना की और घबराया हुआ सिद्धेश्वर एक शब्द भी न बोल सका।

''लेकिन गुरुदेव, यह मैं किस प्रकार कर सकता हूँ? यदि महाराज को पता चल गया तो प्राण ले लेंगे।''

''दद्दा, मेरे आशीर्वाद से तेरे पुत्र हुआ। अपने शाप द्वारा मैं उसे छीन सकता हूँ। सिद्धेश्वर को कोट के बाहर करता है या नहीं?''

''अच्छा, कुछ देर में द्वारिका दरवाजे भेजो, मैं तैयारी करता हूँ।''

दद्दा ने राय से सामन्त की बात सुनी थी, इसलिए उसे युक्ति सूझ गई और वह बिना तनिक भी रुके इस उग्र मूर्ति के पास से हट गया।

जब शिवराशि ने सिद्धेश्वर से जो-कुछ कहना था वह कहा, उस समय वह भी काँप उठा। अन्त में वह भी इस प्रभास की मृत्यु-शैया से उठकर भाग जाने का लोभ संवरण न कर सका।

जब थोड़ी देर में सिद्धेश्वर द्वारिका दरवाजे पर पहुँचा तब खारा और नीरा ने सामन्त को नीचे समुद्र में उतार दिया था। दद्दा और दो मल्लाहों के अतिरिक्त वहाँ और कोई न था।

''खारा,'' दद्दा ने कहा, ''महाराज ने इसे भी उतारने के लिए कहा है। यह भी चौहान के साथ ही जाएगा।''

''जैसी आज्ञा,'' कहकर खारा ने सिद्धेश्वर को समुद्र में उतार दिया।

दूसरे दिन

[1]

सूर्योदय हुआ। राजपूत सेना सुसज्जित होकर कोट पर खड़ी हुई। लेकिन अमीर की सेना ने अभी कोई धावा नहीं बोला था। द्वारिका दरवाजे और जूनागढ़ी दरवाजे के सामने थोड़ी-सी टुकड़ियाँ थीं, इसलिए उधर से कुछ भय नहीं था। जो कुछ जमाव था वह मुख्य दरवाजे के सामने ही था। आक्रमण का रूप क्या होगा, यह कहा नहीं जा सकता था।

महाराज ने सारी सेना को मुख्य दरवाजे के आसपास खड़े होने की आज्ञा दी थी।

अमीर काल की भाँति अपने शिविर से बाहर निकला और स्थान-स्थान पर घूम आया। अन्त में उसने हुक्म दिया; डंके बजे, रणसिंघे फूँके गए और घुड़सवारों की दो फौजें, बीच में खाली जगह छोड़कर, खाई की ओर बढ़ीं।

हुक्म दिया गया और सैकड़ों सैनिक छह बड़े तख्तों का कच्चा पुल लेकर मध्यद्वार के सामने खाई की ओर दौड़े। उनके साथ अनेक मनुष्य आए, वैसे ही दोनों ओर की घुड़सवार फौजें उनकी रक्षा के लिए उनके साथ हो लीं। यह खाई के ऊपर पुल बाँधने का प्रयास था।

भीमदेव ने सब धनुर्धारी सेना मध्यद्वार के सामने इकट्ठी कर ली। एक पंक्ति घुड़सवारों को थका रही थी, दूसरी तख्ते लानेवालों और बढ़इयों को बेध रही थी। आकाश 'अल्ला हो अकबर' और 'जय सोमनाथ' की घोषणाओं से गूँज रहा था।

परन्तु दुश्मन का यह हमला ऐसा-वैसा नहीं था। जैसे ही आदमी मरते कि नए उनका स्थान ले लेते; घोड़े गिरते कि उनके स्थान पर नए घुड़सवार आ जाते।

ऊपर से राजपूतों के बाणों की तीखी मार पड़ती थी और नीचे लाशों के ढेर पर होकर नए सैनिक बढ़े चले आते थे।

मध्यद्वार के तोड़ने के लिए होनेवाले इस प्रयत्न को रोकने के लिए महाराज और राय ने एक नई योजना बनाई। हाथियों द्वारा बड़े-बड़े पत्थर लाकर अन्दर से द्वार को बन्द किया जाने लगा और पुल बनाने का प्रयत्न करनेवाले सैनिकों को पत्थर मारकर कुचला जाने लगा।

ऊपर दोनों दलों के तीरों का छत्र बन गया था; नीचे अमीर की सेना ने पुल बनाने और भीमदेव की सेना ने उसे तोड़ने के अनेक प्रयत्न किए।

राजपूत तीरों से विद्ध होकर कोट से नीचे गिर रहे थे। नीचे तीरों से विद्ध होकर और पत्थरों से कुचलकर अमीर के सैनिक मर रहे थे।

अमीर ने आज आदमियों के बारे में कंजूसी करना छोड़ दिया था। उसके आदमी चींटियों की तरह उमड़ रहे थे और खाई तथा खाई के बाहर लाशों के ढेर प्रतिक्षण बढ़ते जा रहे थे।

मध्याह्न हुआ तो पुल रखने के लिए तुमुल युद्ध आरम्भ हुआ। अन्त में जैसे-तैसे अमीर की सेना ने पुल रखा और दरवाजे की लोहे की साँकलों से उसे कसकर बाँध दिया।

कोट के अन्दर भी बड़े-बड़े पत्थरों से दरवाजे को भर दिया गया ताकि किवाड़ें हिल न सकें और यदि हिलें भी तो खुल न सकें। चबूतरों, घरों और मन्दिरों में से पत्थर निकाल-निकालकर कोट पर जमा किए गए।

दोनों दल महान् प्रयत्न कर रहे थे।

दूर पर अमीर की हरी पगड़ी और रूपहार चाँद दिखाई दिए और इसके बाद वह अदृष्ट हो गया।

एक के बाद एक, छह हाथी सूँड़ में एक-एक बड़ा तख्ता लेकर दौड़ते हुए आए और पुल से निकलकर जोर से इन तख्तों को किवाड़ों पर दे मारा। दरवाजा झनझना उठा। इसके कारण ऊपर के कँगूरे तक काँप गए।

लेकिन बड़े-बड़े पत्थरों से सुरक्षित किवाड़ न टूटे और राजपूतों ने 'जय सोमनाथ' की हर्षध्वनि की।

परन्तु इस उपाय को देखकर भीमदेव महाराज चिन्तित हो गए। ये किवाड़ इतने जोर से धक्कों को कब तक सह सकेंगे? पतली लोहे की साँकलों की चादर ओढ़े हुए इन मस्त हाथियों को कैसे बेधा जाएगा?

महाराज और राय ने कुछ देर तक मन्त्रणा की। अब मृत्यु के मुख से विजयी होकर निकलने के अतिरिक्त और कोई चारा नहीं था।

सौ बलिदानी वीर तैयार हुए, स्वयं राय भी तैयार हुए, परन्तु गुरुदेव ने मना

कर दिया। महाराज को भी जैसे-तैसे रोका। अभी तो युद्ध का दूसरा ही दिन था। अभी से इनके जीवन को खतरे में क्यों डाला जाए?

दुश्मन का एक हाथी घायल हो गया था, इसलिए उसे बदल डाला गया। छह हाथियों के स्थान पर आठ हुए और उसके बाद वे बढ़ते गए। पुल हिलने लगा और भारी-भारी तख्ते, आठ हाथियों के वेग के कारण वज्र के समान बनकर फिर किवाड़ों से टकराए। उनके बख्तर से सजे शरीरों पर से तीर ऐसे निकल जाते थे जैसे हंस के ऊपर से पानी की बूँदें निकल जाती हैं।

दरवाजे के पीछे जितने सम्भव हो सकते उतने पत्थर भर दिए गए थे। पीछे से चार हाथी ऊँचे पैर करके सहारा दे रहे थे। दरवाजे के लक्कड़ हिले, परन्तु टूटे नहीं। अमीर के हाथी लौट आए।

इस पुल के ऊपर दोनों ओर से बराबर तीरों की वर्षा हो रही थी और चीख मारकर धनुर्धर पृथ्वी पर गिर रहे थे।

राय घायल हो गए थे। विमल मन्त्री के भी चोट लग गई थी। हाँ, महाराज ही चारों ओर इस प्रकार घूमते दिखाई देते थे मानो उन्होंने इन्द्र का कवच पहन रखा हो।

द्वारिका दरवाजे पर केवल थोड़े-से ही सैनिक पहरा दे रहे थे। जूनागढ़ी दरवाजे पर कल की तरह आज भी कछुए और घुड़सवार खाई से दूर स्थिर होकर खड़े थे और वहाँ दद्दा सोलंकी आवश्यक सैनिक लेकर गढ़ की रक्षा कर रहा था।

तीसरी बार दो हाथी बदल डाले गए और आठ हाथी तख्ते लेकर आगे बढ़े। आगेवाला हाथी पुल पर कुछ दूर आया।

ऊपर से 'जय सोमनाथ' की गर्जना हुई और हाथियों के शरीर पर जलते लक्कड़ों की वर्षा हुई। हर एक लक्कड़ पर तेल और गन्धक में भीगा चिथड़ा भड़-भड़ जल रहा था।

चारों ओर गन्धक की गन्ध उड़ रही थी। पहला हाथी गन्धक की गन्ध और जलते लक्कड़ों से चौंककर सहसा खड़ा हो गया। पीछेवाला उस पर चढ़ बैठा और पिछले के वेग के कारण पहला हाथी कुछ आगे घिसटा–रुका–फिसला। पैर फिसला और वह सन्तुलन खोकर नीचे गिर पड़ा।

इस धाँधली का लाभ उठाकर पचास बलिदानी वीर एक हाथ में मशाल और दूसरे में बड़ी-बड़ी रेतियाँ लेकर पुल पर कूद पड़े।

पुल पर हाथी धमाचौकड़ी कर रहे थे और चिंघाड़ रहे थे। बीचवाले चार हाथी कुछ समझ में न आने के कारण ठिठककर खड़े हो गए। अन्तिम तीन, जो जमीन की ओर थे, पूँछ ऊँची करके भागे।

घुड़सवारों की समझ में भी कुछ न आया और वे आगे बढ़े। कुछ पुल बचाने

के लिए आए। कोट पर 'जय सोमनाथ' की ध्वनि गूँज रही थी।

जितनी धमाचौकड़ी थी उतना ही शोर था। दोनों दल बिना देखे बाण छोड़ रहे थे। आधी घड़ी तक किसी को कुछ न सूझ पड़ा। उस गड़बड़ में बीस वीर रेतियों से लोहे की साँकलें काट रहे थे। जैसे-तैसे थोड़ी देर बाद अमीर के धनुर्धरों ने पुल पर काम करनेवाले इन आदमियों को देखा और वे उन पर तीर छोड़ने लगे। जो पुल के ऊपर या उसके पास आता उसी को गुजराती धनुर्धर समाप्त कर देते।

बड़ी देर तक यह भयंकर युद्ध होता रहा। भीमदेव ने कितनों ही के प्राण ले लिये। घायल होने पर भी राय का निशाना नहीं चूकता था। विमल मन्त्री ने तो जितने बाण छोड़े थे उतने ही प्राण भी लिये थे।

अमीर के सैनिक पुल पर आए, यह देखकर पचास गुजराती वीर 'जय सोमनाथ' की पुकार लगाकर ऊपर से कूद पड़े और पुल तोड़नेवालों में जो बचे थे, उनकी ढाल बन गए।

हाथों-हाथ युद्ध हुआ। मरते हुओं की चीखें कानों को फाड़ने लगीं। लाशें निरन्तर खाई में गिरने लगीं।

क्षण-भर के लिए दोनों सेनाओं का भविष्य अनिश्चित-सा लगा। कुछ देर बाद पुल की रस्सी टूटी; आग बीच में आ गई; साँकलें कट गईं; पुल डगमगाया और उसका जो भाग दरवाजे से लगा हुआ था वह अलग होकर पानी में गिर गया।

कोट के ऊपर से भीमदेव ने 'जय सोमनाथ' की गर्जना की। हजारों वीरों ने भी उस गर्जना को दुहराया।

[2]

शिवराशि सवेरे से तब तक गणपति के मन्दिर में बैठे थे। उनका चित्त न तो शंकर की ओर था और न गणपति की ओर, वरन् सामने की दीवार के पास पड़े पत्थर की ओर था। उनकी राक्षसी, आनन्द से पूर्ण आँखों के सम्मुख प्रभास का विनाश खड़ा हो गया।

उन्होंने सिद्धेश्वर को समुद्र में गोता मारते देखा। अपने उस विश्वासी शिष्य को, जो किसी दिन उनका उत्तराधिकारी होगा, उन्होंने तैरते देखा। उन्होंने उसे चाँदनी में, शान्त समुद्र की लहरों को अपनी बलिष्ठ भुजाओं से चीरते हुए और अमीर के किसी नायक से बातें करते हुए देखा। वह नायक उसे अमीर के पास ले जा रहा था, इसे भी उन्होंने देखा।

उन्होंने देखा कि वह पाशुपत मत के सन्धि-विग्रहक की हैसियत से गर्व का

अनुभव करता हुआ अमीर के आगे गया है। अमीर नीचे झुककर इस प्रतापी तपस्वी के प्रतिनिधि के पैर धो रहा था। उसके बाद सिद्धेश्वर ने अमीर से वचन माँगा। घबराए हुए अमीर ने वह दिया। सिद्धेश्वर ने उसे संकटेश्वर महादेव की बावड़ी बताई।

शिवराशि खिलखिलाकर हँसा।

"वह गधा भीम और उसका क्षुद्र-बुद्धि गुरु! उन्होंने गत सप्ताह बावड़ी को इसलिए भरवा दिया था जिससे इस रास्ते कोई अन्दर न आ सके। वे इस बात को भूल गए कि जिस दिन गंग ने उसे अपना पट्टशिष्य चुना था उसी दिन उन्होंने इस गुप्त मार्ग की बात कह दी थी। इस मार्ग को केवल दो ही व्यक्ति जानते थे–गंग और वह। गंग ने बन्द कराया, उसने वह खुलवाया–उसी प्रकार जैसे गंग ने पाशुपत मत को डुबोया और उसने उसे बचाया। हा-हा-हा-हा...

अपने हास्य से शिवराशि स्वयं ही चौंक पड़े। और अब इस सुरंग में होकर अमीर–काल-भैरव के समान विनाशकारी–प्रभास में आ रहा था।

शक्ति के अनुमान से उनकी छाती फूल उठी। उनका वह दम्भी गुरु, चौला के साथ विवाह करनेवाला वह मूर्ख और उसकी सेना के प्राण अब उनके हाथ में थे। जैसे एक ही चुटकी में पिस्सू को मसला जाता है वैसे ही वे इन मनुष्य-जन्तुओं को मसले दे रहे थे।

ज्यों-ज्यों समय बीतता था त्यों-त्यों उनकी बेचैनी बढ़ती थी। यदि कहीं सिद्धेश्वर समुद्र में डूब गया हो तो? यदि नमकहराम बनकर उसने गंग सर्वज्ञ के पास जाकर सबकुछ कह दिया हो तो?

इतना होने पर भी उनका क्रोध शान्त होनेवाला नहीं था। यदि आज अमीर नहीं आया तो वे अकेले ही इस रास्ते से बाहर जाएँगे। आवश्यकता होने पर बन्द की हुई बावड़ी को अपने हाथों खोदकर रास्ता निकालेंगे। वे तीनों लोकों को भस्म करनेवाले शिव के समान थे। उनकी तीसरी आँख खुल रही थी; प्रभास जलकर भस्म हो रहा था; उसमें चौला को ले आनेवाले भीम की राख भी हाथ न लगेगी। और जिस चौला ने उनको छोड़कर उस जड़ तलवार चलानेवाले को अपनाया वह भी भस्म हो जाएगी। उस भस्म को वह अवश्य ढूँढ़ निकालेंगे।

विचारधारा ऐसे ही चलती रही। बाहर से 'जय सोमनाथ' की गर्जना की प्रतिध्वनि सुनाई पड़ती और उनके अन्दर में भड़क उठनेवाली क्रोधाग्नि की लपटें उन्हें जलाने लगतीं।

मध्याह्न गया, सूर्य अस्त होने लगा और वे–

जहाँ वे बैठे थे वहाँ नीचे कुछ धमाका सुनाई दिया, कुछ खाली आवाज हुई। वे दौड़कर उस पत्थर के पास गए। चिमटे से आसपास की मिट्टी खोद

निकाली और पत्थर को ऊपर उठाने का प्रयत्न किया। वे राक्षस के समान वीभत्स हर्ष से उछल पड़े। अन्त में यह भीम, चौला और गंग जलकर भस्म होंगे ही।

कोई नीचे से पत्थर को ठोक रहा था। एक, दो, तीन, चार, पाँच—और पत्थर उखड़ा।

शिवराशि ने जंगली जानवर की भाँति हर्ष-ध्वनि की और सुरंग से सिद्धेश्वर का सिर बाहर निकाला—जगद्गुरु के सन्धि-विग्रहक के सिर के समान नहीं, वरन् कीचड़ से लथपथ, घावों से लोहूलुहान और मकड़ी के जालों से भरे बालोंवाला, गन्दा...!

वह थककर लाश की तरह बाहर निकला। उसकी कमर से जंजीर डालकर एक रस्सी बाँधी गई थी, जिसका एक छोर पीछे आनेवालों के हाथ में था।

शिवराशि शिष्य से मिलने बढ़े। सिद्धेश्वर दूर हट गया, "मेरे हाथ से यह क्या कराया? दुष्ट!" उसने दाँत पीसकर कहा और वह थकान, भूख और मार से विवश होकर गिर पड़ा। उसने जमीन पर माथा टेक दिया। शिवराशि को ग्लानि हुई। उनके शिष्य को ऐसा नहीं होना चाहिए।

बारह सैनिक ऊपर आए—एक यवन था, ग्यारह हिन्दू। इस काम के लिए अमीर ने काफिरों को ही योग्य समझा था।

"तू शिवराशि?" एक ने कहा।

शिवराशि अपमानित होकर देखने लगे। दूसरे ने उन्हें पकड़कर हिलाया, "जूनागढ़ी दरवाजा बता, आगे चल!"

निदान भीम, चौला और गंग का काल आ ही गया और प्रभास सन्ध्या होने से पहले ही भस्म हो जाएगा।

शिवराशि आगे बढ़े।

[3]

शिखर की अटारी से गुरुदेव, गंग और चौला तीनों इस भीषण देवासुर-संग्राम को देख रहे थे।

आज चौला के हर्ष की सीमा न थी। वह तो पार्वती थी, शम्भु की पत्नी थी, पाटण की रानी थी। उसका प्रियतम वहाँ कोट पर पराक्रम दिखा रहा था। वह सोच रही थी कि जब सन्ध्या-समय वह विजय करके लौटेगा तब वह कुंकुम और अक्षत से उसका अभिनन्दन करेगी।

गुरुदेव निरन्तर शिव-कवच का पाठ करते हुए शम्भु से संरक्षण करने की

याचना कर रहे थे। गंगा सुखी थी—गुरु थे, चौला थी, चौला का विवाह हो गया था। उसे अब कोई इच्छा नहीं रह गई थी।

पुल टूटा और तीनों ने राजपूतों की हर्ष-ध्वनि में अपनी जय-ध्वनि मिला दी। मुख्य द्वार के कोट पर सब विजय की मस्ती में नाच रहे थे। नीचे से पुल टूटा। अमीर की हताश सेना परेशानी में थी। नए पुल और नए हाथियों के लिए दौड़-धूप मच रही थी। यह तो वास्तविक विजय थी।

और गुरुदेव की दृष्टि जूनागढ़ी दरवाजे के कँगूरों पर गई।

"अरे वह पागल क्या कर रहा है?" कहकर वे घबराए हुए नीचे उतरे। वहाँ शिवराशि और दद्दा सोलंकी में कुछ कहासुनी हो रही थी।

सहसा कुछ हुआ। क्या हुआ, यह किसी की समझ में नहीं आया और जूनागढ़ी दरवाजे के सामने खाई के उस पार सवेरे की जमी हुई अमीर की वह सेना, जो अब तक निश्चेष्ट बैठी थी, सचेष्ट हो गई।

डंका और निशान बजे। वह अमीर, जिसका अब तक कहीं पता भी न था, घोड़ा दौड़ाता उसके पीछे आ गया।

दद्दा ने शिवराशि के साथ वाद-विवाद करते हुए चेतावनी देने में विलम्ब किया। भीमदेव ने अमीर की सेना का हमला देखा और घोड़ा दौड़ाकर जूनागढ़ी दरवाजे की ओर चले। राय ने शंखनाद किया। विमल ने रणसिंघा फूँका और चारों ओर से धनुर्धर दौड़ते हुए उस दरवाजे पर जाने लगे।

चौला घबरा गई, "माँ! माँ! यह क्या हुआ?"

गंगा चीखकर उससे लिपट गई। गौरवशाली गुरुदेव अपनी अवस्था के अनुकूल तेजी से दौड़ रहे थे।

"माँ, यह क्या है? देख तो सही। जूनागढ़ी दरवाजे के नीचे कुछ छप-छप हो रही है।" चौला ने कहा।

"अरे वे कछुए तो खाई में कूद पड़े और महाराज अभी तक वहाँ पहुँचे ही नहीं।"

कछुए पानी में थे। किनारे के घुड़सवार तीर छोड़ रहे थे। दद्दा के थोड़े-से आदमी जैसे-तैसे जवाब दे रहे थे और बुरी तरह मर रहे थे।

अन्त में दद्दा ने शिवराशि को हटाया और गढ़ को चेतावनी देने के लिए रणसिंघा बजाया।

भीमदेव, राय और विमल सेना के साथ कोट पर दौड़ते हुए आए। दद्दा पागल की तरह अपने बाल नोच रहा था। उसमें तीर चढ़ाने की भी शक्ति न थी।

"माँ, महाराज पहुँच गए! पहुँच गए!" चौला ने हर्ष से ताली बजाई।

ऊपर से भीमदेव के धनुर्धर बाण छोड़ने लगे। सामने से पाँच हजार घुड़सवार

खाई में कूदे। पीछे काले छोड़े पर बैठा हुआ अमीर यहाँ-से-वहाँ और वहाँ-से-यहाँ फिर रहा था।

चारों ओर से यवन-सेना जूनागढ़ी दरवाजे के सामने इकट्ठी हो रही थी।

राजपूत सेना दरवाजे पर पहुँच गई।

भीमदेव ने दद्दा की गरदन पकड़ ली, "चालबाज! हरामखोर!" कहकर उसे जोर से खाई में फेंक दिया।

राय ने आदमियों का व्यूह बनाया। विमल मन्त्री पत्थर लाने की व्यवस्था करने लगा।

'जय सोमनाथ' और 'अल्ला हो अकबर' की पुकारें मिलकर चारों ओर प्रतिध्वनित होने लगीं।

"माँ! माँ! ओ माँ! ओ मेरी माँ!" चौला चीख उठी।

कोट पर लटकी हुई राजपूत सेना को पता तक न चला और जूनागढ़ी दरवाजे के किवाड़ ऐसे खुल गए जैसे उन्हें किसी जादू के हाथ ने छू दिया हो।

राजपूत सेना में हाहाकार मच गया। कछुए शस्त्रसज्जित योद्धा बनकर प्रभास गढ़ में घुस गए।

सामने से अमीर और उसके घुड़सवार खाई में कूद पड़े।

"महाराज, अन्तरगढ़ सँभालो। चलो! जल्दी उतरो।"

"विमल, जल्दी। योद्धाओ! अन्तरगढ़ सँभालो।" भीमदेव महाराज ने आज्ञा दी और वे स्वयं भीतर आती हुई यवन-सेना को रोकने चले। चारों ओर 'अन्तरगढ़! अन्तरगढ़! अन्तरगढ़!' की पुकार मच गई।

राय ने 'जय सोमनाथ' की घोषणा करके कोट के नीचे छलाँग मारी। उसके बाद टप-टप करके राजपूत योद्धा कोट के नीचे कूदे और रेल की तरह दरवाजे में से आती हुई अमीर की सेना को रोकने लगे।

जूनागढ़ी दरवाजे के आगे बाणों, तलवारों और गदाओं से हाथों-हाथ युद्ध होने लगा। गुजराती वीरों ने अभूतपूर्व और अकल्पनीय पराक्रम दिखाया।

राय पागलों की तरह घूमे। एक बार तो उन्होंने दरवाजे से आते हुए घुड़सवारों को पीछे धकेल दिया, परन्तु बाहर से स्वयं अमीर मध्य एशिया के विकराल और प्रचण्ड घुड़सवारों के साथ घुस रहा था।

सारी यवन-सेना अन्दर आने के लिए दबाव डाल रही थी। उसका वेग रोका जाने योग्य न था।

एक ओर राय जौहर दिखा रहे थे, दूसरी ओर महाराज भीमदेव लड़ रहे थे। दोनों पैदल थे। उनके सैनिक भी पैदल थे। दुश्मन घोड़ों पर थे।

चौला मूर्च्छित होकर माँ की गोद में पड़ी थी, गंगा थर-थर काँप रही थी। नीचे

की मारकाट में उसे गुरुदेव दिखाई नहीं दिए, उसे शंकर की स्तुति करने के अतिरिक्त और कुछ नहीं सूझता था।

जब भीमदेव महाराज बीच में लड़ने के लिए गए तब उन्होंने विमल को अन्तरकोट बन्द करने की आज्ञा दी। विमल ने पूछा, "महाराज, आदमी भेजकर समुद्र के रास्ते से जाने की तैयारी कराऊँ?"

भीमदेव ने भयंकर गर्जना की, "विमल, मैं मर सकता हूँ, पीछे नहीं हट सकता।"

"लेकिन पाटण..."

"जा, जाकर महादेवी की रक्षा कर," भीमदेव ने आज्ञा दी।

विमल मन्त्री ने आज्ञा शिरोधार्य की, जितने हो सके उतने आदमी लेकर अन्तरगढ़ में आ गए और उसके दरवाजे बन्द कर दिए। भीम उसके कोट के ऊपर से अमीर से लड़ने के लिए तैयार हुए।

राय ने अभूतपूर्व पराक्रम दिखाया। उनका दायाँ हाथ कट गया। बहते हुए रक्त के साथ उन्होंने बाएँ हाथ में खड्ग लिया और यवनों को मारने के लिए एक सैनिक की सहायता से घोड़े पर चढ़े।

कुछ क्षण के लिए तो उन्होंने यवन-योद्धाओं से 'तोबा' करवा दी। परन्तु उनके दाएँ कन्धे से मूसलाधार रक्त बह रहा था; आँखों में अँधेरा छा रहा था; न कुछ दिखाई देता था, न कुछ समझ में आता था। इतना होने पर भी वे घूमे। अन्त में एक बाण आया और बहादुर राय घोड़े से ऐसे गिरे कि फिर न उठे।

आकाश से अप्सराओं ने पुष्प-वर्षा की।

[4]

गंग सर्वज्ञ तेजी से शिवराशि को पकड़ने दौड़े। कारण, उनको ऐसी आशंका हुई कि यह कुछ गड़बड़ कर रहा है। कल रात वह पागल की तरह बोला था, प्रातःकाल से गणपति के मन्दिर में अकेला बैठा था; इस समय दद्दा को कुछ समझा रहा था। इसमें कुछ रहस्य जान पड़ता था।

वे जूनागढ़ी दरवाजे के पास गए तो उन्होंने शिवराशि को जाते हुए देखा। उन्होंने किवाड़ों को भी खुलते हुए देखा। जैसे ही उन्होंने किवाड़ों को खुला देखा वे समझ गए कि अन्त निकट आ गया है। वे शिखर की ओर देखकर बड़बड़ाए, "भोलानाथ! आखिर यह तुम्हें क्या हो गया?"

वे तुरन्त पीछे लौटे। गंगा और चौला को यवनों के हाथ से बचा लेना जरूरी

था और वैसे भी अन्त में उनका स्थान देव के पास था। जिन गलियों में सैनिकों की हलचल नहीं थी, उनमें होकर वे धीमे-धीमे अन्तरकोट की ओर गए।

भगवान की क्या इच्छा है, इस बात को जानने का वे व्यर्थ प्रयत्न कर रहे थे। उनके हृदय में दीनता व्याप्त हो गई। उनको पुरुष-प्रयत्न की व्यर्थता की प्रतीति हो रही थी।

आज चालीस वर्ष से उन्होंने प्रभास का शृंगार किया था, धर्म-सिद्धान्तों का प्रचार किया था, समस्त भारतखंड में भगवान की आन फिराई थी। वह सब एक पल में व्यर्थ हो गया। देव के प्रति उनकी जो श्रद्धा थी वह विचलित होने लगी।

चिरसेवित शिव-समर्पण की भावना उनकी सहायतार्थ दौड़ी। उनका भोलानाथ जो करेगा सो ठीक होगा। जहाँ त्रिपुर-सुन्दरी की पूजा के नाम पर बीभत्सता की शिक्षा दी जाती हो, जहाँ भैरव-पूजा के नाम पर भयानक अत्याचार होते हों, जहाँ उन-जैसा व्यक्ति कुछ भी करने में समर्थ न हो और जहाँ शिवराशि जैसे को गुरुपद मिलना असम्भव हो, वहाँ किसी तीर्थधाम को अमर करने में भला क्या सार्थकता हो सकती थी।

उन्होंने भगवान की आज्ञा का रहस्य समझा। प्रभास का पतन दुष्ट विधियों के कारण होगा और उससे भी अधिक उन विधियों के करनेवाले दुष्ट नष्ट होंगे। भगवद्भक्ति नवीन और विशुद्ध रूप में विजय पाएगी। वे यह सब देख रहे थे, लेकिन वे इस पतन को किसी प्रकार भी रोक न सके थे, इसलिए भगवान ने उनको भी बुला ही लिया था। घड़ी-पल की ही देर थी।

'लेकिन भगवान, क्या आपका भी इस यवन के हाथों नाश होगा?'' उनके अत्यन्त आर्द्र हृदय से प्रश्न उठा, ''जिस तीसरे नेत्र से आपने त्रिपुरासुर को भस्म कर दिया वह कैसे बन्द कर लिया है, मेरे प्रभु?'' उन्होंने क्रन्दन किया, ''क्या हम इतनी कृपा के योग्य भी नहीं?''

वे चलते-चलते अन्तरकोट के आगे आए तो देखा कि वहाँ के दरवाजे बन्द हो गए हैं। क्या अन्तिम क्षण अपने प्रभु के दर्शन भी उनके भाग्य में नहीं लिखे थे? वह पास के ही एक घर के चबूतरे पर बैठ गए। अधखुले किवाड़ों के भीतर से किसी घायल और मरते हुए व्यक्ति की परिचित आवाज आई, ''पानी! पानी!''

वे अन्दर गए। दीपा कोठारी की अन्तिम घड़ी थी।

''कोठारी भाई!''

''कौन, गुरुदेव? मैं बड़ा भाग्यशाली हूँ महाराज कि इस समय आपके सामने मेरी मृत्यु हो रही है। पानी!''

''ठहर, ले आता हूँ,'' कहकर गुरुदेव ने उसके सूखते हुए मुख में पानी डाला, ''तू कहाँ घायल हुआ?''

"जब पुल पर युद्ध हो रहा था तब मैं अन्दर पत्थर जमा कर रहा था। वहाँ से मैं यह देखने आ रहा था कि खाना तैयार है या नहीं। आते समय मुझे गणपति के मन्दिर से निकलते हुए राशिजी और थोड़े-से यवन-सैनिक मिले। जब मैंने उनको पूछा तो एक ने मुझे खंजर मार दिया और इस रास्ते पर फेंक दिया। तब से न तो जिया जाता है न मरा जाता है।"

"कोठारी, हम लोगों पर भगवान की कुदृष्टि है।"

"महाराज?"

"पता नहीं। या तो कहीं लड़ रहे होंगे या कैलाशवासी हो गए होंगे। भोलानाथ जो करे सो ठीक।"

"गुरुदेव, लेकिन यह क्या?"

"भोलानाथ की इच्छा के अधीन हो। कोठारी, पृथ्वी पर प्रलयकाल छा रहा है।"

"गुरुदेव!" उसे हिचकियाँ आने लगीं।

"कोठारी, नमः शिवाय, नमः शिवाय, नमः शिवाय, नमः शिवाय!"

कोठारी ने गुरुदेव के हाथों में प्राण छोड़ दिए।

उसकी आँखें बन्द करके गुरुदेव वहाँ से चले। यवनों के आने का रहस्य उनकी समझ में आ गया। साथ ही अन्दर जाने का मार्ग भी सूझ गया। अन्तरकोट के दरवाजे के सामनेवाले आँगन में जो मारुति का मन्दिर था उसके नीचे से सुरंग जाती थी। सुरंग में हवा जाने के लिए इस मन्दिर की दीवार में झरोखा था और छत में छेद था। जब शिवराशि यवनों को अन्दर बुला सकता है तो वे स्वयं क्यों नहीं जा सकते?

वे तेजी से आँगन में पहुँचे।

चौगान में भयंकर मारकाट मच रही थी। चारों ओर से अमीर के घुड़सवारों और गुजराती योद्धाओं की गर्जना तथा चीखें सुनाई दे रही थीं।

मारुति के मन्दिर की छत पर चारों ओर पत्थर और मूर्तियाँ जमा कर कुछ योद्धाओं ने गढ़ बना लिया था और वे भीतर खड़े होकर बाणों से दुश्मनों को बेधे डाल रहे थे। इन योद्धाओं के कौशल से अमीर के योद्धा अन्तरकोट के दरवाजे तक नहीं पहुँच पाए थे।

एक दूसरे रास्ते की ओर हल्ला हुआ। रणसिंघा बजा और यवन-योद्धा एकदम घोड़े मोड़कर उस ओर दौड़े। गुरुदेव रास्ता पार करके मारुति के मन्दिर की ओर गए।

"गुरुदेव, अन्दर आओगे!" ऊपर से किसी की आवाज आई।

"कौन, वीरा चावड़ा?" गुरुदेव ने कहा।

शीघ्र दरवाजा खुला। गुरुदेव अन्दर पहुँचे और उन्हें देखकर वीरा रो पड़ा, "गुरुदेव! गुरुदेव महाराज कैलाशवासी हुए।"

"क्या कहता है?"

"वे सिंह की भाँति लड़े, सैकड़ों यवनों का संहार किया, परन्तु आखिर..." वीरा सिसकी भरने लगा।

"भोलानाथ जो करे सो ठीक," सिसकी भरकर गुरुदेव बोले, "महाराज का शव कहाँ है?"

"हम सात आदमी साथ थे। महाराज के गिरने की बात का पता चलने के कारण सेना में भगदड़ मच जाएगी, यह सोचकर हम उन्हें यहाँ ले आए हैं और रास्ता रोककर बैठे हैं। जब हम सातों मर जाएँगे तब मन्दिर गिरेगा और किसी को इस बात की चिन्ता न रहेगी कि यह शव किसका है," वीरा ने कटुता से कहा।

"वीरा, महाराज की देह हमारी नहीं, चौला की है। मुझे अन्दर ले जाने दे।"

"कैसे ले जाओगे?"

"दो-एक हाथ इस आले के नीचे खोदने पर अन्तरकोट में जानेवाली सुरंग मिलेगी।"

"अच्छी बात है, ठहरिए," कहकर वीरा अपने साथियों से डटे रहने के लिए कह आया और वह तथा गुरुदेव जल्दी-जल्दी खोदने लगे। थोड़ी देर खोदने के बाद ही सुरंग की खिड़की मिल गई।

"वीरा, तू यहाँ रह सकेगा?"

"हाय, जब मेरे मालिक चले गए, तब मेरे रहने से क्या होगा? मैं जितना जल्दी उनके साथ जाऊँ उतना ही अच्छा है," कहकर वह अन्तिम बार महाराज के पैर लगा, आँसू पोंछे और ऊपर छत पर चढ़ गया।

गुरुदेव सुरंग से परिचित थे। वे नीचे उतरे। भीमदेव को अपने कन्धे पर लिया और चलने लगे।

लड़खड़ाते, चोट खाते और गिरते-पड़ते गुरुदेव भीमदेव की प्रचंड देह को लिए गणपति के मन्दिर में जा निकले। सुरंग का मुँह खुला था।

मन्दिर में बैठकर उन्होंने ज़रा दम लिया और महाराज को देखा। महाराज के शरीर में अनेक घाव थे, परन्तु उनकी नाड़ी मन्द-मन्द चल रही थी। गुरुदेव ने अपने कपड़े फाड़कर घावों को बाँधा और उन्हें फिर कन्धे पर रखकर बाहर निकले।

कोट की ओर दृष्टि डाली तो उन्हें पता चला कि वहाँ सैनिक जान हथेली पर लेकर लड़ रहे हैं। क्या शौर्य है, क्या भक्ति है, क्या टेक है—गुरुदेव को विचार

आया और उनके हृदय में गर्व की बाढ़ आई।

दूसरे ही क्षण उनके कानों से एक भयंकर हास्य टकराया। सामने चबूतरे पर शिवराशि बैठा था।

"क्यों? मैंने कहा था कि नहीं कि तुम सब कुत्ते की मौत मरोगे," और वह फिर हँसा।

"राशि, जहाँ पला, जहाँ दीक्षा पाई, जहाँ वेदपाठ किया और जहाँ देव-पूजा की, वहाँ तूने यवनों को लाकर मित्र, गुरु और देव को मरवाया? जिस धाम में तू हो उसे भोलानाथ जलाकर भस्म करें, इसे मैं अच्छी तरह समझ सकता हूँ," यह कहकर गुरुदेव भीमदेव को उठाकर परकोटे में चले गए।

[5]

परकोटे में पैर रखते ही गुरुदेव के हृदय में नवचेतना का संचार हुआ। इस परिचित मन्दिर के सभामंडप में वे न दीन थे न दलित। यहाँ उन्होंने चालीस वर्ष तक एकछत्र राज्य किया था—मनुष्यों के शरीरों पर और आत्माओं पर। यहीं बैठकर उन्होंने चक्रवर्तियों के अर्घ्य स्वीकार किए थे। यहीं बैठकर उन्होंने भरतखंड की विद्वत्ता और संस्कारों पर शासन किया। यहीं वे भगवान लकुलेश के उत्तराधिकारी थे; वे विश्व के लिए मोक्ष-द्वार का महामन्त्र उच्चारण करनेवाले थे।

उनका स्वरूप जैसा था वैसा ही होगा।

उन्होंने गंगा को आते हुए देखा। वह और चौला घबराती हुई और काँपती हुई नीचे आईं। चौला ने भीमदेव को देखा। उसने उनके मर जाने की व्यवस्था कर ली और छाती पीटकर रोती हुई उनके शरीर पर गिर पड़ी। गुरुदेव ने साँस ली और जैसे सदैव खड़े रहते थे, वैसे ही खड़े रहे—सीधे, शान्त, गौरवान्वित और भव्य।

"चौला," गुरुदेव ने कहा, "हमने जो-कुछ सोचा था उससे भगवान की इच्छा भिन्न निकली। बेटा, रोने से काम नहीं चलेगा। अभी अन्तरकोट का पतन होगा और यवन अन्दर आएँगे। तू चौला नहीं, पाटण के स्वामी की रानी है। यवन तेरे शरीर को स्पर्श करें उससे पहले तेरा कर्तव्य अग्नि-प्रवेश है।"

चौला पगली की तरह देखने लगी। भीमदेव मर गया, उसका जीवन-दीप बुझ गया।

"महाराज कब मारे गए?"

"अभी कुछ साँस बाकी है। तुम्हारी व्यवस्था करने के बाद देखता हूँ कि वे

जीवित होते हैं या नहीं। गंगा जल्दी से चौला को तैयार कर, मैं लकड़ियाँ इकट्ठी कराता हूँ। इसके भाग्य में परलोक में ही सुख बदा है, और गंगा, यवनों के हाथ लगने में कोई सार नहीं है, तू भी तैयार हो जा।''

''सर्वज्ञ, मेरे मरने के लिए अग्नि की आवश्यकता नहीं है। मेरी चिन्ता न करो।''

एक साधु से, जो वहाँ घबराकर गिर पड़ा था, गुरुदेव ने लकड़ियाँ मँगाईं और अपने हाथ से चिता बनाई। गंगा ने चौला के शरीर पर चन्दन का लेप किया।

चौला के आँसू सूख गए थे। वह यन्त्रवत् गुरुदेव की आज्ञा का पालन करती जाती थी। वह भोलानाथ के पास गई, उनके पैर लगी और उसके बाद बेहोश पड़े हुए भीमदेव के पास आई।

वह महाराज के मस्तक से लहू से चिपके बालों को हटाकर बड़ी देर तक उनके मुख की ओर देखती रही।

वह स्वयं भी शव-जैसी हो गई थी। उसका मुख विवर्ण और आँखें काँच के समान निर्जीव हो गई थीं।

उसने महाराज के पैरों की धूल माथे पर लगाई, गंगा के पैर छुए और गुरुदेव को प्रणाम किया। गुरुदेव स्वस्थ और शान्त हो गए थे। उन्होंने आग देने के लिए लकड़ियाँ सुलगाईं।

विमल मन्त्री बाहर से हाँफते हुए आए। उनके भी एक-दो घाव लगे थे।

''गुरुदेव, ठहरिए! यहाँ से चले जाइए! अन्तरकोट अभी गिरता है। उसके बाद परकोटे के गिरने में देर नहीं लगेगी।''

''परकोटे के गिरने में तनिक भी देर नहीं लगेगी। मैं चौला को अग्नि-प्रवेश करा दूँ। उसके बाद मैं अमीर से मिलने को तैयार हूँ।''

''अरे, लेकिन यह क्या? महाराज गए?''

''नहीं, जीवित हैं, परन्तु केवल घड़ी-दो घड़ी के लिए।''

विमल ने होंठ पीसे। यह रोने का समय न था।

''लेकिन गुरुदेव, आप चले जाइए।''

''मैंने तो पहले ही कह दिया था कि जहाँ मेरा भोलानाथ वहाँ मैं...''

विमल मन्त्री ने आह भरी और नीचे झुककर अपने स्वामी को नमस्कार किया।

इतने में पीछे से दौड़ता हुआ सामन्त आया।

''सामन्त, बेटा, तू इस समय?''

''हाँ, मुझे पता चला कि प्रभास का पतन हुआ है, इसलिए मैं आया हूँ। चलो, समुद्र की ओर की खिड़की खुली है और बाहर बेड़ा आपकी प्रतीक्षा कर रहा

है। जल्दी करो।''

''वत्स, तेरे शौर्य की सीमा नहीं है। चौला, भगवान की इच्छा है कि तेरा अग्नि-प्रवेश न हो। सामन्त, तू महाराज को भी ले जा। यदि यह जीवित रहे तो फिर प्रभास की स्थापना करेंगे।''

''चलो, जल्दी करो। विमल, तू कहाँ जा रहा है?''

''मेरा स्थान अन्तरकोट पर है।''

''नहीं, मेरे साथ। भीमदेव जिएँगे और यदि नहीं भी जिये तो मरने की खबर भी न लगेगी। इनके नाम से तो अभी अमीर का नाश करना है। तेरे बिना गुजरात की हिम्मत टूट जाएगी। चल!''

''विमल, सामन्त का कहना ठीक है। महाराज और तू दोनों होंगे तो गुजरात अपनी भस्म में से फिर उठ खड़ा होगा और अमीर को नष्ट कर देगा।''

''लेकिन...''

''लेकिन-वेकिन कुछ नहीं। मेरी आज्ञा है। जा, जा,'' गुरुदेव ने आज्ञा दी।

''लेकिन गुरुदेव, आप?''

''जा, समय न खो। मैं तो यहीं भगवान के चरणों में रहूँगा।''

तेजी से सामन्त और विमल ने महाराज को उठा लिया, चौला को साथ लिया और पीछे के दरवाजे से निकल गए।

''सर्वज्ञ, सबकी व्यवस्था आपने कर दी, अब मेरी व्यवस्था करना शेष है।''

''क्या?''

गंगा ने घुटने टेककर प्रार्थना की, ''आप मेरे प्राण हैं, गुरु हैं, देव हैं। मैं आपके ही चरणों में रही हूँ, मुझे वहीं मरना है।''

बिजली की कड़क के समान आवाज आई और चारों ओर 'अल्ला हो अकबर' की गर्जना सुनाई दी।

''अब कुछ ही क्षण हैं। मेरी एक प्रार्थना है। आपने अपने जीवन में किसी की हिंसा नहीं की, लेकिन यदि मैं अपने हाथों न मर सकूँ तो मेरे प्रभु, मुझे अपने हाथों मोक्ष देना,'' यह कहकर गंगा ने गुरुदेव की चरण-रज अपने माथे पर लगाई।

सर्वज्ञ के हृदय में एक लहर उठी। उन्होंने पृथ्वी पर पड़ी गंगा के मुख पर जीवन-भर की भक्ति और एकनिष्ठा का प्रतिबिम्ब देखा। वे नीचे झुके, गंगा के बालों को प्यार से सहलाया और उसके सिर पर हाथ रखा, ''गंगा, कैलाशवासी होना।''

परकोटे के बाहर कोलाहल मचा। परकोटे के द्वार में दुश्मन घुस रहे थे। 'अल्ला हो अकबर' की गर्जना और भी पास आ रही थी।

गंगा ने सिर से सोने की कंघी निकाली। उसके दाँतों की नोकों की उँगली

से जाँच ली और उसे गले पर जमा दिया। एक चीख, एक धमाका—और गंगा शव बनकर गिर पड़ी।

मरते समय भी उसने अपने प्रभु से हिंसा न कराई।

[6]

प्रभास में एक प्रहर तक कत्लेआम होता रहा। भाग्य से ही कोई जीता बचा हो। पूरे गाँव में लूट तो बड़ी देर से चल रही थी, आग भी लगी थी, परन्तु अमीर के हुक्म के बिना कोई कोट में घुसा नहीं था।

गज़नी के अमीर ने सन्ध्या के समय अन्तरकोट में पहला कदम रखा और बचे-खुचे राजपूतों को कत्ल करा दिया।

परकोटे के अन्दर के दरवाजे को तोड़ डालने का हुक्म दिया गया। यह तो सरल बात थी। कारण, अन्दर एक साँकल थी जो शीघ्र टूट गई।

घोड़ा लेकर अमीर परकोटे में जाने के लिए बढ़ा तो शिवराशि आड़े हाथ करके सामने खड़ा हो गया।

"अमीर, सब्र कर, मैं ही तुझे यहाँ लाया हूँ।" उसने बुलन्द आवाज में कहा। हजारों सैनिकों के संहार के बाद एक निःशस्त्र बाबा को अपने सामने रास्ता रोके खड़ा देखकर वह जगद्विजेता हँसा।

"तिलक, यह क्या कहता है?"

तिलक ने शिवराशि से पूछा और उसका उल्था अमीर को बताया, "जहाँपनाह, यह कहता है कि इसने ही हमारे आदमियों को सुरंग बताई है और हमने इसे वचन दिया है कि हम इसके देव और इसकी रक्षा करेंगे। जितना धन आप चाहें उतना यह देने के लिए तैयार है।"

अमीर खिलखिलाकर हँसा, "काफिर, महमूद मूर्तियों को बेचनेवाला नहीं, तोड़नेवाला है," कहकर उसने अपनी तलवार शिवराशि के सिर पर जोर से मारी।

फिर घोड़े को एड़ लगाई और परकोटे में प्रवेश किया। अमीर के आसपास के योद्धा भी खिलखिलाकर हँस पड़े और बेहोश शिवराशि एक ओर पड़ा रहा।

परकोटे में आते ही अमीर चकित हो गया। वहाँ किसी आदमी का नामोनिशान तक न था, फिर भी सब दीपक जगमगा रहे थे। और मणिजटित स्तम्भों से निकली अनेक-रंगी किरणें सभामंडप को देदीप्यमान बना रही थीं।

अमीर ने बहुत-से मन्दिर देखे थे और बहुत-से तोड़े थे, लेकिन उसने अस्त होते हुए सूर्य के सुन्दर प्रकाश में जगमगाता ऐसा मणिमय प्रासाद नहीं देखा था।

क्षण-भर के लिए उसने घोड़ा रोका, इस सौन्दर्य को देखा और घोड़े से उतर पड़ा।

हजारों वीर राजपूतों की आहुति से परम पवित्र इस प्रभास धाम में, युगों से अमर इस भव्य मन्दिर में, एकाकी भव्यता में, शंकर के समान गुरुदेव गंग सर्वज्ञ भगवान की आरती उतार रहे थे। जगत् लय हो चुका था, केवल वे और उनके देव दो ही शेष थे।

अमीर इस वृद्ध की भव्यता को देखता रह गया। वह एक शब्द भी न बोल सका।

गुरुदेव ने आरती पृथ्वी पर रखी और कमर पर हाथ रखकर गर्भ-द्वार में खड़े हो गए–अपूर्व गौरव से सुशोभित।

अमीर ने होंठ दबाए, ''बुड्ढे, दूर हट।''

''नहीं,'' हाथ के अभिनय से गुरुदेव अमीर का भाव समझ गए। ''यवन,'' उन्होंने बिना तनिक भी हटे शान्ति से कहा, ''मेरा भोलानाथ और मैं, दोनों साथ हैं–विनाश में भी सनातन, अनादि और अनन्त।''

वह हँसा।

अमीर बातें करना नहीं चाहता था। उसने एक छलाँग मारी। उसके हाथ में उसकी तलवार चमकी।...

गुरुदेव का शीश, धड़ से अलग, बाहर लोटने लगा।

एक छलाँग मारकर अमीर गर्भद्वार में पहुँचा, एक लम्बी साँस ली, पास ही खड़े एक योद्धा से लोहे की गदा ली और घुमाकर मारी–

सृष्टि के आरम्भ में निर्मित, भगवान सोमनाथ के लिंग के तीन टुकड़े हो गए।

[7]

कृष्णपक्ष की द्वितीया का चन्द्रमा आकाश में चढ़ा। आधी रात हुई। शवों से भरे प्रभास पर गिद्ध आने लगे। कहीं मरते हुओं की चीखें सुनाई दे जाती थीं। चारों ओर दुर्गन्ध आ रही थी।

परकोटे के आगे पड़े हुए मुर्दों और घायलों में से बिखरी जटाओंवाला एक पुरुष उठा। उसके चलने का कोई ठिकाना न था। उसे आँखों से कुछ दिखाई नहीं देता था।

वह मुर्दों के बीच होकर लड़खड़ाता हुआ सभामंडप में पहुँचा और गर्भद्वार के

आगे जाकर नमस्कार किया।

वह भीतर वहाँ गया, जहाँ भगवान का लिंग था।

उसने हाथ से टटोला, पर लिंग न मिला।

उसने आँख फाड़कर उसकी खोज की।

जैसे वह नींद में हो ऐसे अन्त में उसके हाथ में पत्थर के टुकड़े आए।

अन्धे की तरह उसने लिंग को खोजा।

वह काँपता हुआ उठा और गर्भद्वार से बाहर आया।

उसके पैरों से कुछ टकराया। उसे उसने हाथ में लिया और लेकर वहाँ आया, जहाँ चाँदनी पड़ रही थी।

उसने उसे ऊँचा किया–देखा–वे आँखें पहचानीं; वह मुख, वे सफेद जटाएँ पहचानीं।

"ओ–ओ–ओ–" करके उसने वह सिर डाल दिया और आँखों पर हाथ रख लिये।

कुछ देर उसने ऊपर को देखा, फिर जैसे कुछ याद आ गया हो वैसे उसने आँखें मींच लीं और हजारों बार देखे हुए मणिमय सभामंडप को गुरुदेव से सुशोभित देखा।

उसने आँख खोलकर चारों ओर देखा। उसके गले से एक सिसकी निकल गई।

उसने दोनों हाथों से शीशे के खम्भे को पकड़ा और अपना सिर उस पर दे मारा।

वह गिरा।

उड़ते हुए गिद्ध उसके ऊपर मँडराने लगे।

चौला का नृत्य

[1]

सामन्त और विमल खारा और नीरा की मदद से मूर्च्छित महाराज और चौला को नाव पर ले आए। महाराज को बहुत-से घाव लगे थे, परन्तु अनुभवियों के यह कहने पर कि जान का खतरा नहीं है, सबकी चिन्ता दूर हो गई थी।

राव कमा लखाणी, सामन्त और विमल तीनों ने मिलकर पूरी सलाह की। परिणामस्वरूप यह निश्चय हुआ कि जब तक यह प्रचार नहीं किया जाएगा कि भीमदेव महाराज जीवित हैं और अमीर के साथ लड़ते जा रहे हैं तब तक पाटण की सेना की शक्ति को बनाए रखना मुश्किल है और इस बात का विश्वास दिलाने के लिए कि महाराज निरन्तर लड़ते जा रहे हैं, यह निश्चय हुआ कि राव कमा लखाणी भीमदेव महाराज को कच्छ ले जाएँ। यह भी निश्चय किया गया कि सामन्त और विमल खम्भात जाएँ और चौला को वहाँ पहुँचा दें तथा दामोदर मेहता से मिल लें और उसके बाद वे अमीर का पीछा करें।

जब से प्रभास छोड़ा था तब से चौला ऐसे बैठी थी जैसे वह बिलकुल बेहोश हो। वह केवल वही करती जो-कुछ करने के लिए उससे कहा जाता। जब भीमदेव के पास बैठती तब भी वह ऐसे बैठती जैसे वह जड़ हो।

ऐसा प्रतीत होता जैसे उसके प्राण भी निकल गए हों। कोई सोमनाथ महादेव की बात करता तो वह ध्यान से सुनती, दूसरी बात सुनने के लिए उसके कान नहीं थे। थोड़ी-बहुत बोलती थी तो केवल सामन्त से। जब उससे खम्भात जाने के लिए कहा गया तब भी उसने प्रश्न नहीं किया, भीमदेव को कच्छ कोट क्यों ले जाया जा रहा है, इस बात को जानने की जिज्ञासा भी उसे नहीं हुई। वह ऐसी हो गई थी जैसे उसका सत्व उतर गया हो।

[2]

अश्रुविहीना और केवल आहों के आधार पर जीनेवाली चौला को खम्भात के राजगढ़ में इस प्रकार रखा गया जिस प्रकार भीमदेव महाराज की रानी को रखना उचित था। लेकिन उसे किसी बात में रस नहीं था। कभी-कभी 'मेरे नाथ', 'मेरे भोलानाथ' कहकर वह गहरा निःश्वास छोड़ती थी।

जब गगनराशि उससे मिलने आया तो उसकी आँखों में क्षण-भर के लिए तेज आ गया। गुरुदेव के उन अन्तिम शब्दों की चर्चा होने पर, जिन्हें गगनराशि ने सामन्त से सुना था, उसकी आँखों से आँसू बहने लगे।

न वह बोलती, न रोती; केवल दूर समुद्र पर दृष्टि जमाए बैठी रहती।

जब सामन्त और विमल उससे आज्ञा माँगने आए तब उसने नीरस भाव से आज्ञा दे दी। दो-चार दिन में गगनराशि आता और उससे बात करता तो ऐसा लगता कि यह किसी दिवा-स्वप्न से जागी है।

एक दिन जब गगनराशि ने यह कहा कि उसने खम्भात में पाशुपत मठ की स्थापना की थी और सोमनाथ का मन्दिर बनवाने की उसकी इच्छा थी तो उसके मुख पर खून उतर आया। वह क्रोधाभिभूत होकर गगनराशि को देखने लगी।

"गगनराशि, मेरा भोलानाथ तो एक ही हो सकता है, दो नहीं।"

उसकी आँखों की उग्रता देखकर गगनराशि विस्मित हो गया। उसके बाद उसने इस सम्बन्ध में कुछ भी कहना बन्द कर दिया।

दूसरी बार एक दिन गगनराशि ने नर्तकियों की चर्चा की।

"राशिजी, जैसे कपड़े और गहने मैं नृत्य करते समय पहनती थी क्या यहाँ मिलेंगे?"

"अवश्य," गगनराशि ने चकित होकर कहा।

दूसरे दिन नख-से-शिख तक के सुन्दर वस्त्राभूषण आए और उसने उन्हें हर्षित होकर ले लिया। दास-दासियों ने इतने दिन बाद रानी को पहली बार हर्ष के आवेश में देखा तो वे उसके पास आ गए।

इसके बाद उसने कुछ दिन के लिए बोलना बन्द कर दिया। दिन-भर वह समुद्र की ओर देखती रहती और दीय-बाती के समय वस्त्राभूषण निकालती, उन्हें खखोरती और बाहर निकालकर रख देती और फिर गहरा निःश्वास छोड़कर कपड़ों को ऊँचे रख देती।

यह क्रम नित्य, नियमित रूप से चलता और परिचारक इसके विषय में मनमानी बातें करते।

गगनराशि और दासियाँ बहुत-सी नई-नई बातें लाते और चौला को रिझाने

के लिए उन बातों को उसे सुनाते। अमीर की सेना में अब उत्साह नहीं रहा था। उसके सैनिकों को घर की ओर लौटना था। अमीर को लौटकर पाटण के राज्य की स्थापना करनी थी। लेकिन यदि वह ऐसा करेगा तो उसकी सेना विद्रोह कर देगी, इसलिए वह परेशान है और भाग जाना चाहता है।

और नई बातें फैलीं। भगवान सोमनाथ ने सामन्त को वास्तविक शक्ति दी है। वह समस्त भरतखंड में घूमता है। घोघाबापा की यशगाथा घर-घर गाई जाने लगी है और जहाँ सामन्त जाता है वहाँ उसका उत्साह दूसरों में भी उत्साह भर देता है। उसे तो महादेव ने अक्षय शक्ति दी है। उसके लिए दिन नहीं, रात नहीं; भूख नहीं, थकान नहीं, वह तो अमीर को नष्ट करने की ज्वलन्त उत्कंठा की प्रतिमूर्ति बनकर घूमता है।

फिर ऐसी नई बातें आईं जिनसे प्रत्येक गुजराती के हृदय में उत्साह और आशा के दीपक प्रज्वलित हुए। उज्जयिनी और मारवाड़ की सेनाएँ आ पहुँचीं। साँभर के चौहान की सेना को तो सामन्त ही स्वयं ले आया। दूसरे राजपूत राज्य भी गुजरात की मदद के लिए तैयार हो गए और पाटण से नलकोटा तक गुजरात और उसके मित्र-राज्यों की फौजों का जाल बिछ गया।

लेकिन इनमें से किसी भी बात में चौला को रस नहीं था। वह बात कहनेवाले की ओर बड़ी तेजहीन आँखों से देखती और जो-कुछ वह कहता उसे धीरज के साथ सुनती। बात पूरी होने पर वह निःश्वास छोड़कर समुद्र की ओर देखने लग जाती।

दो महीने बीत गए। एक दिन उससे कुछ नहीं खाया गया। खाते ही उलटी हुई। पन्द्रह दिन बीते तो उसे पता चला कि वह गर्भवती है। इसका पता चलते ही वह चीखी और मूर्च्छित हो गई।

जब वह होश में आई तो उसकी आँखों से अश्रुधारा बहने लगी। वह पार्वती न थी, भीमदेव शम्भु न थे, शम्भु के साथ उसका विवाह नहीं हुआ। अपने भगवान से छल करके, चंचल मनोवृत्ति के वश होकर उसने एक मनुष्य से विवाह कर लिया था। अब वह उसके पुत्र की माता होने जा रही थी।

अपने द्वारा किए गए इस अत्याचार के लिए वह दिन-रात आँसू बहाने लगी।

जिस रात को उसने मोक्ष-प्राप्ति वाली रात समझा था वह रात उसे पल-पल त्रास देने लगी। वह भ्रष्ट थी। वह देव की प्रिया स्वयं अपनी इच्छा से रोम-रोम से अधम बनी थी। इस समय वह अधम से भी अधम थी। कारण, वह अपने शरीर में मनुष्य के संसर्ग का कलंक लिये हुए थी।

वह अपनी खाट खिड़की के पास बिछवाती। वह समुद्र पर दृष्टि स्थिर करके

आँसू बहाती हुई रोज रात को अपने नृत्य करने के कपड़े दासी से निकलवाती, उन्हें ठीक कराती और आधी रात बीत जाने पर ऊँचे रखवा देती।

अब तो दिन-दिन उत्साहप्रद समाचार आते जा रहे थे, परन्तु उसे उनका सुनना भी अच्छा नहीं लगता था।

हिन्दू सेना-संघ आगे बढ़ता जा रहा था। अमीर की इस रास्ते से जाने ही हिम्मत नहीं थी, इसलिए कच्छ के रास्ते से निकला। अमीर आया, प्रभास को नष्ट किया, भगवान की प्रतिमा तोड़ी, परन्तु उसका कोई फल उसे नहीं मिला। साहस की दिवाली मनाने पर भी उसके हाथ में राख और नाक में गन्ध रही, और कुछ नहीं।

अमीर भागा, पाटण की फौज उसके पीछे पड़ी थी। रास्ते में स्वयं महाराज और राव तथा कमा लखाणी उसे खूब सता रहे थे।

दिवाली आ पहुँची और सबसे अच्छी खबर आई। महाराज ने अमीर को कच्छ के बाहर कर दिया था और वे अब पाटण आनेवाले थे।

गाँव-गाँव से हर्षनाद करते हुए लोग खम्भात आ पहुँचे। खम्भात में घर-घर दीप जले। राजगढ़ में डंका-निशान बजे। 'भीमदेव महाराज की जय' से राजगढ़ गूँजने लगा।

ग्रामीण चौला रानी के दर्शन करने आए, परन्तु चौला में तनिक भी चेतना न आई। उसके शरीर के भीतर का कलंक दिन-दिन बढ़ रहा था और जैसे-जैसे वह बढ़ रहा था वैसे-ही-वैसे उसके प्राण अधिकाधिक अधमता में डूबते जा रहे थे। अश्रुधारा बहती रही–निरन्तर। आँखें निस्तेज और रोगी हो गईं। वैद्यक उसके लिए व्यर्थ हो गई।

इसके बाद गगनराशि महाराज को बुलाने के लिए पाटण गया और उसके जीवन को सँभालनेवाली जो एक साँकल थी वह भी अदृष्ट हो गई।

धीरे-धीरे उसका सम्मान बढ़ गया। अब वह विजयी बाणावली की पत्नी थी। जिस राजगढ़ में वह रहती थी वह अब नए ही रंग में रँग गया। दास-दासियों की दौड़-धूप होने लगी। उसे गीत और वाद्य से रिझाने के प्रयत्न होने लगे। वह इन सबसे निर्लिप्त थी। न तो उसमें उत्साह आया और न उसके आँसू ही बन्द हुए।

एक दिन विमल मन्त्री उसकी खबर लेने आए–महाराज के भेजे हुए। महाराज पाटण आए, भरतखंड के राजाओं ने उनकी वीरता को अर्घ्य दिया। राज्य उनके सामन्त हुए। अनेक राजाओं ने उनकी कीर्ति का गान किया, पाटण का गढ़ नया होने लगा और महाराज ने सोमनाथ पाटण को फिर से बनवाकर भगवान की स्थापना की आज्ञा दी। इस काम को करने के लिए गगन सर्वज्ञ–कारण, अब उनके सर्वज्ञ पद को सबने मान लिया था–प्रभास जानेवाले थे।

चौला आँखें फाड़े इस अन्तिम खबर को सुन रही थी। सुनते ही उसकी आँखों में चेतना लौटी। वह ज्यों-त्यों करके खड़ी हो गई।

"भगवान की प्रतिष्ठा में कितनी देर लगेगी?"

"एक वर्ष लग जाएगा।"

"तो मुझे नहीं मरना है—तब तक। मेरे नाथ! भोलानाथ! मुझे नहीं मरना। प्रभु मेरी लाज तुम्हारे हाथ है।"

इतना शारीरिक श्रम भी उससे न सहा गया और वह मूर्च्छित होकर बिछौने पर गिर पड़ी।

[3]

दूसरे दिन से चौला होंठ दबाकर बैठी और खाने लगी। उसकी आँखों में आते हुए तेज की झलक मिलने लगी। अब उसे मरना नहीं, जीना था। अब वह जीने के लिए भगीरथ प्रयत्न करने लगी थी।

उसने बड़ी कठिनाई से फिर खिड़की के पास बैठकर समुद्र का ध्यान करना शुरू किया। दासी से अपने नृत्य के वस्त्राभूषणों को बाहर निकलवाना उसने बन्द कर दिया और पहले की तरह स्वयं ही निकालने लगी।

अब उसके पूरे दिन थे। यह सुना गया कि महाराज स्वयं चौला रानी से मिलने आनेवाले हैं। भीमदेव के नाम से समस्त भरतखंड गूँज रहा था, गुजरात पागल हो रहा था और नर-नारी उनकी स्तुति गा रहे थे। उन्होंने अमीर को खदेड़ दिया था; उन्हें गुजरात को महान् बनाना था। वे पाटण और प्रभास दोनों को फिर बनवा रहे थे। उन्होंने शौर्य में कार्तिकेय के साथ स्पर्द्धा की थी। उनकी कीर्ति से सूरज फीका पड़ गया था। देव और ऋषि रात-दिन उनके गुण गाते थे।

वे रानी उदयमति के साथ खम्भात आ रहे थे—चौला रानी से मिलने। घर-घर तोरण बाँधे गए, मुहल्ले-मुहल्ले में जयध्वनि होने लगी; राजगढ़ का नया ही रूप हो गया। चारों ओर विजयी योद्धाओं की धमाधम होने लगी। बाणावली भीम आ रहा था—यवन-विजेता गुजरात का स्वामी!

जिस दिन सवेरे भीमदेव आनेवाले थे उसकी पिछली रात को वह बड़ी अस्वस्थ रही। उसने स्वप्न में अपना प्रभास देखा—वृद्ध और भव्य गुरुदेव को आरती उतारते देखा; गंगा को नर्तकियों पर शासन करते देखा और गत प्रबोधिनी एकादशी को स्वयं अपने को नृत्य करते देखा।

उसने फिर अपने भगवान के साथ सम्बन्ध स्थापित किया। वह उसकी

प्रेम-विह्वला दासी हो गई। परकोटे में मन्दिर के प्रत्येक पत्थर पर बैठकर उसने प्रेमपूर्ण गीत गाए। उसने तपश्चर्या की। उसने नन्दी को अपना किया। उसने शंकर को अपना किया। वह भगवान से लिपटकर सारी रात आनन्द का चरम अनुभव करती रही।

और वह चौंककर जागी। उसकी शिराओं में पहले-जैसा उत्साह व्याप्त हो गया। उसके नाथ के संस्मरणों ने उसके अंग-प्रत्यंग में बेचैनी भर दी। वह विरहाकुल बनकर सुन्दर प्रभात में डमरू का नाद सुनने लगी। उसकी आँखों में तेज आया। वह उठी और दासियों को बुलाकर वस्त्राभूषण पहनने बैठी।

दोपहर के बाद सामन्त चक्रचूड़ामणि महाराजाधिराज परम भट्टारक श्री भीमदेव महाराज पाँच सौ योद्धाओं सहित नगर में आए। समस्त ग्रामीण जन उन्मत्त हो, वस्त्राभूषण धारण कर, अबीर-गुलाल उड़ाते बाहर निकले और राजगढ़ की अटारी में, रानी के अनुकूल स्वर्ण-जटित पलँग पर, चौला रानी, चमर ढालती दासियों से घिरी हुई, स्वामी को देखने के लिए बैठी। दासियों ने उसे जैसे-तैसे समझा-बुझाकर सुन्दर वस्त्र पहनाए थे। फीकी, सूखी और दुर्बल वह राजगढ़ के चौक पर आँखें गड़ाए पड़ी थी, परन्तु उसकी दृष्टि त्रिपुर विजय करने के लिए रणचढ़े रुद्र को देख रही थी। उसे उनकी आँखों का युद्धोत्साह, उनकी गम्भीर आवाजवाली गर्जना और उनके शीश पर शोभित चन्द्र, शंख और भेरी के नाद के साथ गूँजते हुए, आकाश में दिखाई दिए। रणचढ़े हुए अपने नाथ को देखने के लिए उसका हृदय अधीर हो रहा था। उसके सफेद गालों पर लाली आई और उसकी साँस जोर से चलने लगी।

लोगों की जयध्वनि से अभिनन्दित परमभट्टारक श्री भीमदेव महाराज की सवारी राजगढ़ में आई। चमकती पगड़ियाँ बाँधे घुड़सवारों के झुंड आए, ऊँटों पर डंका और निशान आए और सबसे पीछे एक प्रचंड हाथी के ऊपर रत्नजटित सोने की अम्बारी पर बैठे हुए महाराज आए। वे पैर मोड़कर बैठे थे। उनके शरीर पर जरी की जगमगाती पोशाक थी, कन्धे पर यवन-संहारी धनुष था। उनके कानों में कुंडल लटक रहे थे। कपाल पर था केसरिया त्रिपुंड और सिर पर था मणिजटित मुकुट। मणि और रत्नों की जगमगाहट मध्याह्न के सूर्य की किरणों के कारण सहस्रगुनी होकर लोगों की आँखों में चकाचौंध पैदा कर रही थी। हमारे भीम—हमारे महाराज—हमारे बाणावली—हमारे अन्नदाता—हमारे देव, ऐसे-ऐसे विचारों से देखनेवाले की छाती गज-गज-भर की हो जाती थी।

चौला ने तेजपुञ्ज के बीच बैठे गुजरात के स्वामी को देखा। इन्द्र के यौवन की भाँति उनके सनातन यौवन को देखा। उनकी आँखों का विजय-गर्व, उनके मुख पर खेलता राजोचित हास्य, उनकी सुन्दर कढ़ी हुई और हर्ष से फहराती हुई दाढ़ी

को उसने देखा और उसकी शुष्क तथा तटस्थ दृष्टि पल-भर में पीछे हट गई। उसकी आँखें भय से फट गईं और उसके होंठ अकथनीय वेदना से काँपने लगे।

"माँ, माँ, महाराज कैसे शोभा दे रहे हैं!"

उत्तर में चौला रानी ने सिर को तकिए में गड़ा दिया और सिसकियों के मारे उसका शरीर काँपने लगा।

[4]

सवारी से उतरने पर भीमदेव महाराज वस्त्राभूषण उतारे बिना ही, अधीर प्रेमी की भाँति त्वरा के साथ अन्तःपुर में प्रियतमा से मिलने आए। दास-दासियों ने झुककर उनका अभिनन्दन किया।

"चौला, मेरी चौला," उन्होंने पुकारा और वे दौड़ते हुए चौला के पलंग के पास पहुँचे।

सूखी और निस्तेज चौला ने बड़ी-बड़ी काली आँखों से पति को भय से देखते हुए मन्द स्वर से स्वागत किया, "महाराज!"

"अररर! तू एकदम ऐसी हो गई? मुझे क्या खबर थी चौला, तू अस्वस्थ है। तेरी तबीयत अच्छी नहीं थी तो मुझे पाटण बुला लेती। लेकिन अभी तुझसे यात्रा की थकान सही न जाएगी। चौला, पिछला वर्ष तो विचित्र था। स्मरण है प्रिये, जब हमने विवाह किया तब दुःख के दिन थे और कहाँ आज का दिन! मैंने अमीर को भी खूब छकाया। और चौला, तुझे खबर है कि सपादलक्ष, मारवाड़ और स्थानक ने मुझे कर दिया है? पाटण अब अत्यन्त सुन्दर बनेगा और मैंने तेरे लिए एक बहुत ही सुन्दर महल बनवाया है। जब तू आए तब देखना। चौला, मैंने तेरे लिए देश-देश से आभूषण मँगाए हैं।"

भीमदेव महाराज की उत्साहपूर्ण वाग्धारा बहती गई और चौला बड़ी-बड़ी फीकी आँखें भीमदेव पर ठहराकर ऐसे बैठी रही जैसे वह धारा तरल हिम की हो और इसने उसके अंग-प्रत्यंग में पीड़ा उत्पन्न कर दी हो।

"चौला, पन्द्रह दिन में तुझे मुक्ति मिल जाएगी। पुत्र हो तो बहुत अच्छा है, मेरे भाग्य में यही कमी है। फिर तू आना, मैं तुझे लिवाने आऊँगा। न होगा तो विमल को भेज दूँगा। उसके हृदय में बड़ा प्रेम है। हो सकता है कि मैं उस समय मालवा के भोज पर चढ़ाई करूँ। वह बहुत गड़बड़ करता रहता है। उसे भी इसका स्वाद चखाना है।"

और भोले तथा प्रेम-विह्वल भीमदेव को इसका भान भी नहीं हुआ कि इस

प्रकार के शब्द उसकी प्रियतमा के अन्तर में घाव कर रहे हैं।

इसके बाद प्रेमातुर होकर महाराज पास आए, चौला के मुख को दोनों हाथों में लिया और उसे चूम लिया।

चौला को सारा संसार हिलता हुआ जान पड़ा। वह मुख और पसीने की गन्ध, वह काढ़ी हुई सुवासित दाढ़ी का सुहाना स्पर्श और वह बड़ी-बड़ी आँखों की विलास-लालसा उसे पराई, अपरिचित और अप्रिय जान पड़ी। वह आँखें मींचे, थर-थर काँपती हुई इस दुलार को सहन कर रही थी।

"अरे भोलानाथ, मुझे इस प्रकार भटकती छोड़कर कहाँ गया? क्यों भुला दिया, मेरे नाथ?" उसने मानसिक व्यथा को व्यक्त किया।

"और चौला," भीमदेव महाराज कह रहे थे, "वह सामन्त चौहान अभी आएगा। अजीब लड़का है! मेरे साथ ठाठ से आने के बदले वह रात को चोर की तरह आएगा। परन्तु चौला, एक बात कहूँ। किसी से कहना मत। देख, यदि अमीर भागा है तो मेरे कारण नहीं, इस चौहान के कारण भागा है। वह दिन-रात देश-देश मारा-मारा फिरा है; इसने हर एक राजा को समझा है। दामोदर मेहता तो इसका ही यश गाता है। यदि यह न हो तो हम लोग पाटण में न जाने कब के कट गए होते।

"और चौला, हम लोग भी यदि जीवित हैं तो इसी के कारण। यह न होता तो हमें प्रभास से कौन लाता? लेकिन है बिलकुल मूर्ख। मैंने इसे सोरठ का दंडनायक बनाने के लिए कहा। यही नहीं, अन्त में मैंने इसे एक छोटा-सा राज्य भी देने के लिए कहा। लेकिन यह टस-से-मस नहीं होता। कहता है, 'अब मेरा कर्तव्य पूरा हो गया। मैं घोघागढ़ जाता हूँ।' और वहाँ तो कौवे भी नहीं उड़ते। तेरे पास भेज दूँगा। तू समझा देना। अपने यहाँ रहेगा तो अपने गुजरात की कीर्ति उज्ज्वल करेगा।"

"महाराज," अन्त में उसने हिम्मत करके उस प्रश्न को पूछा, जिसे वह बड़ी देर से पूछना चाहती थी, "प्रभास कब तक बन जाएगा?"

"लगभग आठ महीने लगेंगे।"

"तो मैं इस काम से छुट्टी पाकर वहाँ जाऊँ?"

"अरे, ऐसा कैसे होगा? तुझे पाटण आना है न? वहाँ हम लोग आनन्द करेंगे।"

"मेरे प्राण प्रभास में हैं। मुझे अपने भोलानाथ की पूजा करनी है।"

"अरे, मैंने इतना सुन्दर मन्दिर बनवाया है; इसके बाद नए लिंग की स्थापना होगी, तब चलेंगे।"

"नया लिंग! मेरे भगवान का क्या हुआ?"

"वह लिंग तो अमीर ने तोड़ डाला और उसके टुकड़ों को गज़नी ले गया।"

चौला की आँखें स्थिर हो गईं। व्याकुलता से वह पागल की तरह चारों ओर देखने लगी। उसकी चक्कर खाती हुई आँखों को देखकर महाराज घबराए। दासियों को बुलाया। जब दासियाँ आईं तो चौला मूर्च्छित पड़ी थी।

दूसरे दिन सामन्त मिलने आया—सूखा, काला, सख्त, दो-दो घावों के कारण अनाकर्षक, सतत पोषित उन्माद के कारण भयंकर। खंड में आते ही वह पल-भर के लिए ठिठक गया और क्षीण चौला को देखता रह गया।

"देवी, मेरा प्रणाम," कहकर सामन्त दूर से पैरों पड़ा।

"चौहान, तुम भी?" क्रन्दन करके चौला बोली और रो पड़ी।

"क्या है, क्या है?"

"कुछ नहीं," आकुल चौला ने कहा।

"चौहान, तुम भी चौला को भूल गए?"

सामन्त के मुख पर मृदुता आई। वह पास आया और हाथ जोड़कर बोला, "मैं कैसे भूल सकता हूँ? लेकिन जब सारा जगत् ही बदल गया है तब मैं क्या करूँ?"

"सच कहते हो सामन्त! प्रभास गया, गंगा गई, गुरुदेव गए, भगवान के टुकड़े हुए तब भी मैं—भगवान की दासी—किसलिए जीवित रह गई?" चौला के हृदय से सिसकियाँ उठने लगीं।

सामन्त के हृदय के तार झनझनाए। उसका हृदय भी संवादी वेदना से गूँजने लगा। वह चौला की व्यथा को समझ गया।

"चौला," उसने धीरे-से कहा, "समझता हूँ, सब समझता हूँ। मेरा भी सब गया—घोघागढ़, घोघाबापा का कुल, गुरुदेव—सब।"

समान दुखवाले ही एक-दूसरे को समझते हैं, इस गहरे तथ्य का अनुभव करते हुए वे एक-दूसरे को देखने लगे।

"सामन्त," चौला ने क्रन्दनपूर्ण स्वर में कहा, "तुम भी चले जा रहे हो?"

"क्या करूँ? मैं तो घोघाबापा और गुरुदेव के समय का हूँ। इस नए युग में मैं पराया, अनजान, नासमझ हूँ।"

"चौहान, मैं—मैं भी इस लोक की नहीं हूँ। एक बार—पूर्व जन्म में तुमने मेरे हाथ से विजय-तिलक कराया था। उसके बदले एक भीख माँगती हूँ—दोगे?"

"बोल, बहन, बोल।"

"जब तक मेरा भोलानाथ प्रभास में वापस लौटे तब तक यहीं रहोंगे—यदि मैं जीवित रही तो?"

सामन्त को विजय-तिलक की याद आई। उस रात की मीठी बातें याद आईं। उस रात उसने भाई बनकर कन्यादान दिया था, यह भी याद आया।

"अच्छा, चौला, स्वीकार है। और कुछ?"

"सामन्त, सौ वर्ष जी मेरे वीर!"

चौला के मुख पर मन्द हास्य खेलने लगा। जिस सामन्त ने महीनों से सुख, हर्ष अथवा शान्ति नहीं देखी थी, वह हँसा और इन दो एकाकियों ने मिलकर जगत् के भार को हलका किया।

[5]

महीने-भर बाद परमभट्टारक श्री भीमदेव महाराज की चौलादेवी के गर्भ से प्रथम पुत्र उत्पन्न हुआ। खम्भात, पाटण और गुजरात में आनन्दोत्सव मनाया गया। महाराज के सुख का पार न रहा। वे खम्भात आए, पुत्र-रत्न को खिलाया और दास-दासिसों को वस्त्राभूषण दिए। चौला उनकी प्रिय रानी थी। यह उनका प्रथम पुत्र था। उनके सुख और विजय पर कलश चढ़ा था।

जब चौला प्रसव-काल की वेदना से मुक्त हुई और उसे होश आया तो उसका मन अपने पुत्र को देखने को न हुआ; और जब उसने पुत्र को देखा, उसकी विशाल छाती, सिंह के समान कटि और बड़ी-बड़ी आँखें देखीं तो वह थर-थर काँप उठी। वही छाती, वही कटि, वही आँखें—परन्तु कुछ अधिक बड़ी, अधिक प्रौढ़, अधिक प्रभावपूर्ण—उसे याद आईं। उसे ऐसा लगा जैसे उसने हृदय-भेदक स्वप्न में किसी भयानक राक्षस को देख लिया हो।

उसे चक्कर आने लगे।

देवों के देव महादेवजी की वह वचनदत्ता इस बालक को पार्थिव अधमता की शृंखला के समान समझती थी। जब उसे देखती तब उसके दुख का पार न रहता।

दो महीने बाद विमल मन्त्री उसे पाटण ले जाने के लिए आए। मना तो नहीं किया जा सकता था, इसलिए वह तैयार हुई। उसने पालकी में पड़े-पड़े धीरे-धीरे पाटण का रास्ता तय किया।

अन्त में वह गुजरात की राजधानी में पहुँची और राजगढ़ के अन्तःपुर में रही। रानी उदयमती आकर मिल गई—नुकीली नाकवाली, रूपवती, कुलीन राजपूतानी—भीमदेव के अनुकूल अर्द्धांगिनी। दास-दासियों की दौड़-धूप होने लगी। चौला रानी की व्यवस्था करने के लिए राजगढ़ में हलचल मच गई।

चौला की तबीयत कुछ सुधर गई थी, परन्तु इस वैभवपूर्ण राजप्रासाद में उसे खम्भात के बराबर भी आराम नहीं मिला। खम्भात में सामने ही समुद्र था, उसके उस किनारे पर भगवान विराजते थे। वहाँ के राजमहल में थोड़े आदमी थे; न इतना

आडम्बर था और न दास-दासियों के झुंड।

पहले दिन आते ही उसे लगा–पता नहीं किस प्रकार–कि बाहर के इस सब प्रकार के सम्मान के होते हुए भी उसे पराया और अधम समझा जा रहा था।

बात भी ठीक है, दाँत पीसकर उसने विचार किया, मैं न तो राजकन्या हूँ और न राजपूतानी–मैं तो अपने देव की नर्तकी हूँ। मुझे यहाँ क्या अधिकार है?

और उसके रोते हुए हृदय पर असह्य प्रहार होने लगे।

भीमदेव महाराज ने आज अत्यधिक उत्साह से अपने कार्य को समाप्त किया। उनकी रगों में नए संगीत के आलाप गूँज रहे थे। उसकी कल्पना उस भयंकर और रमणीय रात्रि के चित्र खड़े कर रही थी। वह छत, वह चाँदनी, वह सेज–संकीर्ण, छोटी और अव्यवस्थित, सामन्त की बातचीत, लग्नविधि और उन सबके ऊपर राज करती हुई चन्द्रकिरणों से बनी उछलती, कल्लोलती और रस से आप्लावित चौला! इन विचारों में डूबे महाराज अन्तःपुर में आए।

चौला बैठी हुई अपने नृत्य के कपड़ों में मोती गूँथ रही थी। उस समय भी खंड के अँधेरे में वह ऐसी लग रही थी जैसे काले बादलों में लिपटा हुआ चन्द्रिका से निर्मल आकाश का भाग।

"चौला, क्या करती है?"

चौला ने ऊपर देखा और अपनी थकी हुई निस्तेज दृष्टि महाराज पर डाली।

"अपने कपड़ों में मोती भर रही हूँ।"

"कपड़े! दासियाँ कहाँ गईं? और ये कपड़े?"

"ये तो मेरे नृत्य के कपड़े हैं। दासियाँ इन्हें छू लें तो ये अशुद्ध हो जाएँ।"

"उँह," हँसकर महाराज ने कहा, "मैंने सुना है कि तू रोज रात को नए कपड़े बनाती है। क्या ये वही हैं?"

चौला ने गरदन हिलाकर 'हाँ' कही।

"लेकिन यह क्या पागलपन है? तू तो अब पाटण की देवी है। तुझे नर्तकियों के इस वेश की आवश्यकता नहीं है।"

चौला खड़ी हो गई। लालिमा से दीप्त उसके गाल उसके फीके सुन्दर मुख को अनुपम बना रहे थे।

"महाराज, मैं तो नर्तकी थी और रहूँगी–अपने देव की।" उसकी आवाज काँप रही थी।

भीमदेव महाराज को ऐसी सुहावनी रात व्यर्थ के झगड़े में नहीं बितानी थी। वह शीघ्र शरण में गए, "चौला, मुझसे भूल हुई। देव की नर्तकी ने तो मेरे सिंहासन को उज्ज्वल किया है। आ," कहकर उन्होंने हाथ बढ़ाकर उसे भुजाओं में भरना चाहा।

चौला ने प्रेमवश महाराज को आते देखा तो थोड़ी देर तक क्रोधपूर्ण आँखों से देखती रही। इतने ही में महाराज का हाथ उससे लगा। चौला फटी हुई आँखों और फीके मुख से पास आते हुए हाथ को इस प्रकार देखने लगी जैसे कोई नाग डसने के लिए आ रहा हो। उसके रोम खड़े हो गए। उसका सारा भयत्रस्त शरीर संकुचित हो गया। वह पीछे हटी। आते हुए फनों से बचने के लिए उसने दोनों हाथ आगे कर लिए और उसके मुख से भयंकर चीख निकल गई।

"चौला! चौला! क्या करती है?"

"नहीं–नहीं–नहीं," उसने ज्यों-त्यों करके अपनी इच्छा व्यक्त की।

"क्या हुआ है? क्यों?" इस अस्वाभाविक व्यवहार को न समझने के कारण भीमदेव ने चिन्तातुर स्वर में पूछा।

क्रन्दनमय प्रार्थना के लिए चौला के हाथ जुड़े और अश्रुपूर्ण तथा रुद्र कंठ से वह बोली, "महाराज, नहीं, आज नहीं।"

"क्यों, आज क्या है?"

"भगवान सोमनाथ..." और सिसकी-पर-सिसकी आने के कारण वह अधिक न बोल सकी, "भ–भगवान..."

"क्या कोई व्रत लिया है?"

"हाँ," चौला ने बचने का यह मार्ग देखा तो इसे अपना लिया और बोली, "अभी भगवान की प्रतिष्ठा नहीं हुई है।"

"उँह," भीमदेव ने हँसकर कहा, "अब समझ में आया। लेकिन क्या ऐसा व्रत लेना चाहिए? तनिक मेरा विचार भी तो करना था, मुझसे भी तो पूछना था।" महाराज शान्त होकर पीछे हटे।

चौला कुछ शान्त हुई, "महाराज, भगवान की छाया में हम मिले और भगवान के टुकड़े हो गए," और कहते-कहते वह हृदय-विदारक रुदन करने लगी।

"चौला, तनिक भी चिन्ता न कर। मैं ऐसा सुन्दर मन्दिर बनवा रहा हूँ– और भगवान की प्रतिष्ठा भी इतनी भव्यता से कराऊँगा कि तेरी प्रसन्नता का ठिकाना न रहेगा। देखना तो सही। समस्त भरतखंड देखने के लिए बुलाया जाएगा।"

"कब होगी?"

"सब बन जाएगा तब न!"

डूबती हुई चौला के हाथ में आशा की नाव पड़ी, "महाराज, मुझे वहाँ भेज दो। मैं बनवाऊँगी।"

"तू?"

"हाँ, मैं भगवान की नर्तकी हूँ," चौला ने कुछ उत्साह से कहा।

"पगली, तू तो गुर्जरभूमि की महादेवी है। अब नृत्य से तेरा क्या सम्बन्ध हैं?" महाराज ने हँसकर कहा।

उन्होंने तो एक सामान्य चतुराई की बात कही थी, परन्तु चौला को ऐसा लगा जैसे किसी ने सारे जगत् की आँखों के सामने उसको तमाचा मार दिया हो। वह अपमानित और पीड़ित होकर खड़ी हो गई।

"मुझे प्रभास भेज दो," आँसू-भरी आँखों से उसने विनती की।

"चौला तू चली जाएगी तो मुझे कैसे अच्छा लगेगा?"

"लेकिन मेरा व्रत–" आती हुई आशा को जाते देखकर उसने फिर हाथ जोड़े।

भीमदेव का प्रचंड पुरुषत्व चौला के आकर्षण के वश अवश्य था, परन्तु साथ ही उनको इस कुसुम-कोमल नववधू के प्रति असीम प्रेम भी था। वह प्रेम उन्हें चौला के प्रति उदार होने की प्रेरणा दे रहा था। महाराज हँसे।

"पगली, तेरी बात मैं कैसे टाल सकता हूँ? जा, अपना व्रत पूरा कर। जैसे उस रात को विजय प्राप्त करने के बाद हम मिले थे, वैसे ही जब भरतखंड के समस्त राजाओं की उपस्थिति में भगवान की प्रतिष्ठा हो जाएगी, तब हम फिर मिलेंगे।" और उन्होंने आशावान प्रेमी की भावना को व्यक्त किया, "उस समय अनेक दिनों की इच्छा एक ही रात में पूरी कर लेंगे।"

"महाराज," चौला चरणों में गिर पड़ी, "आप तो कृपालु हैं। मैं इस उपकार का बदला कैसे चुका सकती हूँ? मैं तो केवल दासी हूँ।"

उसने जैसे-तैसे उमड़ते हुए आँसुओं को रोका।

[6]

परमभट्टारक श्री भीमदेव महाराज की प्रिय पत्नी भगवान सोमनाथ का मन्दिर बनवाने के लिए प्रभास गई। साथ में दासियाँ और थोड़ी-सी सेना भी गई। स्वयं महाराज भीमदेव अपने मन्त्रियों सहित उसे कुछ दूर तक छोड़ने गए। दामोदर मेहता प्रभास तक साथ गए, कारण, सोमनाथ के भक्त इस भावुक ब्राह्मण को भी भगवान की प्रतिष्ठा कराने की जल्दी थी। कुँवर क्षेमराज की देखभाल के लिए राजवैद्य भी साथ गए।

प्रभास की ओर पैर बढ़ाते हुए चौला को कुछ उत्साह आया, परन्तु वह अधिक नहीं टिका। वहाँ पहुँचने पर उसने ऊँचा और बड़ा, नया कोट चिना जाते देखा, नए रास्ते और कुआँ-बावड़ी बनते देखे, थोड़ी बस्तीवाले चौराहे देखे, राजप्रासाद

के समान गगनराशि का मठ देखा; राजमहल की श्रेष्ठ अनुकृति-जैसा महाराज का प्रासाद देखा। जहाँ पहले नर्तकियों का आवास था वहाँ ब्राह्मणों के लिए नई बस्ती बसाई जा रही थी और भगवान के मन्दिर का शिखर बहुत बड़ा परन्तु भिन्न आकृति का, जैसी अटारियों में वह बैठती थी वैसी अटारियों के बिना, अधबना पड़ा था।

यह नवीन और सुन्दर सृष्टि थी—किसी अपरिचित विश्वकर्मा द्वारा निर्मित; यह उसके भगवान का धाम नहीं था। वह प्रासाद में आई, वह उस अन्तःपुर में गई, जिसे भीमदेव महाराज ने विशेष रूप से उसी के लिए बनवाया था और अपरिचितता के वातावरण से बेचैन होकर वह आँसू बहाने लगी।

जिस प्रकार पाला पृथ्वी को आच्छादित कर लेता है उसी प्रकार ग्लानि उसके हृदय को आच्छादित कर रही थी और उसका इकरंगा विस्तार उसके प्रत्येक भाव, उमंग और कृत्य को वैसा ही रूप दे रहा था।

पूर्व जन्म की अपूर्ण कामनाओं से प्रेरित होकर कोई प्रेतलोक का वासी जैसे इस लोक में भटकता है वैसे ही वह जितना महादेवी की मर्यादा को छोड़ सकती थी उतना छोड़कर, अधूरे पत्थरों, ईंट और चूने, कारीगरों और लकड़ी छीलते हुए मजदूरों के बीच घूमती और इन अपरिचित और पराई-सी लगनेवाली नई इमारतों में अपने हृदय में अंकित नष्ट, परन्तु अविस्मरणीय सृष्टि को खड़ी करती।

यहाँ वह बचपन में खेली थी; यहाँ ताल चूकने पर गंगा ने उसे नोचा था; यहाँ बैठकर उसने आलाप लिये थे; यहाँ गुरुदेव ने उसे सीख दी थी; यहाँ वह कुंडला से लड़ी थी। उस ओर—अब वहाँ दीपामालिका बनाई जा रही थी—वह भीमदेव से अलग हुई थी। जहाँ बन्द दीवारों के बीच त्रिपुर-सुन्दरी का छोटा मन्दिर खड़ा था और जहाँ शिवराशि उसे ले आया था, वहाँ खुले चौक में महामाया का बड़ा मन्दिर खड़ा किया जा रहा था और परकोटे में, जहाँ अब गगन सर्वज्ञ का मठ खड़ा हो रहा था, वह ओसारा था जिसकी छत पर वह भगवान पिनाकपाणि को वरने के लिए पाटण के स्वामी के वश में हो गई थी।

और जब वह भगवान के नए बननेवाले गर्भगृह के सामने आई तब उसकी आँखों में अँधेरा छा गया। ईंट और पत्थर ओझल हो गए, मणिमंडित सभामंडप जैसा था वैसा हो गया और उसने गंग और गुरुदेव को उसकी चिता तैयार करते देखा।

उससे भी भयंकर दृश्य उसने तब देखा जबकि वह होश में आई। जहाँ उसके प्रियतम देव-के-देव महादेव विराजते थे। वहाँ इस समय एक खाली कमरा बन रहा था। उसके वे नाथ, जिन्होंने सृष्टि के समय ब्रह्मा और विष्णु के झगड़े को शान्त किया था, अब वहाँ नहीं थे।

और प्रलय के समय नष्ट होती सृष्टि की भयंकर निर्जनता में, जैसे वही अन्तिम मानवी हो ऐसे, चारों ओर निराशामय दृष्टि डालती वह क्रन्दन से हृदय को विदीर्ण कर रही थी।

[7]

सूर्य उदय होता है और अस्त होता है; पत्थर के मन्दिर और मकान धीरे-धीरे ऊँचे उठते हैं, बाजारों और चौकों में आदमियों की बस्ती बढ़ती जाती है।

परन्तु चौला दिन-दिन इस प्रकार अन्तर की गहराई में उतरती जाती है जैसे वह किसी प्रेतलोक की निवासिनी हो। इस सबमें उसका और उसके जगत् का जैसे कुछ भी नहीं है। ये मनुष्य उसे अपने नहीं लगते, इसकी इमारतें अपनी नहीं लगतीं। यह उसका प्रभास–यह उसके देव का धाम नहीं है। गगनराशि–गगन सर्वज्ञ भी उसका नहीं है। यह तो हृष्ट-पुष्ट, धृष्ट और रेशमी वस्त्रों से सजा हुआ साधु है।

उसका जगत् तो मात्र उसके हृदय में है। वहाँ पूर्वकाल के मन्दिर की घंटा-ध्वनि होती; वहाँ गंग सर्वज्ञ अब भी गौरवशाली होकर आरती करते; वहाँ गंगा अब भी नर्तकियों को संगीत और नृत्य सिखाती; वहाँ अब भी वह नाचती-कूदती और गाती, हँसते-हँसते अपने भोलानाथ को रिझाती, और प्रणय-विह्वल अभिसारिका के समान बिल्वपत्र से अपने प्रभु की पूजा करती।

यह उसका वास्तविक जगत् था–जहाँ वह जागती थी और जगत् सोता था; जहाँ जगत् जागता वहाँ वह यन्त्रवत् खाती-पीती और बन्धन की बात करती तथा दिन-रात अपने कपड़ों को भरा करती। उन कपड़ों पर मोती और माणिक की अद्भुत कारीगरी करने के अतिरिक्त उसके जीवन में और कोई आनन्द की बात नहीं थी।

दास-दासियों ने इस महादेवी के पागलपन में रस लेना छोड़ दिया। वे यह निश्चय नहीं कर सके वह पागल है या नहीं, लेकिन इतना अवश्य है कि सब उसे देखकर डरते थे। वह जहाँ जाती वहाँ से मृत्युलोक की ऊष्मा चली जाती। वह जिस स्थान को छोड़कर चली जाती उस पर कुछ देर के लिए सबको कँपकँपी आ जाती।

जब सन्ध्या होती और भगवान की आरती हो रही होती तब चौला मानो चौंककर जागती और उसे जगत् का भान होता। वह अत्यधिक उत्साह से जिन वस्त्रों को तैयार करती थी उन्हें अपनी खाट पर फैलाती और बड़ी देर तक उन्हें

देखा करती।

उसके हृदय में किसी समय इन वस्त्रों को पहनकर अपने प्रियतम को रिझाने और उनसे क्षमा माँगने की आशा उत्पन्न होती रहती।

उसे वह प्रबोधिनी एकादशी याद आती, जबकि उसने नृत्य द्वारा भोला शम्भु को वश में किया था।

किसी दिन फिर वह गंग सर्वज्ञ की उपस्थिति में भगवान को आत्मसमर्पण करेगी।

कुछ देर वह देखती रहती और यदि दूर पर कहीं कोई शंख फूँका जाता या बैलों की घंटियाँ बज़ उठतीं तो उसका हृदय उछलने लगता। तब वह फिर उत्साही बालिका हो जाती। वह चारों ओर देखती, ठिठकती और यदि कुछ नहीं सुनाई देता तो बड़ी देर तक राह देखती और अन्त में रो पड़ती।

वह नहीं आएँगे, नाथ नहीं आएँगे, ऐसे असम्बद्ध वाक्य बोलने लगती, गिर पड़ती, बाल नोचती और सिसक उठती। उसके अंग-अंग में निराशा का शीत व्याप्त हो जाता। वह भ्रष्ट थी, उसने अपने प्रियतम को छोड़कर मनुष्य के साथ व्यभिचार किया था। उसके नाथ अब उससे असन्तुष्ट हो गए थे। अब वे कभी नहीं आएँगे, उसे कभी क्षमा नहीं करेंगे।

उसकी अधोगति पराकाष्ठा को पहुँच गई थी–जब उसे इसका भान होता तब तड़प उठती और कितनी ही बार तो बेहोश होकर गिर पड़ती।

उसके जीवन का नित्य का यही क्रम था। उसमें भी जब कभी वह कुँवर क्षेमराज को लेती तो उसके जीवन में और भी विष घुल जाता। वह दिन-दिन भीमदेव महाराज की मूर्ति बनता जाता और उसके लिए पार्थिव बन्धन बनकर गले को जकड़ता ज़ाता था।

इस प्रकार रोज शाम होती, सुबह होती और चौला अपनी प्रणय-विह्वलता में बेहोश-सी उस एक ही क्षण की प्रतीक्षा करके जीती जबकि उसके नाथ फिर आएँगे और क्षमा करके गोद में ले लेंगे।

इस प्रकार दिन गिनते-गिनते महीने बीत गए। सरदी गई, गरमी आई, गरमी गई और बरसात आई।

नन्दी की घंटा-ध्वनि की बाट देखते-देखते उसका धीरज चुक गया। सेज सजाते-सजाते और वस्त्र बिछाते-बिछाते रात बैरिन होने लगी, परन्तु न आए भोलानाथ, न आया वह क्षण। उसके मन की लालसा मन में ही रह गई।

[8]

आश्विन मास आया। शरद् की उल्लासमयी पूर्णिमा के दिन भगवान की प्रतिष्ठा करवाने का दिन आया।

परमभट्टारक श्री भीमदेव महाराज की ओर से निमन्त्रण भेजा गया और देश-देश के राजा प्रभास में आए। उसके मुहल्लों में पूर्व की अपेक्षा और भी अधिक चेतना आ गई। व्यापारी बाजार में बैठे और घर-घर वेद-ध्वनि गूँजने लगी। चौक-चौक में समस्त भरतखंड से आए हुए यात्रियों ने पड़ाव डाले और लकुलेश मत के अधिष्ठाता गगन सर्वज्ञ ने महारुद्र आरम्भ किया।

प्रभासगढ़ पर नगाड़े बजे और पताकाएँ फहराई गईं और धाम म्लेच्छ-विमर्दन बाणावली भीम के प्रताप से, जैसा था उससे भी कहीं अधिक भव्य होकर, भगवद्भक्ति की विजय-दुन्दुभि बजाने लगा।

चौला अपने महल की अटारी पर खड़ी हुई समुद्र पर दृष्टि स्थिर कर स्वप्न देख रही थी और चारों ओर होनेवाली 'जय सोमनाथ' की विजय-घोषणा उसके स्वप्नों को नया वेग और अनोखी सजीवता दे रही थी।

भीमदेव महाराज पधारे–सामन्तचक्र से संवृत और विजय-नशा में चूर हुई सेना को लेकर सारा गाँव पागल हो गया। गगन सर्वज्ञ ने विजेता का अभिनन्दन किया और चालुक्य-शिरोमणि ने चारों हाथों से दान दिया, परन्तु चौला के स्वप्न के गढ़ वैसे ही अभेद्य रहे जैसे कि वे थे।

प्रभास के राजमहल में भीमदेव महाराज का हृदय गर्व से फटा जा रहा था। आज उनके वैभव और कीर्ति की सीमा न थी। कवियों ने उनको म्लेच्छ-विमर्दन और अप्रतिरथ वीर कहा था। उनके प्रताप से नया प्रभास अनुपम सौन्दर्य से शोभित था और कौस्तुभ मणि के समान तेजस्वी सागर में से तिरकर आ रहा था।

जैसे सतयुग में सोम ने, त्रेता में रावण ने और द्वापर में श्रीकृष्ण ने इस मन्दिर की स्थापना की थी वैसे ही कलयुग में वह चालुक्य-श्रेष्ठ कर रहा था।

भीमदेव महाराज अन्तःपुर में आए–गर्व से प्रफुल्लित, कीर्ति से प्रकाशित, वैसे ही भोले, रसिक और शूर। अब भगवान की प्रतिष्ठा होनी थी; चौला रानी व्रत पूरा करनेवाली थी और उस युद्ध की रात्रि में मनाया हुआ आनन्द आमरण व्याप्त होनेवाला था।

वे प्रियतमा से मिलने गए, परन्तु चौला की अविस्मरणीय आकृति में किसी परलोकवासिनी रानी का आभास पाकर विस्मित हो गए।

"चौला, आज मेरे जीवन की धन्य घड़ी है। आज मैं भगवान सोमनाथ की प्रतिष्ठा कराऊँगा और समस्त भरतखंड मेरी कीर्ति का गान करेगा। चन्द्रमा द्वारा

स्थापित मन्दिर मेरे हाथ से फिर स्थापित होगा।'' उन्होंने हँसने का प्रयत्न किया।

''महाराज,'' चौला ने खेदयुक्त अपरिचित स्वर में कहा, ''मैं भी उसी क्षण की प्रतीक्षा में हूँ। कब मेरे नाथ विराजते हैं, कब उनकी पुनः आरती होती है और कब मैं उनके आगे पुनः नृत्य करती हूँ।''

''नृत्य!'' भीमदेव ने कहा, ''अम्भा, तू उसे भूली नहीं है? तुझे कब कहाँ नृत्य करना है?''

चौला की आँखों में भय की भयावनी छाया आई। भीमदेव महाराज ने खम्भात में आकर जैसी आँखें देखी थीं वैसी ही आज फिर देखीं, और वे काँप उठे।

उन्हें बेहद काम था। प्रतिष्ठा का मुहूर्त पास आ रहा था। यह उन्हें अच्छा नहीं लगता था कि उनके हृदय में व्याप्त आनन्द जाता रहे। वे खिलखिलाकर हँस पड़े।

''अरे देख तो सही,'' उन्होंने उत्साह को बनाए रखने का प्रयत्न किया, ''आज रात को तेरा व्रत पूरा होगा और मैं आऊँगा। तू सेज तैयार करना—वैसे ही जैसी कि उस दिन की थी,'' कहकर वे फिर क्षोभ का अनुभव होने पर भी हँसे।

और चौला ने इस प्रकार अपने गले पर हाथ रखे जैसे वह असह्य वेदना से व्याकुल हो।

''आज रात को...आज रात को...हाँ आज रात को,'' बड़ी मुश्किल से उसके गले से धीमी आवाज निकली और भीमदेव महाराज अपने काम पर चले गए।

[9]

दोपहरी ढलने को आ गई थी। अपने घर में चौला और सामन्त आमने-सामने बैठे थे। दोनों की आँखें बाहर के दृश्यों को देख रही थीं।

''चौहान,'' चौला धीमे स्वर से कह रही थी, ''आज मेरे हृदय में एक उमंग-सी उठ रही है। मेरे कानों में एक आवाज सुनाई दे रही है। आज सवेरे से मुझे गुरुदेव और गंगा बुला रहे हैं। दोनों मुझसे कह रहे हैं कि मेरे भगवान मुझे नहीं छोड़ेंगे। मेरे प्राणनाथ—जैसी मैं हूँ वैसी ही—मुझे पुनः स्वीकार करेंगे।

''मैं भोली हूँ। मेरा भोलानाथ मुझे नहीं भूलेगा। मैं उसकी हूँ, उसके चरणों की रज हूँ। मैं चाहे जैसी भ्रष्ट और पातकी हूँ तो भी चौहान वीर, मेरे हृदय में आज नई आशा का उदय हो रहा है। आज मुझे शान्ति मिलेगी...सवेरे से मुझे नन्दी की घंटा-ध्वनि सुनाई दे रही है।

''आज वे आएँगे,'' चौला रो पड़ी, ''और मुझे क्षमा करेंगे, मुझे—जैसी हूँ

वैसी—अपनाएँगे," और उसकी आँखों से अविरल अश्रुधारा बहने लगी।

"मैंने ऐसा कुछ नहीं किया कि मेरा स्वामी मुझे छोड़ दे। चौहान, वे तो दया के समुद्र हैं और मैं हूँ उनकी किंकरी। वे मेरा हाथ नहीं पकड़ेंगे तो कौन पकड़ेगा?"

"चौला, मुझे भी आज मेरा घोघागढ़ नजर आ रहा है। आज मैं भी कृतकृत्य हूँ।"

"मेरा इतना काम कर दो चौहान वीर, जन्म-जन्मान्तर तक तुम्हारी ऋणी रहूँगी।"

सामन्त कुछ देर तक रोती हुई चौला की ओर देखता रहा। पल-भर के लिए उस दुखियारी की दुःख की रेखाएँ जाती रहीं और उसकी आँखों के सामने विजय-तिलक करनेवाली बालनर्तकी की आकृति स्पष्ट हो गई। उसने विजय पाई थी, देव का उद्धार किया था, परन्तु स्वयं को कुचल डाला था।

इस समय उसे अपने जीवन के साथ बाँधनेवाला यह छोटा-सा तार दीन होकर याचना कर रहा था। क्या वह उस याचना को अस्वीकार कर दे? क्या वह अपने हृदय में बसी हुई इस अद्भुत सुन्दरी की आकांक्षा को ठुकरा दे? क्या दुनिया को, प्रतिष्ठा को और भीमदेव महाराज की कीर्ति को प्रिय समझकर इस दुखी प्राणी के साथ विश्वासघात किया जाए?

उसने क्षण-भर में निश्चय कर लिया। वह तो समस्त पृथ्वी पर अकेला था। एक मृत के सदृश चौला का स्नेह ही उसका सर्वस्व था। उसे किसी की क्या परवाह? उसे प्रतिष्ठा की क्या परवाह? भीमदेव की उसे क्या पड़ी? कीर्ति, धन और राज्य उसके लिए क्या? वह तो रेगिस्तान के रेत का एक कण था, जो देव-कृपा से कैलाश बन गया था। देव विमुख हो जाए तो फिर कण-का-कण; उसकी ऊँटनियाँ तैयार थीं। सन्ध्या की आरती के समय वह रेगिस्तान में जानेवाला था—उसी रास्ते से, जिस पर उसके पूर्वज गए थे। चौला की प्रार्थना को क्यों स्वीकार न करे?

वह खड़ा हुआ और कमर से बँधी भेंट को कस लिया।

"चौला," और उसकी आवाज में जीवन-भर का प्रेम उमड़ आया, "चौला, मैं तेरा दास हूँ। तेरी आज्ञा शिरोधार्य है। मैं आरती के समय आऊँगा।"

चौला का मुख लालिमायुक्त हो गया।

"चौहान, तो मैं तैयार रहूँगी।"

[10]

सन्ध्या की आरती का समय होता है। सभामंडप जगमगाता है। सैकड़ों दीपस्तम्भों से हजारों दीपकों का प्रकाश फैलता है। पहले से भी सुन्दर और विशाल गर्भद्वार से भगवान के दर्शन होते हैं–जैसे सुन्दर थे वैसे ही, चन्दन-चर्चित, बिल्वपत्र के ढेर में शोभित, ऊपर सुवर्ण की जलाधारी लटकती है; नीचे कोने-कोने में सुवर्ण के दीपक जल रहे हैं।

बाहर सभामंडप में राजाओं का जमघट है। दाएँ हाथ को महाराज भीमदेव बैठे हैं। साथ ही झालोर का वाक्पतिराज बुढ़ापे की मूँछों को जवानी के जोर से खींचता है और सपादलक्ष का बलदेव चौहान–हजारों युद्धों का खिलाड़ी–गर्व से हँसता है। आबू के घूँघीराज और स्थान के मुकुन्ददेव पास बैठे हैं और इसके साथ ही कच्छ और सोरठ के स्वामी तथा सामन्त प्रफुल्लित होकर बैठे हैं।

आज सब अमीर को हराने के लिए दी गई आहुतियों के फल चख रहे हैं। इस विचार से कि अन्त में अनादि और अनन्त भगवान अपने धाम में विराजे, उनके झेले हुए दुःख आज सुखद स्मृतियाँ बन गए हैं।

शंख बजता है और सब खड़े होते हैं। गगन सर्वज्ञ खड़ाऊँ पहने, चीनांशुक पर व्याघ्रचर्म बाँधे और काली जटाओं को तनिक क्षोभ से सँवारते हुए आते हैं। उनमें गुरुदेव के चलने और बोलने की कुछ झलक मिलती है।

वे सबके 'नमः शिवाय' को स्वीकार करते, मन्दिर में जाकर पलभर ध्यान करते हैं, बिल्वपत्र चढ़ाते और घंटा बजाते हैं।

जो रत्नजटित आरती काश्मीर के राजा ने भगवान के चरणों में भेजी थी उसे गगन सर्वज्ञ अपने हाथ में लेते हैं।

सब एक साथ आरती गाते हैं।

इसके बाद वे 'जय सोमनाथ' की घोषणा करते हैं और सभामंडप में बैठे हुए महारथी उसे दुहराते हैं। आकाश में धीरे-से फैलती गर्जना की भाँति यह घोषणा परकोटे में, उसके बाहर और नगर में फैलती है। नगाड़े बजते हैं। नगर के निवासी और सैनिक सब घोषणा को दुहराते हैं। समस्त प्रभास पहले के समान सोमनाथमय हो जाता है। सब 'जय सोमनाथ' की एक आवाज से आकाश को गुँजा देते हैं।

सब लोग शान्त होते हैं। गगन सर्वज्ञ अपने स्थान पर बैठकर आज्ञा देते हैं, "नृत्य होने दो।"

शिष्य पुकार लगाते हैं, "नृत्य शुरू करो।" कोई कहता है, "लेकिन न तो नर्तकी तैयार है और न बाजेवाले ही तैयार हैं।"

एक क्षण–दो क्षण–पाँच क्षण।

राजा आश्चर्यचकित होकर एक-दूसरे को देखते हैं। गगन सर्वज्ञ के कपाल पर भ्रूभंग स्पष्ट दिखाई देता है।

परन्तु झाँझ की झनकार आती है, मृदंग बजता है।

नर्तकी सभामंडप में आती है।

वह हीरे, मोती और रत्नों से जगमगाती दिव्यलोक की देदीप्यमान अप्सरा जान पड़ती है। उसके वस्त्र और आभूषणों पर पड़कर दीपकों का प्रकाश सहस्त्रधा हो जाता है और सबकी आँखों में चकाचौंध पैदा कर देता है।

वह ऐसे धीरे-धीरे आती है मानो उससे चला ही न जाता हो। उसने मुँह ढककर नीचे तक ओढ़ रखा है।

उसके पैरों में शक्ति बढ़ती है। मृदंग के ठेके के साथ पैर भी उठते जाते हैं। गानेवाली पार्वती की तपस्या का प्रसंग आरम्भ करती है। स्वयं नर्तकी भी मन्द और कम्पित स्वर से गाती है, लेकिन इतने धीमे से जिसे शायद ही कोई सुन सके।

गीत बढ़ता है।

मृदंग की प्रतिध्वनि मंडप में व्याप्त होती है। नर्तकी थिरकती हुई फूल बीनती है, माला गूँथती है और साथ में बिल्वपत्र लेती है।

वह ठुमकती-ठुमकती पूजा करने जाती है। गर्भद्वार के सामने जाकर खड़ी होती है, हाथ जोड़ती है, नमस्कार करती है, साष्टांग दंडवत् प्रणाम करती है।

इसके बाद वह नृत्य और अभिनय से शिव की पूजा करती है।

मुख देखने की लालसा से अधीर राजा लोग अपनी अधीरता को भूल जाते हैं। यह किस प्रकार का नृत्य है, इस बात को जानने के लिए गानेवाली गीत बन्द कर देती है। मात्र मृदंग बजता है और उसके साथ नर्तकी के पैरों के घुंघरू ताल देते हैं।

समस्त पृथ्वी पर अकल्पनीय जादू फैल जाता है। यह नृत्य है या नहीं, इसका भी किसी को भान नहीं रहता। सब टकटकी लगाकर इस अद्भुत नृत्य को देखते रहते हैं।

नर्तकी अभिसारिका की भाँति पूजा समाप्त करती है। इसके बाद वह शिव से विनय करती है। फिर घूमती हुई प्रार्थना करती है। उसके अंग से लालित्य की सरिता बहती है। मन्द-मन्द बजते हुए नूपुर उसके करुण गीत को गाते हैं।

वह शंकर को रिझाने का प्रयत्न करती है—वह उन्हें हँसाने का प्रयत्न करती है। वह क्षमा-याचना करती है, निराश होकर पीछे मुड़ती है। लड़खड़ाते पैरों से वह लौटती है।

भीमदेव महाराज पागल की तरह आँख फाड़े, हिलने में भी अशक्त इस आकृति, इस नृत्य और इस अभिनय को देखते रहते हैं।

गगन सर्वज्ञ की आँखों में भय व्याप्त हो जाता है।

नर्तकी शंकर को रिझाने के लिए अन्तिम प्रयत्न करती है। वह ऐसा नृत्य करती है मानो वह क्रन्दन कर रही हो। रुदन उसका झाँझ में से छनता है। सिसकी मृदंग से निकलती है या उसके गले से, यह कोई नहीं कह सकता।

देखने और सुननेवालों के हृदय रोने लगते हैं।

नर्तकी गर्भद्वार के आगे आती है। शंकर को रिझाने का अन्तिम प्रयत्न करती है। निराशा की मूर्ति के समान वह सिर पटकती है। अभिनय और पैर के ठेके के साथ वह भगवान के चरणों के आगे सर्वस्व समर्पित करती है।

नृत्य मन्द पड़ता है। नर्तकी का मस्तक झुकता है। मृदंग और झाँझ मन्द होते हैं...बन्द हो जाते हैं।

...और नर्तकी झनझन करती हुई खड़ी हो जाती है। उसके ठुमके से ऐसा लगता है जैसे शिव प्रसन्न हो गए हों...

झाँझ की जोरदार झनझनाहट के साथ उछलकर वह इस प्रकार विजयोल्लास दिखाती है जैसे कि अन्तिम तोड़ा हो...

मृदंग धमधमाता है। धाधा किट धा–धाधा किट धा–धाधा किट धा...

चित्रवत् बनी हुई भीड़ पागल होकर देखती रहती है...

...और एक महाप्रयत्न करके विजय-प्रदर्शक तोड़ा लेती हुई नर्तकी के मुख पर का वस्त्र खिसक जाता है।

उसके सूखे परन्तु सुन्दर मुख का अमर प्रकाश दिखाई देता है। उसकी आँखों में प्रणय की विद्युल्लेखा चमकती है।

तोड़ा पूरा होने से पहले ही वह गर्भद्वार की ओर छलाँग मारती है, सिर देहली के ऊपर टेक देती है।

...मृदंग रुकता है...झाँझ भी रुकती है।

सिर निश्चेष्ट होकर देहली से भुजा पर ढुलक पड़ता है। शरीर शिथिल होकर मिट्टी का ढेर हो जाता है।

तलवार निकालते हुए भीमदेव को हाथ से रोककर गगन सर्वज्ञ दौड़ते हुए नर्तकी के पास जाते हैं।

इस धन्य पल में चौला ने अपने भोलानाथ को आत्मसमर्पण कर दिया था।

चारों ओर व्याप्त अभंग शान्ति में एक सिसकी सुनाई देती है। एक योद्धा शीघ्रता के साथ लोगों के बीच होकर निकलता हुआ अँधेरे में अदृश्य हो जाता है।

□□□